Profi sein – Nicht nur im Sport

Die Zugangsinformationen zum eBook Inside finden Sie am Ende des Buchs.

Jörg Bencker · Patric Böhle
Philipp Schwethelm

Profi sein – Nicht nur im Sport

Springer

Jörg Bencker
Bamberg, Deutschland

Philipp Schwethelm
Oldenburg, Deutschland

Patric Böhle
Köln, Deutschland

Ergänzendes Material zu diesem Buch finden Sie auf http://extras.springer.com.

ISBN 978-3-662-56827-9   ISBN 978-3-662-56828-6   (eBook)
https://doi.org/10.1007/978-3-662-56828-6

Die Deutsche Nationalbibliothek verzeichnet diese Publikation in der Deutschen Nationalbibliografie; detaillierte bibliografische Daten sind im Internet über http://dnb.d-nb.de abrufbar.

© Springer-Verlag GmbH Deutschland, ein Teil von Springer Nature 2018
Das Werk einschließlich aller seiner Teile ist urheberrechtlich geschützt. Jede Verwertung, die nicht ausdrücklich vom Urheberrechtsgesetz zugelassen ist, bedarf der vorherigen Zustimmung des Verlags. Das gilt insbesondere für Vervielfältigungen, Bearbeitungen, Übersetzungen, Mikroverfilmungen und die Einspeicherung und Verarbeitung in elektronischen Systemen.
Die Wiedergabe von Gebrauchsnamen, Handelsnamen, Warenbezeichnungen usw. in diesem Werk berechtigt auch ohne besondere Kennzeichnung nicht zu der Annahme, dass solche Namen im Sinne der Warenzeichen- und Markenschutz-Gesetzgebung als frei zu betrachten wären und daher von jedermann benutzt werden dürften.
Der Verlag, die Autoren und die Herausgeber gehen davon aus, dass die Angaben und Informationen in diesem Werk zum Zeitpunkt der Veröffentlichung vollständig und korrekt sind. Weder der Verlag noch die Autoren oder die Herausgeber übernehmen, ausdrücklich oder implizit, Gewähr für den Inhalt des Werkes, etwaige Fehler oder Äußerungen. Der Verlag bleibt im Hinblick auf geografische Zuordnungen und Gebietsbezeichnungen in veröffentlichten Karten und Institutionsadressen neutral.

Verantwortlich im Verlag: Marion Krämer
Illustrationen: Claudia Styrsky, München
Coverfoto: Ulf Duda

Springer ist ein Imprint der eingetragenen Gesellschaft Springer-Verlag GmbH, DE und ist ein Teil von Springer Nature
Die Anschrift der Gesellschaft ist: Heidelberger Platz 3, 14197 Berlin, Germany

Vorwort Dirk Bauermann

In den 1990er-Jahren war ich Trainer bei Bayer Leverkusen. Einmal saß ich im Anschluss an ein Europaligaspiel nach dem Abendessen in einem Hotel in Barcelona mit einem unserer amerikanischen Spieler zusammen. Wir redeten über seine Familie und über Basketball, um am Ende unserer Unterhaltung auf seine Pläne für das Leben nach der aktiven Karriere zu sprechen zu kommen. Der Spieler war knapp über dreißig Jahre alt und spielte noch auf einem sehr hohen Niveau. Das Zeitfenster seiner Karriere schloss sich dennoch langsam und ich spürte sein Unbehagen alleine bei dem Gedanken, ein normales Leben führen zu müssen – umso mehr, als er gerade damit anfing, über mögliche Karrierechancen nach dem Profisport nachzudenken.

Er hatte sich zwei Optionen überlegt: ein Beerdigungsinstitut zu eröffnen oder eine Tankstelle zu kaufen. Das Leben endet zuverlässig mit dem Tod und bis dahin fährt der Mensch oft unvernünftiger Weise Auto, braucht also Benzin. Insofern schienen dem Spieler beide Varianten durchaus sinnvoll. Auf diese Erleuchtung begrenzten sich seine Ideen, weitere Gedanken zu seiner Zukunft hatte er sich noch nicht gemacht.

Anderes Beispiel: Vom ehemaligen Basketball-Star der amerikanischen National Basketball Association (NBA) Allen Iverson wissen wir zuverlässig, dass ihm beim Umzug von Philadelphia nach Phoenix ein Missgeschick unterlief: Er vergaß eines seiner sieben Autos in der Garage. Gut vorstellbar, dass der ernstzunehmende Profi an jedem Wochentag mit einem anderen Auto zum Training fuhr. Es überrascht aber doch, so wenig auf Geld und Eigentum achtzugeben, dass das Vergessen eines Autos möglich war und erst auffiel, als der neue Hausbesitzer anrief und den Fund meldete. Andererseits musste Allen Iverson mit Mitte dreißig noch ein Jährchen in der Türkei dranhängen, so groß waren mittlerweile die Geldprobleme.

Beide Geschichten sind einerseits einzigartig, anderseits aber auch nicht. Überraschend viele Profisportler haben – dazu gibt es Untersuchungen – weder einen klugen Plan für die Karriere nach der Karriere, noch gehen sie mit dem während der aktiven Karriere verdienten Geld wirklich sorgsam um.

Das hat nach meiner Erfahrung mehrere Gründe. Zum Beispiel ein Mangel an Lebenserfahrung und Gereiftheit, der zu großen Problemen im klugen Umgang mit plötzlichem, zumindest gefühltem Reichtum in jungen Jahren führt. Womöglich kommt der naive Glaube dazu, dass es alle gut mit einem meinen, und das Verdrängen der Tatsache, dass das Zeitfenster für Profisportler nur sehr kurz ist. Nicht zuletzt sind da die Verführungen, die mit dem Profitum unvermeidlich einhergehen: schlechte Berater und/oder ein übertrieben hoher Lebensstil.

Für mich als Trainer, der in diesem Bereich nur bedingt helfen kann, ist es traurig, mit ansehen zu müssen, wenn Spieler nach der Sportlerkarriere ohne Plan, Vorsorge und gut angelegtes Vermögen dastehen. Wiederholt haben mich Exspieler gebeten, ihnen Geld zu leihen, um „einen kleinen Engpass" zu überbrücken.

Ich freue mich, dass nun endlich ein Buch existiert, das sich der wichtigsten Fragen zu diesem schwierigen Thema annimmt, indem es relevantes Wissen vermittelt und verantwortliche, kluge Ratschläge gibt und mögliche Strategien aufzeigt.

Würzburg   Dirk Bauermann
Oktober 2017

Inhaltsverzeichnis

1	Wie es zu diesem Buch kam	1
2	Der Profisportler	5
3	Know-how von Profis für Profis	9
4	Profi sein – Aufwärmen	11
4.1	Das sagt der Sportprofi	12
4.1.1	Meine Situation, ich heute	12
4.1.2	Meine Anfänge: Vom Schüler übers Abitur zum Jungprofi	14
4.1.3	Mein Leben als Jungprofi	18
4.1.4	Psychische Belastung in der Phase des Jungprofis	23
4.2	Das sagt der Finanzprofi	28
4.2.1	Nimm Dein Schicksal in die Hand – „modernes Finanzmanagement" hilft Dir dabei	28
4.2.2	Alles zusammengefasst	37
4.2.3	Selbsttest: Fitnesszustand der eigenen Finanzen	41
4.2.4	Die Zutaten für einen guten Finanzplan	42
4.3	Das Kleine Einmaleins des Finanzmanagements	53
4.3.1	Goldene Regeln	54
4.3.2	Investments	57
4.3.3	Altersversorgung	92
4.3.4	Risk Management	93
4.3.5	Finanzierung	95

4.4		Das sagt der Steuerprofi	125
	4.4.1	Gute Berater und der Sportler als Vorbild – meine persönliche Meinung	126
	4.4.2	Steuern – Durchblick lohnt und muss nicht kompliziert sein	129
	4.4.3	Steuerarten im Überblick	131
	4.4.4	Das System der Einkommensteuer	138

5 Profi sein – Der Wettkampf 147

5.1		Das sagt der Sportprofi	148
	5.1.1	Immer einen Schritt voraus	148
	5.1.2	Auswahl der richtigen Bezugspersonen	154
	5.1.3	Wichtige zusätzliche leistungssteigernde Faktoren	176
	5.1.4	Mit mentalem Training zum Erfolg	178
	5.1.5	Mit der richtigen Ernährung zu Erfolg	181
	5.1.6	Wie setze ich mich langfristig als Profi durch und gehe richtig mit Problemen um?	185
5.2		Das sagt der Finanzprofi	193
	5.2.1	Das große Einmaleins – Konzeption im Sportbereich	193
	5.2.2	Sportler mit besonderen Rahmenbedingungen	265
	5.2.3	Das individuelle Konzept	286
	5.2.4	Vom Konzept in die Praxis	287
5.3		Das sagt der Steuerprofi	290
	5.3.1	Status und Art der Besteuerung	290
	5.3.2	Typische Nebeneinkünfte von Sportlern: Welche gibt es und worauf musst Du achten?	295
	5.3.3	Angestellt, gewerbetreibend, selbstständig, Trainerjob – Sponsoreneinnahmen und Vermögensaufbau: Die unterschiedlichen Einkünfte im Überblick	303
	5.3.4	Steuerlich motiviertes Geldausgeben – oder: Gier frisst Hirn	305
	5.3.5	Der Sportler als Arbeitnehmer	312
	5.3.6	Der selbstständige Sportler	324
	5.3.7	Anlage Werbungskosten/Betriebsausgaben Profisportler	335

6 Profi sein – Auslaufen: Karriere nach der Karriere, Absicherung, Sonstiges — 337
6.1 Das sagt der Sportprofi — 338
6.1.1 Das Leben nach der Sportkarriere — 338
6.1.2 Duale Karriere: Welche Angebote und Strukturen gibt es? — 347
6.1.3 Berufseinstieg — 355
6.1.4 Reflexion meiner Karriere – Schlüsselpunkte und Erlebnisse — 358
6.2 Das sagt der Finanzprofi — 365
6.2.1 Verträge für alle Fälle — 365
6.2.2 Selbsttest: Wie fit sind Deine Finanzen? — 373
6.2.3 Fragenpool und persönliche Notizen — 373
6.3 Das sagt der Steuerprofi — 377
6.3.1 Die „Causa Hoeneß": Steuerfallen vermeiden und Probleme erkennen – wann Du besser einen Profi fragst — 377
6.3.2 Der Sportler und das Ausland — 380
6.3.3 Sonstige Steuerhinweise: Was sonst nirgendwo untergebracht werden konnte — 395

7 Epilog — 399

8 Interviewpartner — 403

Herzlichen Dank — 419

Quellen — 421

Sachverzeichnis — 423

1
Wie es zu diesem Buch kam

„Jörg, du musst was machen! Immer wieder werden junge Sportler über den Tisch gezogen und keiner scheint sich dafür zu interessieren!" In diesem Ausruf meines Freundes Dirk Bauermann liegt letztendlich der Ursprung für dieses Buch.

Dirk und ich haben uns 2002 kennengelernt. Als Trainer der damaligen Erstligamannschaft GHP Bamberg sprach er bei einer Veranstaltung über das Thema „Was kann die Wirtschaft vom Spitzensport lernen?" Der Vortrag hatte mich sehr interessiert. Ich bin seit vielen Jahren nicht nur Führungskraft im Finanzbereich, sondern auch passionierter Ausdauersportler. Mein jährliches sportliches Highlight mit dem Rennrad ist der 138 km lange, landschaftlich reizvolle Dolomitenmarathon über neun Alpenpässe.

Dann lernte ich 2011 Basketballprofi Philipp „Phil" Schwethelm kennen. Wir waren zu einem ersten kurzen Beratungsgespräch in einem Münchner Hotel verabredet. Die deutsche Basketball-Nationalmannschaft hatte an jenem Abend, kurz vor der Europameisterschaft, ein Testspiel gegen Mazedonien. Deutschland gewann übrigens 81:65.

Beim nächsten Treffen war auch Phils Vater dabei. Seine Vorstellungen, Erfahrungen und Fragen flossen in das Beratungskonzept mit ein, das ich in den darauffolgenden Tagen für den jungen Profisportler erarbeitete. Um auch die steuerlichen Komponenten einzubeziehen, zeigte ich mein Konzept per Videoschaltung auch Phils Steuerberater. Patric Böhle und ich hatten sofort einen Draht zueinander und trafen uns wenig später in seiner Kölner Kanzlei. Patric beeindruckte mich mit seinem Erfahrungsschatz in der Sportlerberatung und seinem großen Netzwerk. Imponiert hat mich bei Patric vor allem seine für einen Steuerberater unfassbare Lockerheit.

„Passt", dachte ich mir, denn auch ich entspreche mit meinem Rucksack oder der Fahrradtasche, mit der ich oft bei meinen Kunden zur Beratung auftauche, nicht dem Bild eines typischen Finanzberaters. Das war der Startpunkt für eine intensive Zusammenarbeit. Seitdem haben Patric und ich in ungezählten Gesprächen um bestmögliche Lösungen für Sportler gerungen, Ideen ausgetauscht, Konzepte hinterfragt und Lösungsansätze kontrovers diskutiert. Und hatten dabei jede Menge Spaß!

Mit Dirk habe ich viel darüber gesprochen, was Erfolg in Sport und Beruf ausmacht, welche Faktoren und Persönlichkeitsmerkmale wie Talent und Ehrgeiz nötig sind, um in der jeweils obersten Liga zu spielen. Doch warum endet so mancher Profisportler nach Millionenverdiensten im finanziellen Desaster? Schauen die Vereine hier nur zu oder sogar weg? Welche Rolle haben in dem Gefüge die Familie, Freunde, Spielerberater und Sportlerkollegen? Was läuft hier schief?

Eines ist klar: Der Profisportler braucht den Kopf frei für seinen Sport. Und das gute Gefühl, dass finanziell alles geregelt ist. Doch wie bekommt man beides hin? Das Thema beschäftigte mich und ließ mich nicht mehr los.

Nachdem ich mit Dr. Uwe Schroeder-Wildberg, dem Vorstandsvorsitzenden des Finanzdienstleistungsunternehmens, mit dem ich als selbstständiger Berater und Geschäftsstellenleiter zusammenarbeite, über meinen Beratungsansatz speziell für Sportler gesprochen hatte, trafen wir uns 2016 mit Uli Hoeneß in München. Bei Weißbier und Weißwürsten tauschten wir uns offen über das Problem schlechter Finanzkonzepte für Sportler und ihrer oft ruinösen Folgen aus. In dem Gespräch wurde deutlich, in welchem Dilemma verantwortungsvolle Vereine und ihre Manager stecken: Einerseits wollen sie ihre Spieler finanziell gut beraten wissen, andererseits können sie sie nicht einfach zu einem Finanzberater schicken. Dazu haben sie weder den Auftrag noch die dafür notwendigen Strukturen. Außerdem: Welcher Verein will schon die Verantwortung für eine Finanzberatung übernehmen, wenn etwas schief geht?

„Jörg, du musst was machen!", sagte ich jetzt zu mir selbst. Das Problem muss angepackt und beim Namen genannt werden. Es muss gezeigt werden, was es braucht, welche Zutaten nötig sind, worauf zu achten ist, um Fehler bei der Finanzberatung von Sportlern zu vermeiden. Und wie erreiche ich alle Beteiligten? Den Sportler, den Trainer, den Verein, den Manager, den Spielerberater, den Trainer, die Familie, die Freundin, den Partner und den Fan? Mit einem Buch!

Ich erzählte Patric Böhle von meiner Idee, und fragte ihn, ob er Lust habe, mitzumachen. Patric war sofort begeistert. Als Autor eines Kinderbuchs hatte er schon eine gewisse Erfahrung beim Schreiben, außerdem ist er mindestens so sportverrückt wie ich, allerdings eher vom Zuschauerrang aus.

Abb. 1.1 Dreifach engagiert, dreifach gut: Jörg Bencker, Patric Böhle und Philipp Schwethelm treten ein für gute Beratung für Profis – online zu finden unter www.profisein.de beziehungsweise www.facebook.de/profisein.de

Schließlich wollte ich auch Phil für das Projekt gewinnen. Er zeigte bei meinem Anruf zunächst nur verhaltenes Interesse. Beim ersten gemeinsamen Skypen in der Dreierrunde allerdings zündete auch bei ihm die Idee, ein Buch für Profisportler in die Buchläden, Spielerkabinen und auf die Nachttische der Sportfans zu bringen. Ab diesem Zeitpunkt zogen wir unser Projekt mit wachsender Begeisterung durch, ohne den geringsten Zweifel, ohne Wenn und Aber. Unsere gemeinsamen Schreibrückzugswochenenden, unsere „Bookcamps", waren nicht nur sehr produktiv, sondern auch lustig. Im Sommer 2016 legten wir drei also los (Abb. 1.1).

Anfang 2017 erhielt ich eine Mail vom Springer Verlag. Der internationale Wissenschaftsverlag hatte von der Buchidee gehört. Wenige Wochen später war der Vertrag unter Dach und Fach: Aus einer Idee ist nach zwei Jahren ein Buch geworden.

Jörg Bencker

2
Der Profisportler

Egal ob Basketball, Fußball, Eishockey, Tennis, Golf, Handball oder andere Sportarten – Profisport ist eine Leidenschaft, die die Massen bewegt und für erfolgreiche Einzel- oder Mannschaftssportler große finanzielle Chancen mit sich bringen kann. Vereine stellen den Rahmen und die Zuschauer treiben ihren Club oder Sportler mit ihrer Unterstützung als Fans immer wieder zu neuen Höchstleistungen. Der Sportler selbst strebt vor allem nach zwei Sachen: sportlichem Erfolg und Anerkennung.

Dabei ist der Sportler privilegiert: Er hat sein Hobby zum Beruf gemacht und macht das, was er am liebsten tut und am besten kann. Er erfährt Zuspruch und mediale Aufmerksamkeit und will eigentlich nur eines: sich voll und ganz auf das Hier und Jetzt konzentrieren, das nächste Spiel, den nächsten Wettkampf.

Zugleich ist jeder erfolgreiche Profisportler aber auch ein Unternehmer, der vorausschauend mit den Chancen und Risiken und der finanziellen Gegenwart umgehen sollte. Oft kann er während der aktiven Karriere – einem allein durch das Alter begrenzten Zeitfenster – weit mehr verdienen als das „normale Gehalt" eines Angestellten. Widrige Umstände können den geplanten Karrierezeitraum aber überraschend verkürzen oder die finanziellen Chancen begrenzen: Der Arbeitgeber könnte Insolvenz anmelden, womöglich fallen Sponsoren oder Fernsehgelder weg, die persönliche Leistung sinkt womöglich, der Sportler verletzt sich oder es treten andere ungünstige persönliche Umstände ein.

Der Weg zum „Profisportler" ist selten planbar. Oft spielen neben dem Willen und dem Talent auch die Umstände und glückliche Fügung eine entscheidende Rolle, ob – und wie lange – man von „seinem Sport" leben kann. Hat man sich aber tatsächlich durchgesetzt, gilt es, die Chancen zu nutzen, die Risiken aber nicht aus dem Blick zu verlieren und hierbei – neben einer Planung für die „Karriere nach der Karriere" – vor allem seine Leistungsfähigkeit zu erhalten und sich für „den Fall der Fälle" abzusichern. So ist jedem Profisportler zu raten, bereits zu Beginn der Karriere vorausschauend zu planen und dabei die finanziellen Rahmenbedingungen und Vorstellungen zu berücksichtigen, die bestenfalls wechselseitig zu überprüfen sind.

Um einen erfolgreichen Profisportler schart sich häufig ein Heer von Beratern wie Agenten, Spielerberater, Finanzvermittler oder Rechtsanwälte sowie Freunde, die ebenfalls versuchen, genau diese Bereiche mit Rat und Tat abzudecken. Auch die Familie spielt häufig eine wichtige Rolle. Alles, damit der Sportler sich auf seine Kernaufgabe konzentrieren kann: sich in seiner Sportart erfolgreich zu behaupten.

Vertrauen ist wichtig und natürlich gibt es jede Menge gute Berater, die nur das Beste für ihre Schützlinge im Blick haben. Allerdings hat ein „blindes" Vertrauen auch schon oft zu einem bösen Erwachen geführt. Zudem kann selbst der beste Berater nur gut sein, wenn er die echten Wünsche und individuellen Notwendigkeiten des Profisportlers kennt, den er betreut. Nur dann kann er die individuell richtige Lösung erarbeiten oder auch auf Schwächen in der individuellen Zukunfts- oder Gegenwartsplanung hinweisen – auch wenn es niemals eine allumfassende, perfekte Allgemeinlösung geben wird.

Insoweit ist der Profisportler ebenfalls gefordert. Selbstverständlich muss er nicht selbst Rechtsanwalt oder Steuerexperte werden. Er muss sich auch nicht eingehend mit versicherungsmathematischen Besonderheiten oder strategischer Vermögensplanung auseinandersetzen. Aber er sollte sich, zumindest in Grundzügen, mit sich und seiner Zukunft auseinandersetzen: Wo stehe ich? Wo will ich hin? Wo sehe ich mich in fünf, zehn oder 20 Jahren? Was wird sein, wenn meine Karriere endet? Bei diesen und vielen Fragen mehr steht er in der Verantwortung, nicht blindlings auf jeden „guten Rat" zu hören. Vielmehr sollte er sich selbst mündig mit den verschiedenen Themen und Alternativen auseinandersetzen.

Dafür braucht es kein tief gehendes Wissen in den einzelnen Gebieten – die allgemeinen Zusammenhänge zu verstehen, ist dagegen unabdingbar. Glücklicherweise sind die besagten Themen nicht zu komplex, um die Grundzüge nicht auch einfach und eingängig erklären zu können. Das gibt dem interessierten und vorausschauend denkenden Profisportler das Handwerkszeug, sich (mehr oder weniger) aktiv selbst mit Teilaspekten zu beschäftigen … und so ein Grundverständnis für einzelne Aspekte zu erlangen.

Gute und verlässliche Freunde, die Familie und auch externe Berater können dabei zwar oft gute Gedankenanstöße geben und sind in manchen

Bereichen auch unverzichtbar. Am Ende obliegt es aber dem Sportler, zu entscheiden und damit Verantwortung für sich selbst zu übernehmen … auch abseits des Trainings- und Turnierplatzes.

> „Jeder ist seines Glückes Schmied …"

Treffender kann man es wohl nicht formulieren. Natürlich können dabei Fehlentscheidungen passieren. Doch wenn diese große (negative) finanzielle Auswirkungen haben, geschieht dies nicht selten aufgrund von Desinteresse und/oder weil auf die falschen Leute gehört wurde oder man sich selbst nicht beziehungsweise nur unzureichend mit der Entscheidung für oder gegen etwas auseinandergesetzt hat. Selten gibt es *die* eine richtige Entscheidung – aber *die* falsche Entscheidung sollte als solche erkannt werden.

Wurden während der Karriere falsche Entscheidungen getroffen – was selbst bei bester Planung niemals auszuschließen ist – sollten diese nichtsdestotrotz unter aktiver Abwägung des Sportlers gefallen sein und somit auch in dessen (Mit-)Verantwortung liegen. Das gilt auch für gute Entscheidungen: Auch sie sollten im eigenen Interesse aktiv getroffen werden, dann bereitet der Erfolg umso mehr Freude.

Natürlich ist es immer einfacher, andere für Misserfolg verantwortlich zu machen. Durch aktive Mitgestaltung sollte es aber gar nicht erst soweit kommen.

> Dieses Buch soll interessierten Profisportlern helfen und sie anregen, sich aktiv mit einigen wichtigen Themen auseinanderzusetzen, und hierbei auch die jeweiligen wesentliche Grundzüge und Basics dieser Themen verständlich erklären:
>
> - Karriereplanung,
> - steuerliche Besonderheiten,
> - Absicherung der Leistungsfähigkeit,
> - Karriere nach der Karriere und
> - strategische Vermögensplanung.
>
> Außerdem findet auch jeder sportbegeisterte Fan – neben den für jeden Menschen wichtigen Grundlagen in Vorsorge- und Vermögensplanung – unterhaltsame Einblicke in das Steuerrecht und in die Anekdoten und Erfahrungen eines charismatischen deutschen Basketballspielers.

3

Know-how von Profis für Profis

Erfahrungen und Tipps von Profis, Exprofis und anderen wichtigen Menschen – für Dich zusammengestellt

Damit Du, lieber Leser, möglichst viel Nutzen aus diesem Buch ziehen kannst, haben wir für Dich über den Tellerrand geschaut. Über Monate hinweg haben wir ungezählte Gespräche mit Spezialisten verschiedener Fachgebiete – wie Rechtsanwälte, Psychologen, Professoren … – geführt. Wir sind zu Sportveranstaltungen gefahren, haben Behördenluft geschnuppert und sind zu wichtigen Gesprächspartnern ins Ausland gereist. Wir haben uns mit ehemaligen und aktiven Spitzenathleten der unterschiedlichsten Sportarten ausgetauscht. Haben mit Familienangehörigen, Vereinsbossen, Managern, Spielerberatern, Laufbahnberatern, Funktionären und Trainern gesprochen und sie nach ihren Erfahrungen, Ansichten und Tipps für das Gelingen in Sachen Finanzen und Steuern, Karriere und das Vorbereiten der Zeit danach gefragt. Wir waren von der Hilfsbereitschaft und Resonanz überwältigt. Jeder fand die Idee des Buches super und fast jeder, den wir kontaktiert haben, hat sich Zeit für uns genommen. Manche haben über Dritte von dem Projekt gehört und sind direkt auf uns zugegangen.

Gerade die Tipps der Exsportler helfen Dir, eine Zeitreise zu machen und ein bisschen an morgen zu denken. Das alles hat uns einen Riesenspaß gemacht. Wir selbst haben durch die Gespräche viel gelernt und hätten liebend gerne noch weitere Beiträge gesammelt. Haben wir am Anfang unseren Gesprächspartnern vorab Fragen zugesandt, sind wir später mehr und mehr dazu übergegangen, offene Gespräche zu führen. Allein der Tatsache, dass wir drei Autoren auch noch unsere eigenen Kapitel zu Papier bringen mussten und dieses Buch neben unserem Fulltime-Job schreiben, ist es geschuldet, dass es nicht noch mehr Interviews wurden.

An dieser Stelle allen unseren Gesprächspartnern nochmals herzlichen Dank für die Offenheit und ihren Beitrag zum Gelingen dieses Werkes! Vieles davon ist direkt in die unterschiedlichen Kapitel des Buches eingeflossen. Einige Interviews und persönliche Beiträge haben wir als Bonusmaterial für Dich „unplugged" zusammengestellt, Du kannst sie per QR Code herunterladen (Kap.8): Die Antworten decken ein großes Spektrum ab und sind nicht nur für jeden Sportler interessant, lesenswert und teilweise recht amüsant – sie kommen von: Frank Aehlig, Bennet Ahnfeldt, Rolf Beyer, Kathrin Boron, Heiner Brand, Ali Bulut, Jan Fitschen, Kay Gausa, Michael Greis, Per Günther, Prof. Dr. Bernd Heesen, Timo Helbling, Adam Hess, Udo Kießling, Patrick King, Andreas Kuffner, Martin Meichelbeck, Moritz Müller, Thomas Müllerschön, Marcel Schäfer, Horst Schlüter, Jörg Schwethelm, Neven Subotic, Daniel Theis, Lena Theis, Karlheinz (Charly) Waibel und Jan Zimmermann.

Philipp, Jörg & Patric

4

Profi sein – Aufwärmen
Anfänge und das Kleine Einmaleins

Abb. 4.1 Vom bolzenden Kind zum etablierten Nationalspieler: Schön, wenn man sich diesen Traum erfüllen kann

4.1 Das sagt der Sportprofi

So machst Du das Beste aus Deiner Karriere und Zukunft.

4.1.1 Meine Situation, ich heute

In diesem Kapitel:

- Einordnung: Wie sind Profis in der Sportart Basketball gegenüber anderen Berufen und Sportarten finanziell gestellt?
- Klärung: Habe ich mit meinem Gehalt als Basketballprofi ausgesorgt?
- Einordnung: Wie sieht meine persönliche Situation in Bezug auf mein Umfeld aus?

Marcin Gortat, heute Spieler in der amerikanischen National Basketball Association (NBA) bei den Washington Wizards: „Philipp, how are you in school?"

Ich, ein 16-jähriger Doppellizenzspieler: „I'm okay, I guess."

Marcin Gortat: „Good, make sure you keep that up. You won't make one cent with playing basketball!"

Der Weg von einem kleinen Kind mit einem großen Traum zum etablierten Nationalspieler ist lang und steinig (Abb. 4.1). Nur den wenigsten ist es vergönnt, diesen Traum auch in die Tat umsetzen zu können. Es gibt so viele Stolpersteine, Hürden und Nackenschläge, die es zu überwinden gilt ... auf dem Spielfeld und abseits davon. Mein Kapitel gibt Dir Einblicke in die raue, aber auch faszinierende Welt des Profisports und hilft Dir dabei, Dich besser in ihr zurechtzufinden.

Als Basketballprofi spiele ich in Deutschland in einer Sportart, die – verglichen mit Fußball – eine Randsportart ist. Trotzdem kann ich als Basketballprofi während meiner Karriere ein deutlich höheres Einkommen erzielen als der durchschnittliche Arbeitnehmer – besonders, wenn man es auf das Alter bezieht, in dem ich dieses Einkommen erreiche. Zwar gehöre ich in der deutschen Basketball Bundesliga nicht zu den absoluten Spitzenverdienern, als ehemaliger Nationalspieler bin ich aber sicher im gehobenen Bereich einzuordnen. Die Verträge, die ich bisher abgeschlossen habe, unterlagen über die Zeit Schwankungen in beiden Richtungen.

In den vergangenen Jahren wurde ich schon sehr oft gefragt, ob ich nach meiner Karriere ausgesorgt habe. Natürlich hängt es stark von den Ansprüchen nach und während der Karriere ab, ob ein aufgebautes Vermögen ausreicht, um im Lebensabschnitt nach der Karriere von weiterem Erwerbseinkommen unabhängig zu sein. Ich strebe für mich im „normalen Bereich" einen gehobenen Lebensstandard während und nach der Karriere an. Diesen werde ich jedoch nicht für mein restliches Leben aufrechterhalten können, wenn ich nach der Sport Karriere kein weiteres Einkommen erwirtschaften kann.

Was ich über die Zeit nach der Karriere schreibe, bezieht sich somit auf eine Situation, in der ich trotz einer guten erwirtschafteten Grundlage auf weiteres Einkommen angewiesen sein werde. Je höher das Einkommen ist, das ein Sportler erzielt, umso eher kann er sich natürlich von bestimmten Verhaltensempfehlungen frei machen. Eine Reihe weltberühmter Spitzensportler hat allerdings auch größte Einkommen schon in kürzester Zeit „verbrannt". Unabhängig vom Einkommenszwang können Fragen der (Aus-)Bildung und der Berufstätigkeit auch unter den Gesichtspunkten Zufriedenheit, Erfüllung und Selbstwertgefühl gesehen werden.

In meiner Karriere hatte ich bisher das Glück, keine längeren Verletzungs- oder Krankheitsausfälle verkraften zu müssen. Und bisher lebe ich alleine in einem Singlehaushalt.

Dieses Buch schreibe ich zusammen mit meinem Finanzberater und meinem Steuerberater. Ich sage das schon hier, weil ich auf diese wichtige Zusammenarbeit später noch zu sprechen komme. Außerdem zeigt dieses Buchprojekt das große Vertrauensverhältnis, das sich zwischen uns entwickelt hat.

Zur zeitlichen Einordnung hier ein kurzer Überblick über meine Karriere:

2006–2009 (mein Alter: 16–20): Rhein Energie Köln
2009–2011 (mein Alter: 20–22): Eisbären Bremerhaven
2011–2012 (mein Alter: 22–23): FC Bayern München Basketball
2012–2015 (mein Alter: 23–26): ratiopharm Ulm
Seit 2015 (mein Alter zu Vertragsbeginn: 26): EWE Baskets Oldenburg

49 Spiele mit der A-Nationalmannschaft

4.1.2 Meine Anfänge: Vom Schüler übers Abitur zum Jungprofi

In diesem Kapitel:

- Wie ich zum Basketball kam.
- Wie ich Schule und Basketball unter einen Hut bekommen habe.
- Wie mich meine Eltern unterstützten.
- Meine Anfänge als Profi.

„Talent allein reicht nicht. Talent ist ein Geschenk, das allerdings nicht verschleudert werden darf. Nur, wer Talent mit harter Arbeit und Fokus auf das Wesentliche kombiniert, hat die Chance, ganz oben anzukommen. Do not take anything for granted! Jeder muss sich die Frage stellen, ob er bereit ist, ein Stück Selbstaufgabe einzubringen, um seinen Traum verwirklichen zu können."
(Rolf Beyer, Geschäftsführer von Brose Bamberg)

https://tinyurl.com/y8zal6bh

Meine Anfänge im Sport gleichen wahrscheinlich denjenigen eines jeden sportbegeisterten Kindes. Als Junge spielte ich mit Schulkollegen bei jeder Gelegenheit in den Unterrichtspausen auf dem Schulhof und nach der Schule im Garten oder Spielplatz verschiedene Ballsportarten. Ich hatte das große Glück, dass meine Eltern meine Leidenschaft unterstützen und mich in sämtlichen Sportvereinen anmeldeten, für die ich mich interessierte. So kam es, dass ich zeitweise Basketball, Eishockey, Fußball und Tennis gleichzeitig spielte.

Während ich aber in allen Sportarten, die mit Bällen zu tun hatten, großes Talent zeigte und immer zu den Leistungsträgern der jeweiligen Gruppe gehörte, tat ich mich in Sachen Schule äußerst schwer: Im Klassenraum fiel ich mehr durch schlechte Leistungen und als Unruhestifter auf. So kam es, dass ich am Ende der vierten Klasse nur eine Hauptschulempfehlung erhielt und auf die Gesamtschule wechselte. Dort zeigte der viele (Team-)Sport langsam seine Wirkung. Im Training konnte ich meine überschüssige Energie loswerden und lernte Teamfähigkeit und Disziplin. Das half mir auch in der Schule, mich besser zurechtzufinden. Meine Noten kletterten schlagartig nach oben. Im Alter von 13 bis 14 Jahren – etwa in der achten Klasse – gehörte ich beim Basketball in meinen Auswahlmannschaften, zum Beispiel der NRW-Auswahl und der Jugend-Nationalmannschaft, immer noch zu den Leistungsträgern. Mir wurde bewusst, dass sich mein Traum, einmal durch Sport meinen Lebensunterhalt verdienen zu können, durchaus erfüllen könnte.

In meiner Heimatstadt Gummersbach gab es kein ambitioniertes Basketballprogramm. So war ich schon zu früh darauf angewiesen, dass meine Mutter mich regelmäßig bis ins 30 km entfernte Bensberg zum Training brachte. Mit meinem Wechsel zu dem 50 km entfernten Verein Rhein Energie Köln wurde der Fahraufwand dann noch einmal höher. Ich spielte nicht mehr nur in meiner Altersklasse, sondern zusätzlich noch im nächsthöheren Jahrgang. Zusätzlich standen die ersten individuellen Trainingseinheiten auf dem Programm. An weiteren Sport neben Basketball war nicht mehr zu denken und so musste ich schweren Herzens den Tennis- und Eishockeyschläger an den Nagel hängen. Von nun an holte mich meine Mutter täglich nach der Schule mit vorbereitetem Mittagessen von der Schule ab und fuhr mich zu den ein oder zwei Trainingseinheiten nach Köln. Am Wochenende standen dann regelmäßig bis zu drei Spiele auf dem Programm, da ich neben den beiden Jugendmannschaften jetzt auch schon der Oberliga Herrenmannschaft angehörte.

Schon hier zeigt sich, wie sehr gerade die Eltern die sportliche Karriere eines Athleten beeinflussen und unterstützen, vor allem am Anfang. Ohne Eltern wären für die meisten Athleten die ersten Schritte hin zum Profi überhaupt nicht möglich: Sie sind Unterstützer, Fahrdienst und Tröster – und natürlich die größten Sponsoren.

Mit zunehmendem Trainingspensum wurde ich schon früh mit etwas konfrontiert, was ich später als Kurs in meinem Studium unter Zeitmanagement kennenlernte: Wie sollte ich den großen Trainings- und Fahraufwand sowie die vielen Spiele nur mit der Schule und deren Anforderungen unter einen Hut bekommen? Die Hausaufgaben mussten schließlich trotzdem erledigt werden. Und für mein Ziel, Abitur zu machen, musste ich die entsprechenden Noten in den Klausuren erreichen (Abb. 4.2).

Abb. 4.2 Da brummt schon mal der Kopf: Alles muss unter einen Hut – Schule, Hausaufgaben, Noten, Training und Turniere

Die Lösung bestand darin, die Zeit in der Schule effektiv zu nutzen. Während sich also meine Mitschüler in den Freistunden heimlich vom Gelände schlichen, um erste Erfahrungen beispielsweise beim Rauchen zu sammeln, schlich ich zusammen mit meinem Kumpel durch das Gebäude, um leere Klassenzimmer zu finden, in denen wir in Ruhe unseren schulischen Pflichten nachkommen konnten, die für nachmittags vorgesehen waren. Klingt nicht gerade nach dem Liebling aller Mitschüler. Ich kann auch nicht behaupten, dass ich das in der Unterstufe je gewesen wäre. Aber das hatte sicherlich auch andere Gründe … Doch die tun hier nichts zur Sache, ich verrate sie vielleicht irgendwann einmal an anderer Stelle.

Mit 15 Jahren hatte ich dann die zehnte Klasse erfolgreich absolviert – dann sollten die drei Jahre folgen, die mich wohl am meisten beansprucht und gefordert, aber auch geprägt haben: Mit dem Übergang in die Oberstufe war gleichzeitig der Umzug auf ein Sportinternat in Köln verbunden. Hier hatte ich nun mein eigenes Zimmer und war umgeben von 17 weiteren Leistungssportlern, die wie ich von der großen Karriere träumten. Wir hatten einen großen Aufenthaltsraum, an dem uns nachmittags Nachhilfelehrer zur Verfügung standen, eine Betreuerin, die unsere

„Ersatzmutti" war und eine Kantine, in der es Essen gab. Die Athleten gingen jeweils auf separate öffentliche Schulen, mit denen das Internat kooperierte. Ich entschied mich, auf dem Kölner Apostel-Gymnasium mein Abitur in Angriff zu nehmen. Einfach gesagt bedeutete das, dass ich mit 16 Jahren in Köln mein eigenes kleines Zimmer hatte und bis auf Nachhilfelehrer und Essen mein eigenes Leben zu organisieren hatte. Gleichzeitig stand ich vor meiner ersten Saison im Profikader, der damaligen Topmannschaft Rhein Energie Köln.

„Es gibt ganz gefährliche Phasen im Sport. Die Wichtigste und Gefährlichste ist im Juniorenbereich zwischen 16 und 19 Jahren: Das Hochschießen ist der allergefährlichste Moment. Wenn Du da nicht klar in der Birne bist, gerade jetzt größtmöglichen Einsatz bringst, kannst Du in ein Loch fallen. Davon erholen sich viele nicht. Gerade wenn der Erfolg da ist, fängt die wahre Arbeit an. Dann gilt es, sich zu beweisen, bestätigen und konstant bleiben. Ansonsten ist das der erste Weg in Richtung Rückwärtsgang. Es reicht nicht, wenn einer richtig talentiert ist und der Kopf nicht mitmacht. Es muss in einem drinstecken, es mit großer Willenskraft zu schaffen. Ich muss es als Spieler wollen, meinen Platz erobern. Es ist harte Arbeit. Ich brauche einen klaren Kopf, soziale Kompetenz, muss den Jungen helfen. Der Spieler muss dem Trainer, dem Arzt oder der Putzfrau Respekt zollen, sonst erstickt er in seiner eigenen Scheiße. Er muss ausstrahlen, was er braucht, und das, was er erwartet, muss er vorleben.
Wichtig ist für einen Spitzensportler nicht, wo er das meiste Geld bekommt, sondern wo er sich besser entwickeln kann. Lieber Stufe für Stufe hochklettern und Erfahrungen sammeln, statt in einem Schritt vom Kleinen zum Großen schreiten. Bei Bayern etwa ist jeder Spieler eine Ich-AG. Wenn ein junger Spieler noch nicht soweit ist, kann er nur verlieren."
(Ali Bulut, Spielervermittler Fußball)

https://tinyurl.com/yco356mj

Wenn eine Sportkarriere startet, beginnt sie mit Spaß an der Sache. Gerade in den Anfangsjahren sind die meisten jungen Sportler dabei darauf angewiesen, dass ihre Eltern sie unterstützen. Die jungen Talente müssen dabei früh lernen, wie wichtig ein gutes Zeitmanagement ist. Damit die Schulleistungen nicht unter dem zunehmenden Trainingspensum leiden, können beispielsweise Freistunden gut dazu genutzt werden, Aufgaben für den Nachmittag bereits in der Schule zu erledigen. Auch schon in jungen Jahren fordert Leistungssport also gewissen Verzicht und Disziplin.

4.1.3 Mein Leben als Jungprofi

In diesem Kapitel:

- Mein Tagesablauf als Jungprofi.
- Wie ich als Jungprofi, der in drei Mannschaften gleichzeitig spielte, mein Abitur schaffte.
- Welche Opfer ein junger Spieler bringen muss.
- Wie mich meine Trainer und das Leben auf dem Sportinternat beeinflussten.

„Ich war über einen unglaublichen Zeitraum von fünf Olympiaden erfolgreich. Mein Erfolgsrezept war: Nie mit dem zufrieden geben, was wir (im Ruderteam) erreicht haben. Das ist das Entscheidende, was Sportler verinnerlichen sollten. Hinter einem Olympiasieg steht immer ein Wettkampf. Und wir haben uns auch nach einem Sieg immer besonnen und diesen Wettkampf analysiert. Ich wollte immer das perfekte Rennen machen – noch verbessern, obwohl wir Olympiasieger geworden sind. Nach dem Höchsten streben! Und das Höchste erreiche ich nur, wenn ich mich hinterfrage. Wenn es perfekt war – einmal, in Athen, waren wir nahe dran –, dann ist das der beste Zeitpunkt, um aufzuhören."
(Kathrin Boron, ehemalige Profiathletin im Rudern, Managerin für Athletenförderung bei der Deutschen Sporthilfe)

https://tinyurl.com/y8dvhwrr

Meine Woche sah – zusätzlich zur schulischen Belastung – in der Regel so aus: zwei- bis dreimal in der Woche morgens vor der Schule Krafttraining, drei- bis viermal in der Woche in einer Freistunde oder nach der Schule Individualtraining, täglich 18:00 bis 20:00 Uhr Profitraining und täglich 20:00 bis 22:00 Uhr Training mit der zweiten Mannschaft. Am Wochenende fanden dann jeweils bis zu drei Spiele statt: in der Jugend-Bundesliga, Herren-Regionalliga und Herren-Bundesliga.

Freie Tage gab es praktisch nicht für mich. Da ich in drei Mannschaften gleichzeitig spielte, konnte man auch sicher sein, dass eine der drei Mannschaften immer trainierte. Und wenn gerade doch mal kein Mannschaftstraining war, wurde die Zeit für individuelle Einheiten genutzt. Die meisten Nachwuchsspieler kennen dies aus eigener Erfahrung.

Für mich kamen in dieser Phase häufig unter der Woche noch regelmäßig dreitägige Fahrten ins Ausland im Rahmen von internationalen Wettbewerben hinzu. Und wieder stellte sich die schwierige Frage: Wie sollte ich neben dem hohen Trainingspensum bloß noch die notwendigen Schulaufgaben bewältigen? Einerseits war da der Wechsel aufs Gymnasium, andererseits viele Fehlzeiten, die durch den Eurocup entstanden. Nicht immer reichten die Freistunden aus, um alle meine Aufgaben zu erfüllen. So musste ich mir alle paar Wochen einen trainingsfreien Tag erbitten, an denen ich mithilfe von Nachhilfelehrern den Stoff nacharbeiten konnte. Natürlich begleiteten mich Schulmaterialien auch permanent auf Flügen und ins Hotel. Doch wer einmal mit einer Mannschaft eine Auswärtsfahrt mitgemacht hat, weiß, dass gute Vorsätze sich nicht immer in die Tat umsetzen lassen.

Hier vielleicht ein kleiner hilfreicher Tipp **an alle jungen Spieler,** die möglicherweise gerade diese Zeilen lesen: Viele Lehrer haben anfangs häufig große Vorurteile und Vorbehalte. Sie gehen davon aus, dass man als Jungprofi ein Stück weit abgehoben ist und die Schule sowieso nicht mehr für nötig hält. Verhält man sich entsprechend, nehmen Lehrer dies umgehend wahr und man erhält womöglich eine deutlich härtere Quittung als der Mitschüler, der sich ebenso verhält, aber kein Sportler ist.

> Umgekehrt funktioniert das Spiel jedoch auch. Es lohnt sich, sich gerade in den ersten Wochen des Schuljahres stark einzubringen – immer die Hausaufgaben vorzuweisen und sich dem Lehrer gegenüber engagiert zu zeigen. Das beeindruckt Lehrer oft stark. Im restlichen Schuljahr kann man dank dieser Brücke viel Unterstützung und Nachsicht erfahren. Junge Spieler sollten also immer früh Kontakt zu ihren Lehrern suchen. Aufklärungsarbeit – was leistet ein angehender Profi neben dem Schulunterricht, wie viel Zeitaufwand ist nebenbei zu betreiben etc.? – und sich regelmäßig und intensiv mit den Lehrern auszutauschen, erleichtert oft das Leben an der Schule. Und es hilft bei Freistellungen für Trainingslager oder Wettkämpfe im In- und Ausland.

Anders gesagt: In der Oberstufe bestand mein Leben fast ausschließlich aus Training, Spielen und Schule. Mit Freunden etwas unternehmen? Keine Zeit. So blieb dies meist auf der Strecke. Letztlich sind aber klare Ziele vor Augen und diese Art von Einstellung nötig, um die persönlichen großen Ziele zu erreichen. Ich habe als Jugendspieler viele gesehen, die deutlich talentierter waren als ich. Trotzdem haben die meisten dieser Jungs den Schritt zum Profi nicht gepackt: In den entscheidenden Jahren waren sie nicht bereit, auf gewisse Sachen zu verzichten, die in diesem Alter als Jugendlicher sonst normal sind. Andere hoch talentierte Spieler schafften wiederum den Sprung zum Profi, ohne vergleichbaren Aufwand zu betreiben. Allerdings sind diese Spieler, gemessen an ihrem großen Talent, oft weit unter ihren Möglichkeiten geblieben.

Der amerikanische High School Coach Tim Notke hat dies mal einfach zusammengefasst: „Hard work beats talent, if talent does not work hard." Für mich bekam dieser Satz seinerzeit eine ganz neue Bedeutung. Die serbisch-kroatische Schule etwa ist im Basketball berüchtigt dafür, Spieler an die Grenzen der mentalen und physischen Belastbarkeit zu bringen. In jedem Training drückten meine Trainer Sasa Obradovic und Drasko Prodanovic sämtliche Knöpfe, um ihre Spieler maximal zu provozieren. Ich kann nicht aufzählen, wie oft sie mir dabei schon die schlimmsten Sachen an den Kopf geworfen haben. Am Ende des Trainings hatten sie mich regelmäßig so weit, dass ich mit Scheuklappen vor den Augen und Schaum vor dem Mund trainierte. Dass es dabei im Training unter uns Mitspielern gelegentlich zu Handgreiflichkeiten kam, war nicht ungewöhnlich. Ich selbst war glücklicherweise nie in eine Schlägerei mit einem Teamkollegen involviert, stand aber einige Male sehr kurz davor. Immer wieder nahmen mich die

Assistenztrainer nach dem Training zur Seite und bauten mich wieder auf. Ich solle mir keine Sorgen machen. Ich müsse mir erst Gedanken machen, wenn man mich nicht mehr alle zwei Minuten zur Sau machen würde. Tatsächlich stellte ich mit der Zeit fest, dass gerade sehr talentierte Spieler umso mehr Einläufe verpasst bekamen. Das war also eine Art Auszeichnung. Hört ein Trainer dagegen auf, Dich zu drangsalieren, hält er es für verlorene Zeit, sich mit Dir zu beschäftigen. Trotzdem wünschte ich meinen Trainern wahrscheinlich unzählige Male dafür innerlich den Tod an den Hals. Heute bin ich Ihnen unendlich dankbar für die Zeit und Energie, die sie in meine Ausbildung investiert haben. Dank der Art, wie sie mich behandelten, habe ich jedes Training am Limit und mit hundertprozentigem Fokus trainiert. Ohne Sasa und Drasko hätte Marcin Gortat möglicherweise Recht behalten, dass ich womöglich niemals Profibasketballer werden würde.

Im Laufe meiner Karriere stellte ich dann fest, dass Trainer ihre Spieler auf verschiedene Art und Weise immer wieder aufs Neue testen und versuchen, neue Reize zu setzen. Als Spieler versteht man nicht immer, was der Trainer gerade damit bezweckt. Ich habe manchmal das Gefühl, dass manche Trainer einen Spieler nur in eine bestimmte Situation versetzen, um zu sehen, wie er darauf reagiert. Ich zum Beispiel kann mich noch gut an eine besondere Begebenheit erinnern, als ich mich längst als Nationalspieler etabliert hatte und die Kölner Zeiten schon lange Geschichte waren: Bei der Europa-Meisterschaftsqualifikation 2012 wurde ich in unserem zweiten Gruppenspiel in Bulgarien unerwartet nur sehr kurz eingesetzt, obwohl ich fest mit einer großen Rolle gerechnet hatte. Am nächsten Tag stieg ich – noch immer ziemlich frustriert – als einer der Letzten ins Flugzeug ein. Es war ziemlich voll. Mitten im Gedränge stand ich plötzlich neben meinem Coach Svetislav „Sveti" Pesic und seinem Assistenten Coach Emir „Muki" Mutaptcic. Für alle umliegenden Sitzreihen hörbar fragte mich Sveti süßlich-sanft, ob ich sauer sei. Schlagartig hatte er die volle Aufmerksamkeit sämtlicher Fluggäste. In mir brodelte es. Peinlich berührt antwortete ich, dass dem nicht so sei, vielmehr sei alles okay. Daraufhin stupste er Muki mit dem Ellenbogen an, lachte sich kaputt und sagte laut: „Schau mal Muki, er schmollt. Hat wohl gedacht, dass er 30 min spielt." Was sollte ich dazu sagen? Ich war froh, als es in der Schlange vor mir weiterging und ich mich ziemlich bedröppelt und bloßgestellt auf meinen Platz setzen konnte. Im nächsten Spiel in Ulm gegen Schweden spielte ich dann tatsächlich fast 30 min lang – und lieferte ein gutes Spiel ab. Die Fans meines neuen Vereins ratiopharm Ulm haben mich damals lautstark gefeiert. So schnell kann es manchmal gehen.

Für mich spielten meine Trainer gerade zu Beginn meiner Karriere eine besonders wichtige Rolle. Sie waren es, die sich oft in ihrer Freizeit mit mir vor der Schule – in den Freistunden und vor beziehungsweise nach dem Training – in die Halle stellten, um mit mir individuell an meinem Spiel zu arbeiten. Sie holten mich zu Trainingseinheiten oder Spielen ab und gingen zwischendurch mal mit mir zusammen essen. Als junger Spieler, mit gerade einmal 16 Jahren, wohnte ich ja schon allein und tauchte gleichzeitig in eine neue Welt ein, die teils sehr rau sein kann und völlig fremd für mich war. Neben meinen Profitrainern waren in dieser Zeit Mathias Fischer und Zoran Kukic als Jugend- und Individualtrainer für mich verantwortlich und nahmen fast schon eine väterliche Rolle ein: Sie halfen mir, mich auf die neue Situation einzustellen, bereiteten mich mental auf die Profikarriere vor und waren zur Stelle, wenn es Probleme gab. Gerade in dieser Anfangsphase bauen Spieler zu ihren Trainern ein unglaublich enges Vertrauensverhältnis auf, das oft ein Leben lang Bestand hat. Daher haben auch die meisten Profis eine Person in ihrem Umfeld, den sie als ihren großen Mentor bezeichnen. Auch ich habe heute noch ein sehr enges Verhältnis zu meinen ehemaligen Trainern und Förderern.

Das Leben auf dem Sportinternat spielte für mich zu dieser Zeit eine ebenso große Rolle. Dort war ich von 17 weiteren jungen Sportlern umgeben. Sie hatten dieselben Träume, verfolgten die gleichen Ziele und brachten Opfer wie ich. Ich hatte unglaublich viel Spaß in dieser Gemeinschaft – sie machte es mir deutlich leichter, mich auf meine Aufgaben zu fokussieren.

Für Jungprofis ist das Jugendalter bis Anfang etwa 20 Jahre die wohl anspruchsvollste Zeit ihrer Karriere. Als junger Spieler trainiert und spielt man oft in mehreren Teams zugleich und muss nebenbei noch die schulischen

Herausforderungen bestehen. Will man es bis zum Profi packen, muss man sich durchbeißen! Die Kommunikation mit Trainern und Lehrern kann helfen, alle Termine und Pflichten in diesem straffen Zeitplan koordiniert zu bekommen.

4.1.4 Psychische Belastung in der Phase des Jungprofis

In diesem Kapitel:

- Wer nicht einschätzen kann, inwieweit er sich dauerhaft als Profi etablieren kann, hat es schwer!
- Welche zusätzlichen und neuen Aufgaben erwarten einen jungen Spieler?
- Warum rate ich jungen Spielern davon ab, sich zu früh dual weiterzubilden?
- Wann ist die richtige Zeit für einen dualen Bildungsweg gekommen?
- Welche Fähigkeiten muss ein junger Spieler für den dualen Bildungsweg mitbringen?

„Setze Dir ein Zeitfenster, in dem Du Dir erlaubst, Dich voll und ganz dem Sport zu widmen. Ich denke, zwei oder drei Jahre sind ideal. Aus sportlicher Sicht sind die Jahre 18 bis 21 einfach zu wichtig, um auf mehreren Hochzeiten zu tanzen. Aber danach gilt: zweigleisig fahren!"
(Per Günther, aktiver Basketballprofi und ehemaliger Nationalspieler)

https://tinyurl.com/y76k5vnv

Die für mich persönlich psychisch anspruchsvollste Phase im Leben eines Profis ist diejenige, in der sich herausstellt, ob man sich als Profi durchsetzen wird oder nicht. Hat man den Schulabschluss in der Tasche, sieht man seine Freunde und Klassenkameraden, wie sie weiter an ihrer beruflichen Zukunft basteln und ein Studium oder eine Ausbildung beginnen. Zum ersten Mal geht man diesen Schritt nicht weiter mit. Während also die Altersgenossen den gesellschaftlich anerkannten und „sicheren" Weg gehen und beispielsweise ein handfestes Studium beginnen, weiß man selbst nicht, ob sich die investierte Zeit als Profi auszahlen wird. So auch bei mir: Auf Misserfolge oder Spiele, in denen mich der Trainer nicht berücksichtigte, folgen oft quälend lange Nächte, in denen ich mich fragte, ob ich das Richtige tu. Ich stand massiv unter Druck. Neben den schlaflosen Nächten hatte ich eine Zeit lang sogar einen Tinnitus. Im schlechtesten Fall können sich junge Spieler nicht durchsetzen oder sie verletzen sich schwer und beginnen erst einige Jahre nach den Altersgenossen ein Studium, ohne nennenswerte finanzielle Rücklagen in der Karriere geschaffen zu haben.

Natürlich lag damals der Schluss für mich nahe, direkt mit einem Fernstudium zu beginnen, um so die Zukunftsängste von mir zu nehmen. So habe ich mich nach dem Zivildienst schnell an der Fernuniversität Hagen für ein Studium in Betriebswirtschaftslehre eingeschrieben. Eines Tages klingelte dann der Postbote und brachte drei große Stapel an Mathe-Unterlagen, die ich durchzuarbeiten hatte … Nach etwa zwei Wochen hing ich diese erste Karriere als Student vorerst völlig überfordert und frustriert an den Nagel: Ein Fernstudium erfordert größte Organisation und ein großes Maß an Selbstständigkeit. Es sind Fristen einzuhalten und Informationen einzuholen und der ganze organisatorische Verlauf des Studiengangs will verstanden werden. Ich war damals dazu schlichtweg noch nicht in der Lage. Viel zu sehr beschäftigte ich mich damit, mein eigenes Leben zu organisieren. Noch war ich voll darauf fokussiert, mich als Profi durchzusetzen. Wie eingangs beschrieben, wird von einem jungen Spieler zusätzlich ein deutlich höheres zeitliches Trainingspensum erwartet als von einem gestandenen Profi. Außerdem hatte ich die drei unglaublich intensiven Jahre während der Oberstufe noch im Kopf, da waren noch kein neuer Antrieb und keine neue Motivation, mich in ein nächstes Abenteuer zu stürzen.

Nach der Insolvenz meines Heimatvereins heuerte ich vielmehr in Bremerhaven an und musste im Alter von 20 Jahren erstmals in meinem Leben für mich selbst kochen, Wäsche waschen, aufräumen etc. – mein Leben ganz neu selbst organisieren. Diese erste Zeit in meinem neuen Verein fiel mir alles andere als leicht! Zum einen war es ein spannendes Abenteuer, andererseits fühlte ich mich zu Hause häufig einsam. In meinem Team spielten hauptsächlich ältere Spieler, sodass ich abseits vom Spielfeld in der fremden Stadt keine richtigen Bezugspersonen hatte. Meine Freunde und Familie wohnten Hunderte Kilometer weg und auch sportlich lief es zunächst persönlich noch nicht gut. Zum Glück konnte ich mir nach einer halben Saison eine feste Rolle mit vielen Spielanteilen erarbeiten – und zumindest die Zukunftssorgen relativierten sich und der lästige Tinnitus verschwand.

„Die Sportlerzeit ist eine wichtige Zeit, da die Menschen jung sind und zum ersten Mal ‚das Haus verlassen'. Privat und sportlich kommen fundamentale Herausforderungen auf sie zu, auf die sie weder die Schule noch die Eltern komplett vorbereiten können. Ein wichtiger Austausch ist dann derjenige mit älteren Sportlern: Man kann von deren Erfahrungen profitieren. Wenn dies auch nicht alle Probleme löst, so lernt man doch mögliche Lösungswege für die eigene Situation kennen – nicht immer, doch sehr oft."
(Neven Subotic, Fußballprofi bei AS Saint-Étienne)

https://tinyurl.com/y8732o96

Sicher sind manche Spieler im jungen Alter schon selbstständiger, als ich es damals war. Vielleicht können sie sich auch besser organisieren. Doch wenn mich junge Spieler heute fragen, wann ein guter Startpunkt ist, eine duale Karriere zu beginnen, rate ich stets dasselbe – womit ich nicht allein stehe:

„Sportler sollten gut darauf achten, sich nicht zu viele Dinge zeitgleich aufzuhalsen. Neben den vielen Trainingseinheiten und Spielen kommen ja noch die ganzen Reisen hinzu, die nicht zu unterschätzen sind. Verschiedene Interessensgebiete kommen mit der Zeit automatisch. Das muss man nicht forcieren."
(Heiner Brand, ehemaliger Handball-Nationalspieler und Handball-Nationaltrainer)

https://tinyurl.com/y7bbf6nz

Nach einigen Jahren PlayStation-Zockens, Serienschauens und Während-der-trainings-und-spielfreien-Zeit-Abhängens spürt man von ganz alleine, wann die richtige Zeit gekommen ist, neben dem Profidasein eine weitere beruflichen Ausbildung anzugehen. Ich zum Beispiel konnte meinen Kopf einige Zeit damit zufrieden stellen, anspruchsvollere Bücher oder Zeitschriften zu lesen. Irgendwann war jedoch der Punkt erreicht, an dem ich das unbedingte Bedürfnis hatte, mein Hirn wieder richtig zu fordern. Nachdem ich mich als Profi durchgesetzt hatte, wollte ich diese neue Herausforderung in Angriff nehmen.

Ich kann mich noch gut erinnern, wie ich in der sommerlichen Saisonpause morgens aufgewacht bin und am liebsten gleich angefangen hätte zu studieren. So setzte ich mich gleich nach dem Frühstück ins Auto und fuhr zum Olympiastützpunkt Rheinland in Köln. Während meiner Schulzeit hatte ich zu dem ansässigen Laufbahnberater Horst Schlüter ein freundschaftliches Verhältnis aufgebaut. Er hatte mich schon öfter unterstützt. Neben meiner Karriere wollte ich etwas im Bereich Wirtschaft studieren, das war mir absolut klar. Horst zeigte mir viele verschiedene Möglichkeiten auf, die gut zu mir passen würden. Nach meiner ersten negativen Erfahrung als Student waren die wichtigsten Parameter die Erfahrungen anderer Sportler: Wo haben Sportler etwa gute Erfahrungen gemacht? Bei welchem Studiengang gibt es eine geringe Abbruchrate? Nach unserem Gespräch war mir klar, dass der Studiengang „Internationales Management" für Spitzensportler an der Hochschule Ansbach geeignet für mich war. Sportgrößen wie die Biathlon-Olympiasieger Kathi Wilhelm und Michi Greis, der Handball-Nationalspieler Steffen Weinhold, das Ski-Ass Fritz Dopfer oder Severin Freund, Olympiasieger im Skispringen, haben in Ansbach erfolgreich ihr Studium abgeschlossen. Mit Simon Schmitz, Stefan Schmidt und Christian Hoffmann kannte ich auch einige Basketballer, die sich in Ansbach der Herausforderung eines Studiums stellten und mir ein positives Feedback gaben. Am gleichen Abend leitete ich meine Immatrikulation in die Wege.

Inzwischen haben alle drei genannten Basketballer ihr Studium erfolgreich absolviert. Mit Kay Gausa, Jonny Malu, Sid-Marlon Theis, Nicolai Simon, Constantin Ebert und Erik Land ist aber schon die nächste Generation von Basketballern an der Hochschule Ansbach nachgerückt.

Nun erfordert ein Fernstudium ein hohes Maß an intrinsischer Motivation und Eigeninitiative. Ohne dies, stelle ich es mir unglaublich quälend vor. Zum Glück hatte ich im Laufe meiner Karriere gelernt, wie ich mein Leben organisiere – und als etablierter Spieler musste ich nicht mehr so viele Extraschichten in der Halle schieben. So hatte ich wieder die nötige Kapazität, um mein Lernpensum zu bewältigen: Ich war bereit, ein Studium zu meistern.

„Zunächst einmal hängt für mich das Timing des Eintritts in eine duale Karriere stark von der Entwicklungsphase des Spielers ab. In den ersten Jahren der Karriere ist es möglicherweise besser, sich zunächst auf den Sport zu konzentrieren. Als professioneller Handballspieler etwa hat man dank eines sehr guten Gehalts eine gewisse finanzielle Unabhängigkeit. So gibt es keinen Zeitdruck, aus finanziellen Gründen das Studium schnell durchziehen zu müssen. Was nützt es dem Spieler, nebenbei eine Ausbildung als Bankkaufmann zu absolvieren? Diese hätte er gleich zu Beginn seiner Karriere abschlossen – und würde womöglich erst 15 Jahre später in den Beruf einsteigen können …

Als Sportler sollte man dieses Thema dennoch nie ganz aus den Augen verlieren. Es besteht natürlich immer die Gefahr, dass man als Spieler in einen Trott reinkommt und den richtigen Zeitpunkt für eine duale Karriere verpasst. An dieser Stelle sind insbesondere die Berater und die Trainer gefragt, den Spieler für dieses Thema zu sensibilisieren und so gut es geht zu unterstützen. Natürlich darf man dabei nicht vergessen, dass man als Spieler sehr viel Geld für seinen Job bekommt und der jeweilige Verein zu Recht gewisse Ansprüche hat. Als Spieler sollte man diesbezüglich unbedingt das nötige Fingerspitzengefühl und Timing bei der Kommunikation mitbringen: Wenn sich die Mannschaft gerade in einer Niederlagenserie befindet, sollte man vielleicht mal eher mal einen Kurs nicht absolvieren. Grundsätzlich sollte daran aber keine duale Karriere scheitern."
(Heiner Brand, ehemaliger Handball-Nationalspieler und Handball-Nationaltrainer)

https://tinyurl.com/y7bbf6nz

Wenn sich Spieler noch unsicher sind, ob sie sich nachhaltig als Profis etablieren können, lastet oft großer Druck auf ihnen. Sollen sie Zeit für eine berufliche Ausbildung oder ein Studium „verlieren", wenn sie doch auf die Karte Profisport setzen? Keinesfalls sollte man sich aus reinem Aktionismus heraus einer Doppelbelastung stellen! Dafür müssen junge Spieler sehr gut organisiert sein und zudem den nötigen „freien Kopf mitbringen" und zeitlich die Kapazität haben. Ich persönlich rate jedem jungen Profi, sich in den ersten Karrierejahren ausschließlich auf den Sport zu konzentrieren. Diese Zeit ist lang genug – und eine neue, richtige Zeit für andere Herausforderungen wird kommen.

4.2 Das sagt der Finanzprofi

So kommst Du als Profisportler zu einem ausgewogenen Vermögenssystem.

4.2.1 Nimm Dein Schicksal in die Hand – „modernes Finanzmanagement" hilft Dir dabei

- Über die Eigenverantwortung bei den persönlichen Finanzen.

Kürzlich wurde ich auf ein Buch aufmerksam gemacht, das sich speziell an junge Sportler wendet. Darin wurde ihnen empfohlen, sich für die Finanzen jemanden aus dem Familien- oder Freundeskreis zu holen, der sich mit Geld auskennt. Gerade hier seien guter Wille und Ehrlichkeit gewährleistet. Externe Anlageberater dagegen wollten nur verdienen und schreckten auch nicht zurück, ihren Kunden etwas aufzuschwatzen, um das eigene Säckel zu füllen …

Erstaunlicherweise haben uns bei unseren Interviews auf die Frage nach den größten Gefahren bei der finanziellen Beratung für Sportler Profis selbst, Trainer, Coaches und Vereinsvorsitzende immer wieder eine überraschende Antwort gegeben: Die größte Gefahr bei der finanziellen Beratung sind Freunde und Familie!

„Neue Freunde ..."
(Marvin Willoughby, sportlicher Leiter und Geschäftsführer der Hamburg Towers)

https://tinyurl.com/y89phucm

„Viele ‚Freunde' wollen nur das Beste, das Geld von dem Jungen."
(Ali Bulut, Spielervermittler Fußball)

https://tinyurl.com/yco356mj

„Familie und Freunde ..."
(Daniel Theis, NBA-Basketballprofi Boston Celtics)

https://tinyurl.com/y89y8vhh

Würde es reichen, einen nahen Verwandten oder den besten Kumpel als Berater zu nehmen, gäbe es demnach so viele gescheiterte Profisportler, die nach erfolgreicher Karriere und einem Leben in Luxus vor einer gescheiterten Existenz stehen? In der Tat gibt es ausreichend prominente Beispiele, bei denen Freunde und engste Familienangehörige den Sportler in den wirtschaftlichen Ruin getrieben haben. Dabei sei ihnen gar kein böser Wille unterstellt: Sie wissen es einfach nicht besser, weil auch sie womöglich Neuland betreten. Wie im Sport braucht es auch auf dem Gebiet der Finanzberatung für Sportler viele Jahre, um Profi zu sein!

Aber: Wie genau kommt man nun zu einem guten Finanzkonzept? Was bewahrt einen gut verdienenden Profisportler davor, sich eines Tages als wirtschaftlich gescheitert in der Presse wiederzufinden – oder im Dschungelcamp?

Vereinfachend gesagt gibt es drei unterschiedliche Ansätze zur Erstellung und Umsetzung individueller Finanzkonzepte, die im Folgenden erläutert werden:

- Selbst ist der Mann (oder die Frau).
- Die machen das schon.
- Teamarbeit von Profis.

4.2.1.1 Selbst ist der Mann/die Frau

> In diesem Kapitel wird erläutert, welche Persönlichkeitseigenschaften für einen Profisportler nötig sind, um die eigenen Finanzen maximal selbstverantwortlich zu regeln, und aufgeführt, wo sie auf Zuarbeit durch Dritte angewiesen sind.

Es gibt Menschen mit Talent dafür, sich in kluger Weise der für sie wichtigen Dinge anzunehmen. Sie „haben einen Plan", identifizieren die Kernthemen, bohren sich intensiv in das jeweilige Gebiet, und wissen dann manchmal mehr als durchschnittliche Berater und kümmern sich um die jeweils bestmögliche Lösung.

„Viele Leute wollen von Dir profitieren, viele wollen Dir auch helfen. Du solltest aber auf jeden Fall hinterfragen: ‚Warum empfiehlt er mir dieses oder das?' Natürlich muss man auch vertrauen. Aber! Das entwickelt sich erst mit der Zeit. Wichtig ist daher, selbst zu entscheiden und nicht entscheiden zu lassen – weder den Spielerberater, noch sonst jemanden. Das heißt nicht, sich keinen Rat zu holen. Die Entscheidung aber liegt in der eigenen Verantwortung."
(Marcel Schäfer, Fußballprofi in den USA bei den Tampa Bay Rowdies)

https://tinyurl.com/y95g7tur

Wo es nötig ist, verteilen sie Aufgaben, delegieren einzelne Teilbereiche, behalten aber dabei stets den Überblick und die Kontrolle. Das sind Ausnahmetypen, die sich fast überall zurechtfinden, die zum Beispiel auch die Planung ihrer eigenen vier Wände maßgeblich selbst in die Hand nehmen können.

Gehörst Du dazu, kannst Du Dich glücklich schätzen, aber um eines kommst auch Du nicht herum: Du brauchst Zugangswege und verlässliche Partner, um an geeignete Produkte wie Versicherungen, Geldanlagen oder Finanzierungen zu kommen, und jemanden, der zum Beispiel dabei hilft, Gesundheitsfragen bestmöglich zu beantworten, etwa für eine Sportunfähigkeitsversicherung – nämlich so, dass man dem Versicherer nicht die Tür öffnet, im Schadensfall die Leistung zu verweigern, gleichzeitig aber die Vertragsannahme nicht unnötig erschwert. Jemanden, der zum Beispiel einschätzen kann, welche Leistungsausschlüsse im Annahmeangebot wegverhandelt werden können.

4.2.1.2 „Die machen das schon" – Delegation in andere Hände

> In diesem Kapitel ist erläutert welche Risiken es für einen Profisportler mit sich bringt, wenn er bezüglich seiner Finanzen die eigene Verantwortung negiert und sie Dritten überlässt.

Es gibt Manager beziehungsweise Agenturen, die sich darauf spezialisiert haben, von top verdienenden Sportlern alles fernzuhalten, was nichts mit dem Sport zu tun hat. Sie erledigen ihre Aufgabe quasi mit einer Art „Generalvollmacht" im Sinne der von ihnen betreuten Sportler. Dabei kümmern sie sich oft auch sehr professionell und in enger Abstimmung mit den Sportlern um deren Finanzen.

Normalerweise aber sieht das Modell so aus: Der Kunde sagt, was er will, oder der Berater sagt dem Kunden, was der nach seiner Meinung braucht. Es werden ein paar Verträge unterschrieben („Wird schon passen!") und der Kunde verlässt sich auf die Kompetenz und das glückliche Händchen des Beraters. Das – aus der Hand gegebene – Rundum-sorglos-Paket. „Wieder was erledigt." – „Aus den Augen, aus dem Sinn." – „Ich kenne mich damit ohnehin nicht aus …" Der Kunde vertraut darauf, dass alles so läuft, wie gewünscht oder versprochen.

„Einen Berater zu haben, würde ich nicht empfehlen. Sicher, jeder meint es gut, kann aber nur aus seinen eigenen Erfahrungen heraus sprechen, und die sind oft begrenzt beziehungsweise fokussiert ist auf das jeweils eigene Leben. Deswegen, wenn es um Menschen geht, hole ich mir bei Bedarf mehrere Meinungen ein – und berücksichtige die Limitationen und auch die Erfahrungen, um diese nach meiner Auffassung nach richtig zu gewichten."
(Neven Subotic, Fußballprofi bei AS Saint-Étienne)

https://tinyurl.com/y8732o96

Es mangelt nicht an möglichen Beratern und Ratgebern. Neben spezialisierten Agenturen sind da noch Freunde, die „einen Supertipp" haben, Mentoren, Sponsoren, Sportkollegen, die „wissen, wie es geht", Spielerberater, Versicherungs- und Bankleute, Vermögensberater, Eltern ... Die Liste der möglichen Unterstützer ist lang.

„Man sollte schon aus dem Privatem immer mal ein paar Menschen dazu ziehen, denen man einfach vertraut – sprich Eltern – und die den Externen ein wenig auf die Finger schauen. Es gibt ja leider viele schwarze Schafe, die junge Menschen manipulieren wollen. Deswegen ist es sehr wichtig, dass man immer wieder guckt: ‚Meint der Berater es gut mit mir?' Natürlich, der Berater will Geld verdienen. Aber sind die Produkte auch seriös? Es ist immer wieder sinnvoll, das von anderer Seite aus prüfen zu lassen."
(Martin Meichelbeck, Direktor Sport bei SpVgg Greuther Fürth)

https://tinyurl.com/y9h4sdkx

Diese Art Delegation hat Vorteile: Sie spart Zeit und man hat den Kopf erst einmal frei. Der Nachteil ist, dass Kontrolle und Verantwortung weitgehend ausgelagert werden. Vielleicht stellt man irgendwann fest, dass der gute Freund doch nicht unbedingt ein Profi auf dem Gebiet der Sportlerversicherungen – oder eben doch eher ein Produktverkäufer als ein Ratgeber ist.

Kurz gesagt: Delegation kann gut gehen, muss es aber nicht. Paradoxerweise geht es umso häufiger schief, je mehr Geld im Spiel ist. Später findest Du noch mehr darüber, warum das so ist und wie es planbar besser geht.

Schließlich wird man vielleicht unsicher, stellt womöglich fest, dass etwas aus dem Ruder läuft. Dann ist es oft zu spät, um den entstandenen Schaden wiedergutzumachen. Verstärkend kommt hinzu: Wenn zum Beispiel eine Geldanlage statt der versprochenen Rendite ungeahnte Risiken zeigt und zu einem großen Verlustgeschäft zu werden droht, ist man leichter empfänglich für den nächsten „Geheimtipp" – wer will schon Verluste machen. Mitunter wird dann in einem Anfall von Panik – beim Kunden, Berater oder beiden – versucht, den Fehler zu korrigieren. Nur würde der Berater seine Panik kaum zugeben. So kommt es mitunter zu neuen, noch riskanteren Rettungsmanövern – vergleichbar einem Skirennläufer, der nach einem zeitraubenden Fahrfehler alles auf eine Karte setzt, die nötige Lockerheit verliert und volles Risiko geht. Das *kann* gut gehen ..., tut es aber in den wenigsten Fällen.

Fatal wird es zudem, wenn die Berater aus dem Verwandten- oder Freundeskreis kommen. Denn dann ist nicht nur Geld weg, sondern es ist möglicherweise auch die Beziehung zu dieser Person beschädigt. Ob unrealistische Erwartungen oder schlechte Absichten im Spiel waren, „Pech" oder einfach nur Halbwissen spielt dabei keine Rolle.

Wenn in den Medien von einem Börsencrash die Rede ist und der Sportler Angst um sein Vermögen bekommt, schläft er eventuell schlecht und der Kopf ist nicht mehr frei für den Sport. Spätestens wenn einem Sportler durch Krankheit oder eine Verletzung das Karriereende droht, fragt er sich, wie er finanziell abgesichert ist.

Fragen tauchen auf wie:
- Was steht in meinem Spielervertrag?
- Bin ich eigentlich ausreichend versichert?
- Wer kümmert sich in meinem Sinne um die Schadensabwicklung?
- Und: Wer hatte sich um die Absicherung gekümmert und wer trägt die Verantwortung wenn sich jetzt zeigt, dass existenzielle Lücken nicht abgesichert waren? Der Spielerberater, der Versicherungsmensch, der Finanz- oder der Steuerberater? Oder die privaten Ratgeber, auf deren Empfehlung man sich verlassen hat?

„Wenn ich Geld verliere, dann übernehme ich selbst die Verantwortung dafür. Hat man sich leiten lassen und eine Fehlentscheidung getroffen, dann ist es schwierig, das zu akzeptieren."
(Marcel Schäfer, Fußballprofi in den USA bei den Tampa Bay Rowdies)

https://tinyurl.com/y95g7tur

4.2.1.3 Teamarbeit von Profis

In diesem Kapitel wird ein Lösungsmodell für abgestimmtes Miteinander von Profisportler und Finanzberater vorgestellt.

Der „moderne Ansatz" für ein Finanzmanagement für Profis so wie ich ihn verstehe, basiert auf einer adäquaten Arbeitsteilung – professionell, transparent, kompetenzgerecht und ehrlich.

„Das Angebot eines guten Beraters soll professionell, transparent, ganzheitlich und kosteneffizient sein. Ein guter Berater bietet seinem Athleten ein Netzwerk an Experten an, welches für die unterschiedlichen Bedürfnisse genutzt werden kann."
(Timo Helbling, Eishockeyspieler bei EV Zug und ehemaliger Schweizer Nationalspieler)

https://tinyurl.com/ya6t33y7

Mandant und Berater arbeiten also am besten so zusammen, dass dem Mandanten am Ende ein bestmögliches Lösungskonzept vorliegt – so wie er es für sich selbst machen würde, hätte er das Wissen und das Netzwerk des Beraters. Je nach Bedarf und Situation ist dieses Konzept eine „Komposition" mit individueller Gewichtung aus Finanzberatung, Finanzcoaching, Mentoring und *family office*.

Es wird ein gemeinsames Grundverständnis geschaffen von dem, was realistischerweise geht und was eben nicht, und wie der Kapitalmarkt und Versicherungen funktionieren. Es wird besprochen, in welchem Umfang sonstige Fachleute und Vertrauenspersonen mit einbezogen werden. Je nach Wunsch und Bedürfnissen des Mandanten wird ein schlüssiges und langfristiges Konzept entwickelt.

Hierzu ist wichtig, dass der Berater ergebnisoffen in die Zusammenarbeit geht und sowohl die wirtschaftlichen Möglichkeiten des Mandanten als auch dessen Sicherheitsbedürfnis und eventuell vorhandene Lösungen (Versicherungsverträge, Geldanlagen …) berücksichtigt und, wenn sinnvoll, integriert.

Im nächsten Schritt werden Lösungsmöglichkeiten, alternative Vorschläge, Vor- und Nachteile erläutert und der Mandant kann dann beurteilen und entscheiden. Dieses Konzept wird konsequent verfolgt und bei Bedarf mit Augenmaß nachjustiert – vergleichbar mit einem individuellen Trainingsplan oder einer Spielstrategie. Der Berater koordiniert, wie ein Cheftrainer, die festgelegten Ansprechpartner wie einzelne Familienmitglieder, Steuerberater, Spielerberater und vereinzelt auch befreundete Finanz- oder Versicherungsberater.

Die Arbeit des Beraters hat viele Facetten. Die Zusammenarbeit beinhaltet unterschiedliche Phasen. Im Zeitverlauf nimmt er unterschiedliche Rollen ein. Vom Finanzcoach über den Strategen, den Produktexperten, Produkteinkäufer und Verhandler und so weiter und so weiter. Sich alles dies „mal eben so" aus dem Internet zu ziehen, ist schier unmöglich. Künstliche Intelligenz ist weit davon entfernt, dies leisten zu können. Was zählt ist Infrastruktur, Kompetenz und Erfahrung – auch heute noch.

Und: Der Berater stellt sich flexibel auf die Bedürfnisse des Mandanten ein. Diese Philosophie bringt mit sich, dass der Kunde gerade in der Konzeptionsphase mitwirkt und man sich in turnusmäßigen

Abstimmungsgesprächen gegenseitig auf dem Laufenden hält. Bei Veränderungen kontaktiert man sich. Der Berater meldet sich zum Beispiel beim Kunden, wenn

- steuerliche oder gesetzliche Änderungen anstehen,
- es am Kapitalmarkt besondere Ereignisse gibt,
- es wichtige Veränderungen bei Gesellschaften beziehungsweise bestehenden Verträgen gibt oder
- Verträge ablaufen.

Umgekehrt sollte der Sportler seinen den Berater informieren, wenn

- ein neuer Vertrag mit geänderten Absicherungen/Einkommen unterzeichnet wird,
- er neue wirtschaftliche Ziele hat oder
- familiäre Änderungen anstehen (Heirat, Nachwuchs etc.).

Das Ergebnis einer derartigen Teamarbeit ist in aller Regel besser, weil besser reflektiert wurde, der Sportler mündige Entscheidungen getroffen hat und Aufgaben sowie Verantwortung sachgerecht verteilt sind.

Dies sind die Zauberzutaten für ein optimales „Finanzteam": Der Kunde steht im Mittelpunkt, die Berater sind erfahrene, unabhängige und integre Profis, welche die besten Zutaten am Markt kennen, wissen, wie man sie zu einem guten Preis- Leistungsverhältnis bekommt, und über ein Netzwerk von ebensolchen Spezialisten verfügen. Eine Partnerschaft also, die sich am langfristigen wirtschaftlichen Erfolg des Sportlers orientiert. Das ist auf lange Sicht das Klügste – und alle Beteiligten haben ihr gutes Auskommen dabei.

4.2.2 Alles zusammengefasst

> Dieses Kapitel zeigt drei Lösungswege zum eigenen Finanzmanagement – ein Überblick.

Um die verschiedenen Lösungsansätze zu verdeutlichen, hier noch einmal eine schematische Darstellung der Vor- und Nachteile (Tab. 4.1):

Egal, welchen der drei Wege Du bisher bevorzugt hast – die folgenden Kapitel sollten Dir auf alle Fälle einen Mehrwert bieten. Sei es, dass sie Dir einen Anstoß geben, etwas mehr nachzufragen. Vielleicht kannst Du auch einfach besser mitreden oder Du lernst den einen oder anderen neuen Lösungsansatz kennen oder erfährst einen guten Tipp. Es wird erläutert, welche Fragen für ein gutes Konzept unbedingt zu klären sind (Abschn. 4.2.4 und 6.2.3). Es wird vermittelt, was Machbar ist und was dagegen unhaltbare Versprechungen sind. Du erhältst einen Überblick über das große Ganze und Einblicke in spezielle Details. Nach der Lektüre wirst Du Dich mit den Schlüsselthemen der Finanzen vielleicht sogar besser auskennen als mancher „Berater". ☺

Falls Du nun denkst, „klingt gut, aber ich habe (noch) keine Lust, mich damit auseinanderzusetzen": Das ist absolut nachvollziehbar. Vermutlich hast Du auch nicht auf jede Trainingseinheit Lust. Du ziehst sie aber trotzdem durch, weil Du weißt, dass sie Dich weiterbringt. Und nach dem Training fühlt man sich meist besser als vorher, mitunter kommt der Appetit eben beim Essen – am Tisch, beim Sport und manchmal eben auch bei den Finanzen.

Tab. 4.1 Überblick über die Lösungsmodelle

Modell	Vorteil	Nachteil
„Selbst ist der Mann/Frau"	Hohes Maß an Kontrolle	Sehr zeitaufwendig; Einarbeitung in verschiedene Spezialgebiete nötig; erschwerter Blick über Zusammenhänge und Möglichkeiten Wichtige Informationen können übersehen werden. Zugangswege Profis sowie Spezialistenwissen fehlen
„Delegieren"	Kopf frei, Zeitersparnis	Gelingen hängt sehr stark von der Qualität und den Möglichkeiten des Beraters ab
„Moderne Teamarbeit"	Individuelle Arbeitsteilung möglich, hohe Chance auf Ganzheitlichkeit und Spitzenergebnisse	Zeitaufwand in der Konzeptionierung, Team muss sich „einspielen", Vertrauen wachsen

In dieses Buch hineinzuschnuppern, kann zum Beispiel ein guter Anfang sein. Wie wäre es etwa mit einem kurzen Kapitel im Bus zum nächsten Wettkampf? Vielleicht (hoffentlich!) bekommst Du so nicht nur ein bisschen mehr Einblick, sondern hast auch Spaß, Dich mit diesen wichtigen Schlüsselthemen auseinanderzusetzen.

Wenn da nur nicht der innere Schweinehund wäre … Aber auch der lässt sich laut Wissenschaft die Leine anlegen. So wurde im Herbst 2017 dem US-amerikanischen Ökonomen Richard H. Thaler der Wirtschaftsnobelpreis zugesprochen. Dessen Fachgebiet ist – grob gesagt – der Zweikampf zwischen der Vernunft im Menschen und besagtem inneren Tier. Thaler hat Lösungen entwickelt, wie man mit einfachen Mitteln den Schweinehund im Zaum halten kann. Und er hat nachgewiesen, dass oft schon ein wenig Anstupsen *(nudging)* reicht, um sich vernünftiger zu verhalten. Also, lass Dich von diesem Buch ein wenig anstupsen.

„Weil sich viele Sportler viel zu wenige Gedanken über alles außerhalb des Sports machen. Und dann schauen sie irgendwann dumm aus der Wäsche."
(Jan Fitschen, ehemaliger deutscher Langstreckenläufer)

https://tinyurl.com/y7putnnz

Zu guter Letzt: So wie Deine Kindheit, der jüngste Wettkampf oder das letzte Training heute Vergangenheit sind, so wird auch Deine Karriere eines Tages vorüber sein.

„Als Spielerberater muss man viel vorgeben. Das Wichtigste ist, den Jungen zu vermitteln, dass die Zeit als Profifußballer nur ein kurzer Abschnitt des Lebens ist. Deshalb darf man nicht die Schule vernachlässigen. Sie sollen sich vor falschen Freunden in Acht nehmen und müssen versuchen, einen vernünftigen Schulabschluss zu machen – und auf jeden Fall nach der Schule eine Ausbildung machen. Denn das wahre Leben beginnt nach der Fußballkarriere. Da soll man seinen Kindern etwas Besseres vorleben als kein Schulabschluss, keine Ausbildung, kein Geld."
(Ali Bulut, Spielervermittler Fußball)

https://tinyurl.com/yco356mj

Und dann wäre es gut, wenn Du sagen kannst: „Wie bin ich froh und stolz darauf, dass ich damals einen Schritt voraus dachte und mich auch bei meinen wichtigsten Fragestellungen wie ein Profi verhalten habe" (Abb. 4.3).

„Nicht denken: ‚Ich bin jetzt Fußballprofi, mal gucken was rauskommt'."
(Marcel Schäfer, Sportdirektor beim VfL Wolfsburg, bis 2018 Fußballprofi)

https://tinyurl.com/y95g7tur

4 Profi sein – Aufwärmen

Abb. 4.3 Wer ein Profi ist, hat auch seine Finanzen trainiert

4.2.3 Selbsttest: Fitnesszustand der eigenen Finanzen

In diesem Kapitel:

- Wie steht es um Deine Finanzen?
- Ein Selbsttest zur Bestimmung des Status quo bei den Finanzen!

Damit Du möglichst viel aus dem Finanzteil mitnehmen und am Ende auch bewerten kannst, was er Dir gebracht hat, habe ich hier einen kleinen Selbsttest (Abb. 4.4) eingebaut und später noch einen etwas ausführlicheren (Abschn. 6.2.2). Zur Einstimmung schätze also selbst einmal ein, wie es aus Deiner Sicht derzeit um Deine Finanzen steht:

	Zustimmung				keine Antwort
	voll	teilweise	neutral	gering	keine	möglich
Ich habe den Überblick über meine Finanzen						
Wenn ich an meine Finanzen denke, habe ich ein gutes Gefühl						
Ich bin sicher, dass ich die für mich wichtigsten Versicherungen kenne						
Ich weiß, wieviel Geld ich monatlich auf die Seite legen muß, um nach der Karriere auf gewünschtem Niveau leben zu können						
Ich weiß, dass die Struktur meiner Geldanlagen zu mir passt						
Im Falle einer Krankheit/Unfall bin ich so abgesichert, wie ich es mir vorstelle						
Ich nutze die durch Staat und Verein geförderten Möglichkeiten für meine Altersversorgung						
Ich bin sicher, dass ich gemäß meinen Wünschen preisleistungsoptimal abgesichert bin						

Abb. 4.4 Kleiner Selbsttest, wie es um Deine Finanzen steht

4.2.4 Die Zutaten für einen guten Finanzplan

In diesem Kapitel:

- sind wichtige Fragen aufgeführt die sich jeder Profisportler stellen sollte.
- wird erläutert, welche Kompetenzen ein Finanzberater für Profisportler benötigt.
- werden Anhaltspunkte gegeben, die verraten, ob ein Berater die nötigen Kompetenzen mitbringt.

Um zu einem möglichst optimalen, auf Deine Bedürfnisse abgestimmten Finanzplan zu gelangen, sind – wie beim Rezept für Mamas Lieblingsbraten – verschiedene gute Zutaten erforderlich. Vor allem solltest Du Dir zunächst die richtigen Fragen stellen:

- Was möchtest Du „kochen"?
- Welche Zutaten brauchst Du dafür und welche „Küchengeräte"?
- Wie viel Zeit hast Du?

Gute Fragen
Ähnlich wie beim Erstellen eines Trainingsplans für das Saisonziel solltest Du Dir selbst – unabhängig davon, wer sich um Deine Finanzen kümmert – ein paar gute Fragen stellen.

> Stelle Dir ein paar *gute Fragen.*

Hier ein paar Beispiele:

- Was will ich mit dem Geld erreichen, das ich verdiene?
- Was ist mein wichtigstes wirtschaftliches Ziel und warum ist es mir so wichtig?
- Was mache ich, wenn ich das Ziel erreicht habe?
- Was ist mein zweitwichtigstes Ziel?
- Was will ich dafür einbringen und worauf bin ich bereit zu verzichten?
- Für wen trage ich heute oder vielleicht später Verantwortung?
- Was sind meine Schwächen und was meine Stärken in Bezug auf Geld und Finanzen?
- Inwieweit habe ich Vorstellungen von meinem Leben nach der Karriere und wie sehen diese aus?
- Wovon will ich nach der Karriere leben?

Die Antworten darauf führen in der Regel schon zu einem erheblichen Erkenntnisgewinn.

„Jeder Sportler hat Ziele. Warum setzt man die im Sport um, warum nicht auch im Finanzbereich?"
(Marcel Schäfer, Sportdirektor beim VfL Wolfsburg, bis 2018 Fußballprofi)

https://tinyurl.com/y95g7tur

Am Ende meines Abschnittes findest Du noch eine Reihe weitere Fragen (Abschn. 6.2.3), welche Du Dir anschauen kannst, sobald Du dazu Lust verspürst.

Stelle Dir **Dein Team aus Profis** zusammen.

Als nächstes solltest Du schauen, mit wem Du Deine Überlegungen besprechen möchtest. Als Erstes bieten sich hier sicherlich Vertrauenspersonen aus Deinem Umfeld an, daran würde dann die Suche nach einem „vertrauensvollen Finanzprofi" anschließen – wenn dieser nicht bereits ohnehin vorhanden ist.

Wahl des Beraters

Für Dich als Profisportler ist es oft nicht leicht, einen passenden Finanzberater beziehungsweise ein Spezialistenteam zu finden, denn es gibt keine Berufsbezeichnung dafür, keinen staatlich anerkannten zertifizierten „Spitzensportlerfinanzberater". Es gibt keine Qualitätsrankings und schon gar keine Leistungsstatistiken wie bei einem Sportler. Im Internet findet man unter den einschlägigen Suchbegriffen mehr Verwirrung als Orientierung und gute Literatur ist sehr schwer zu finden.

„Ein Berater ‚von der Stange', der sonst Büroangestellte, Bäcker und Bankiers berät, wird mit den versteckten Kniffen, Risiken und Gepflogenheiten – beispielsweise der Basketballszene – nicht vertraut sein. Sonst wäre es natürlich großartig, wenn ein aufrichtiges Interesse auf menschlicher Ebene bestünde."
(Per Günther, aktiver Basketballprofi und ehemaliger Nationalspieler)

https://tinyurl.com/y76k5vnv

Im eigenen Netzwerk – unter Mannschaftskollegen, Spielerberatern etc. – bekommt man schon leichter eine Orientierung oder eine Empfehlung. Ob ein Berater(-team) und die Umsetzung letztlich gut waren, stellt sich leider oft erst im Schadensfall, etwa bei längerer Krankheit oder nach einem Börsencrash heraus – vor allem aber nach der Karriere: wenn man nämlich das machen kann, worauf man sich gefreut und vorbereitet und dafür ausreichend Rücklagen aufgebaut hat. Es ist quasi wie eine Saison, bei welcher der Höhepunkt die „Post-Karriere" ist.

Sportlerberatung ist also kein Ort für Schönwetterkapitäne. Es ist schwer, die Spreu vom Weizen zu trennen. Wer aber einen guten Berater gefunden hat und ein vertrauensvolles Verhältnis zu ihm aufbaut, hat einen Partner an der Hand, der ihn in Krisenzeiten, wenn es einem schwer fällt, einen klaren Kopf zu bewahren, begleitet und durchleitet. Doch wie soll man die *soft facts* beurteilen und welche *hard facts* geben einen Anhalt über die Qualität?

„Das Beste für den Spieler ist es, wenn sein Agent keine wirtschaftlichen Interessen bezogen auf die Vermittlung von Absicherungs- und Vermögensprodukten für den Spieler hat. Das bedeutet, dass er keine *kickbacks* oder Provisionen vom Finanzberater erhält."
(Johannes Waigand, Spielerberater)

Wechseln wir also einmal die Seiten und schauen uns die Herausforderungen an, denen ein Berater für Profisportler gegenübersteht. Was das bedeutet, davon kann ich selbst ein Lied singen. Wie an anderer Stelle geschrieben, betreue ich seit mehr als 20 Jahren anspruchsvolle Privatkunden wie Ärzte, Steuerberater, Unternehmer. Doch keine dieser Berufsgruppen hat mich annähernd „*gechallenged*" wie die Profisportler. Ich behaupte einmal, dies ist die Königsdisziplin der Finanzberatung.

Seit ich 2011 mit Phil meinen ersten Profisportler beraten habe, habe ich unglaublich viel Zeit investiert, um zu verstehen, was Profisportler wirklich brauchen und wie man ihnen dazu verhelfen kann. Das war teils sehr anstrengend, hat aber auch jede Menge Spaß gebracht.

Für ein gutes Rezept (erinnere Dich an Mamas Lieblingsbraten!) haben sich für mich fünf Zutaten herauskristallisiert, die nach meinem Verständnis die Grundlage einer optimalen Sportlerberatung bilden und die ich den „modernen Fünfkampf der Sportlerberatung" nenne:

- Zielgruppenwissen,
- Netzwerk,
- fachliche Qualifikation,
- Rahmenbedingungen sowie
- menschliche Kompetenz und Erfahrung.

Reden wir nun darüber, was Du Dir darunter im Einzelnen vorzustellen hast.

Zielgruppenwissen (Disziplin 1)
Der Berater sollte mit den Besonderheiten einer Sportlerkarriere vertraut sein oder mindestens bereit sein, sich darin einzuarbeiten. Dazu gehören:

- kurze Karriere,
- ein sehr geringes oder extrem hohes Einkommen,
- Einkommenssprünge innerhalb weniger Monate zwischen viel Netto und Arbeitslosengeld,
- spezifische Sportlerabsicherung,
- Leistungsumfang der Berufsgenossenschaft,
- unterschiedliche Absicherungsklauseln in den Spielerverträgen,
- überdurchschnittlich häufige Wohnort- und Arbeitgeberwechsel,
- Besonderheiten von Nettoverträgen,
- Bedeutung des Spielerberaters,
- mitunter große Berührungsängste gegenüber (Finanz-)Beratern,
- manchmal große Naivität und Unbedarftheit sowie
- Einfluss des Umfeldes auf die Meinungsbildung (Eltern, Mitspieler, VIP-Raum, Sponsoren etc.).

Und: Der Sport und die Karriere stehen über allem.

Netzwerk (Disziplin 2)

Der Berater sollte – dort, wo er nicht selbst über die Kompetenzen verfügt – auf ein Netzwerk von erfahrenen Profis zurückgreifen können, die folgende Bereiche abdecken:

- Finanzberatung/Anlageberatung
- Versicherungsberatung/Vorsorgeberatung,
- spezielle Sportlerabsicherungen,
- Finanzierungsberatung,
- Steuerberatung und
- Rechtsberatung.

Er muss die Fäden dieses Netzwerks in der Hand halten und es im Sinne seines Mandanten nutzen. Ebenso sollte er – in Absprache mit dem Sportler – den Kontakt zu dessen Vertrauenspersonen und gegebenenfalls zur kaufmännischen Leitung seines Vereins suchen.

Als ich Uli Hoeneß gefragt habe, was aus seiner Sicht einen guten Finanzberater für einen Spieler ausmacht, beugte er sich vor und sagte:

„Er muss hochflexibel sein und auch mit seinem Spielerberater zurechtkommen."
(Uli Hoeneß, Fußballfunktionär und Unternehmer)

Fachliche Qualifikation (Disziplin 3)

Unabhängig davon, ob der Berater direkt berät oder auf entsprechende Fachleute zurückgreift und diese koordiniert: Er muss einschlägiges Wissen über und Erfahrung mit Versicherungen und Finanzanlagen haben. Denn auf gute Ergebnisse einer Finanzanlage zu verweisen, reicht bei Weitem nicht. Wer weiß schon, ob es einfach Glück gewesen ist? Vielleicht war es auch das Ergebnis von unangemessener Risikobereitschaft? Oder, was meist der Fall ist, genau der Teilausschnitt, der nur die schönen Seiten einer

Statistik zeigt? Obstverkäufer legen schließlich auch die rötesten und prallsten Äpfel ganz vorne in die Auslage.

Der jeweils Verantwortliche muss sich laufend fortbilden, denn die „Halbwertszeit" der Produktwelt, der Gesetzgebung und der Steuergesetzgebung wird immer kürzer. Was gestern noch belastbares Wissen war, ist schon heute überholt. Und Stillstand im Wissen ist Rückschritt. Der Kapitalmarkt tut sein Übriges dazu mit Niedrigzinsphase, Börsenschwankungen, Eurokrise …

Deshalb ist eine fundierte Basisausbildung für Berater immens wichtig – IHK-Zertifikate sind mittlerweile sogar Pflicht. Idealerweise kann der Berater auch anerkannte Zusatzzertifikate vorweisen, etwa nach DIN ISO 22222, den Certified Financial Planer (CFP) oder eine Ausbildung an einer Hochschule oder Corporate University. Außerdem sollte der jeweilige Spezialist hauptberuflich Berater sein – oder möchtest Du Dich von einem selbsternannten Arzt im Nebenjob operieren lassen?

Falls der Finanzberater darüber hinaus Know-how aus dem Finanzcoaching mitbringt, ist es umso nützlicher. Denn eine der wichtigsten Aufgaben eines Finanzcoaches ist, gute Fragen zu stellen. Fragen, die zum Nachdenken anregen und helfen, souveräner zu handeln.

> Finanzberatung ist ein Markt für verantwortungsvolle Profis.

Rahmenbedingungen/Infrastruktur (Disziplin 4)

Versicherungen: Ein gutes Indiz ist es, wenn der für Versicherungen verantwortliche Berater ein Versicherungsmakler ist. Dann hat er Zugriff auf eine breitere Palette von Produkten und er ist rechtlich dazu verpflichtet, die Interessen seines Mandanten zu vertreten.

Einige Versicherungsmakler, die Sportler in ihrer Kundschaft haben, kooperieren mit Sportmaklern, das heißt, sie kaufen dort Dienstleistungen und Produkte zu. Diese Sportmakler – und davon gibt es nicht viele in Deutschland – vermitteln schwerpunktmäßig Versicherungen, welche speziell auf die Bedürfnisse von Profisportlern zugeschnitten sind. Derzeit kommt übrigens Bewegung in den Markt, weil sich einige aufgemacht haben, die Qualität der Sportlerversicherungen auf den Prüfstand zu stellen und zu verbessern.

Finanzen: Auch hier gibt es – wie bei Versicherungen – unabhängige Berater und Vermittler. Diese können leichter aus Sicht des Mandanten handeln, weil sie nicht durch die Brille des Arbeitgebers blicken, etwa durch die der Bank, von der sie Lohn und Brot beziehen. Um Missverständnissen vorzubeugen: Ich sage hier ausdrücklich nicht, dass Makler oder Honorarberater prinzipiell bessere Berater sind als Angestellte von Banken oder Versicherungen. Jedoch agieren sie unter Rahmenbedingungen, welche es ihnen leichter machen, im Sinne ihrer Mandanten zu handeln. Beim *private banking* wird zudem stärker auf die Bedürfnisse von vermögenden Kunden eingegangen als beim Massengeschäft der Banken.

Ich persönlich denke, dass es bei der Vermittlung von vielen Versicherungs- und Bankprodukten einen systemischen Fehler in der Honorierung gibt – ähnlich wie dies in Deutschland auch bei der Honorierung von Spielerberatern der Fall ist: Es bezahlt nicht der Auftraggeber direkt, also nicht der Mandant, der Sportler. Vielmehr bekommt der Berater sein Geld von dem, der die Produkte anbietet, zum Beispiel einer Versicherung, oder auch vom Verein. Das führt dazu, dass unseriöse Berater das System auf Kosten ihrer Kunden ausnutzen. Zugleich sind die guten Vermittler Unterstellungen durch Außenstehende ausgeliefert, gegen die sie sich nicht wehren können. Und schließlich tun verunsicherte Kunden sich schwer, die Guten von den Schlechten zu unterscheiden.

Bei der Honorarberatung ist das anders. Allerdings ist der Begriff Honorarberatung nicht geschützt. Gesetzlich geschützt sind nur „Versicherungsberater", „Honorar-Anlageberater" oder „Honorar-Finanzanlagenberater".

Zudem führt die Honorarberatung in Deutschland noch ein Schattendasein. Mehr als 99 % der Berater/Vermittler in Deutschland leben heute nach wie vor direkt oder indirekt von der sogenannten Provisionsberatung. Und diese birgt, wie gesagt, die Gefahr von Interessenskonflikten. Man könnte also unterstellen, der Berater vermittelt das Produkt beziehungsweise den Verein, bei dem er das meiste an Provision bekommt, und nicht das, was den Bedürfnissen des Mandanten/Spielers am weitesten entgegenkommt.

Es ist also nicht einfach und die Berufsbezeichnung alleine lässt keine eine Aussage über die Beratungsqualität und Betreuungsqualität zu. Man kann sagen, dass die Anreizstruktur sowie die offensichtlichen und die verdeckten Kosten für Laien nicht oder allenfalls kaum zu durchschauen sind. Neben den Provisionen gibt es etwa bei manchen Anlagen sogenannte *kick backs* – das sind Zusatzzahlung an den Vermittler. Fatalerweise wachsen die *kick backs* mit zunehmendem Risiko – was dem Interesse der Kunden, die wenig Risiko eingehen wollen, genau entgegensteht. Nicht alle Banken/Vermittler weisen diese *kick backs* aus – obwohl dies eigentlich vorgeschrieben ist – und nur wenige reichen sie an den Kunden weiter und sorgen damit für mehr Transparenz und Handeln im Kundeninteresse.

Für weitere Verunsicherung bei den Verbrauchern sorgen reißerische Schlagzeilen in den Medien – oder manche Meinungsäußerungen von Verbraucherschützern. Da werden beispielsweise schon mal Altersvorsorgeprodukte wie Riester oder betriebliche Versorgung pauschal schlechtgeredet. Interessanterweise muss ein Verbraucherschützer im Gegensatz beispielsweise zu einem Versicherungsmakler weder eine fachliche Qualifikation nachweisen, noch steht er in der Haftung für seine Aussagen. Um Missverständnissen vorzubeugen: Ich finde es gut und wichtig, dass es Verbraucherschützer gibt. Jedoch gilt es auch hier, genau hinzuschauen.

Auch neue Gesetze zum Schutze des Verbrauchers können nicht verhindern, dass beispielsweise besondere Geldanlagen für Fußballer vermittelt werden, die außer einem marketingträchtigen Namen keinerlei Zusatznutzen bieten. Dafür bringen sie aber eine weitere Eigenschaft mit sich: Sie sind besonders teuer. So verdient jemand auf Kosten der Sportler zusätzlich, ohne dass der Sportler einen Vorteil davon hat.

Es gibt keine fest definierten Rahmenbedingungen, die hochwertige Beratung sowie gleichgerichtete Interessen von Finanzberater und Mandant garantieren. Wichtig sind daher in besonderem Maße auch Erfahrung und menschliche Werte beim Berater wie Integrität und Moral.

Bislang bewegen wir uns auch noch im legalen Bereich. Von anderen Machenschaften im Zusammenhang von gut verdienenden Sportlern will ich gar nicht sprechen. „Im Vergleich dazu ist die Mafia ein Verein von Chorknaben", habe ich dazu mal irgendwo aufgeschnappt.

Ein guter Leumund hilft und es ist ein gutes Zeichen, wenn der Berater langfristige Kundenbeziehungen als Referenz angeben kann.

Menschliche Kompetenz und Erfahrung (Disziplin 5)
Mit den moralischen Anforderungen wie Integrität und Ehrlichkeit geht das ernst gemeinte Interesse einher, stets im Sinne des Kunden zu handeln. Seine – und nur seine Interessen – sollen im Mittelpunkt stehen. Der Kunde ist König! Das bedeutet nicht, dass dem König nicht widersprochen werden darf, etwa

wenn er sich ein Luftschloss bauen will oder Geld sinnlos zum Fenster rauswirft, auf welches er später angewiesen wäre. Das Ziel ist Beratung auf Augenhöhe – weder unterwürfig noch überheblich. Es ist eine Partnerschaft, von welcher der wirtschaftliche Erfolg des Sportlers genauso abhängt wie der Ruf des Beraters.

Im Herbst 2017 habe ich mich mit einem ehemaligen Bankvorstand über die Verantwortung bei der Beratung von Profisportlern ausgetauscht. Er erzählte mir folgende Episode, die sich vor wenigen Jahren zugetragen hat: In seinem Geldinstitut waren die Spieler eines norddeutschen Fußballvereins Kunden und es fiel ihm auf, dass diese Spieler in großem Umfang hochriskante Anlagengeschäfte tätigten. Er wies sie auf die Gefahren hin. Da sich jedoch nichts änderte, bestellte er die ganze Mannschaft ein „zum Rapport". Er gab ihnen eine Basisschulung zum Thema Geldanlage und kündigte an, dass er sie alle aus der Bank werfe, wenn sie nicht aufhörten zu zocken. Das zeigt Wirkung! Und ist für mich ein schönes Beispiel dafür, wie kreativ manche Finanzleute sind und wie verantwortungsvoll sie arbeiten. Letztlich hat besagter Mann damit auch seine Bank vor einem möglichen Reputationsschaden bewahrt.

Wie in einer Paarbeziehung muss das Vertrauen wachsen und immer wieder neu erarbeitet werden. Das Beraterteam soll daher nicht größer sein als unbedingt nötig, denn viele Köche verderben sprichwörtlich den Brei. Wer viele Leute fragt, bekommt viele Antworten, und wer nicht weiß, wem man wirklich vertrauen kann, verliert leicht die Orientierung. Zur Vertrauensbildung gehört auch, dass der Kunde nicht „fremdgeht" und empfohlene Produkte woanders abschließt. Denn dann wird sich der Berater um seine Beratungsleistung, seine Arbeitszeit und den Lohn betrogen fühlen. Und es ist dahingestellt, ob er – mit dieser Erfahrung im Hintergrund – beim nächsten Termin alle Register seines Wissens für Dich ziehen wird.

Ein Berater, der indes mit eigenem Vermögen prahlt, disqualifiziert sich selbst. Auch wer auf das schnelle Geschäft aus ist, fällt durch: Wer Druck aufbaut, um rasche Entscheidungen zu erzwingen, ist raus. Und wer den Megadeal vermitteln will, soll das lieber selbst machen oder sich andere Dumme suchen. Denn was ist schlimmer: den Megadeal nicht zu haben oder sein angespartes Geld zu verlieren? An dieser Stelle möchte ich schon einmal vorweg auf den „Freund" von Phil verweisen, der aus 15.000 EUR in einem Jahr 150.000 EUR zaubern wollte (Abschn. 5.1.2.3).

Mein Tipp: Es ist klüger, der Beraterempfehlung eines angesehenen und erfolgreichen soliden Sportlerkollegen zu folgen, als der eines Kollegen, der gerade ein Supergeschäft gemacht hat, oder weiß, wo man zum Beispiel billige Luxusuhren bekommt.

> Jeder Berater hat die Kunden, die er verdient, und jeder Sportler hat die Berater, die er verdient.

Wichtig ist, „sich mit Menschen zu umgeben, die viel Lebenserfahrung mitbringen, [und] Kontakte [mit jenen] zu pflegen, die in ihrem jeweiligen Gebiet kompetent sind und denen junge Menschen vertrauen können."
(Frank Aehlig, Leiter der Lizenzspielerabteilung des 1. FC Köln)

https://tinyurl.com/y8mr4mqe

Zusammengefasst geben die folgenden Fragen eine gute Orientierung, ob ein Berater ins Team des Sportlers passt:

- Was hat er gelernt, was ist sein Beruf?
- In wessen Auftrag arbeitet er und wie wird er bezahlt?
- Wen berät er sonst noch und seit wann?
- Wer sind seine Netzwerkpartner?
- Welche Referenzen kann er vorweisen?
- Ist er bereit, sich mit Vertrauenspersonen auszutauschen, etwa mit den Eltern, dem Steuer- oder Spielerberater?
- Wie flexibel ist er?
- Wofür steht er?
- Warum berät er Profisportler?
- Was möchte er in fünf oder zehn Jahren machen?

Fallen die Antworten zufriedenstellend aus und sagt der Bauch ebenfalls ja? Dann kann es losgehen.

4.3 Das Kleine Einmaleins des Finanzmanagements

Basiswissen – Grundlagen verständlich erklärt

> In diesem Kapitel:
>
> - werden praxisrelevante „goldene Regeln" aufgeführt die, konsequent befolgt, mehr als die halbe Miete einer erfolgreichen Vermögensstrategie ergeben.
> - sind die Grundzüge von Kapitalanlagen, Versicherung und Finanzierung verständlich und ohne Fachchinesisch erklärt.
> - werden Möglichkeiten von nachhaltigem Investieren erklärt.
> - ist erläutert, wie die Psychologie unser Entscheidungsverhalten beeinflusst und wie man damit umgeht, um Fehler zu vermeiden.

Es gibt sie leider nicht, die vielbeschworene eierlegende Wollmilchsau, und es gibt auch nicht das geniale Superduperprodukt, welches alle Deine heutigen und zukünftigen finanziellen Wünsche gleichzeitig erfüllt. Es gibt keine Geldanlage mit eingebautem Lichtschwert, universell und unbezwingbar. Es gibt kein Investment, welches viel Ertrag bringt, keinen Wertschwankungen unterliegt, immer verfügbar ist und zugleich absolut sicher. Und doch es ist möglich, ein Vermögenskonzept für Sportler aufzubauen, das zu Dir passt und bei dem Du vor bösen Überraschungen gefeit bist – und das auch einen vernünftigen Ertrag einbringt.

In diesem Sinn wird auf den nächsten Seiten alles vermittelt, was nötig ist, um ein Grundverständnis über Finanzen und Absicherung zu entwickeln und um eine Vorstellung über die Funktions- und Wirkungsweisen von Versicherungen und Kapitalanlagen zu bekommen. Über das, was unrealistisch ist, und das, was man erwarten darf.

Es mag banal klingen, aber wenn man auch bei seinen Finanzen ein Profi sein will, ist es eine gute Idee, ein paar allseits bekannte Weisheiten zu verinnerlichen. Damit hat man eine gute Handlungsgrundlage und wird immun gegen unrealistische Versprechungen. Und dadurch wiederum bekommt man seine Finanzen leichter in den Griff und hat auch noch ein gutes Gefühl.

Zum Kleinen Einmaleins des Finanzmanagements zählen einerseits goldene Regeln und andererseits Basiswissen über:

- Geldanlagen,
- typische Anlegerfehler,
- Finanzierungen,
- Altersversorgung und
- Versicherungen.

4.3.1 Goldene Regeln

> Dieses Kapitel erläutert die sechs goldenen Regeln, die Dir heute und in Zukunft helfen sollen, gut mit Deinen Finanzen umzugehen.

Zum Aufwärmen erst einmal ein paar ausgesuchte goldene Regeln.

> **Regel 1:** „Spare in der Zeit, dann hast Du in der Not."

Ein Profisportler macht schon sehr viel richtig, wenn er so früh wie möglich Geld auf die Seite legt. Einerseits braucht er einen Puffer für Unvorhergesehenes oder für den Fall, dass die Karriere aus irgendeinem Grund nicht so läuft. Schließlich muss er nach der Karriere von irgendetwas leben können.

Kommen wir zurück zum Nobelpreisträger Thaler: Legt man beispielsweise schon am Anfang der Karriere Geld zur Seite, wird man dieses am Ende der Sportlerlaufbahn weniger leicht auf den Kopf hauen.

> **Regel 2:** „Lege nicht alle Eier in einen Korb."

Finanzleute sprechen von „diversifizieren" und raten dazu, das Anlagerisiko zu streuen – dem entgegen steht das „Klumpenrisiko", was so viel bedeutet wie „alles auf eine Karte setzen".

Auch das „beste" Investment, zum Beispiel die günstige Immobilie in der schönsten Lage, ist Risiken unterworfen – bekannten und unbekannten. Und wehe dem, der einen Großteil seines Vermögens in eine Anlage gesteckt hat, die sich nach Monaten oder Jahren als Fehlinvestition entpuppt. Vermögen sollte in verschiedene Anlageklassen mit unterschiedlichen Laufzeiten und Risikoausprägungen aufgeteilt werden, zum Beispiel Aktien, Immobilien, Anleihen etc. Anlageprofis machen es genauso. Denn: Den größten Teil des Erfolgs von einem Finanzkonzept macht die Strategie aus.

Hier ein plastisches Beispiel: Stell Dir vor, Du bist Inhaber einer Firma, die Regenschirme herstellt. Nun stelle Dir vor, es gibt eine lange Phase mit wenig Regen und viel Sonnenschein. Wie geht es Deiner Firma dann wohl? Natürlich schlecht! Was könnte ihr nun aus dem Dilemma helfen? Was sollte sie idealerweise noch herstellen?

Richtig! Sonnenschirme.

Unser Mitautor Patric Böhle hat hierzu einmal eine Geschichte aus dem Tierreich erzählt: Das Eichhörnchen „weiß", dass es im Winter wenig Nahrung gibt. Also sammelt es vorher Eicheln. Jeweils eine Eichel frisst es und eine legt es zur Seite. Die gesammelten Früchte vergräbt es dann an verschiedenen Orten. Ok, das Eichhörnchen tut sich schwer, sich alle Orte zu merken, an denen es etwas deponiert hat. Aber es stellt durch die vielen verschiedenen Orte dennoch sicher, dass es einen ausreichenden Teil seiner

„Ersparnisse" wiederfindet. Es kommt gut über den Winter. Darüber hinaus tut das Tier auch etwas für die langfristige Zukunft: Aus den vergessenen Eicheln keimen neue Bäume, die dann wieder Eicheln tragen.

Ein Eichhörnchen ist zwar kein Finanzprofi, aber es befolgt dank seinem natürlichen Instinkt gleichzeitig Regel 1 (Spare in der Zeit) und Regel 2 (Lege nicht alle Eier in einen Korb). Es setzt nicht alles auf eine Karte und geht – in guten Zeiten – mit seinen Vorräten klüger um als manche Menschen mit ihrem Geld.

> *Regel 3:* Hin und her macht Taschen leer.

Häufiges Wechseln von Investments schafft in den seltensten Fällen einen planbaren Mehrwert. Im Gegenteil: Normalerweise fallen bei den Transaktionen Kosten an. Und mit Pech steht man am Ende wie Hans im Glück mit leeren Taschen da.

> *Regel 4:* Besser Kosten sparen als Steuern.

Wer viel verdient, muss hohe Steuern zahlen. Da liegt der Wunsch nahe, diese Last zu reduzieren. Ein guter Steuerberater kann Auskunft darüber geben, was strafbar ist, was Unsinn, was fraglich und was sinnvoll ist. „Ich hatte Finanzberater, die mir gezeigt haben, wie ich Geld steuersparend ausgebe, aber nicht, wie man Geld vernünftig investiert und nachhaltig anlegt", sagte einst US-Boxer Mike Tyson gegenüber dem Playboy.

Es gibt zum Beispiel Möglichkeiten, die Steuerschuld von heute auf morgen zu verlagern. Das ist besonders dann sinnvoll – gut verdienende Profisportler aufgepasst! –, wenn das Einkommen heute deutlich höher ist als das in der Zukunft. Bei der Altersversorgung etwa kann dies von Vorteil sein.

Jedoch: Steuern zu sparen, sollte nie der Hauptgrund sein, eine Investition zu tätigen. Im Vordergrund muss immer die grundsätzliche wirtschaftliche Sinnhaftigkeit einer Investition stehen. Das heißt: Die Investition als solche sollte sich auch *ohne* Steuervorteile rechnen. Kommen diese dann noch dazu, sind sie quasi Renditebooster.

Patric hält unter „Gier frisst Hirn" hierzu noch das eine oder andere eindrucksvolle Beispiel bereit (Abschn. 5.3.4).

Regel 5: Liquidität geht über Rentabilität.

Was nützt die beste Investition, was die beste Geldanlage, wenn man Geld braucht und nicht drankommt oder der Wert der Anlage gerade im Keller ist? Jeder sollte sich Gedanken machen, was ein sinnvoller Puffer für geplante und ungeplante Ausgaben sein könnte.

Regel 6: Höre (auch) auf Deinen Bauch.

Von einer Anlage, bei der man auch dann noch ein komisches Gefühl hat, wenn man sie sich genauer angeschaut hat, sollte man die Finger lassen – ebenso wie von Anlagen, die ein Berater anpreist und dabei den Eindruck erweckt, mögliche Risiken zu verharmlosen. Gleiches gilt auch dann, wenn der Berater kritische Nachfragen wegwischt oder Du Dich von ihm nicht ernst genommen fühlst.

Wenn Du etwas nicht verstehst, frag nach. Wenn die Erklärung nicht wirklich einleuchtet, lass lieber die Finger davon. Es wird mit allergrößter Wahrscheinlichkeit nicht der Megadeal sein, der alles für Dich richtet!

4.3.2 Investments

In diesem Kapitel:

- wird grundlegendes Basiswissen über Vermögensaufbau vermittelt.
- wird geklärt, was das magische Dreieck der Geldanlage ist.
- wird der Zinseszinseffekt erläutert.
- werden überraschende Ergebnisse bei monatlichen Sparplänen beleuchtet.
- kommt das Anlegerverhalten zu Sprache – der Mensch verhält sich nicht immer rational und es
- wird ein Überblick über Anlagemöglichkeiten geliefert.

4.3.2.1 Basiswissen zu Geldanlage

In diesem Kapitel:

- werden die Grundbausteine einer Geldanlage erläutert.
- wird geklärt, wie Risiko und Rendite zusammenhängen.

Wenn ich Mandanten frage, was sie von einer guten Geldanlage erwarten, dann heißt es üblicherweise: „Eine gute Rendite" – „Sie soll sicher sein." – „Ich will drankommen, wenn ich das Geld brauche." Je nach Anlegertyp und persönlicher Situation klingt mehr oder weniger von dem einen oder anderen durch, irgendwie aber doch am liebsten alles gleichzeitig und ganz viel davon;-) Genauso wie ein Sportler oder eine Mannschaft, der/die am liebsten immer siegen will. Doch das Leben ist kein Ponyhof und schon gar nicht der Kapitalmarkt oder der Profisport.

Dabei haben ein Anlagekonzept und zum Beispiel eine Fußballmannschaft durchaus viel gemein: Auch den besten Mannschaften der Welt gelingt es nur in „Jahrhundertspielen", vorne perfekt zu spielen, wirklich jede Chance zu nutzen, und hinten nichts anbrennen zu lassen. Und – seien wir ehrlich – beim legendären Halbfinalspiel der Fußballweltmeisterschaft am 8. Juli 2014 gegen Brasilien hätte es das eine Gegentor auch nicht gebraucht;-)

Eine gute Mannschaft besteht aus einem guten Angriff und einer starken Verteidigung – je nach Trainerphilosophie, Spielerpotenzial, Gegner und Spielverlauf etwas mehr oder weniger von dem einen oder anderen. Ebenso braucht man bei der Geldanlage eine passende Mischung aus Renditetreibern und Absicherungsmaßnahmen.

Ein Spiel kann man nicht gewinnen, wenn man keine Tore schießt, keine Körbe wirft und nichts riskiert. Und wenn man mehr Tore beziehungsweise Punkte kassiert, als man selbst erlangt, dann verliert man. Bevor ich Dir aber zeige, wie eine gute „Mannschaftsaufstellung" für Deine Geldanlage aussehen kann, will ich Dir vorab erst einmal ein paar Begriffe und Grundsätze erklären.

Im Prinzip gibt es zwei Arten von Geldanlagen, die für die individuelle „Mannschaftsaufstellung" zur Verfügung stehen: Geld verleihen oder in Sachwerte investieren.

Variante 1: Geld verleihen
Diese Geldanlage beruht auf Versprechen: Du leihst zum Beispiel einem Freund, einem Verwandten, einem Staat, einer Bank, einem Unternehmen oder einer Versicherungsgesellschaft Geld und verlangst dafür Zinsen – Dein Lohn dafür dass Du in der Zwischenzeit auf das Geld verzichtest. In diese Kategorie fallen zum Beispiel Festgeld oder Staatsanleihen.

Je nachdem, wie sehr Du darauf vertraust, dass der andere willig und in der Lage ist, das Geld wie versprochen wieder zurückzuzahlen, und abhängig davon, wie lange das Geld verliehen/angelegt werden soll, fällt der Zins höher oder niedriger aus. Anleihen aus Venezuela etwa versprechen gegenüber deutschen Staatsanleihen einen vielfachen Zins. Warum wohl …? Die

Rückzahlung des Geldes, welches man Venezuela zur Verfügung stellt, ist um ein Vielfaches unsicherer. Geht es gut und man bekommt sein ganzes Geld wie vereinbart zurück, hat man Glück gehabt – der erhaltene Zins ist sozusagen der „Lohn der Angst".

Solche Anleihen werden an der Börse gehandelt. Will man eine Anleihe beispielsweise vor dem Ende der vereinbarten Laufzeit kaufen oder verkaufen, bemisst sich der Preis besonders daran, wie sich in der Zwischenzeit die Marktzinsen verändert haben. Sind sie gestiegen, sinkt der Kurs. Das Papier ist damit nicht mehr so viel wert und entsprechend günstiger zu erwerben – und umgekehrt. Deswegen wird in den Börsennachrichten bei steigenden Zinsen am Rentenmarkt von fallenden Kursen gesprochen. Der Rentenmarkt ist nämlich der Handelsplatz für die sogenannten Rentenpapiere und hat nichts mit der Altersrente zu tun.

Übrigens: Auch die Deutsche Rentenversicherung oder Beamtenpensionen basieren auf Versprechen.

Ein weiterer, oft unterschätzter Aspekt dieser Art von Investment ist, dass Anleihen, Darlehen etc. *inflationsanfällig* sind. Um einen Bezug hierzu zu bekommen, hilft es, wenn Du Dir vorstellst, was eine Kugel Eis oder der Eintritt ins Schwimmbad gekostet haben, als Du in die Schule gekommen bist, und was man heute dafür bezahlen muss. Für die gleiche Summe Geld bekommt man heute deutlich weniger. Inflation ist also Geldentwertung. Das Geld behält *nominal* seinen Wert, verliert aber an Kaufkraft, weil die Waren teurer werden. Wer also vor zehn Jahren auf eine Kugel Eis verzichtet und den einen Euro auf die Seite gelegt hat, der besitzt auch heute noch einen Euro – bekommt aber nur noch eine halbe Kugel Eis dafür. Der Euro hat also *nominal* den Wert behalten, *real* aber an Wert verloren. Aus der vordergründig sicheren Geldanlage wird damit eine Anlage, mit der man mit Sicherheit an Kaufkraft verliert – wie ein Schiff das zwar im sicheren Hafen liegt, aber ein Leck hat und deswegen trotzdem sinkt. Oder wie ein Fahrradschlauch, der einen Schleicher hat, ein kleines Loch, das man kaum findet, durch das aber trotzdem nach und nach Luft entweicht.

Variante 2: In Sachwerte investieren
Die Alternative dazu, einem Dritten Geld zu leihen, besteht darin, in reale Güter zu investieren, sogenannte *Sachwerte* – etwa in Aktien, Rohstoffe, Immobilien oder unternehmerische Beteiligungen. Das kann zum Beispiel ein kleiner Anteil einer Firma in Form einer Aktie sein oder eine Immobilie, aber auch Kunst, Antiquitäten, Oldtimer, Schmuck oder Uhren. Auch Diamanten sind Sachwerte, genauso wie Rohstoffe, Grundstücke, Wald, Wiesen und Äcker oder Edelmetalle wie Gold, Silber und Platin.

Der Vorteil: Diese Art von Investitionen ist nicht inflationsanfällig. Der Nachteil: Das Geschick des Managements (bei Aktien) sowie Angebot und Nachfrage bestimmen den Preis. Das heißt, nicht Du entscheidest darüber, sondern der Markt, wieviel Deine Investition wert ist, wenn Du sie verkaufen willst.

Gold beispielsweise gilt als krisensicher. Gleichwohl ist es so, dass ein Goldklumpen mit der Zeit nicht wächst und eben nach zehn oder 20 Jahren genauso viel wiegt wie vorher. Sein Wertzuwachs entsteht aus Verknappung.

Eine weitere Herausforderung ist, zu einem guten Preis einzukaufen, also möglichst günstig. Da derzeit viele Investoren wegen niedriger Zinsen und Inflationsgefahr auf Sachwerte setzen, ist das Risiko größer, zu übertobberten Preisen einzukaufen inklusive möglichem anschließendem Kurssturz.

Idealerweise kauft man günstig ein und verkauft teuer. Klug handelt also der Anleger, der die Nerven hat und es sich leisten kann, zum Beispiel kurz nach einem Börsencrash einzusteigen.

Eines ist unstrittig: Auf lange Sicht sind Sachwerte, vernünftig breit gestreut, die bessere Wahl zum langfristigen Vermögensaufbau, weil sie eine höhere Rendite ergeben.

Rendite bedeutet, dass aus Geld mehr Geld wird. Man spricht auch von *Ertrag* oder *Rentabilität*. Zwei Prozent Rendite pro Jahr bedeutet, dass aus 1,00 EUR nach Ablauf von zwölf Monaten 1,02 EUR geworden sind. Zwei Cent sind nicht wirklich viel, wenn man es so betrachtet. Merken wir uns dieses Zahlenbeispiel trotzdem, ich komme später beim Zinseszinseffekt noch mal darauf zurück. Dann setze ich die Zahlen in einen anderen Kontext und wir werden sehen, wie sich die Bedeutung ändert.

Etwas genauer hinschauen muss man da schon beim nächsten Anlegerwunsch, denn dieser ist nicht wie Rendite in Zahlen messbar.

Sicherheit

Für den einen bedeutet Sicherheit, dass die Anlage keinerlei Schwankungen unterworfen sein darf – um den Preis eben, dass es irgendwann nur noch eine halbe Kugel Eis dafür gibt. Ein anderer versteht darunter den Wunsch, sein Geld seriös zu investieren und dabei das Risiko eines Totalverlustes auszuschließen. Der Dritte versteht unter Sicherheit, dass er jederzeit ans Geld kommt, wenn er es braucht …

Sicherheit gerade in Bezug auf Vermögensanlage ist also ein relativer Begriff, der zudem individuell und situativ sehr unterschiedlich definiert und wahrgenommen wird. Es ist folglich sinnvoll, sich zuerst intensiv damit zu beschäftigen, was man persönlich unter Sicherheit versteht, und erst danach damit, wie eine mögliche Rendite einer Investition aussieht.

Auch wenn die Investition noch so attraktiv scheint, achte darauf, dass Du Dir selbst nichts schönredest. Zudem sollte der Berater bei Dir keine falschen Erwartungen wecken, indem er Risiken verharmlost. Denn: Risiko ist der Gegenspieler von Sicherheit.

„Wenn jemand Dir erzählt, dass er im Produkt irgendwie zehn Prozent Rendite kriegt oder so, sollte man davon eher die Finger lassen."
(Martin Meichelbeck, Direktor Sport bei SpVgg Greuther Fürth)

https://tinyurl.com/y9h4sdkx

Du als Anleger solltest die Kosten kennen und die Wirkungsweisen, zum Beispiel Wertschwankungen, oder die Bedingungen, unter denen Du bei Bedarf wieder an Dein Geld kommen kannst. Sprich: Du brauchst Transparenz.

Deshalb möchte ich Sicherheit hier so definieren, dass der Anleger die Chancen und vor allem die Risiken einer Investition kennt, um auf dieser Basis die Entscheidung aus *Sicht eines Profis* treffen zu können.

Wenn ein Anleger rational und auch emotional versteht, dass Wertschwankungen bei Investitionen in Sachanlagen dazugehören und wie groß diese im konkreten Fall sein können, dann lässt er sich nicht so leicht verunsichern. Manch einem hilft es, sich erst einmal mit kleineren Beträgen vorsichtig heranzutasten – so wie man sich beim Skifahren an die schwarze

Piste herantastet oder gar an „die Streif", eine der schwierigsten und gefährlichsten Rennpisten der Welt. Auch ein Big-Wave-Surfer hat mit kleinen Wellen angefangen.

Ein Anleger, der so vorbereitet ist, wird bei Kurs- beziehungsweise Wertschwankungen viel leichter die Nerven behalten und auf lange Sicht mit *Sicherheit mehr Ertrag* bekommen – vorausgesetzt, er hat *Regel 2* und *Regel 5* befolgt: Er hat zum Beispiel in eine breit gestreute Aktienanlage investiert und hält zusätzlich ausreichenden Puffer vor. Fachleute sprechen übrigens statt von Schwankungen auch von *Volatilität*. Daher gibt es unter Investoren den Spruch:

> „Ohne Vola keine Cola."

Auf lange Sicht erhält man dann den „Lohn der Angst", denn, um mit „Buschi" zu sprechen:

> „Am Ende kackt die Ente."
> (Frank Buschmann, Fernsehmoderator und Sportreporter)

Ein Beispiel: Wer in den letzten 40 Jahren 100.000 EUR in europäische und internationale Aktien investiert und zehn Jahre liegen ließ, konnte sich inflationsbereinigt im Durchschnitt über 220.000 EUR freuen, während der vorsichtige Anleger auf 150.000 EUR kam. 70.000 EUR mehr für den Mutigen.

Es gibt viele Möglichkeiten, Vermögenswerte gegen hohe Kursverluste abzusichern. Wer in Einzelanlagen investiert und keinen langen Atem hat, der könnte darüber nachdenken, Wertpapiere in seinem Depot mit Stop-Loss abzusichern. Natürlich erfordert auch der Umgang mit Stop-Loss Know-how und Disziplin und kann sich nachteilig auf die langfristige Entwicklung auswirken.

Auch eine Immobilie, eine vermeintlich sichere Geldanlage, unterliegt Preisschwankungen und kann durchaus an Wert verlieren, genauso wie Rohstoffe, Edelmetalle oder Aktien. Übrigens wird in Deutschland das Risiko der Investition in Immobilien eher unter- und das der Aktie eher überbewertet. Es gibt in der Finanzwelt Kenngrößen für Risiko und Sicherheit wie zum Beispiel Beta, Treynor oder Volatilität. Mit deren Hilfe kann man die Wirkungsweisen von Finanzprodukten besser einsortieren.

Grundsätzlich gilt: Der *Zusammenhang von Sicherheit und Rendite* ist der, dass mit steigender Renditeerwartung die Sicherheit abnimmt, das Risiko also steigt – allerdings nicht linear sondern überproportional (Abb. 4.5): Irgendwann wird das Risiko immer schlechter bis gar nicht mehr kalkulierbar, zum Beispiel beim Zocken – ähnlich wie ein Biathlet, der mit Maximalpuls an den Schießstand fährt und schnell wie wild drauflosschießt.

Je größer die Versprechungen, desto höher das Risiko des Totalverlustes!

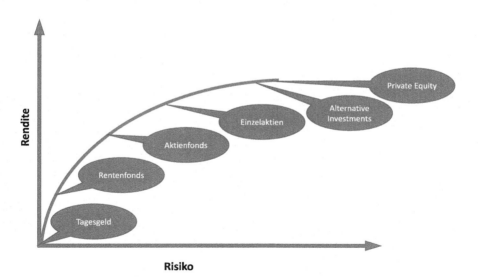

Abb. 4.5 Mit steigender Renditeerwartung nimmt das Risiko deutlich zu

Verfügbarkeit bedeutet, inwieweit man im Bedarfsfall auf ein Investment zugreifen kann. *Tagesgeld* ist jederzeit verfügbar, ein Sparbuch bis zu einer Obergrenze auch. *Festgeld* ist, wie der Name sagt, zum Beispiel für ein, zwei oder mehr Jahre fest angelegt; je länger, umso mehr Zins gibt es normalerweise. Eine Immobilie kann man nicht von heute auf morgen verkaufen. Bis ein Käufer gefunden ist, man sich auf den Preis geeinigt hat, schließlich der Notarvertrag unterschrieben ist und das Geld auf dem Konto landet, dauert es mehrere Wochen, manchmal sogar Jahre. An das Vermögen in *alternativen Investments* kommt man unter Umständen erst nach einem festgelegten Zeitraum von zum Beispiel acht Jahren. An den Wert von *Rentenversicherungen* kommt man verlustfrei nach einigen Jahren, bei manchen sogar erst ab dem 62. Lebensjahr oder noch später.

> Rendite, Sicherheit und Verfügbarkeit hängen gegenseitig voneinander ab.

4.3.2.2 Das magische Dreieck der Geldanlage

> In diesem Abschnitt werden die Zusammenhänge von Rendite, Sicherheit und Verfügbarkeit erklärt.

Das magische Dreieck der Geldanlage (Abb. 4.6) besagt, dass eine Geldanlage nicht gleichzeitig sicher, hochrentabel und kurzfristig verfügbar sein kann. Das schafft nur die eierlegende Wollmilchsau, die es leider nur als Zeichnung in diesem Buch gibt (Abb. 5.8).

Um ein Gefühl zu vermitteln, was mit Blick auf diese gegenseitigen Abhängigkeiten (sogenannte Korrelationen) im aktuellen Kapitalmarktumfeld machbar ist, hier ein Beispiel: Für Tagesgeld gab es Ende 2017 nicht einmal ein Prozent Zinsen. Es ist schlichtweg unmöglich, eine Geldanlage mit garantierten zwei Prozent Zins pro Jahr zu bekommen, die obendrein absolut sicher ist, also keinen Schwankungen unterliegt, und an die man jederzeit in voller Höhe herankommt. Wer derartiges verspricht …,

… lügt Dich an beziehungsweise sagt nicht die ganze Wahrheit, bagatellisiert Risiken und Nebenwirkungen (das berühmte Kleingedruckte) oder

… versteht die empfohlene Geldanlage selbst nicht wirklich.

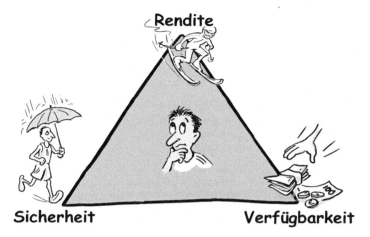

Abb. 4.6 Das magische Dreieck der Geldanlage

Letzteres ist ganz besonders gefährlich. Denn besagter Ratgeber ist ja selbst überzeugt davon und wird in seiner Begeisterung in bester Absicht alle möglichen verkäuferischen Register ziehen, um Dir zu diesem „geilen Geschäft" zu verhelfen – und Du kannst ihm dafür noch nicht einmal einen Vorwurf machen.

„Wenn man investiert, dann ist es wie im Fußball: Man wird auch mal verlieren. Darüber sollte man sich im Klaren sein. Ich muss die Verantwortung übernehmen und die Konsequenzen tragen. Deshalb sollte man das, was man macht, zumindest verstehen."
(Martin Meichelbeck, Direktor Sport bei SpVgg Greuther Fürth)

https://tinyurl.com/y9h4sdkx

„Dazu muss ich allerdings sagen, dass mein ‚Bullshit Detector' ziemlich früh anschlägt. Außerdem lebe ich nach der Fasson: Was sich zu gut anhört, um wahr zu sein, ist es auch meistens nicht."
(Adam Hess, Finanzberater in den USA)

https://tinyurl.com/y92mrqx5

Ein Beispiel: Jemand erzählt Dir von einer Geldanlage, die zwei Prozent Rendite verspricht – „ganz entspannt", ohne Risiko und Du kommst jederzeit ohne Kosten an Dein Geld. Es gibt eine einfache Methode, um die Anbieter derartiger Wunderanlagen zu demaskieren. Frage doch mal Folgendes: „Lieber Verkäufer, habe ich richtig verstanden: Du bietest mir eine Geldanlage an, die absolut sicher ist, jederzeit verfügbar, keine Kosten oder sonstigen Nachteile hat und zwei Prozent Zins bringt? Warum kommst Du mit dieser Empfehlung zu mir? Warum gehst Du damit nicht „ganz entspannt" zu einer Bank? Unter diesen Bedingungen leiht Dir jede Bank mit Handkuss ihr eigenes Geld. Die Bank verlangt weniger als ein Prozent Zins von Dir, ein Prozent bleibt bei Dir hängen, lieber Verkäufer. Die Bank ist froh, wenn sie überhaupt Zins für ihre sicheren Anlagen bekommt – und nicht, wie es derzeit der Fall ist, einen Strafzins von ca. 0,4 Prozent bei der Notenbank bezahlen muss. So einen guten Deal lässt sich keine Bank entgehen. Sie leiht sie Dir also sicher gerne zum Beispiel 100 Mio. EUR. Das macht eine Million Gewinn jährlich für Dich."

Aber zurück zum magischen Dreieck.

Es gibt noch zwei weitere Faktoren, die den langfristigen Erfolg einer Vermögensanlage maßgeblich mitbestimmen: *Inflation* und *Steuer*. Aus dem magischen Dreieck der Geldanlage wird damit ein magisches Fünfeck.

Wie schon beschrieben nagt die Inflation unmerklich an der Rendite der Anlage. Das bedeutet, ein scheinbar sicher und ohne Verzinsung angelegtes Kapital von 10.000 EUR bei einer Inflation von zwei Prozent nach 40 Jahren auf weniger als die Hälfte zusammenschmilzt, nämlich auf eine Kaufkraft von 4529 EUR.

Auch die Steuer schmälert die Rendite. Der Staat will schließlich auch seinen Teil von den Gewinnen der Anleger haben. Bis zu 801 EUR darf ein steuerpflichtiger Anleger steuerfrei an Kapitalerträgen vereinnahmen. Bei zwei Prozent Zinsen pro Jahr Ertrag könnte er also 40.050 EUR anlegen, ohne Steuer darauf zahlen zu müssen. Ist dieser Freibetrag ausgeschöpft, nimmt sich der Staat eine *Abgeltungssteuer* von 25 % zuzüglich Solidaritätszuschlag und gegebenenfalls noch Kirchensteuer von Deinem Gewinn. Ein weiteres kleines Loch im Fahrradschlauch aus dem Beispiel vorhin. Durch Steuer und Kaufkraftverlust (Inflation) schrumpft die Rendite deutlich. Übrig bleibt die *Nettorealrendite*.

Inflation und Steuer schmälern die Rendite.

Die Inflation beträgt derzeit ca. zwei Prozent. Somit ist klar: Wer im derzeitigen Marktumfeld eine reale Rendite erwirtschaften möchte, der kommt nicht umhin, mit einem Teil seines Vermögens den „sicheren Hafen" zu verlassen.

Rendite kann man nicht erzielen, ohne bereit zu sein, Wertschwankungen oder Kapitalbindung in Kauf zu nehmen.

Der Inflation kann man besonders durch die Investition in Sachwerte begegnen. Und auch bei der Steuer kann man das Loch im Fahrradschlauch ein klein wenig stopfen und die Gesamtsteuerlast verringern.

Vorausgesetzt natürlich man beachtet *Regel 4:* Besser Kosten sparen als Steuern. Eine Möglichkeit ist, in Jahren mit hohem Einkommen und hoher Steuerlast steuerlich absetzbare Investitionen zu tätigen, etwa Ausgaben für vermietete Immobilien oder bestimmte Formen der Altersversorgung. Ist die Steuerlast später, wenn die Darlehen abbezahlt sind oder die Altersversorgung ausbezahlt wird, niedriger, hat man unter dem Strich Geld gespart.

Bei größeren Vermögen erweitern sich die Gestaltungsmöglichkeiten um Firmenkonstrukte und Stiftungen. Grundsätzlich aber gilt: *There is no free lunch* – und bei jedem „Steuergeschenk" gibt es – wie bei jedem Medikament – Nebenwirkungen. Also immer das Kleingedruckte, den Beipackzettel, beachten.

Manch einer mag nun auf die Idee kommen, Geld in anderen Währungen anzulegen, etwa in US-Dollar, weil es da mehr Rendite für die Anlagen gibt. Das aber wäre zu kurz gesprungen. Denn bei der Anlage in einer Fremdwährung kommt eine weitere Variable dazu, nämlich das *Währungsrisiko*. Das bedeutet, dass der Umtauschkurs beim Kauf zum Beispiel von Euro in US-Dollar und beim Verkauf wieder zurück von US-Dollar in Euro bestimmt, wie das Geschäft ausgeht.

Durchhalten, noch zwei Punkte, dann sind wir durch mit dem Kleinen Einmaleins. ☺ Der nächste Begriff ist vermutlich den meisten schon einmal begegnet …

4.3.2.3 Zinseszinseffekt

In diesem Kapitel:

- Was ist der Zinseszinseffekt?
- Wie wirkt er sich aus?
- Warum ist es so wichtig, ihn zu nutzen?

Der *Zinseszins* besagt, dass im Laufe der Zeit aus mehr Geld viel mehr Geld wird – vorausgesetzt, man tastet es nicht an und es bringt eine positive Rendite. Das hängt damit zusammen, dass sich die Rendite nicht nur auf den zuerst angelegten Geldbetrag auswirkt, sondern auch auf die zwischenzeitlich erwirtschaftete Rendite. So kann man auch mit kleinen monatlichen Sparbeiträgen über einen langen Zeitraum hinweg sehr viel Geld anhäufen. Der Geldberg wächst damit anfangs langsam, mit der Zeit aber immer schneller, also exponentiell. „Zinseszins ist ungefähr so, als ob man einen Schneeball einen Hang hinunterrollt. Man kann mit einem ganz kleinen Schneeball anfangen. Wenn er lange genug den Hang hinunterrollt und der Schnee nur ein wenig klebt, dann hat man am Ende eine riesige Schneekugel." So hat es der US-Großinvestor, Unternehmer und Mäzen Warren Buffett, Vorsitzender des von ihm gegründeten Investment-Hauses Berkshire Hathaway, einmal beschrieben.

Bleiben wir beim Beispiel mit zwei Prozent Rendite: In einem Jahr werden aus 100 EUR, die man anlegt, genau 102 EUR. Nach einem weiteren Jahr sind es 104,04 EUR, nach zehn Jahren 122 EUR und nach 40 Jahren ist mehr als das Doppelte daraus geworden, nämlich 221 EUR. Ohne Zinseszins wären es dagegen nur 180 EUR. Mit zunehmender Rendite verstärkt sich dieser Effekt (Tab. 4.2).

Um den Effekt noch einmal zu verdeutlichen: Bei einer Laufzeit von 40 Jahren und einer Verzinsung von sechs Prozent beträgt der Zinsertrag allein bezogen auf das eingesetzte Kapital 40 mal sechs Euro, also 240 EUR. Der durch die „Zinsen auf die Zinsen" zusätzliche Ertrag beträgt damit 689 EUR. Eingesetztes Kapital (100 EUR) plus Zins (240 EUR) plus Zinseszins (689 EUR) ergeben dann die in der Tabelle berechneten 1029 EUR.

Der Zinseszins hilft dabei, mit der Zeit aus kleinen Beträgen ein bedeutsames Vermögen aufzubauen.

Die langfristige Bedeutung von Zinseszinseffekt und Inflation wird meist extrem unterschätzt. Warum dies so ist und wie Du es klüger angehen kannst, erfährst Du ein paar Seiten weiter – im Kapitel zu Vermögensaufbau und Psychologie.

Wer sich frühzeitig mit wichtigen Zukunftsthemen beschäftigt, ist den anderen meist einen Schritt voraus. Bei Profisportlern sind vor allem finanzielle, berufliche und mentale Vorbereitungen auf den Karriereausstieg und die Zeit danach eine große Herausforderung.

Tab. 4.2 Die Auswirkungen des Zinseszinseffektes bei einer Einmalanlage

Rendite (%)	Anlagedauer in Jahren (€)					
	1	2	5	10	20	40
1	101	102	105	110	122	149
2	102	104	110	122	149	221
4	104	108	122	148	219	480
6	106	112	134	179	321	1029

„Nichtsdestotrotz rast die Zeit an einem vorbei. Wer hier nicht frühzeitig anfängt, analytisch und planerisch an der Zukunft zu basteln, kann unter Umständen ein böses Erwachen erleben."
(Per Günther, aktiver Basketballprofi und ehemaliger Nationalspieler)

https://tinyurl.com/y76k5vnv

Auch der frühzeitige Aufbau der eigenen Altersversorgung hilft, einen Schritt voraus zu sein.

Aus Sicht eines Sportlers ist es ein eher ein unspektakulärer, einsamer und stiller „Wettkampf", sich mit Zukunftsthemen zu beschäftigen. Aber im Rückblick, nach dem Ende der Karriere, wohl einer der wichtigsten. Man kann schlecht emotional darauf hinarbeiten. Es gibt keine Siegertreppe, auf der man sich gedanklich stehen sieht. Für diese Challenge gibt es keine Stoppuhr und keine laufenden Wettbewerbsvergleiche und es feuert Dich kein Zuschauer an. Trotzdem lohnt es sich, in diesem „Wettkampf" anzutreten.

Also noch einmal zur Berechnung, wie sich 100 EUR monatliche Sparrate entwickeln (Tab. 4.3):

Tab. 4.3 Die Auswirkungen des Zinseszinseffektes bei monatlichem Sparen

Rendite (%)	Anlagedauer in Jahren (€)					
	1	2	5	10	20	40
1	1207	2425	6155	12.625	26.578	59.038
2	1213	2451	6315	13.294	29.529	73.566
4	1226	2503	6652	14.774	36.800	118.590
6	1240	2556	7012	16.470	46.435	200.145

Vermögens- und Karriereplanung gehören – neben dem Sport – zu den wichtigsten „Wettkämpfen" eines Profisportlers.

4.3.2.4 Der *cost-average*-Effekt

In diesem Kapitel Wie der *cost-average*-Effekt die Planbarkeit erhöht.

Wie beschrieben sind die Kursentwicklungen am Kapitalmarkt nicht vorhersehbar. Wenn man also eine größere Summe investiert und kurz darauf die Kurse stark fallen, ist das besonders ärgerlich. Um dieses Risiko zu verringern, ist es wert zu überlegen, den Einstieg auf mehrere Teilzahlungen (Tranchen) in einem Abstand von zum Beispiel ein paar Wochen oder Monaten zu verteilen. Sollten die Kurse nach der ersten Investition stark sinken, kann man sich sogar darüber freuen, weil man mit dem noch zu investierenden Geld günstiger einkaufen kann. Umgekehrt wird man sich zwar ärgern, wenn die Börse nach der ersten Investition stark anzieht. Gefühlsmäßig, und auch dieser psychologische Effekt ist wissenschaftlich eindrucksvoll bewiesen, fällt aber ein erlittener Verlust deutlich stärker ins Gewicht – Studien zeigen etwa doppelt so stark – als ein entgangener Gewinn.

Der *cost-average*-Effekt kann helfen, Verluste an der Börse zu verringern.

Deswegen und weil bei einer Investition das erste Ziel immer sein sollte, das Verlustrisiko in den Griff zu bekommen, empfehle ich bei größeren Anlagebeträgen am Kapitalmarkt die Option des *cost-average*-Effektes in Betracht zu ziehen.

Wer die goldenen Regeln beachtet, das magische Dreieck der Geldanlage und den Zinseszinseffekt im Auge behält, hat die wichtigsten Zutaten für ein gelungenes Vermögenskonzept im Griff.

4.3.2.5 Geldanlage mit gutem Gewissen

In diesem Kapitel Was sind Nachhaltigkeitsanlagen und ethische Investments?

In die öffentliche Wahrnehmung ist es bisher noch wenig vorgedrungen, dass es auch sehr gut möglich ist, die Vermögenswerte und auch die Altersversorgung teils oder vollständig mit ökologischen Anlagen aufzubauen. Diese Geldanlagen funktionieren prinzipiell wie alle anderen. Der wesentliche Unterschied ist, dass bei der Anlage auf Investments verzichtet wird, die Umwelt oder Gesellschaft schädigen oder unsere Nachkommen belasten, etwa die Rüstungsindustrie oder Atomkraft. Es ist vergleichbar damit, Bio-Nahrung ohne Gentechnik zu kaufen.

Zwar ist die Auswahl an Investments kleiner, was die Rendite schmälern kann. Es gibt aber auch Beispiele von ökologischen Investments, die besser performen, also mehr Rendite abwerfen, als vergleichbare nichtökologische Anlagen.

Wer also bereit ist, sich in der Auswahl etwas einzuschränken und gegebenenfalls auf etwas Rendite zu verzichten, der kann sein Vermögen ethisch, ökologisch nachhaltig und mit einem guten Gewissen aufbauen.

4.3.2.6 Vermögensaufbau und Psychologie

In diesem Kapitel:

- Jeder Mensch ist anders – die persönliche Risikobereitschaft und der richtige Umgang damit.
- Die vier häufigsten Anlegerfehler – und wie man sie vermeiden kann.
- Worauf man bei langsamen Prozessen achten sollte und was das mit Fröschen zu tun hat.

Mit der Verhaltensökonomie beziehungsweise *behavioral finance* befasst sich ein eigenes Forschungsgebiet allein mit der Psychologie von Anlegerhandlungen. Die Erkenntnisse daraus können wir für das Gelingen des Vermögensaufbaus nutzen. Es ist Gold wert, die Ursachen für typische Anlegerfehler zu kennen. Wer über sie Bescheid weiß, kann sie vermeiden.

Dass es grundsätzlich sinnvoll ist, am Kapitalmarkt zu investieren, steht außer Frage. Ein wichtiger Grund dafür wurde schon genannt: Vermögen verzehrt sich von selbst durch Inflation und Steuern. Das bedeutet logischerweise, es braucht ausreichend Vermögen, um sich diesen passiven Vermögensverzehr leisten zu können. In den meisten Fällen ist Rendite nötig, um Ziele zu erreichen, und hieraus leitet sich ein gewisser *Risikobedarf* ab. Doch in welchem Umfang ist es für den Einzelnen sinnvoll, Risiken einzugehen und sich damit auf Unsicherheit einzulassen? Um uns der Antwort darauf anzunähern, vorab ein paar Basics:

Für die bestmögliche individuelle Dosierung ist die *Risikotragfähigkeit* beziehungsweise *Risikokapazität* zu berücksichtigen. Das heißt, es ist folgende Frage zu beantworten: Welches Risiko kann ein Anleger aufgrund seiner Wirtschaftskraft für die jeweiligen Anlageziele eingehen, welche Verluste kann er verkraften, ohne dass seine Lebensplanung ins Schwanken gerät? Das ist einfach nachzuvollziehen: Wer keinen Puffer hat und wenn das vorhandene Geld für die Grundversorgung bestimmt ist, dann gehen Sicherheit und Liquidität vor – Schwankungen kann er sich hier nicht leisten. Bei langfristigen Zielen sind Anteile von Sachwerten nicht nur sinnvoll, sondern gehören unbedingt dazu. Es sei denn, man hat genug Vermögen im Hintergrund, um es sich leisten zu können, ohne „Angriff zu spielen".

Es gibt unterschiedliche Lebensbereiche, in denen die individuelle Risikobereitschaft bedeutend ist – zum Beispiel die finanzielle, unternehmerische, berufliche, körperliche. Ein Skirennfahrer etwa geht sehr hohe gesundheitliche Risiken ein, zugleich ist er in Bezug auf seine Finanzen vielleicht äußerst vorsichtig. Da wäre es doch schön, wenn ein Sportprofi, der ein Gefühl für seinen Körper hat, weiß, wann er „sauer" wird beziehungsweise was er sich zumuten kann. Er sollte also seinen persönlichen „roten Bereich" hinsichtlich Finanzen kennen.

Persönliche Risikobereitschaft
Entscheidend dafür, ob Du Dich mit der Geldanlage auch wohlfühlst und im Zweifel die Nerven behältst, ist Deine *finanzielle Risikobereitschaft*. Diese ist übrigens ein ziemlich stabiles Persönlichkeitsmerkmal: Schon bei jungen Erwachsenen steht sie fest und ändert sich nur sehr wenig mit dem Älterwerden. Durch einschneidende persönliche Veränderungen wie Heirat,

Geburt eines Kindes oder Scheidung kann sie sich etwas in die eine oder andere Richtung verändern. Einige Finanzberater können Dir Zugang zu einem guten Onlinetest verschaffen. Dann bekommst Du schwarz auf weiß eine Antwort auf die Frage, wie risikobereit Du bist. Das Ergebnis bietet eine hervorragende Gesprächsbasis für Euch und hilft Dir bei Deinen Anlageentscheidungen.

Bei Partnerschaften und gemeinsamen Vermögenswerten sollten beide Partner jeweils einen eigenen Test machen. Denn wenn sich die Risikobereitschaft der Partner deutlich unterscheidet, was gar nicht selten vorkommt, kann man anhand dieser Erkenntnis besprechen, wie man damit umgeht.

Wer seine eigene Risikobereitschaft kennt und ein dazu passendes Vermögenskonzept hat, wird bei Börsenausschlägen die Nerven behalten.

Mitentscheidend dafür, wie erfolgreich eine Vermögensanlage ist, ist neben der „objektiv" sinnvollen Portfoliozusammenstellung – ein anderes Wort für Anlagenmix – die Frage, ob der Anleger auch in unruhigen Zeiten damit klarkommt und er folglich auch dann noch ruhig schlafen kann, wenn es an den Weltbörsen kracht. Umgekehrt kann sich, wenn der Kopf nicht mehr frei ist, eine unpassende Anlage beim einen oder anderen Profisportler negativ auf seine sportlichen Leistungen auswirken.

Anlegerfehler 1
Die Geldanlage passt nicht zur eigenen Risikobereitschaft.

Einer der häufigsten und teuersten Fehler von Privatanlegern ist es, aus einer Anlage auszusteigen, wenn die Börse mal nach unten rauscht. Aus Angst, noch mehr zu verlieren, oder aus fehlender Erfahrung wird dann hektisch verkauft.

Klar, man weiß nie, wie weit es abwärts gehen wird oder wann sich die Börse wieder erholt. Auch wenn jemand in einen Wert investiert und dieser sprichwörtlich abstürzt wie etwa die Aktie von Air Berlin 2017, bleibt ihm nichts anderes übrig, als auszusteigen, bevor es zu spät ist. Schließlich ist es nicht ratsam, „in ein fallendes Messer zu greifen". Aber wenn

Finanzkonzept, Anlagenmix und die Qualität der Anlage stimmen, dann ist es nahezu immer (!) besser, die Ruhe zu bewahren und nichts zu machen, sondern womöglich sogar nachzukaufen – denn man will ja günstig einkaufen und nicht billig verkaufen! *Antizyklisch handeln* nennt man das.

Buy on bad news, sell on good news.

Hier ein Beispiel aus meinem Beratungsalltag: Beim Börsencrash während der Finanzkrise 2007 rief ich meine Kunden an, um für sie und ihre Fragen da zu sein. Einer meiner Mandanten – er hat einen vergleichsweise sehr hohen Aktienanteil in seinem Portfolio – sagte: „Cool, da sollten wir nachkaufen." In der Auswertung seines Risikotests steht unter anderem, dass es unter tausend Anlegern nur drei Personen gibt, die noch risikofreudiger sind als er. Er kann auch im größten Sturm noch ruhig schlafen und denkt sogar noch daran, die Segel zu setzen. Und weil er auch die anderen Regeln beachtet hat, verfügt er heute über ein ansehnliches Vermögen.

Anlegerfehler 2
Herding – mit den Wölfen heulen.

Die Börse ist keine Einbahnstraße und niemand hat die Glaskugel. Doch wollen das die meisten Anleger und viele Berater, wenn es steil nach unten (oder oben) geht, nicht wahrhaben. Also wird tendenziell mit den Wölfen geheult: Man orientiert sich am Anlageverhalten anderer und handelt damit zyklisch. In der Fachwelt ist dies auch als *herding* bekannt. In größeren Dimensionen führt genau dies Verhalten immer wieder zu Finanzkrisen – genauso, wie wenn sich in einem Ruderboot alle gleichzeitig auf eine Seite legen und es plötzlich kippt.

Wenn Du beim Friseur erzählt bekommst oder in der Boulevardpresse liest, man solle auf den fahrenden Zug aufspringen und spätestens jetzt am Aktienmarkt investieren – dann ist es in der Regel besser, genau dies nicht zu tun, im Gegenteil, vielleicht sogar ein paar Gewinne zu realisieren.

Ein weiterer Player – man könnte auch Störfaktor sagen – in Bezug auf sinnvolle Entscheidungen ist die *Risikowahrnehmung*. Darunter ist zu verstehen, dass Risiken – unabhängig von der statistischen Wahrscheinlichkeit und vom möglichen Schadensausmaß – nicht konsistent objektiv wahrgenommen werden. Dieselbe Person empfindet Risiken in unterschiedlichen Situationen unterschiedlich. Jeder Mensch baut sich seine eigene „Wahrheit" von Risiko, teils bewusst, größtenteils aber aus dem Unterbewusstsein heraus. Frei nach Pipi Langstrumpf:

> Zwei mal drei macht vier,
>   widewidewitt und drei macht neune,
>   ich mach mir die Welt,
>   widewide wie sie mir gefällt.

Diese individuelle „Wahrheit" verändert sich ständig. Sogenannte kognitive Verzerrungen *(cognitive bias)* tragen zu „verzerrten", unklugen Entscheidungen bei.

Dass zum Beispiel die weltweiten Aktienkurse oder Gold- und Immobilienpreise mehr oder weniger schwanken, bekommt jeder Anleger gesagt. Der jedoch – das liegt in der Natur des Menschen – ärgert sich über Ausschläge nach unten mehr als dass er sich über dieselben Ausschläge nach oben freut, besagt die sogenannte Prospect Theory der beiden Psychologen Daniel Kahneman und Amos Tversky. Verstärkt wird das Ganze noch durch die Beeinflussung durch das Umfeld.

Ein anderes Beispiel aus meinem Beratungsalltag: Ein Kunde von mir ärgerte sich darüber, dass seine Anlage (sie hatte nur einen sehr geringen Aktienanteil) nicht annähernd den Ertrag gebracht hatte, den ein Bekannter mit reinen Aktieninvestments auf dem Papier stehen hatte. Als aber der Aktienmarkt sank und er mit seinem Depot leicht im Minus war, auch dann war er frustriert. „Da hätte ich mein Geld besser unters Kopfkissen gelegt." Unbewusst wechselte er den Bezugsrahmen, innerhalb dessen er seine Anlageergebnisse beurteilte. Jetzt verglich er nicht mehr mit seinem Bekannten, dessen Depot stark eingebrochen war, sondern mit der verlustfreien Anlage. Klingt unlogisch, ist aber menschlich, ist Psychologie:

Die Risikowahrnehmung hängt von vielem ab. Ist beispielsweise ein Schadensfall eingetreten und wird darüber gerade geredet oder in der Zeitung berichtet, dann misst man dem Risiko mehr Bedeutung zu. Der Fachbegriff nennt sich *Verfügbarkeitsheuristik*: Schockrisiken dringen besonders stark in unsere Wahrnehmung ein und führen infolge mitunter zu irrationalem gesellschaftlichen Verhalten. Beispielsweise weichen unmittelbar nach einem verheerenden Flugzeugabsturz Menschen vom Flugzeug auf das Auto aus. Es wurde statistisch nachgewiesen, dass die Zahl der Verkehrstoten nach derartigen Ereignissen steigt. Es geht aber auch simpler: Wurde etwa in der Nachbarschaft eingebrochen, wird man die eigene Wohnung sorgfältiger abschließen als vorher.

Stärker wahrgenommene Ereignisse werden also tendenziell überbewertet, gleichzeitig werden relevante Risiken und Chancen, die weniger spektakulär sind oder schleichend verlaufen, oft deutlich unterschätzt. Beispielsweise gibt es durchaus das Risiko, Monate oder gar Jahre nach einem Zeckenbiss an den Folgen zu erkranken und zeitweise oder gar dauerhaft sportunfähig zu werden. Ein anderes Beispiel: Die ehemalige Handball-Nationalspielerin Christine Lindemann musste wegen Pfeifferschen Drüsenfiebers eine mehr als zweijährige Zwangspause einlegen. In einem derartigen Fall leistet die Berufsgenossenschaft nicht, weil es kein Arbeitsunfall ist.

Weil es so bedeutsam ist, möchte ich in diesem Zusammenhang noch einmal auf Zinseszinseffekt und Inflation eingehen, die meist unterschätzt oder gar ignoriert werden. Hierbei handelt es sich gleichermaßen um schleichende Prozesse. Unter dem *boiling frog syndrome* findet man im Internet die möglichen Auswirkungen wirkungsvoll beschrieben – nichts für zarte Gemüter: Unmerklich, langsam aber sicher, erlangen Zinseszins (Mehrwert durch konsequenten und überproportionalen Kapitalaufbau) und Inflation (Langfristschaden durch Kaufkraftverlust) eine immer stärkere Bedeutung und können nach ein paar Jahrzehnten den Unterschied machen zwischen arm und reich.

Aber woran liegt es, dass sich die Menschen wie der Frosch im immer wärmer werdenden Wasser trotzdem wohlfühlen? Das liegt daran, wie unser Gehirn funktioniert: Wir Menschen denken normalerweise linear (jedes Jahr die Zinsen auf die ursprüngliche Geldanlage). Langsame und exponentielle Zusammenhänge (Zinsen auf die Geldanlage *plus* Zinsen auf die Zinsen) können wir schlecht fassen, sie entziehen sich unserem Vorstellungsvermögen. Man spricht auch von einer kognitiven Verzerrung (*bias* auf Englisch), in diesem Fall vom *exponential growth bias*.

Bei derartigen Aufgabenstellungen hilft übrigens das Bauchgefühl nicht wirklich weiter, sondern einzig schlichtes Rechnen und gegebenenfalls zur Unterstützung eine Pro- und Contraliste.

Wenn es also um Herausforderungen geht, die gefühlt weit in der Zukunft liegen, dann macht uns die Psychologie einen Strich durch die Rechnung und der Bauch alleine ist an dieser Stelle ein schlechter Ratgeber. Die Auswirkung von Handeln oder nicht Handeln sind schlecht vorstellbar, es gibt keine unmittelbar erlebbare Rückmeldung und unser

Belohnungssystem springt nicht an, der Frosch springt sozusagen nicht aus dem Wasser. Hier sind *Kopfentscheidungen* gefragt.

Zu den Aufgabenbereichen die eine große Auswirkung für die Zukunft haben können, gehören für einen Profisportler zum Beispiel ein angemessenes Ausgabeverhalten, Risikomanagement, Vermögenskonzeption und berufliche Orientierung: Informiere Dich gut und ignoriere oberflächliches „Blabla". Seriöse Quellen sollen es sein, gute Berater, solide recherchierte Berichte, fundierte Statistiken. So kannst Du alleine für Dich reflektieren oder mit gut informierten Beratern oder Vertrauenspersonen, denen etwas an Dir liegt. Nun kannst Du vernünftig abwägen und Dir schließlich von Deinem Bauch das Go zur Entscheidung geben lassen. Dann bist Du *ein Profi* – auch bei solchen Masterentscheidungen.

Angemessenes Ausgabeverhalten, Risikomanagement, Vermögenskonzeption, frühzeitiger Kapitalaufbau und berufliche Orientierung sind existenzielle Aufgabenfelder für einen Profisportler.

Ein Berater, dessen eigene Risikobereitschaft stark von Deiner abweicht und der sich zudem für Deine Risikobereitschaft nicht ernsthaft interessiert, wird in seinen Anlageempfehlungen für Dich danebenliegen, auch wenn er Dir noch so tolle Anlageergebnisse zeigt. Und ein Familienmitglied, das sich mit den existenziellen Risiken und Absicherungsmöglichkeiten von Profisportlern nicht wirklich auskennt, wird Dir möglicherweise auf Basis seiner eigenen Erfahrungen Falschempfehlungen geben, die für Dich fatale Auswirkungen haben können – und das in bester Absicht.

Aber weiter zu den nächsten wichtigen „psychologischen" Fehlerquellen für unkluges Anlegerverhalten.

Anlegerfehler 3
der Selbstüberschätzungseffekt.

Der Selbstüberschätzungseffekt ist auch bekannt als Dunning-Kruger-Effekt beziehungsweise *overconfidence effect*.

Die Mehrheit der Autofahrer etwa glaubt, besser zu fahren als der Durchschnitt – in einer skandinavischen Umfrage waren es 90 %, bei einer kanadischen Studie antworteten sogar alle 400 befragten Autofahrer, sie fahren überdurchschnittlich gut. Das Maß der Selbstüberschätzung nimmt mit dem Grad der eigenen Inkompetenz zu und dazu gesellt sich dann bemerkenswerterweise die Ignoranz: Man merkt nicht einmal, wie unwissend man ist, und steht damit auf dem Gipfel des sogenannten *mount stupid*. Viele Fußballfans etwa halten sich für taktisch klüger und kompetenter als der Trainer ihrer Lieblingsmannschaft. ☺ Und so passiert es, dass Amateure sich bei Geldanlagen für klüger halten als die Profis. Schon mancher Privatanleger hat nach zufälligen Gewinnen an der Börse sein Vermögen so in den Sand gesetzt.

Anlegerfehler 4
Übergewichtung von Anlagen im Heimatmarkt

Die Tendenz, Anlagen auf dem Heimatmarkt zu stark zu gewichten, wird *home bias* genannt. Chancen in anderen Märkten werden dadurch ausgeblendet, ebenso wie man sich verstärkt Risiken des regionalen Marktes aussetzt – etwa dem deutschen Automobilmarkt oder dem Eurorisiko.

Ein paar Beispiele für typische Aussagen, die Anlegerfehler verdeutlichen:

Ex-Kollegen haben mit einem Mehrfamilienhaus einen Superdeal gemacht, alle anderen kaufen Immobilien, also ist das auch gut für mich.

Derzeit investieren alle in Gold, das ist eine (krisen-)sichere Anlage.

Kaum einer meiner Mitspieler hat eine Invaliditätsversicherung, folglich werde ich auch keine benötigen.

Ein Freund hat mit soliden deutschen Aktien in den letzten Jahren eine Rendite von mehr als zehn Prozent im Jahr gemacht, also steige ich nun auch ein.

Ein Freund hat einen Berater, der ihm alles abgenommen hat, und ist gut damit gefahren – ich brauche unbedingt auch so einen Berater.

Ein Verwandter hat an der Börse große Verluste gemacht, also halte ich mich davon fern.

Ich habe gehört, dass jemand mit Bitcoins ein Vermögen gemacht hat. Da investiere ich jetzt auch so viel wie möglich.

Ein Bekannter wurde von einem Finanzberater über den Tisch gezogen, deshalb soll sich jemand in meiner Familie um meine Finanzen kümmern.

Als ich in den USA studiert habe, habe ich bei Leuten gewohnt, die ihr ganzes Vermögen beim Platzen der Immobilienblase verloren hatten, also kaufe ich lieber keine Immobilie.

„… er hatte seine komplette Anlagestrategie auf eine Erfolgsgeschichte eines Teamkollegen ausgelegt, der einen Monat früher in die Aktie investiert hat, einen schnellen Gewinn einfuhr und dann jedem im Training davon berichtete."
(Adam Hess, Finanzberater in den USA)

https://tinyurl.com/y92mrqx5

So viel zum Kleinen Einmaleins des Finanzmanagements. Damit hast Du wertvolles Know-how für ein vernünftiges Vermögenskonzept und ein Grundverständnis über die praxisrelevanten „Zutaten" zu einer gelungenen Anlagestrategie.

Aber aufgepasst: Neben den vorhandenen Risiken bei Vermögensanlagen gibt es noch andere Risiken, die sich auf das Vermögenskonstrukt eines Anlegers und eines Profisportlers entscheidend auswirken können. Solche Gefahren kommen oft aus ganz anderen Ecken und bringen das, was man sich hart erarbeitet hat, wie ein Kartenhaus womöglich zum Einstürzen. Mehr dazu findest Du später – beim Kleinen Einmaleins des Risk Managements.

4.3.2.7 Geldanlagemöglichkeiten – ein Überblick

In diesem Kapitel:

- Was sind die wichtigsten Möglichkeiten der Geldanlage?
- Was macht den Unterschied?
- Wo wird es spekulativ, also unkalkulierbar?

Girokonto, Sparbuch und Tagesgeld

Girokonto, Sparbuch und Tagesgeld dürften jedem vertraut sein. Man kommt jederzeit an sein Geld und es ist sicher.

Merkmale
Vorteil: sicher und kurzfristig verfügbar
Nachteil: keine Rendite, inflationsanfällig
Eignen sich besonders für: die eigene Reserve, Rücklagen
Eignen sich nicht für: die Mehrung des langfristigen Vermögens

Festgeld

Festgelder sind kurz- bis mittelfristige Anlagen mit einer Laufzeit von mindestens einem Monat. Sie bringen eine mit zunehmender Laufzeit steigende und planbare Rendite, die normalerweise über dem Tagesgeldzins liegt. Aufgrund der derzeitigen Zinssituation liegen diese Art Anlagen allerdings unterhalb der Inflation. Das bedeutet, dass der „tatsächliche Wert" mit der Zeit zwar zunimmt, gemessen an der Kaufkraft aber verliert.

Zudem ist Festgeld dem spontanen Zugriff entzogen. Dies dürfte in den vielen Fällen allerdings vorteilhaft sein, denn es wirkt wie eine gewisse Firewall gegen den schnellen Konsum.

Merkmale
Vorteile: minimaler Zins
Nachteile: Rendite unterhalb der Inflation
Eignen sich besonders für: mittelfristige Rücklage
Eignen sich weniger für: langfristigen Vermögensaufbau

Bausparverträge

Der Name sagt es schon: Bausparverträge dienen dazu, Finanzierungen vorzubereiten und sich früh günstige Zinsen für spätere Finanzierungen zu sichern. Unter gewissen Voraussetzungen bekommt man auch vergleichsweise gute Zinsen für das angesparte Geld. Das ist bei den derzeitigen Niedrigzinsen uninteressant, aber irgendwann wird sich auch das wieder ändern. Im Kapitel Finanzierung (Abschn. 4.3.5) wird Bausparen ausführlicher erläutert, etwa als Zusatzoption für Häuslebauer.

> **Merkmale**
> *Vorteile:* zielgerichtetes Sparen
> *Nachteile:* geringe Rendite
> *Eignen sich besonders für:* zukünftige Finanzierungen in Hochzinsphasen
> *Eignen sich weniger für:* langfristigen Vermögensaufbau

Investmentfonds

Zu Aktien und Anleihen weißt Du nun das Nötigste. Wie aber funktioniert das Investieren an der Börse? Hierfür richtet man sich am besten ein *Depot* bei einer Bank oder Onlinebank ein. Das Depot ist quasi die Hülle, sie dient zum Kaufen und Verkaufen von Wertpapieren wie etwa Aktien, Anleihen, Fondsanteile, Optionsscheine oder Zertifikate. Alternativ erteilt man einer Bank oder einem Vermögensverwalter ein entsprechendes Mandat oder mischt beides.

Doch der Reihe nach: Was sind eigentliche Fonds? *Fonds* oder auch *Investmentfonds* sind eine Art Einkaufsgemeinschaft für Geldanlagen. Sie bieten den Vorteil, dass man bereits mit kleinen monatlichen Raten konsequent Rücklagen bilden kann. Wie bei einem Buffet kann man sich damit sehr leicht ein Depot seiner Wahl zusammenstellen – passend zu den zu den eigenen Risikowünschen. Man kann in alle Weltmärkte investieren – und so den *home bias* vermeiden – und auch in die meisten Anlageklassen (zum Beispiel Rohstoffe, Edelmetalle, Anleihen …). Zudem sind Fonds die einfachste Möglichkeit, das Risiko zu verteilen. Denn Fonds machen das, was jeder Anleger unbedingt auch tun sollte: Sie streuen das Risiko. Ein Fonds ist eine Sammlung verschiedener Aktien, Anleihen oder Immobilien. So spielen Fonds in vielen Depots – auch von professionellen Investoren und sehr vermögenden Kunden – eine große Rolle. Googel doch mal die Begriffe

„Fonds Erklärvideo". Dann bekommst Du anschaulich gezeigt, wie Fonds funktionieren.

Manche Fonds haben bestimmte Schwerpunkte, etwa große, kleine, junge oder etablierte Firmen. Daneben gibt es Fonds für Anleihen mit weniger oder mehr Kursrisiko sowie mit und ohne Währungsrisiko. Andere Fonds sind auf sogenannte *Dividendentitel* spezialisiert. In diesen sind Aktien von Firmen, die ihre Anleger regelmäßig an ihren Gewinnen beteiligen, indem sie jährliche Ausschüttungen machen – so ähnlich wie Zinszahlungen. Andere Fonds konzentrieren sich auf spezielle geografische Märkte wie Asien, die Schwellenländer oder Osteuropa oder auf besondere Branchen wie Gesundheit, Energie oder Technologie.

Sehr kostengünstig sind sogenannte *exchange-traded funds* oder kurz ETFs. Das sind Fonds ohne „menschlichen" Verwaltungsaufwand. Sie bilden zum Beispiel den weltweiten Aktienindex nahezu eins zu eins nach. In der tatsächlichen Umsetzung gibt es Qualitätsunterschiede, die der Laie nur schwer erkennen kann.

Wieder andere gemanagte Fonds fokussieren auf sogenannte Assetklassen (= Anlageklassen), etwa Rohstoffe oder Immobilien. Natürlich gibt es ein breites Qualitätsspektrum: Manche Fonds sind exzellent, andere miserabel gemanagt.

Es ist meist sinnlos, den von einer Finanzzeitschrift hochgepriesenen Fonds des Tages, Monats oder Jahres zu kaufen.

„Fonds des Monats oder Jahres" tauchen regelmäßig im nächsten oder übernächsten Heft wieder weiter unten auf ...

Eine sinnvolle Erweiterung zu gemanagten Fonds sind *vermögensverwaltende Fonds*. Hier sind die Spielregeln für den Manager noch weiter gefasst: Er kann zum Beispiel die Verteilung von Renten und Aktien ändern und so bei einem überhitzten Markt größere Kurseinbrüche verhindern. Oder er kann durch Hinzunahme von Edelmetallen wie Gold zusätzlich streuen. Wie bei den „normalen" Fonds gibt es bei vermögensverwaltenden Fonds eine große Auswahlpalette bis hin zu ethischen Fonds.

Noch ein Wort zur Sicherheit: Bei den hier angesprochenen Fonds handelt es sich um Sondervermögen. Dein Vermögen ist „safe", auch wenn die Kapitalverwaltungsgesellschaft oder die Bank, bei der Du Dein Depot hast, Pleite geht.

Hier ein Tipp für denjenigen, der sich selbst ein Depot zusammenstellen möchte: Mit der sogenannten *core-satellite*-Strategie kann man eine gute Mischung aus Stabilität und Chance erzielen. Man nehme dafür drei bis fünf vermögensverwaltende Fonds (als stabilen Kern/*core*) und ein paar Investmentfonds in unterschiedlichen Märkten als „Satelliten". Da kann dann durchaus eine Prise mehr „Würze" drin sein – ähnlich einem guten Essen: einem Mix aus erlesenen Zutaten je nach Geschmack die gewünschte Menge Pfeffer oder Chili dazugeben.

> **Merkmale**
> *Vorteil:* langfristig gute Renditen
> *Nachteil:* schwankungsanfällig
> *Eignen sich besonders für:* den langfristigen Vermögensaufbau
> *Eignen sich weniger für:* planbare schnelle Gewinne

Alternative Investments und unternehmerische Beteiligungen

Alternative Investments können ein Portfolio gut ergänzen, weil sie zum Beispiel von den Entwicklungen am Kapitalmarkt ein Stück abgekoppelt sind und zudem eine gute Rendite versprechen. Mit seinen Einlagen (= angelegte Beträgen) in *private equity*, Hedgefonds oder *venture capital* – schließt man sich anderen Anlegern an. Den Vorteil der besseren Streuung und Renditechance erkauft man sich durch Kapitalbindung und ein teils durchaus beachtliches Risiko, mitunter bis zum Totalverlust. Und auch hier gilt: Es gibt große Unterschiede in der Qualität der angebotenen Investments.

Sobald die liquiden Reserven aufgebaut sind und die Grundstruktur steht, kann es durchaus sinnvoll sein, alternative Investments in einem angemessenen Verhältnis beizumischen, zum Beispiel in einer Höhe von fünf bis zehn Prozent des freien Vermögens.

Immens wichtig ist allerdings, dass Du den Umfang der Risiken für Dich kennst. Wenn Du Dir unsicher bist, frage unbedingt einen Fachmann. Denn mitunter ist nicht der Totalverlust das größtmögliche Risiko, sondern Haftungsrisiken wie die Pflicht, bei schlechtem Verlauf zusätzliches Geld nachschießen zu müssen – manchmal in ein Fass ohne Boden.

„Vor Unterschrift im Finanzbereich immer zum Anwalt oder Steuerberater gehen und ihn um Rat fragen. Macht der dann einen Fehler, hat der Ratsuchende im Zweifel einen solventen Haftungsschuldner."
(Dr. Gregor Reiter, Geschäftsführer der Deutschen Fußballspieler-Vermittler Vereinigung e. V. (DFVV), Insolvenzverwalter und Rechtsanwalt)

https://tinyurl.com/yccmjv9z

Merkmale
Vorteile: dem schnellen Zugriff entzogen, überdurchschnittliche Renditechancen
Nachteile: überdurchschnittliche Verlustrisiken
Eignen sich besonders für: Ergänzung einer langfristigen Investmentstrategie
Eignen sich weniger für: Sportler mit unzureichenden Rücklagen

Spekulative Anlagen

Bei Investments dieser Kategorie ist besondere Vorsicht geboten. Sie haben entweder einen starken Wettcharakter („hop oder top") oder sie sind schwer zu durchschauen. Der Sinn von spekulativen Anlagen dafür liegt normalerweise nicht darin, dass sie einen besonders großen Nutzen für den Anleger haben. Planbarer Vermögensaufbau ist mit diesen Investments nicht möglich, sie dienen allenfalls zur Beimischung einer gut durchdachten soliden Investmentstrategie. Hier einige Beispiele.

Währungsspekulationen
Man wettet, ob zum Beispiel an einem bestimmten Tag der Euro im Vergleich zum Dollar über oder unter einem bestimmten Wert liegt.

Zertifikate, Derivate, strukturierte Anlagen
Mit Derivaten (Finanzinstrumente) wie Terminkontrakten *(futures)* und Optionen werden Wetten auf ein zukünftiges Ereignis abgeschlossen und auf Preissteigerung oder -senkung gewettet. Falls Du einmal damit zu tun bekommst: Ein Turbo für diese Derivatwetten sind sogenannte *contracts for difference* (CFDs). Es sind also hochspekulative Derivate.

Häufige Nebenwirkungen bei Zertifikaten und strukturierten Anlagen sind versteckte überproportionale Kosten sowie gut verpackte und besonders hohe Risiken.

Bei Optionsscheinen und Zertifikaten nehmen tendenziell die Transparenz ab und das Risiko sowie die Kosten zu. Richtig eingesetzt, können sie Risiken in einer Vermögensstrategie reduzieren. Aber für Privatanleger ist es dennoch sehr schwierig, diese Instrumente zu verstehen und richtig einzusetzen.

Kryptowährungen
Vor Kurzem habe ich von der Geschichte eines jungen Mannes gehört, der vor gut zehn Jahren in einer Pizzeria in Neuseeland gejobbt hat. Sein Arbeitgeber war knapp bei Kasse und bezahlte ihn ersatzweise mit Bitcoins, der ältesten Kryptowährung. Nachdem aktuell viel von Bitcoins die Rede ist, hat er sich wieder daran erinnert. Es war nicht leicht, das vergessene Depot wieder ausfindig zu machen. Aber als ihm dies gelungen war, freute er sich über Bitcoins im Wert von 2,4 Mio. EUR. Kein schlechter Lohn für einen Ferienjob!

Eine Kryptowährung – davon gibt es mehr als 2000 verschiedene – ist eigentlich nichts anderes ein digitales Tauschmittel in Form von verschlüsselten Datenpaketen. So wie jede andere Währung auch basiert sie auf Vertrauen. Auf dem Vertrauen, dass man für die „virtuelle" Münze, die man heute für seine Euro, eine Ware oder Dienstleistung annimmt, morgen im selben Wert bezahlen kann.

In der Tat hat Bitcoin in den vergangenen Jahren einen unglaublichen Boom erlebt, besonders ab 2017, als der Bitcoin zunehmend bekannter wurde. Mit diesem Boom ist der Kurs explodiert. Und während die Zahl der Bitcoins auf maximal 21 Mio. begrenzt ist, weitet sich die Geldmenge des Euro immer mehr aus. Das Gemisch von Vertrauensschwund in den Euro einerseits und goldrauschartiger Aufmerksamkeit für den Bitcoin andererseits haben den Hype für den Bitcoin wohl noch verstärkt. Gewisse Parallelen zur Tulpenmanie im 17. Jahrhundert sind nicht von der Hand zu weisen. Vielleicht vergeht Dir ein wenig der Appetit auf Bitcoin, wenn Du diese Geschichte von Aufstieg und Fall durch Spekulation anschaust – einfach mal googeln …

Kryptowährungen schaffen eine Parallelwelt zu den von Staaten und Banken dominierten Währungen und sind diesen daher naturgemäß ein Dorn im Auge. Denn sie entziehen sich ihrer Kontrolle und ziehen damit auch die Unterwelt an. Dennoch werden sich Kryptowährungen langfristig etablieren, vermute ich. Inwieweit Bitcoins dabei eine Rolle spielen, weiß heute niemand.

Jede Bitcoin-Transaktion verursacht übrigens Stromkosten in der Größenordnung von 50 EUR Ich persönlich finde es – auch unter ökologischem Gesichtspunkt – schwachsinnig, dass schon heute allein für die „Herstellung" und den Besitzernachweis von Bitcoins so viel Strom verbraucht wird, wie ganze Länder wie Irland oder Dänemark im Jahr benötigen. Und das alles ohne echte Wertschöpfung, einzig um die restlichen ca. fünf Millionen Bitcoins zu „schürfen" und um die Besitzverhältnisse von Bitcoins bei Kauf und Verkauf zu klären. Diejenigen, die diese Beweise auf ihrem Rechner führen, werden in der Tat analog zum Goldschürfen *miner* genannt. Statt mit Schaufel und Goldpfanne in der Hand zu Werke zu gehen, lösen sie mit ihren PCs irgendwelche Rechenaufgaben. Zur Entlohnung erhalten sie dafür Bitcoins gutgeschrieben. Und da sage mir einer, dass die Transaktionen bei Bitcoins kostenfrei sind. Irgendwer bezahlt die Rechnung. Spätestens, wenn in ein paar Jahren alle 21 Mio. Bitcoins hergestellt und die „Mine" erschöpft ist, wird sich das im Kurs niederschlagen. Wie beim Goldschürfen wird es ein paar Gewinner geben und viel mehr Verlierer – und irgendwann eine verlassene Goldgräberstätte. Die Frage ist lediglich, wann das sein wird.

So recht blickt bei dem Ganzen niemand durch. Japan beispielsweise akzeptiert Bitcoins, Südkorea verbietet sie. Venezuela, fast pleite, möchte mit einer Digitalwährung aus seiner Wirtschaftskrise entkommen und China will das energieaufwendige Schürfen abschaffen.

Warren Buffet jedenfalls (Abschn. 4.3.2.3), der inzwischen fast 90 Jahre alt ist und drittreichster Mann der Welt, sagte im Januar 2018 ein böses Ende voraus und macht selbst einen weiten Bogen um Kryptowährungen.

Kryptowährungen sind ein spekulatives „Investment" mit extremen Schwankungen.

Falls Du mit spekulativen Anlagen konfrontiert wirst oder selbst Erfahrungen sammeln willst, rate ich: Behalte die Risiken im Auge und achte darauf, dass Du die Hand am Steuer behältst. Das bedeutet, dass nur ein vertretbarer Teil Deines freien Vermögens hier investiert ist und Du einen eventuellen Totalverlust dieser Investments problemlos verkraften können solltest.

Mittlerweile investieren übrigens die ersten konventionellen Investmentfonds zu einem gewissen Anteil in Bitcoins. Und es gibt Indexfonds mit einer Mischung von Kryptowährungen wie Bitcoin, Ethereum oder Litecoin. Wer also will, kann Kryptos über diesen Weg in sein „normales" Depot nehmen und bleibt damit breit gestreut.

Setze Dir am besten von Anfang an feste Grenzwerte, damit Dir nichts aus dem Ruder läuft.

„Ich kann Ihnen nicht sagen, wie man schnell reich wird. Ich kann Ihnen aber sagen, wie man schnell arm wird: indem man nämlich versucht, schnell reich zu werden", wusste André Kostolany, ein als Börsen- und Finanzexperte und Spekulant auftretender Journalist, Schriftsteller und Entertainer.

Merkmale
Vorteil: Chance auf schnelle hohe Gewinne
Nachteile: Gefahr von schnellen und sehr großen Verlusten, „Suchtpotenzial"
Eignen sich besonders für: disziplinierte und interessierte Anleger als I-Tüpfelchen obendrauf
Eignen sich nicht für: Zocker, die denken, dass damit nachhaltiger Vermögensaufbau möglich ist

So viel zur Theorie. Wer einmal auf Probefahrt war, der weiß, wie sich die Kurven anfühlen und was zu einem passt.

Anhand von ein paar historischen Zahlenbeispielen möchte ich Dir deshalb aufzeigen, wie sich der Zusammenhang von Risiko, Chance und Zeit auswirken kann. Dazu schauen wir uns historische Ergebnisse von vier Musterdepots mit unterschiedlichen Aktien-Rentenanteilen an und zwar für die Zeit vom 1. Januar 1973 bis zum 31. Dezember 2016. So bekommen wir eine gute Orientierung über Renditen und Schwankungen bei diesen „Finanzfahrzeugen".

Sehen wir uns also mal die höchsten realen Renditen an (nach Inflation) sowie die größten Einbrüche und daneben auch die Auswirkung von Zinseszins und vom *cost-average*-Effekt. Was wäre passiert, wenn man in diesen 43 Jahren den jeweils besten oder schlechtesten Zeitpunkt für den Ein- und Ausstieg erwischt hätte? Tab. 4.4 verrät zum Beispiel Folgendes: Aus 100 EUR monatlicher Sparrate über eine Zeit von zehn Jahren (12.000 EUR Zahlung gesamt) hätten sich im schlechtesten Fall 7544 EUR ergeben, im besten Fall aber satte 33.722 EUR.

Und wir erfahren, wie sich das Verhältnis von Lust und Frust damit ändert, wie oft man auf das Depot schaut – und verstehen, was der verstorbene Börsenguru André Kostolany meinte, hat als er sagte: „Kaufen Sie Aktien, nehmen Sie Schlaftabletten und schauen Sie die Papiere nicht mehr an. Nach vielen Jahren werden Sie sehen: Sie sind reich."

Wir erkennen: Im Durchschnitt, hat sich in der besagten Zeit das Risiko rentiert. Die Tabelle zeigt, wie oft der Depotwert gestiegen oder gefallen ist. Erholung bedeutet dabei, dass der Wert zwar über dem letzten Tief lag, aber noch unter dem letzten Hoch.

Es schont die Nerven, sich sein Depot nicht täglich, sondern jährlich anzusehen.

Noch eine Anmerkung zum Thema Schwankungen: Wer die Hälfte seines Kapitals verliert, muss das nun vorhandene um 100 % steigern, um wieder beim Ausgangswert anzukommen.

Diese Zahlen können eine Orientierung geben, sagen aber nichts über die Zukunft. Die Niedrigzinspolitik schüttelt die Finanzwelt ziemlich durch –

Tab. 4.4 Historische Ergebnisse von Investments mit unterschiedlichen Aktien-Rentenverhältnissen. (Quelle: © 2017 FinaMetrica Pty Ltd)

	Depot 1 0 % Wachstumsanteile, davon 100 % festzinsliche Wertpapiere	Depot 2 30 % Wachstumsanteile, davon 70 % festzinsliche Wertpapiere 15 % europ. Aktien 15 % internat. Aktien	Depot 3 70 % Wachstumsanteile, davon 30 % festzinsliche Wertpapiere 35 % europ. Aktien 35 % internat. Aktien	Depot 4 100 % Wachstumsanteile, davon 50 % europ. Aktien 50 % internat. Aktien
Größter Kursanstieg	26,7 %	21,0 %	38,5 %	41,1 %
Größte Wertminderung	-7,0 %	-12,8 %	-36,2 %	-53,3 %
Verlust aufgeholt nach	15 Monate	24 Monate	72 Monate	151 Monate
Veränderung bei monatlicher Betrachtung der Depots				
Wertminderung	29 %	35 %	33 %	26 %
Erholung	18 %	17 %	38 %	52 %
Anstieg	53 %	48 %	29 %	22 %
Veränderung bei jährlicher Betrachtung der Depots				
Wertminderung	7 %	14 %	23 %	18 %
Erholung	0 %	0 %	18 %	36 %
Anstieg	93 %	86 %	59 %	46 %
Das wäre 1000 € nach 10 Jahren nach Inflation geworden (Zinseffekt berücksichtigt)				
Bestes Ergebnis	1820 €	2379 €	3447 €	4565 €

(Fortsetzung)

Tab. 4.4 (Fortsetzung)

	Depot 1 0 % Wachstumsanteile, davon 100 % festzins- liche Wertpapiere	Depot 2 30 % Wachstumsanteile, davon 70 % festzinsliche Wertpapiere 15 % europ. Aktien 15 % internat. Aktien	Depot 3 70 % Wachstumsanteile, davon 30 % festzinsliche Wertpapiere 35 % europ. Aktien 35 % internat. Aktien	Depot 4 100 % Wachstumsanteile, davon 50 % europ. Aktien 50 % internat. Aktien
Durchschnitt	1542 €	1748 €	2019 €	2211 €
Schlechtestes Ergebnis	1269 €	1133 €	820 €	601 €
Das wäre aus 100€ monatlichem Sparen geworden nach 10 Jahren (Real, Zinseszins, Cost Average)				
Bestes Ergebnis	17.412 €	20.598 €	27.271 €	33.722 €
Durchschnitt	15.089 €	16.231 €	17.783 €	18.958 €
Schlechtestes Ergebnis	13.195 €	12.151 €	9443 €	7544 €

mit der Konsequenz, dass die Planbarkeit abnimmt. Wer sich aber an die Tipps in diesem Buch hält, ist gut gegen böse Überraschungen gewappnet.

4.3.3 Altersversorgung

> In diesem Kapitel:
>
> • Was sind die drei Säulen der Altersversorgung?

Genau genommen handelt es sich bei der Altersversorgung um eine Mischung zwischen einer Vermögensanlage und einer Versicherung. Der Aufbau eines gut strukturierten Vermögens alleine genügt in der Regel deshalb nicht, weil die Gefahr besteht, dass man sich verkalkuliert, das Vermögen sich nicht so entwickelt wie erhofft oder man sich bei der Lebenserwartung verschätzt hat und „am Ende des Geldes noch Leben übrig ist". Die Versicherung ist dann dafür zuständig, dass die Zahlung lebenslang kommt, egal wie alt man wird. Denn für lebenslange Ausgaben wie Wohnen, Essen und Hobbys benötigt man lebenslanges Einkommen.

Dieses Kapitel könnte also mit gleicher Berechtigung beim Kleinen Einmaleins des Finanzmanagements und beim Einmaleins der Versicherungen stehen. Um zu verdeutlichen, dass man bei der Altersversorgung die Möglichkeiten des Kapitalmarktes nutzen kann und sollte, belasse ich es aber hier im Kapitel Finanzmanagement.

Zu unterscheiden sind die *gesetzliche Altersvorsorge* (Renten für Angestellte und Pensionen für Beamte), die *betriebliche Altersvorsorge* und die *private Altersvorsorge*. Sie bilden die drei Säulen der Altersversorgung.

Die staatliche Altersrente (DRV-Rente = Deutsche Rentenversicherung) erhält jeder, der ins deutsche Rentenversicherungssystem einbezahlt hat. Die Höhe hängt wesentlich davon ab, wie lange man insgesamt berufstätig war und wie hoch die eigenen Beiträge waren. Sie wird frühestens ab dem 62. Lebensjahr monatlich ausbezahlt – und Du kannst getrost davon ausgehen, dass sie Dir bei Weitem nicht reichen wird. Vergleichsweise kommt dabei nicht viel mehr rum wie der Aperitif im Restaurant und vielleicht noch die Vorspeise.

Weil auch der Gesetzgeber das weiß, unterstützt er den ergänzenden Aufbau einer eigenen Vorsorge. Die Angebotsvielfalt der privaten Rentenversicherungen ist in den letzten Jahren gewachsen um die Riester-Rente und die Rürup-Rente (auch Basisrente genannt). Dazu gesellt sich noch die betriebliche Versorgung – auch hier fördert der Staat und darüber hinaus teilweise der Arbeitgeber.

Im Großen Einmaleins für Profisportler sind die unterschiedlichen Altersvorsorgemöglichkeiten in Form von Rentenversicherungen erläutert (Abschn. 5.2.1.6). Auch das Thema Immobilien habe ich gleich ins Große Einmaleins gepackt (Abschn. 5.2.1.7).

4.3.4 Risk Management

In diesem Kapitel:

- Ein Überblick über das Versicherungssystem
- Die gesetzliche Versorgung und was man von ihr erwarten darf
- Private Versicherungen: Welche gibt es und welche sind wichtig – *must have, should have, nice to have* oder *nonsense*?

Auf den nächsten Seiten wird ein Grundverständnis über Versicherungen vermittelt und ein Überblick über wesentliche Versicherungen für Privatpersonen gegeben.

Versicherungen gibt es schon seit tausenden von Jahren. Schon die alten Ägypter hatten so etwas wie Versicherungen. Und bei uns boten schon im Mittelalter Zünfte den Schutz auf Gegenseitigkeit. Anders als in manchen anderen Ländern genießen Versicherungen in Deutschland jedoch einen zwiespältigen Ruf. Je nach Informationsstand, persönlicher Erfahrung und Grundeinstellung reicht die Spanne von „unseriös", „Verbrecher", „die zahlen doch sowieso nicht" bis hin zu „absolut notwendig" und „sie haben meine Existenz gerettet". Damit Du, lieber Sportler, auch diesbezüglich kluge Entscheidungen treffen kannst, werde ich in diesem Kapitel für Dich Licht ins Dunkel bringen.

Hier im Kleinen Einmaleins kannst Du Dir das nötige Basiswissen reinziehen, erfährst etwas über die wichtigsten Versicherungen für jedermann und unser Sozialsystem. Wichtige und sinnvolle Versicherungen für Profisportler stehen weiter hinten im Großen Einmaleins (Abschn. 5.2.1.11).

Was ist eigentlich eine Versicherung? Im Grund genommen eine Wette. Klingt komisch, ist aber so. Menschen schließen sich zusammen und zahlen ein, um einen Schaden, der einen oder mehrere von ihnen treffen kann, gemeinsam zu tragen. Also, eine Risikoverteilung, ein Ausgleich über die Gruppe: Geteiltes Leid ist halbes Leid.

Dabei gibt es Gewinner und Verlierer. Derjenige, der Pech hat, *gewinnt* die Wette, denn er bekommt seinen Schaden ersetzt. Die Gruppe dagegen *verliert*, weil sie eben diesen Ausgleich bezahlt. Die „Gruppe" kann dabei ein Teil der Gesellschaft sein, der Arbeitgeber, der Staat oder eben eine Versicherungsgesellschaft. Heute sind in Deutschland – mit Ausnahmen von geringfügig Beschäftigten – alle Angestellten auf Basis eines Solidaritätsprinzips automatisch kranken-, pflege-, arbeitslosen- und rentenversichert. Für die sogenannten 450-Euro-Jobber zahlen die Arbeitgeber je eine Pauschale in die Knappschaft ein, ebenfalls ein Träger gesetzlicher Krankenversicherung.

Beamte nehmen als Angestellte des Staates eine Sonderstellung ein. Ihre Alters- und Krankenversorgung sind anders geregelt. Sie erhalten im Alter eine Pension, die in der Regel über der Rente eines vergleichbaren Angestellten liegt. Bei der Krankenversicherung gibt es das sogenannte Beihilfesystem: Der Staat zahlt einen erheblichen Anteil anfallender Krankenkosten. Für den Rest schließt der Beamte eine private Krankenversicherung zum Beihilfetarif ab. So sind Beamte in manchen Bereichen besser abgesichert als Angestellte – dafür haben sie aber kein Streikrecht;-) Das aber nur am Rande. Doch auch Beamte müssen zusätzlich privat vorsorgen.

Selbstständige müssen sich komplett selbst um ihre Versorgung kümmern. Sie sind keinem Zwangssystem unterworfen, dafür ist umso mehr Eigeninitiative in Bezug auf Information und Umsetzung gefragt. Der Vollständigkeit halber möchte ich erwähnen, dass selbstständige Handwerker eine Sonderrolle einnehmen und einen gewissen Pflichtbeitrag in die Deutsche Rentenversicherung zahlen müssen.

Unabhängig davon, ob jemand angestellt, verbeamtet oder selbstständig ist: Jeder ist gut beraten, sich einmal damit auseinanderzusetzen, in welchem Umfang ihn unser Sozialversicherungssystem schützt und inwieweit er sich idealerweise und sein Vermögenskonzept zusätzlich versichert. Einmal vernünftig aufgestellt braucht man später nur noch punktuell nachjustieren und ergänzen.

Setze Dich einmal grundsätzlich damit auseinander, inwieweit Du Risiken selbst tragen möchtest und in welchem Umfang Du Deine Familie und Dich gegen die wirtschaftlichen Folgen von Schadensfällen absichern willst.

Es mag trivial erscheinen, aber man kann sich nicht mit einer Versicherung gegen einen Schaden wappnen, also nicht dagegen, dass etwas passiert. Mit einer Krankenversicherung kann man sich nicht vor einer Krankheit oder einem Unfall schützen, das macht man besser mit einer gesunden Lebensweise, guter Ernährung, Sport. Was man aber sicherstellen kann, ist eine gute Versorgung im Krankheitsfall – unabhängig vom eigenen Vermögen! Und so sichert man auch seine vorhandenen Vermögenswerte ab, falls durch Arznei, Arzt oder Krankenhauskosten große Beträge anfallen.

Ein Versicherungsfundament hat folglich die Aufgabe, das eigene Privatvermögen zu schützen. Denn was nützt ein formidables Vermögenspolster, wenn man sich plötzlich Forderungen gegenübersieht, die vielleicht noch größer sind als alles, was man besitzt? Was hilft die beste Geldanlage, die rentabelste Immobilie, wenn man zu einem Schadensersatz in sechsstelliger Höhe verurteilt wird, weil man zum Beispiel als Radfahrer einen Unfall mit Personenschaden verursacht hat? Rendite und Risiko bekommen schlagartig eine andere Bedeutung.

Bisher haben wir uns angesehen, wie man sein eigenes Geld sinnvoll anlegen kann. Doch mitunter reicht das eigene Geld nicht für eine gewünschte Investition aus oder es erscheint aus anderen Gründen ratsam, sich Geld zu leihen, um eine Investition zu tätigen, etwas zu finanzieren.

4.3.5 Finanzierung

In diesem Kapitel:

- Welche Arten der Finanzierung gibt es?
- Wer vergibt Darlehen?
- Wie funktioniert die Rückzahlung?
- Wonach bemisst sich die Zinshöhe?
- Worauf ist bei einer Finanzierung zu achten?
- Was ist eine gute Finanzierung für Profisportler?

Bisher haben wir uns angesehen, wie man sein eigenes Geld sinnvoll anlegen kann. Doch mitunter reicht das eigene Geld nicht für eine gewünschte Investition aus oder es erscheint aus anderen Gründen ratsam, sich Geld zu leihen, um eine Investition zu tätigen, etwas zu finanzieren. Wenn man sich von einer Institution wie einer Bank, Bausparkasse oder auch einer Privatperson Geld leiht und festlegt, wann und wie man es zurückzahlt, dann spricht man von einer Finanzierung, man schuldet jemandem Geld. Für die Aufnahme eines solchen Kredites kann es unterschiedliche Gründe geben: Vielleicht braucht man ihn zum Beispiel, um kurzfristig einen finanziellen Engpass zu überbrücken.

Wenn man jedoch seinen Konsum finanziert oder Einrichtungsgegenstände wie Möbel, eine Küche oder ein Auto, dann ist das aus wirtschaftlicher Sicht in der Regel keine gute Idee. Denn bei Konsum- und Verbrauchsgegenständen – wie der Name sagt, verbraucht sich ihr Wert im Laufe der Zeit – wird kein Vermögen aufgebaut. Auch wenn viele Angebote mit wenig bis keinem Finanzierungszins winken. Autohäuser, Einrichtungskonzerne oder Elektronikmärkte wollen so schlicht mehr von ihren Waren verkaufen und nicht den Kunden zu helfen, Vermögen aufzubauen. Sie handeln aus Eigeninteresse und haben nicht die Aufgabe, einen Profisportler dabei zu unterstützen, ein Profi bei seinen Finanzen zu sein. Auch wenn der Zins noch so günstig ist: Wer ein Auto bar bezahlt, bekommt normalerweise mehr Preisnachlass als beim Finanzieren. Und wer dennoch ein Auto finanzieren oder leasen will, fährt besser damit, wenn er zuerst den Rabatt aushandelt und im Anschluss daran die Konditionen für Finanzierung oder Leasing bespricht.

Dennoch kann ein Kauf auf Pump im Einzelfall aus in der Person liegenden Gründen (Stichwort laufende Ausgabebegrenzung) sinnvoll sein – birgt aber die Gefahr, dass man sich übernimmt und überschuldet. Denn die einzelnen Raten sind vermeintlich so gering, dass man sich verleiten lässt, auch noch den nächsten Lustkauf zu tätigen. Es besteht Gewöhnungsgefahr – bis man die Summe der Raten irgendwann nicht mehr bezahlen kann.

Anders ist es, wenn man sich Geld mit dem Ziel leiht, den Vermögensaufbau zu beschleunigen. Finanzleute sprechen vom *leverage*-Effekt (*leverage* = Hebel): Man bekommt quasi einen Zusatzhebel in die Hand, zum Beispiel um eine Immobilie zu erwerben. Das funktioniert, wenn diese Anlagen mindestens wertstabil bleiben. Man erschlägt damit zwei Fliegen mit einer Klappe: Zum einen zwingt man sich dazu, Vermögen aufzubauen, indem man das Darlehen zurückbezahlt. Und zweitens schlägt man der Inflation ein Schnippchen, da der Zins für Immobiliendarlehen derzeit unterhalb der Inflationsrate liegt.

Doch Achtung, der Hebel wirkt in beide Richtungen! Steigt der finanzierte Gegenstand im Wert stärker als der Darlehenszins, macht man Gewinn. Sinkt aber der Wert, etwa weil die Immobilienpreise einbrechen, bleibt man beim Verkauf des Objektes möglicherweise auf einem Schuldenberg sitzen. Deshalb rate ich auch hier, mit Augenmaß zu handeln. Die Entscheidung für große fremdfinanzierte Investitionen sollte wohlüberlegt sein und nicht allein aus dem Bauch getroffen werden.

Eines allerdings haben Konsumenten- und Investitionskredit gemein: In beiden Fällen entstehen zusätzliche Kosten, die man verbindlich und in der Regel Monat für Monat bedienen muss. *Tilgung* nennt man das meist schrittweise Zurückzahlen dieser Schulden. Sie dient – bei einem Investitionskredit – dem eigentlichen Vermögensaufbau. Die Finanzierung ist das Werkzeug beziehungsweise der Hebel dazu.

Zins und Tilgung zusammen nennt man *Kapitaldienst*. Je nachdem, wie viel Vertrauen der Darlehensgeber in Deine „wirtschaftliche Leistungsfähigkeit" hat – Dir also zutraut, dass Du in der Lage bist, das Geld wie vereinbart wieder zurückzuzahlen – und wie lange Du das Geld leihen willst, fällt der Zins höher oder niedriger aus (siehe auch Variante 1: Geld verleihen, (Abschn. 4.3.2.1). Ein Beispiel:

Darlehensarten
Es gibt unterschiedliche Arten der Finanzierung, die sich im Aufbau und Konzept unterscheiden. So werden etwa werden Annuitätendarlehen, Darlehen mit fester Tilgung und Tilgungsaussetzungsdarlehen unterschieden.

Du leihst Dir 100.000 EUR für einen Wohnungskauf und willst das Geld in zehnJahren auf einen Schlag zurückzahlen. Der Geldgeber verlangt dafür zweiProzent Zinsen. Dann musst Du monatlich 2000 EUR/zwölf Monate = 167 EURan Zinsen zahlen.
Die Finanzierung (Geldmiete) kostet Dich zehn Jahre mal2000 EUR = 20.000 EUR. Zusätzlich musst Du sicherstellen, dass Du in zehnJahren 100.000 EUR auf der Seite hast, damit Du das Darlehen zurückzahlenund die Finanzierung beenden kannst.

Bei einer sogenannten *Annuitätenfinanzierung* wird planmäßig – Monat für Monat – ein vorher vereinbarter Betrag zurückgeführt, der die Zinsen und einen Tilgungsanteil beinhaltet. Da die geliehene Geldsumme mit jeder Tilgung geringer wird, verringert sich mit jeder Zahlung der enthaltene Zinsbetrag und der Tilgungsanteil steigt (Abb. 4.7):

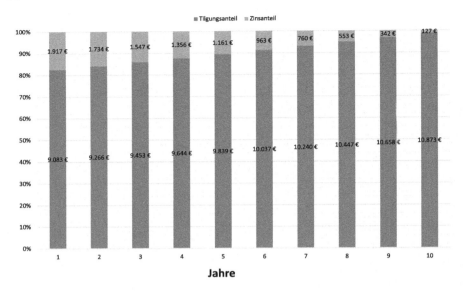

Abb. 4.7 Annuitätenfinanzierung mit Volltilgung über zehn Jahre

Bei 100.000 EUR Immobiliendarlehen würde der Kapitaldienst knapp 920 EUR im Monat betragen, was in Summe über die zehn Jahre etwas mehr als 110.000 EUR sind.
Betrachten wir es einmal jährlich: Zins (zwei Prozent) plus Tilgung (neun Prozent) macht elf Prozent. Nach Adam Riese macht das bei einer Darlehenshöhe von 100.000 EUR 11.000 EUR im Jahr beziehungsweise zwölf Monatsraten à 920 EUR. Nach zehn Jahren ist das Darlehen komplett abbezahlt.

Sind bei der Finanzierung Sondertilgungen vereinbart, kann man während der Laufzeit jährlich einen vertraglich vereinbarten Zusatzbetrag zurückzahlen (zum Beispiel zehn Prozent der Darlehenssumme). Dann ist man schneller mit der Finanzierung fertig.

Beim *Darlehen mit Tilgungsaussetzung* wird – wie oben erwähnt – hingegen vereinbart, dass das Darlehen am Ende der Laufzeit in einer Summe zurückgeführt wird, also nicht in regelmäßigen Rückzahlungsraten. Während der Laufzeit sind regelmäßig nur die Zinsen zu zahlen. Beim Beispiel des Wohnungskaufs wären das 2000 EUR im Jahr. Auf der anderen

Seite muss man sich natürlich Gedanken machen, wie man die vereinbarte Darlehenssumme dann nach den zehn Jahren bezahlt.

Trotzdem kann ein Darlehen mit Tilgungsaussetzung sinnvoll sein. Zum Beispiel, wenn man die Zinsen – wie es bei einer vermieteten Immobilie der Fall ist – steuerlich absetzen kann. Allerdings sind diese Steuervorteile in der derzeitigen Niedrigzinsphase kaum noch messbar, sodass diese Art Darlehen aus rein steuerlicher Sicht zu keinen wesentlichen Vorteilen führt.

Vielleicht weiß man aber, dass bis zum Fälligkeitszeitpunkt Geld aus einer anderen Quelle frei wird, etwa aus dem Verkauf einer anderen Anlage, aus einer Lebensversicherung oder einem Sparvertrag. Oder man geht davon aus, dass eigentlich vorhandenes Geld ertragreicher angelegt werden kann, dass also die Erträge aus der alternativen Geldanlage die zu zahlenden Darlehenszinsen entsprechend übersteigen. Dann wäre ein solches Darlehen ebenfalls zu überlegen. Wenn man will und sich das Risiko leisten kann, kann man beispielsweise regelmäßig in einem Fondssparplan investieren, in der Hoffnung, dass dieser nach Steuer mehr Rendite abwirft, als man Zinsen zahlt. Allerdings kann dieser Schuss auch nach hinten losgehen. Treten die erhofften Renditen nicht ein, hat man besser einen Plan B.

Wer zum Beispiel vor zehn oder 20 Jahren per Tilgungsaussetzung finanziert hat und für die Rückzahlung die versprochene Auszahlung einer klassischen Lebensversicherung verwenden wollte, wird heute feststellen, dass die Versicherungsgesellschaften die Werte ihrer damaligen Hochrechnung bei Weitem nicht erreicht haben. Sie werden nur die Garantiewerte auszahlen und vielleicht noch einen minimalen Schluck obendrauf – mit ärgerlichen oder gar fatalen Folgen für den Darlehensnehmer, da entgegen der Prognose Teile des Darlehens nun nicht mehr abgedeckt sind. Hätte man stattdessen einst in einen vernünftigen Aktiensparplan investiert, wäre die Rechnung vermutlich aufgegangen – im Nachhinein ist man immer schlauer.

Eine Entscheidung für ein Darlehen mit Tilgungsaussetzung muss also überlegt sein. Ich würde sagen: In den meisten Fällen ist es keine gute Idee für Profisportler.

Geht das Konzept mit einer Tilgungsaussetzung nicht auf, kann man sich über die Versicherungsgesellschaft, den Berater oder über sich selbst ärgern – das hilft aber nichts. Wie bei einem verlorenen Spiel heißt es analysieren, durchatmen und den Blick auf das nächste Spiel richten.

Im Beispielfall hier würde die Analyse ergeben, dass vor einigen Jahren die Märkte – von der Boulevardzeitung bis zum Finanzprofi – nicht mit derart (nachhaltig) niedrigen Zinsen gerechnet haben. Auch Versicherungsgesellschaften sind damals von mehr oder weniger gleichbleibenden Zinsen ausgegangen, alle haben mit den Wölfen geheult.

„Ich muss die Verantwortung übernehmen und die Konsequenzen tragen. Deshalb sollte man das, was man macht, zumindest verstehen."
(Marcel Schäfer, Sportdirektor beim VfL Wolfsburg, bis 2018 Fußballprofi)

https://tinyurl.com/y95g7tur

Zinsfestschreibung
Nach der Wahl einer bestimmten Darlehensart muss man sich entscheiden, für welchen Zeitraum man sich die Zinsen „sichert". Damit wird vereinbart, dass sich die Zinsen in dieser Zeit nicht verändern – weder nach oben, noch nach unten. Das ist gut für Dich, wenn in der Zeit die Zinsen steigen, ärgerlich, wenn sie sinken.

Hinweis: Für den Zeitraum der Zinsfestschreibung ist auch die Höhe der Tilgung verbindlich festgelegt. Das bedeutet, dass in der besagten Zeit auf Flexibilität zugunsten von Planungssicherheit verzichtet wird. Wer etwa im April 2011 ein Darlehen mit zehnjähriger Festschreibung abgeschlossen hat, zahlt dafür zehn Jahre lang einen Zins von ca. 4,3 %.

Wurde damals aber eine 20-jährige Festschreibung vereinbart, also die doppelte Zeit mit festem Zins, betrug der Zins ca. 4,7 %, weil langfristige Zinsen üblicherweise höher sind als kurzfristige. Vergleicht man das mit den heutigen Zinsen, war es aus heutiger Sicht schlecht, die Zinsen für so lange festzuschreiben. Hier muss man allerdings anmerken, dass es auch schon Zeiten mit Zinsen jenseits der acht Prozent gegeben hat und die Zinsfestschreibung den Darlehensnehmer vor unkalkulierbaren Risiken zumindest während der vereinbarten Laufzeit bewahrt.

Manchmal ist es auch andersrum und die Zinsen bei längeren Festschreibungen sind günstiger als die Zinsen für Darlehen mit kürzerer Laufzeit. Dann spricht man von einer *inversen Zinsstruktur*. Daran, wie sich die Zinsen bei fünf-, zehn- oder 20-jähriger Festschreibung unterscheiden, kann man sich orientieren, ob der Markt gerade mit steigenden oder sinkenden Zinsen rechnet.

Das Gute bei einer langfristigen Zinsbindung, also mehr als zehn Jahre, dass Du für lange Zeit *Zinssicherheit* hast. Als Darlehensnehmer kannst Du das Darlehen nach zehn Jahren nach Belieben ganz oder teilweise kostenfrei kündigen, ohne dass dafür ein Ausgleich gezahlt muss, eine sogenannte *Vorfälligkeitsentschädigung* (§ 489 BGB; sechsmonatige Kündigungsfrist beachten). Das wird man tendenziell dann machen, wenn die Zinsen zwischenzeitlich gesunken sind. Aber Achtung: Die Bank wird Dich kaum mit der Nase darauf stoßen. Du musst Dir da schon selbst eine Wiedervorlage einrichten. Hast Du einen guten Finanzberater, wird er Dich zum Beispiel im Jahresgespräch rechtzeitig darauf aufmerksam machen.

Die Wahl, wie lang die Zeit sein soll, für die der Zins festgeschrieben ist, hat also große Bedeutung für Kosten, Sicherheit und Flexibilität. Der Zeitraum reicht von variabel bis hin zu 30 Jahren.

Die höchste Flexibilität bietet ein variables Darlehen; hier verändert sich der Zins je nach Vereinbarung monatlich oder vierteljährlich mit dem Euribor (Europäischer Leitzins) (siehe http://de.euribor-rates.eu/euribor-hypothek.asp).

Das Darlehen kann also monatlich oder vierteljährlich teilweise oder ganz zurückbezahlt (getilgt) werden oder entsprechend in ein Festzinsdarlehen umgewandelt werden. Zu beachten ist, dass ein variables Darlehen für denjenigen problematisch werden kann, der „eng" finanziert hat und dem bei steigenden Zinsen die Luft ausgeht, den höheren Kapitaldienst zu stemmen.

Weil wir gerade beim Thema Luft ausgehen sind:

Zu einer vorausschauenden Finanzierungsarchitektur gehört es auch, daran zu denken, dass die Zinsen derzeit historisch niedrig sind und auch wieder steigen können.

Ein Rechenbeispiel
Wenn sich jemand heute 100.000 EUR leiht und eine übliche annuitätische Finanzierung mit zehnjähriger Festschreibung wählt (zwei Prozent Zinsen und zwei Prozent Tilgung), zahlt er 333 EUR monatlich. Nun rate mal, wie hoch die Darlehensschuld nach zehn Jahren noch ist?

Es sind noch 77.806 EUR! Es wurde also noch nicht einmal ein Viertel zurückbezahlt. Sind aber die Zinsen in dieser Zeit wieder auf das langfristige Mittel der letzte 20 Jahre von 4,5 % geklettert kostet die Finanzierung der verbleibenden 77.806 EUR bei zwei Prozent Tilgung monatlich auf einmal 434 EUR, also mehr als 100 EUR als vorher. Das sind fast 25 %.

Nach weiteren zehn Jahren ist noch nicht einmal die Hälfte der ursprünglich 100.000 EUR zurückbezahlt, vielmehr bestehen noch knapp 58.000 EUR Schulden. Nicht schön für einen Sportler, der gerade seine Karriere beendet hat und vom Ersparten leben will.

Wie es besser geht, findest Du im großen Einmaleins für Profisportler (Abschn. 5.2.1.8).

Und wer weiß schon, wie das Zinsniveau in 20 Jahren sein wird (Abb. 4.8)?

Ein Prozent oder doch vielleicht zwölf Prozent? Ich jedenfalls weiß es nicht. Ich weiß nur, dass es niemanden gibt, der es weiß. Denn wie sich die Finanzmärkte entwickeln, ist weit weniger vorhersehbar als der Ausgang eines Fußballspiels. Ein Grund dafür ist, dass beim Fußball die Regeln feststehen, das Spiel der Finanz- und Kapitalmärkte aber keine allgemeingültigen Regeln kennt. Dort gibt es auch keinen Schiedsrichter! Weltpolitik, Inflation, Brexit, Eurokrise, durchgeknallte Politiker, Weltwirtschaft, Geldpolitik, oder der sprichwörtliche Kollege Zufall sind ein Teil der Mannschaft die auf dem Spielfeld der Kapitalmärkte steht.

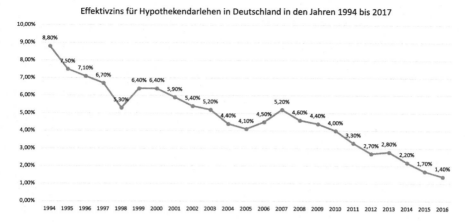

Abb. 4.8 Effektivzins für Hypothekendarlehen bei zehnjähriger Zinsfestschreibung. Mit freundlicher Genehmigung des © Verband deutscher Pfandbriefbanken e. V./ Association of German Pfandbrief Banks (vdp)

Daher ist es gerade in Niedrigzinsphasen ratsam, die Zinsfestschreibung so zu wählen, dass man kein Problem bekommt, wenn die Zinsen dann deutlich höher stehen.

Am besten ist es, eine entsprechend hohe Tilgungsleistung zu wählen, dass das Darlehen am Ende der Zinsfestschreibung abbezahlt ist – oder parallel ein Vermögen aufzubauen, mit dem am Ende der Zinsbindung (wenn gewünscht) zumindest ein Großteil des Darlehens zurückführen kann.

Wenn Du das verstanden und verinnerlicht hast, dann bist Du weniger anfällig für Versprechungen, Vermutungen, Verharmlosungen von Beratern, Bankaussagen und sonstigen selbsternannten oder anerkannten Finanzprofis.

Darlehensgeber

Man unterscheidet zwischen öffentlichen und nicht öffentlichen Darlehensgebern. Die häufigsten Darlehensgeber für Immobilienfinanzierungen sind Banken und Bausparkassen. Auch Lebens- und Krankenversicherungsgesellschaften vergeben Darlehen und natürlich kann man sich innerhalb der Familie gegenseitig Geld leihen, das nennt sich dann Verwandtendarlehen. Außerdem gibt es teilweise bei Ländern und Gemeinden Förderprogramme und darüber hinaus binden manche Arbeitgeber ihre Mitarbeiter, indem sie ihnen vergünstigte Darlehen anbieten. Die wohl am häufigsten genutzten öffentlichen Darlehen bietet die Kreditanstalt für Wiederaufbau (KfW).

Oft ist es sinnvoll, solche öffentlichen Mittel in eine Finanzierung einzubauen. Die KfW etwa bietet ein breites Spektrum an Förderprogrammen für Bauen, Investieren und energieeffizientes Sanieren an. Neben günstigen Zinsen bekommt man bei manchen dieser Programme teils sogar in Form von Tilgungszuschuss Geld geschenkt: Wer energieeffizient baute, bekam zum Beispiel im Mai 2017 bis zu 100.000 EUR für 1,21 % Zinsen und musste nur 85.000 EUR zurückzahlen. Also bekam er 15.000 EUR geschenkt! Die finanzierende Bank kann Dir die passenden KfW-Darlehen besorgen und baut sie in die Finanzierung ein.

Bauspardarlehen funktionieren so, dass man Geld in einem Bausparvertrag anspart. Dabei bekommt man eine Garantie für den Zins auf das angesparte Geld, außerdem weiß man schon heute, zu welchem Darlehenszins man später finanzieren wird. Es handelt sich also um eine Kombination aus einem Sparvertrag und einem Darlehen. Je nachdem, welchen Tarif man abschließt, bekommt man das Darlehen, wenn 30, 40 oder 50 % des Finanzierungsvolumens angespart sind. Der Zinssatz wurde wie gesagt mit Abschluss des Bausparvertrages festgelegt. Wenn man das Darlehen dann in Anspruch genommen hat, sind die Tilgungsraten relativ hoch und Sondertilgungen jederzeit unbegrenzt möglich; man kann sich auch das angesparte Geld auszahlen lassen, ohne das Darlehen in Anspruch zu nehmen.

Wer das Bauspardarlehen sofort möchte, aber noch nicht angespart hat, dem bieten die Banken ein sogenanntes *Vorausdarlehen* an. Also leiht man sich von der Bank Geld dafür, dass man für den Bausparvertrag (der bei der Bank angeschlossenen Bausparkasse) Geld ansparen kann und die Zeit, bis man das eigentliche Bauspardarlehen erhält, überbrücken kann.

Irgendwie finde ich das eine ziemlich krasse Konstruktion: also eine Kombination zwischen einem Darlehen, einem Sparvertrag und einem weiteren Darlehen dafür, dass man Geld ansparen kann, um sich günstige Darlehenskonditionen zu sichern. Ein Schelm, wer unterstellt, dass Banken dieses Konstrukt auch deshalb gerne anbieten, weil sie dadurch nicht nur mit dem Darlehen, sondern auch mit dem Abschluss des Bausparvertrages Geld verdienen, in der Regel ein bis 1,6 % der Bausparsumme. Dennoch kann so etwas manchmal für den Darlehensnehmer sinnvoll sein. Man muss halt genau hinschauen.

Derzeit allerdings haben Bauparkassen ein schweres Leben, denn man bekommt für den Bausparvertrag praktisch keine Zinsen und gleichzeitig sind die Zinsen des späteren Darlehens mit über zwei Prozent relativ hoch. Doch wer weiß, vielleicht sind die Zinsen in zum Beispiel zehn Jahren enorm hoch, dann wäre so ein Bausparvertrag rückblickend ein ausgemachtes Schnäppchen.

Ein weiterer wichtiger Vorteil des Bausparvertrages liegt im Wort selbst: Man spart dafür, dass man später baut. Das heißt, man legt planmäßig und zielgerichtet Geld auf die Seite; das hat ein bisschen was vom psychologischen Effekt des Anstupens *(nudging)* (Abschn. 4.2.2). Und nicht zuletzt – auch das ist ein Vorteil – gehen Bausparkassen in den Nachrang. Das bedeutet, dass sie sich mit weniger Sicherheiten zufriedengeben und das restliche Bankdarlehen dadurch günstiger wird. Auch für eine Modernisierung der eigenen vier Wände bis zu 30.000 EUR bieten Bausparkassen unkomplizierte Lösungen.

Damit wären wir bei einer weiteren wichtigen Zutat, die neben der Zinsfestschreibung den Preis (Zins) eines Darlehens entscheidend mit beeinflusst. Denn dieser wird auch dadurch bestimmt, welches Vertrauen der Geldgeber in den Darlehensnehmer hat.

Wenn wir uns nun überlegen, wie eine Bank denkt, trägt das wesentlich zu einer klugen Finanzierungsgestaltung bei. Aus Sicht der Bank als Geldgeber ist ein Darlehen eine Geldanlage. Dabei möchte sie naturgemäß so wenig Risiko wie möglich eingehen. Jedes kleine Risiko mehr lässt sie sich mit einem höheren Zins bezahlen.

Deshalb prüft sie die Bonität des Darlehensnehmers, also Deine Bonität oder die von Dir und Deinem Ehemann beziehungsweise Deiner Ehefrau: Sie schaut sich an, was Du verdienst, was Du ausgibst, wie sicher Dein Einkommen ist – zum Beispiel auch wie lange Dein Vertrag geht. Sie will wissen, was Du bereits angespart hast und welchen Anteil des Kaufpreises Du finanzieren willst. Zum Zweiten schaut die Bank darauf, wie werthaltig die Immobilie, die Du finanzieren willst, aus ihrer Sicht ist – sie beurteilt also die Bonität des Objektes. Eine durchschnittliche Dreizimmer-Eigentumswohnung in einer guten Lage wird anders bewertet als eine Luxusvilla, nämlich vergleichsweise höher.

Bei der Einschätzung des Risikos geht die Bank vom – für Dich – schlimmsten Fall aus, nämlich davon, dass Du Deinen Darlehensverpflichtungen nicht mehr nachkommen kannst und die Immobilie zwangsversteigert werden muss. Vielleicht kommt daher der Spruch: „Banken leihen Dir bei Sonnenschein einen Regenschirm und wenn es regnet, nehmen sie ihn Dir wieder weg." Kurz: Die Bank lässt sich möglichst viele Sicherheiten von Dir geben; in der Regel gehört dazu die Grundschuld für die Immobilie. Das heißt, die Immobilie gehört nicht Dir, sondern erst einmal der Bank. Dies wirst Du dann merken, wenn es hart auf hart geht.

Vom Kaufpreis der Immobilie macht die Bank mitunter noch einen Sicherheitsabschlag von zum Beispiel zehn Prozent. Ein Beispiel: Du möchtest eine Immobilie kaufen, die 500.000 EUR kostet. Automatisch ist diese für die Bank also nur 450.000 EUR wert. Wenn Du Dir nun 450.000 EUR von der Bank leihst, dann ist das eine sogenannte *Hundertprozentfinanzierung* in der Sprache den Banker. Du bist dann bei 100 % *Beleihungsauslauf.* Dieser sagt aus, wie hoch das Darlehen im Verhältnis zum Anschaffungswert ist. Je niedriger, desto mehr Sicherheit hat der Darlehensgeber und desto günstiger wird der Zins. Anders gesagt: Die Bank leiht Dir zu normalen Konditionen den Betrag, den die Immobilie aus ihrer Sicht vorsichtigerweise wert ist. Willst Du mehr Geld leihen, dann finanziert die Bank entweder nicht („Ich bin raus", heißt es beim Pokern) oder der Zins steigt deutlich an. Leihst Du Dir weniger, bekommst Du in der Regel einen günstigeren Zins.

Aus Deiner Sicht bedeutet eine derartige Hundertprozentfinanzierung, dass Du aus eigenen Mitteln zusätzlich 50.000 EUR für die Anschaffungsnebenkosten einbringst und weitere 50.000 EUR, damit die Finanzierung nicht zu teuer wird.

Im Schadensfall, das heißt, wenn die Immobilie versteigert wird und von der Veräußerung tatsächlich nur das verbleibende Darlehen (400.000 EUR abzüglich Tilgungen) bezahlt werden können, bist Du also 100.000 EUR los, dazu die Immobilie und noch das, was Du in der Zwischenzeit an Zinsen und Tilgung bezahlt hast. Und wenn es ganz dumm kommt, bleibst Du sogar noch auf einer Restschuld sitzen.

Daher also die Faustregel, dass man für eine Finanzierung mindestens 20 % Eigenkapital mitbringen sollte. Klar gibt es Ausnahmen. Zum Beispiel genügen bei fremdgenutzten Immobilien oft auch zehn Prozent Eigenkapital, bei seltenen Konstellationen kann es sogar sinnvoll sein, selbst die Nebenkosten mitzufinanzieren.

Je wahrscheinlicher ein Objekt zum Kaufpreis wiederverkauft werden kann, desto günstiger wirkt sich das auf den Beleihungsauslauf und damit den Zins aus.
Je geringer der Finanzierungsanteil im Verhältnis zum Marktwert ist, desto günstiger ist die Finanzierung.

Wenn Du Zusatzsicherheiten stellst – etwa eine andere Immobilie, die Dir bereits gehört und zum Großteil oder ganz entschuldet ist, eine Kapitalversicherung oder ein Bankdepot – dann hilft das auch, zu einem günstigeren Zins zu kommen. Genau hier kann sich unter Umständen ein Bausparvertrag vorteilhaft auswirken. So kann es sinnvoll sein, die Finanzierung aus zwei oder mehr Teildarlehen mit unterschiedlichen Festschreibungszeiten zusammenzustellen.

Zudem sollte geprüft werden, inwieweit sonstige Fördermöglichkeiten für Dich infrage kommen. Unterhalb bestimmter Einkommensgrenzen (zu versteuerndes Einkommen unter 25.600 EUR oder 51.200 EUR, alleinstehend oder verheiratet) gibt es zum Beispiel für das Eigenheim eine staatliche Wohnungsbauprämie. Es gibt Zulagen für Kinder – Anfang 2018 wurde das Baukindergeld eingeführt –, man kann vermögenswirksame Leistungen verwenden und es kann auch ein Riestervertrag für eine Finanzierung der eigenen vier Wände eingesetzt werden. Nicht wirklich „sexy", aber ich möchte es erwähnt haben.

Im Zusammenhang mit der Finanzierung sollte auch überlegt werden, was geschehen soll, falls Dir etwas passiert. Bist Du beispielsweise verheiratet, empfiehlt es sich, eine Risikolebensversicherung zumindest in Höhe des Darlehens abzuschließen, sodass die Immobilie im Todesfall abbezahlt ist und der Ehepartner beziehungsweise die Familie nicht ausziehen müssen.

Noch ein Praxistipp
Falls Du bereits eine Immobilienfinanzierung laufen hast und die Festschreibung in den nächsten Jahren endet, kannst Du schon heute eine Anschlussfinanzierung mit Deiner oder einer anderen Bank fix machen. Das nennt sich mit *forward*-Darlehen.

Manche Banken bieten *forward*-Darlehen bis zu 66 Monaten im Voraus an. Gut, dafür zahlst Du einen gewissen Aufschlag, hast jedoch die Sicherheit, dass Du heute schon Deinen zukünftig zu zahlenden Zins kennst. Allerdings ist damit auch ein Nachteil verbunden: Du musst das Forwarddarlehen dann auch abnehmen – auch wenn dann die Zinsen noch niedriger sind, als Du vereinbart hast. Besonders, wenn man Zinssicherheit auch in fernerer Zukunft haben will, kann man sich auch mit einem Bausparvertrag zukünftige Zinsen sichern.

Tab. 4.5 Zusammenhang von Zins, Beleihungsauslauf und Festschreibung. Quelle: MLP Hyp GmbH

Beleihungsauslauf	60 %	80 %	111 %
	Effektivzins (%)	Effektivzins (%)	Effektivzins (%)
Festschreibung 5 J	0,78	0,93	1,24
Festschreibung 10 J	1,13	1,28	1,44
Festschreibung 15 J	1,48	1,68	2,55
Festschreibung 20 J	1,81	1,98	2,89
Festschreibung 25 J	2,06	2,26	3,07

Hier noch einmal eine beispielhafte Übersicht über den Zusammenhang von Zins, Beleihungsauslauf und Festschreibung (Stand Mai 2017) (Tab. 4.5).

Wie Du gesehen hast, besteht eine Finanzierung aus einem individuellen Mix verschiedener Zutaten: Zins, Festschreibung, Tilgung und Sondertilgungsmöglichkeit, Bonitätsprüfung, Sicherheiten, Beleihungsauslauf und Investitionszuschüssen. Wie bekommst Du nun die beste Finanzierung für Dich?

Jeder Darlehensgeber, sprich jede Bank, hat ihre besonderen Stärken und Schwächen. Ersteres wird man Dir gern erzählen, Letzteres fällt meist unter den Tisch. Wichtig ist, dass Du das Prinzip verstanden hast. Ich empfehle Dir deshalb: Mach Dir Gedanken über die gewünschte Laufzeit und Flexibilität, dann erst gehe zu einer Bank oder ins Internet. Alternativ kann Dich ein unabhängiger Finanzberater dabei unterstützen zu reflektieren, Dir die richtigen Fragen zu stellen und aus den Antworten die individuell beste Finanzierungsarchitektur zu finden. Er kann Dir die für Dich günstigste Finanzierung besorgen, helfen, Lehrgeld zu sparen und Dir Arbeit abnehmen.

Egal ob Beamter, Unternehmer, Freiberufler, Angestellter, Künstler oder Profisportler: Jeder muss sich zuerst überlegen, wie hoch eine monatliche Rate angesichts des eigenen Budgets sein darf. Als Nächstes ist über Laufzeit, Tilgung und Zinsbindung nachzudenken und dann erst ist zu sehen, wo man dafür die besten Konditionen bekommt.

Konzeption schlägt Kondition.
Bei einer Finanzierung geht es weniger um den günstigsten Zins, als um das individuelle beste Gesamtkonzept.

Je mehr Rücklagen vorhanden sind, desto größer ist der Spielraum bei der Finanzierung – flapsig gesagt: „Mit vollen Hosen ist gut stinken."

Der Vollständigkeit halber hier noch ein weiteres Darlehen: *Konsumentendarlehen* helfen Dir, einen kurzfristigen Finanzbedarf zu überbrücken. Sie sollten aber die absolute Ausnahme sein. Und, ich wiederhole mich, auch ein Auto oder sonstige Konsumgüter so zu finanzieren, ist keine so gute Idee, denn diese verlieren üblicherweise recht schnell an Wert. Gerade ein Auto verliert rascher mehr an Wert, als Du mit Deinem Geld Rendite erwirtschaften kannst. Du läufst also immer hinterher. Wenn das Auto einigermaßen abbezahlt ist, dann kommt das nächste … Willst Du dagegen schneller mehr Vermögen aufbauen, kaufe Dir lieber ein Auto, das Du Dir heute leisten kannst, und bezahle es idealerweise aus Angespartem.

„Betrifft mich nicht, aber *stay away* von der Gastronomie und kauft keine Neuwagen."☺
(Elias Harris, aktiver Basketballprofi und ehemaliger Nationalspieler)

https://tinyurl.com/ycdpvtnm

Problematisch wird es, wenn jemand ein Auto finanziert, das eigentlich eine Nummer zu groß für ihn ist, und aus zukünftigem Einkommen abbezahlen will.

Und was ist mit *Leasing*? Bei langfristigen Gütern insbesondere, wenn sie betrieblich genutzt werden, kann Leasing eine Option sein. Für eine Privatperson ist Leasing meist wirtschaftlicher Blödsinn. Es ist einzig nur dann sinnvoll, wenn es Dir wichtig ist, alle paar Jahre ein neues Auto zu fahren … und wenn die Rate günstiger ist als ein vergleichbares Dauermietverhältnis bei einem Autoverleiher. Sonst hast Du nur einen monatlichen Geldabfluss, mit dem Du kein Vermögen schaffst. Es sind reine Konsumausgaben.

Außerdem sind Leasingverträge meist schwer zu durchschauen und das Auto gehört Dir nicht wirklich. Stark vereinfacht gesagt: Du bezahlst Zins und Tilgung, aber Du tilgst nicht in einen Vermögenswert, sondern gleichst mit der Tilgung den Wertverlust aus, und der ist bei einem fast neuen Auto besonders hoch.

Wirtschaftlich gesehen ist es am günstigsten, ein Fahrzeug anzuschaffen, das ein, zwei oder drei Jahre alt ist, und dieses dann für fünf bis sechs Jahre zu fahren. Okay, solltest Du ein Autofreak sein, ist das für Dich keine Option;-) Aber auch hier gilt: Es ist Deine Entscheidung.

Aber auch hier gilt: Es ist Deine Entscheidung. Werfen wir nun einmal einen Blick auf das Sozialversicherungssystem. Wer dessen Schwächen und Stärken versteht, kann bessere Entscheidungen bei seiner privaten Vorsorge treffen.

4.3.5.1 Gesetzliche Versicherungen

In diesem Kapitel:

- Welche gesetzlichen Versicherungen gibt es und was zeichnet sie aus?
- Was darf man von ihnen erwarten?
- Einordnung in ein Sternesystem

Arbeitnehmer in Deutschland sind im Fall von Krankheit, Pflege, Erwerbsunfähigkeit oder Arbeitslosigkeit in diesem System versichert. Auch für die Berufskrankheiten, Arbeitsunfälle, Rente und den Todesfall bieten die gesetzlichen Versicherungen Schutz. Zur Finanzierung führen Arbeitgeber und Arbeitnehmer automatisch einkommensabhängige Lohnanteile ab, es handelt sich also um eine Zwangsversicherung. Weil sich das System so aber nicht vollständig trägt, werden teils zusätzlich Steuergelder zur Finanzierung dieser Sozialleistungen verwendet. Ohne die Steuergelder wären die Beiträge noch höher.

Auch bei einem Arbeitsunfall oder einer Arbeitskrankheit haben Arbeitnehmer automatisch Versicherungsschutz. Für Letztere bringen ausschließlich die Arbeitgeber die Beiträge auf. Gerade bei angestellten Profisportlern ist das eine erhebliche Position – mehr dazu im Großen Einmaleins (Abschn. 5.2.1).

Unser Sozialversicherungssystem bietet – verglichen mit anderen Ländern – insgesamt einen guten Basisschutz. Allerdings ist diese Basisversorgung nicht ausreichend und auf lange Sicht schwer kalkulierbar. Denn jede Regierung verändert die Spielregeln durch sogenannte Reformen. Meist handelt es sich dabei um geschickt verpackte Verschlechterungen – immer im Bemühen, die Balance zu finden zwischen den vorhandenen Geldern (Steuern und Sozialabgaben), dem kurz- und langfristigen Bedarf an Geld und nicht zuletzt dem Willen der Wähler. Gerade Letzterer behindert oft langfristig kluge Weichenstellungen, wie es zum Beispiel eine staatliche Rücklagenbildung wäre.

Da eine Regierung bestrebt ist, bei der nächsten Wahl wieder gewählt zu werden, werden tendenziell die Wünsche größerer Wählergruppen stärker berücksichtigt. Wenn es also mehr Alte (Wähler) gibt, die Rente und gute Gesundheits- und Pflegeleistung wollen, als Junge, die mit ihren Steuern und Sozialabgaben dafür bezahlen müssen, dann werden die Wahlversprechen und anschließenden Gesetze eher in Richtung der Rentner tendieren. Konkret bedeutet dies, dass sich auf lange Sicht das Beitrags-Leistungs-Verhältnis für Kranken, Pflege- und Rentenversicherung verschlechtern wird. Sprich: Die Beiträge steigen oder die Leistungen sinken – oder gleich beides zusammen.

Weil sich in den nächsten Jahrzehnten unsere Alterspyramide weiter zu Ungunsten der Jungen verändern wird, wird das Problem weiter zunehmen. Ein Grund liegt darin, dass unser Sozialversicherungssystem ein sogenanntes Umlagesystem ist. Das heißt, es gibt keine wirklichen Rücklagen, sodass das Geld, welches heute reinkommt, morgen gleich wieder ausgegeben wird. Dies setzt unser Sozialversicherungssystem zunehmend unter Druck.

Die Zahl der Rentner nimmt zu und die Renten müssen immer länger bezahlt werden, weil die Lebenserwartung steigt, aktuell durchschnittlich um 2,5 Jahre mit jedem neuen Jahrzehnt. Noch schlimmer sieht es beim gesetzlichen Krankenversicherungssystem und der Pflegeversicherung aus. Denn alte Menschen verursachen deutlich mehr Kosten als junge Menschen. Das Finanzierungsproblem potenziert sich also bei der Gesundheits- und Pflegevorsorge.

Um eine gewisse Orientierung dafür zu geben, was ein Angestellter von den einzelnen Bausteinen des Sozialversicherungssystems derzeit erwarten kann und was nicht, teile ich es für Dich in ein – wohlgemerkt sehr willkürliches – Sternesystem. Vergleichbar mit einem Hotelbewertungssystem steht ein Sternchen für unzureichend und fünf Sterne für top.

Gesetzliche Rentenversicherung

Um die Renten zu finanzieren, behält der Staat Beiträge vom Gehalt ein. Bei sogenannten Minijobbern, die maximal 450 EUR verdienen dürfen, zahlt der Arbeitgeber einen Pauschalbeitrag. Liegt das Einkommen zwischen 450,01 EUR und 850 EUR in der sogenannten *Gleitzone*, steigt der

Rentenbeitrag und der Arbeitnehmer wird zunehmend ins Boot geholt. Mit Stand 2017 sind es vom Bruttogehalt 7,3 %, der Arbeitgeber muss zusätzlich denselben Betrag abführen. Mit diesen Rentenbeiträgen erwirbt man sich sogenannte Entgeltpunkte auf deren Basis der Staat eine spätere Rente verspricht.

Das Ganze ist gedeckelt auf ein Einkommen von 6500 beziehungsweise 5800 EUR (Beitragsbemessungsgrenze Westdeutschland/Ostdeutschland). Das heißt, für jeden Euro, der mehr verdient wird, werden *keine* Beiträge mehr abgeführt. Die Konsequenz: Die Rentenlücke für Gutverdiener vergrößert sich. Mittlerweile dokumentiert der Gesetzgeber die zunehmende Rentenlücke in seinen Renteninformationen und macht auf die Notwendigkeit einer inflationsgeschützten Eigenvorsorge aufmerksam:

> Zusätzlicher Vorsorgebedarf:
> Da die Renten im Vergleich zu den Löhnen künftig geringer steigen werden und sich somit die spätere Lücke zwischen Rente und Erwerbseinkommen vergrößert, wird eine zusätzliche Absicherung für das Alter wichtiger („Versorgungslücke"). Bei der ergänzenden Altersvorsorge sollten Sie – wie bei Ihrer zu erwartenden Rente – den Kaufkraftverlust beachten.

Von der mehr oder weniger kläglichen Rente müssen übrigens noch Beiträge für Krankenversicherung, Pflegeversicherung und gegebenenfalls Steuern bezahlt werden.

Doch wie hoch ist die zu erwartende Altersrente? Wer seit mehr als fünf Jahren angestellt und älter ist als 26, erhält jährlich eine Renteninformation. Ein 35-jähriger Angestellter etwa, der 15 Jahre Höchstbeiträge einbezahlt hat, bekommt ab 67 eine monatliche Rente von ca. 840 EUR – egal ob er monatlich 10.000 oder 100.000 EUR oder noch mehr verdient hat.

> Verlasse Dich nicht auf ein fremdbestimmtes Rentensystem, welches Dich in Zukunft absichern soll. Bilde Dir besser schon heute dafür diszipliniert Rücklagen – genauso wie Du diszipliniert trainierst, um Spitzenleistungen abrufen zu können, wenn sie gebraucht werden.

Arbeitslosenversicherung

Für den Fall der Arbeitslosigkeit werden vom Lohn des Angestellten drei Prozent abgezogen und auch hier zahlt der Arbeitgeber zusätzlich drei Prozent obendrauf. Ein Arbeitnehmer mit 4000 EUR Brutto- und ca. 2400 EUR Nettogehalt etwa bekommt 1365 EUR Arbeitslosengeld.

Auch angestellte Vereinssportler, die zwischen zwei Spielzeiten vertraglos sind, können Arbeitslosengeld beziehen. Manche Spielerberater nutzen dies gestalterisch bei den Vertragsverhandlungen.

Übrigens ist es so, dass bei Eintritt der Arbeitslosigkeit die Krankenversicherungspflicht eintritt. Damit bietet sich auch eine Ausstiegsmöglichkeit aus einer privaten Krankenversicherung – entgegen der weit verbreiteten Annahme, aus der privaten Krankenversicherung niemals herauskommen zu können. Dies ist erst ab dem Alter von 55 Jahren unter gewissen Voraussetzungen der Fall.

Gesetzliche Krankenversicherung

Die Krankenversicherung dient dazu, Folgerisiken nach Erkrankung oder Unfall abzusichern. Das heißt, es werden Arzt und Krankenhaus bezahlt genauso wie Medikamente oder auch Heilbehandlungen wie zum Beispiel durch den Physiotherapeuten. Zudem gibt es eine gesetzlich geregelte Lohnfortzahlung im Falle von Krankheit. In Deutschland müssen alle Bürger krankenversichert sein.

Im gesetzlichen System stehen ein paar Dutzend Kassen zur Auswahl. Deren Leistungen sind zum größten Teil identisch, die Beiträge sind nahezu gleich. Sparfüchse können durch die Wahl der Kasse etwas Geld sparen.

Der Beitrag für die Krankenversicherung hängt – bis zu einer bestimmten Einkommensgrenze – vom Einkommen ab und wird bei Angestellten direkt vom Lohn einbehalten. Was Selbstständige einzahlen müssen, hängt ebenfalls von deren Einkommen ab. Im Internet gibt es Rechner, mit denen man sich seinen individuellen Beitrag für die Krankenversicherung und das Krankentagegeld (Einkommensersatz bei Krankheit) errechnen kann.

Im internationalen Vergleich ist unser Gesundheitssystem sehr gut. Es steht allerdings langfristig vor sehr großen Herausforderungen, was sich über kurz oder lang merklich auf Beitrag und Leistungen auswirken wird. Hierfür gibt es vier Gründe: Zum einen ist da der demografische Wandel – der Anteil der Alten im Vergleich zu den Jungen nimmt zu, weil seit etwa zwei Generationen zu wenige Kinder geboren werden. Zum Zweiten ist die Lebenserwartung länger – 30-Jährige heute leben durchschnittlich acht Jahre länger, als es ihre Großeltern taten. Beide Faktoren verstärken sich gegenseitig noch. Dazu kommt noch, dass die Gesundheitskosten mit dem Alter steigen. Auch die medizinisch-technische Entwicklung spielt eine Rolle – teurere Geräte und Medikamente führen zu höheren Ausgaben.

Ist man als Angestellter krank, zahlt der Arbeitgeber das Gehalt maximal sechs Wochen lang weiter, das ist die erwähnte gesetzlich geregelte Lohnfortzahlung. Danach setzt das Krankengeld ein. Es leistet in einem Zeitraum von drei Jahren für maximal 78 Wochen (1,5 Jahre) für ein und dieselbe Krankheit. Die Höhe des Krankentagegeldes ist allerdings begrenzt. Man erhält maximal 70 % des vorherigen Brutto- beziehungsweise 90 % des Nettoeinkommens. Davon müssen aber noch Sozialversicherungsbeiträge (für Rente, Arbeitslosigkeit und Pflege) gezahlt werden die vorher der Arbeitgeber beglichen hat. Denn der ist nach sechs Wochen raus. Darüber hinaus gibt es eine absolute Obergrenze von knapp 2700 EUR.

Selbstständige und privat Krankenversicherte müssen sich dagegen selbst um ihre Tagegeldabsicherung kümmern. Ein wichtiger Tipp an dieser Stelle: Für das Krankentagegeld gibt es eine „Holschuld". Das bedeutet, ein Selbstständiger muss der Kasse die Krankheit melden und angeben, wie lange sie voraussichtlich dauern wird. Sonst verliert er Ansprüche.

Für Beamte gilt das oben erwähnte Beihilfesystem – eine Mischung aus staatlicher und privater Krankenversicherung (Abschn. 4.3.4).

Schließlich gibt es mit der freien Heilfürsorge eine weitere eigenständige Welt für Bundesbedienstete in gefahrenträchtigen Berufen. Hierzu zählen auch Spitzensportler, die zum Beispiel bei Bundeswehr, Zoll oder Polizei beschäftigt sind – mehr dazu im Großen Einmaleins (Abschn. 5.2.1).

Und wer weiß, vielleicht kommt bald die von einigen Politikern geforderte sogenannte Bürgerversicherung und wirbelt das System durcheinander. Auch sie kann nicht zaubern, sondern lediglich das Einnahme- und Leistungssystem neu definieren und Gelder anders verteilen.

Gesetzliche Pflegepflichtversicherung

Die gesetzliche Pflegeversicherung übernimmt bis zu einem gewissen Beitrag Kosten, die durch Pflegebedürftigkeit entstehen. Die Angehörigen müssen meist noch einen sehr hoher Eigenanteil stemmen.
So viel zum deutschen Sozialversicherungssystem.
Bei Selbstständigen fallen übrigens die gesetzliche Rentenversicherung, Unfallversicherung und Arbeitslosenversicherung weg. Je nach Betrachtungswinkel müssen oder dürfen Selbstständige komplett eigenverantwortlich vorsorgen. Sie haben übrigens auch die Möglichkeit, freiwillig Beiträge in die gesetzliche Rentenversicherung zu zahlen und – unter gewissen Voraussetzungen – der gesetzlichen Arbeitslosenversicherung beizutreten.

Das deutsche Sozialversicherungssystem bietet derzeit eine im Großen und Ganzen befriedigende Grundversorgung. Da die Arbeitslosen- die Rentenversicherung und das Krankentagegeld bei einer gewissen Einkommenshöhe gedeckelt sind, nimmt die Versorgungslücke mit steigendem Einkommen überproportional zu.

Hinweis
Ist ein selbstständiger Sportler „nebenbei" noch als Trainer tätig – etwa ein angehender Profitennisspieler der Trainerstunden gibt –, kann sich hieraus eine Rentenversicherungspflicht als Selbstständiger ergeben. In diesem Fall also am besten den Rat eines Experten einholen.

4.3.5.2 Private Versicherungen

In diesem Kapitel:

- Wie kann man sein privates Vermögen schützen?
- Welche Versicherung hilft bei der Durchsetzung der eigenen Rechte?
- Welche Versicherungen sind ist wichtig, welche weniger bedeutsam?

Kommen wir nun zu den privaten Versicherungen. In der Regel schließt eine Privatperson einen Vertrag mit einem Versicherungsunternehmen ab. Versicherungsgesellschaften bieten unterschiedliche Leistungspakete an, Umfang und Qualität sind frei wählbar: von Basisschutz über Komfortschutz bis hin zu Topschutz mit exklusiven Leistungen. Ich rate übrigens, lieber einen Bogen um den Basisschutz zu machen. Denn dieser ist nicht ohne Grund besonders günstig. Diese Versicherungen sind so kalkuliert, dass viele Schadensfälle in der jeweiligen Kategorie von der Leistung ausgenommen sind.

Eine Einteilung in ein Sternesystem ist bei den privaten Versicherungen nicht pauschal möglich. Als Orientierungshilfe, wie wichtig eine Versicherung ist, teile ich diese Versicherungen daher in *Muss*, *Soll* und *Kann* ein. Es ist immer Deine Entscheidung und im Einzelfall mag es anders aussehen, aber für die meisten Leser dürfte diese Empfehlung zutreffen. Für Deine Entscheidungsfindung findest Du in Kap. 6 eine Tabelle (Tab. 6.1), in der Du Deine persönlichen Entscheidungen und Umsetzungspläne festhalten kannst.

Muss (must have): Das bedeutet, dass die Versicherung sehr wichtig ist. Ein Schadensfall kann ohne entsprechenden Versicherungsschutz Deine Existenz gefährden. Er kann aufgebautes Vermögen vernichten und wirtschaftliche Pläne zerstören – und das bis in den Millionenbereich.

Soll (should have): Hierbei handelt es sich eine wichtige Versicherung handelt. Ein Schadensfall, der nicht abgesichert, ist kann wirtschaftlich sehr wehtun. Die Folgen lassen sich vermutlich aber aus eigener Kraft entweder sofort oder im Lauf von ein paar Jahren stemmen.

Kann (nice to have): Klar, man ärgert sich darüber, wenn das Handy ins Klo fällt oder das Reisegepäck gestohlen wird. Doch haben Schäden dieser Kategorie keine wirklich großen wirtschaftlichen Auswirkungen.

Sachversicherungen
Die bekanntesten Versicherungen gegen Schadensersatzansprüche von Dritten sind wohl die Haftpflichtversicherungen. Sie haben die Aufgabe, für Schäden aufzukommen, die man anderen Personen, deren Sachen oder Vermögen unabsichtlich zufügt. Der Begriff „Haftpflicht" ist dabei eigentlich unglücklich gewählt, weil er irreführend ist. Denn im reinen Wortsinn bedeutet er, dass man verpflichtet ist, für verursachte Schäden aufzukommen.

In besonders schadensträchtigen Bereichen besteht eine gesetzliche Pflicht, sich um eine Versicherung zu kümmern. Ein Auto oder Motorrad beispielsweise kann man nicht zulassen, ohne vorzuweisen, dass man dafür eine Fahrzeughaftpflichtversicherung hat. Eine Hundehalterhaftpflicht – die wiederum ist freiwillig – leistet beispielsweise, wenn man die Eltern besucht und der Hund deren Sessel zerrupft oder einem Jogger in die Wade beißt, was dem Jogger körperlich und Dir wirtschaftlich ziemlich wehtun kann.

Die wichtigste Haftpflichtversicherung, die ebenfalls nicht gesetzlich vorgeschrieben ist, ist die:

Private Haftpflichtversicherung (Muss)
Sie ist für deutlich unter 100 EUR Jahresbeitrag zu haben, leistet weltweit und kommt für berechtigte Ansprüche von Dritten auf, wenn nötig auch in Millionenhöhe. Wenn ein Tennisprofi einfach mal so mit seinem Kumpel spielt und ihm ein Auge rausschießt, haftet er dafür. Die Privathaftpflicht steht auch für die nötigen rechtlichen Maßnahmen ein, wenn ein Dritter unberechtigte Ansprüche gegen einen stellt.

Beamte wiederum sollten noch für ein paar Euro das dienstliche Risiko miteinschließen, die sogenannte Diensthaftpflicht.

Die Privathaftpflichtversicherung ist immens wichtig. Sie kostet wenig, rettet Dir im Schadensfall aber womöglich den „Allerwertesten".

Versicherungen für das eigene Hab und Gut *(Muss, Soll)*
Das eigene Haus, die mehr oder weniger teure Einrichtung, Kunst, Schmuck, Rennrad, Mountainbike, E-Bike, das Reisegepäck und noch viel mehr kann man versichern. Zum Beispiel gegen Diebstahl, Feuer oder Einbruch – etwa durch eine *Wohngebäudeversicherung (Muss)* und *Hausratversicherung (Soll)*.

Wer nun wissen möchte, was die Hausratversicherung alles beinhaltet ist, stelle sich vor, die eigene Wohnung zu schütteln und umzudrehen. Alles was rausfällt ist Hausrat und wird im Schadensfall zum Neuwert ersetzt.

Rechtsschutzversicherung *(Soll)*
Die *Rechtsschutzversicherung* hilft, eigene Ansprüche gegenüber Dritten durchzusetzen. Vielleicht möchtest Du mal den einen oder anderen Punkt im Verkehrsmelderegister anzweifeln? Der Vermieter rückt die Kaution nicht wieder raus? Oder der Arbeitgeber respektive Dein Verein erbringen zugesagte Leistungen nicht oder kündigt unrechtmäßig? Dann greifen Verkehrsrechtsschutz-, Mietrechtsschutz- oder Arbeitsrechtsschutzversicherung. Weitere mögliche Bausteine einer Rechtsschutzversicherung sind Steuerrecht und Vertragsrecht.

In allen Fällen – nicht nur bei der Rechtsschutzversicherung – gilt: zuerst die Versicherung, dann der Rechtsfall. Umgekehrt geht es nicht. Das heißt:

Du kannst Dich nicht nachträglich versichern, wenn ein Schaden bereits passiert ist. Für gewisse Bereiche haben Rechtsschutzversicherungen noch dazu eine „Wartezeit" von einigen Monaten, ab der sie erst Streitigkeiten abdecken.

Reiserücktrittsversicherung *(Kann)*
Die *Reiserücktrittsversicherung* erstattet einen Teil der Reisekosten, wenn man eine Urlaubsreise aus wichtigem Grund nicht antreten kann, zum Beispiel wegen einer Erkrankung. Die Beiträge dafür liegen in einer Größenordnung von wenigen hundert Euro und sollten für die meisten locker erschwinglich sein.

Doch unabhängig davon, um welche Versicherungsart es sich handelt: Die Frage ist letztendlich, bis zu welcher Größenordnung man Risiken selbst tragen möchte (und kann) und ab wann man sie gegen eine Prämie an eine Versicherung auslagern möchte.

Ob jemand, der im Monat 10.000 oder 100.000 EUR oder mehr verdient, sein Smartphone gegen Herunterfallen versichert, ist nicht wirklich eine existenzielle, sondern eher eine Geschmacksfrage und die Entscheidung dafür liegt darin begründet, dass dieses Risikos im Alltag viel eher präsent ist als beispielsweise das Karriereende durch einen Zeckenbiss – so wie es der Profifußballer Zoltan Sebescen schmerzlich erfahren musste.

Nicht immer bewertet und entscheidet der Mensch rational. Vor ein paar Jahren habe ich einen Mandanten in einem Beratungsgespräch gefragt, bis zu welcher Größenordnung er Schäden bei seinem Hab und Gut selbst zahlen möchte. „1000 EUR", war die Antwort. Als es später im Gespräch um die Hausratversicherung ging meinte er, dass er die nicht braucht. Klingt unlogisch und ist es auch. Weil ihm kein Schadensfall aus dem Umfeld bekannt war und er einen Feuerlöscher daheim hatte, war er überzeugt, alle Risiken im Griff zu haben.

Man kann sein eigenes Hab und Gut und die rechtliche Durchsetzung eigener Ansprüche für relativ wenig Geld versichern.

4.3.5.3 Personenversicherungen

In diesem Kapitel:

- Welche Versicherungen helfen, wenn man krank ist, verletzt oder nicht mehr arbeiten kann?
- Wodurch unterscheiden sie sich in ihrer Leistung und in ihrer Wichtigkeit?

Zu den Personenversicherungen gehören vor allem:

- Krankenversicherung *(Muss)*
- Pflegeversicherung und Pflegeergänzungsversicherung *(Muss, Soll)*
- Unfallversicherung *(Soll)*
- Berufsunfähigkeitsversicherung/Invaliditätsversicherung *(Muss)*
- Lebens- und Rentenversicherungen *(Soll, Muss)*

Für Personen, die im Erwerbsleben stehen, hat diese Kategorie die größte Bedeutung in ihrem Risikomanagement. Denn die eigene Leistungsfähigkeit ist die Voraussetzung, um im Berufsleben Geld zu verdienen. Man ist, bildhaft gesprochen, sein eigener „Goldesel". Ist die Leistungsfähigkeit zeitweise oder dauerhaft eingeschränkt, ist logischerweise das Einkommen gefährdet. Um das wegfallende Einkommen zu kompensieren, kann man sich selbst als „Goldesel" versichern.

Kranken-/Pflegeversicherung *(Muss)*
Sie übernimmt Kosten um den „Goldesel" wieder fit zu machen beziehungsweise zu pflegen. Darüber hinaus „spuckt" die Krankentagegeldversicherung für eine begrenzte Zeit – bis ca. 1,5 Jahre – noch etwas Geld als Lohnersatzleistung aus. Bei der Krankenversicherung haben Selbstständige und Gutverdiener die Möglichkeit, das gesetzliche Krankenversicherungssystem zu verlassen und sich eine private Krankenversicherung zu suchen. Gesetzlich Krankenversicherte können ihren Schutz durch private Zusatzversicherungen erweitern.

Invaliditätsversicherung *(Muss)*
Darunter fallen Berufsunfähigkeitsabsicherung, Sportinvaliditätsversicherungen, Versicherung gegen schwere Krankheiten *(dread disease)*, Erwerbsunfähigkeitsversicherung und Grundfähigkeitsversicherung. Sie alle zahlen einen vereinbarten Einmalbetrag oder monatliche Beträge, falls es länger dauert, den „Goldesel" wieder fit zu machen oder er im schlimmsten Fall

seinen Dienst einstellen muss. Invaliditätsversicherungen sind so etwas wie ein „Ersatzgoldesel".

Um die potenzielle Schadensdimension greifbar zu machen, folgender Vergleich: Fast jeder Käufer eines Neuwagens entscheidet sich dafür, eine ergänzende Vollkaskoversicherung abzuschließen, um im Falle eines selbstverschuldeten Unfalls den Wagen auf Kosten der Versicherung repariert oder ersetzt zu bekommen. Maximales Risiko ist dabei der Neuwert, sagen wir zum Beispiel 30.000 EUR.

Ein 30-jähriger Angestellter mit einem Monatseinkommen von 3000 EUR wird bis zum Renteneintritt in 37 Jahren mehr als 1,3 Mio. Euro verdienen, Karriere und Inflation nicht mitgerechnet. Ein junger Profisportler mit einem Nettojahresgehalt von 100.000 EUR verdient in seiner Profikarriere mindestens genauso viel. Das heißt, die eigene Wirtschaftskraft – das *Humankapital* – liegt ein Vielfaches über dem Neuwagenwert. Daher gebührt der Fragestellung, inwieweit man sich selbst gegen Einkommensausfälle absichern möchte, sehr große Aufmerksamkeit.

Unfallversicherung *(Soll)*
Sie hat die Aufgabe, eine Einmalzahlung zu leisten, wenn man nach einem Unfall einen bleibenden Schaden hat. Mit dem Geld hat man die Möglichkeit, beispielsweise seine Umgebung behindertengerecht umzugestalten.

Risikolebensversicherungen (für Familienoberhäupter: *Muss*)
Diese Versicherungen zahlen im Todesfall eine vereinbarte Summe: Wenn man selbst stirbt bekommt eine andere Person Geld. Sinnvoll ist dies besonders bei jungen Familien, um dem Ehepartner und den Kindern eine ausreichende wirtschaftliche Grundlage zu sichern.

Private Altersversorgung – Rentenversicherungen (*Muss*)
Das sind wichtige Bausteine, um die eigene Altersversorgung in der nötigen Höhe dauerhaft zu sichern. Sie eignen sich darüber hinaus sehr gut, um den sonstigen Vermögensaufbau zu ergänzen. Unabhängig davon, wie viel jemand verdient – egal ob Sportler oder nicht – und unabhängig davon, ob er selbstständig ist, angestellt oder verbeamtet: Die gesetzliche Versorgung wird – wie erwähnt – nur einen unzureichenden Teil seines Kapitalbedarfs im Alter abdecken.

Personenversicherungen haben größte Bedeutung beim Schutz der eigenen Vermögenswerte und zur Sicherung des Einkommens.

Wie schon gesagt: Versicherungen sind mit einer Wette zu vergleichen. Wer im Detail wissen will, was in der jeweiligen Wette vereinbart ist, der sollte seinen Berater zurate ziehen oder in den Versicherungsbedingungen nachlesen, die ihm mit jedem Antrag oder Vertrag zur Verfügung gestellt werden müssen. Die Versicherungsgesellschaft, davon kannst Du ausgehen, kalkuliert ihre Risiken kaufmännisch und kennt ihre Bedingungen.

Profisportler spielen auch versicherungstechnisch in einer eigenen Liga. Die erwähnten Personenabsicherungen – private Krankenversicherungen, Tagegeldversicherungen, Invaliditätsabsicherung, Unfallversicherung – sind für sie extrem eingeschränkt und die Prämien teuer. Deshalb gibt es Versicherungen, die für Berufssportler maßgeschneidert sind. Mehr dazu im Großen Einmaleins (Abschn. 5.2.1).

Private Krankenvollversicherungen als Alternative zur gesetzlichen Krankenversicherung

Unter bestimmten Voraussetzungen kann (der Angestellte) sich privat krankenversichern. Wer über einem bestimmten Bruttoeinkommen verdient – derzeit 4950 EUR/monatlich –, kann sich den Vor- und Nachteilen des gesetzlichen Krankenversicherungssystems (GKV) zu entziehen und sich für wiederum andere Vor- und Nachteile des privaten Krankenversicherungssystems (PKV) zu entscheiden.

Der Arbeitgeber zahlt auch bei der PKV die hälftigen Beiträge, maximal aber begrenzt auf die Höchstbeiträge der GKV. Auch Selbstständige können sich zwischen dem gesetzlichen und privaten System entscheiden. Der Beamte muss sich zu einem bestimmten Prozentsatz privat krankenversichern (Beihilfetarif).

Bei der PKV wird der Beitrag einkommensunabhängig und individuell berechnet. Er hängt vor allem vom Alter, Gesundheitszustand und dem gewünschten Versicherungsumfang ab, etwa Einbettzimmer im Krankenhaus und freie Arztwahl. Während die Familie in der GKV regelmäßig kostenlos mitversichert ist, kostet in der privaten Versicherung jede Person extra.

Oft behandeln Ärzte Privatpatienten bevorzugt, man bekommt mitunter schnellere Untersuchungs- und Operationstermine oder bessere Therapien. Gerade renommierte Spezialisten stehen oft nur Privatpatienten beziehungsweise Selbstzahlern zur Verfügung. Weil aber der Privatpatient für Arzt und Krankenhaus so lukrativ ist, besteht auch die latente Gefahr, dass Untersuchungen oder Behandlungen durchgeführt werden, die nicht unbedingt nötig sind.

Wer einmal in die PKV aufgenommen ist, der braucht keine Beitragssteigerungen aufgrund von Krankheiten oder Verletzungen befürchten. Und wenn Nachwuchs kommt, dann kann er das Neugeborene ohne Gesundheitsprüfung bei seiner privaten Krankenversicherung mitversichern. Bedingung: Er muss selbst schon mindestens drei Monate bei der Gesellschaft sein und muss das Kind innerhalb von acht Wochen nach der Geburt nachmelden. Allerdings darf nicht verschwiegen werden, dass Beitragssteigerungen der Versicherer mitunter auch schon einmal zehn Prozent oder mehr betragen können.

Allerdings: Die Auswahlmöglichkeit ist für Profisportler extrem eingeschränkt, weil nur sehr wenige Gesellschaften Profisportler absichern, mehr dazu im Großen Einmaleins (Abschn. 5.2).

Was ist besser – GKV oder PKV?
GKV oder PKV – das ist eine Entscheidung mit potenziell langfristiger Konsequenz, denn es gibt nicht viele Wechseloptionen zwischen den Systemen, meist bleibt man im einmal gewählten System. Dabei ist es schlichtweg unmöglich zu sagen, mit welchem System jemand letztendlich besser fährt. Das hängt von vielen Dingen ab, von bekannten und unbekannten.

Wie bei der PKV gibt es auch bei der GKV Beitragssteigerungen. Diese sind zwar nicht so drastisch wie manchmal bei der PKV, dafür wurden und werden immer wieder Leistungen unwiderruflich gekürzt und die Beiträge für Gutverdiener und Rentner angehoben.

Unkalkulierbar sind auch Faktoren wie Gesetzesänderungen und die Einkommensentwicklung. Auch der Familienstand kann sich ändern, die Zahl der Kinder, man kann den Beruf wechseln oder der Ehepartner verdient plötzlich mehr oder weniger, vielleicht wechselt man auch den Tarif innerhalb der Versicherungsgesellschaft um nur einiges zu nennen.

Niemand weiß, was sich zukünftige Gesetzgeber alles an neuen Regelungen einfallen lassen. Niemand weiß, als wie solide sich die Beitragskalkulation einer privaten Versicherungsgesellschaft in einigen Jahrzehnten herausstellen wird. Und kein Versicherter kann heute sagen, in welchem Umfang er oder Familienmitglieder in Zukunft ärztliche Leistungen oder Medikamente brauchen. Ob man vielleicht eines Tages auf eine besondere Therapie angewiesen ist, ein spezielles – und nur Privatpatienten zugängliches – Medikament oder Hilfsmittel braucht, oder ob man eine Operation von einem international bekannten Spezialisten durchgeführt haben will. Und niemand kann heute sagen, ob demjenigen, der heute die Entscheidung trifft, in ein paar Jahren oder Jahrzehnten eher ein günstigerer Beitrag oder bessere Leistungen wichtig sein werden.

Tendenziell kann man davon ausgehen, dass in der GKV die Beiträge gerade für Gutverdiener weiter steigen werden und der Leistungsumfang zukünftig abnehmen wird. Bei der PKV sind die Leistungen vertraglich festgeschrieben, hier ist vielmehr die Beitragsentwicklung die große Unbekannte.

Doch – anders als vor einigen Jahren – gibt es heute Möglichkeiten, sich durch spezielle Rücklagentarife *(Soll)* eine höhere Beitragsstabilität zu erkaufen. Dies wird sogar steuerlich gefördert und bis zu einer gewissen Beitragsgrenze muss sich sogar der Arbeitgeber daran beteiligen.

Was also tun, welche Einflussmöglichkeit hat man? Im Großen Einmaleins gibt es weitere Tipps speziell für Profisportler (Abschn. 5.2.1).

Wer gesetzlich versichert ist, kann mit Ergänzungsversicherungen die gesetzliche Krankenversicherung „aufpimpen" und sich damit dauerhaft Zusatzleistungen sichern, etwa mit einer ambulanten oder stationären Zusatzversicherung oder einer Zahnzusatzversicherung.

Eine **Auslandsreisekrankenversicherung** *(Muss)* ist für gesetzlich Versicherte wichtig und meist auch für private Krankenversicherte sinnvoll.

So oder so – es gibt noch einen weiteren Lösungsansatz, um einen Weg aus diesem Entscheidungsdilemma „privat oder gesetzlich" zu finden: Dem gewählten System ist man in gewissem Umfang ausgeliefert, logischerweise ist es angesichts dessen sinnvoll, hierfür angemessene Rücklagen zu bilden. Beitragsanpassungen wird man dann leichter wegstecken oder den Spezialisten zur Not eben aus eigener Tasche bezahlen.

Private Rücklagen zur Finanzierung künftiger Beitragssteigerungen oder zur Kompensation von Leistungseinschränkungen sichern die eigene Unabhängigkeit und geben ein gutes Gefühl.

Bleibt noch zu erwähnen, dass die Leistungen der privaten Pflegepflichtversicherung denen der gesetzlichen entsprechen und es auch hier sinnvolle Ergänzungsmöglichkeiten gibt, etwa eine Pflegeergänzungsversicherung oder ein Pflegetagegeld.

Und noch ein Tipp für den Fall einer Krankheit oder Verletzung: Egal, wie jemand versichert ist – nicht immer ist die erste Diagnose richtig, nicht immer die vorgeschlagene Behandlung die bestmögliche. Das kannst Du auch in Phils Teil nachlesen (Abschn. 5.1.2.1).

Wenn es um die eigene Gesundheit geht, ist die Mitverantwortung des Patienten/Mandanten genauso gefragt wie beim Trainingsplan oder dem Finanzkonzept. Selbst eine banale Erkältung kann, wenn sie verschleppt und zu früh trainiert oder gespielt wird, zu irreversiblen Herzschäden führen. Prominente Beispiele hierfür sind die Fußballspieler Ümit Ozat und Daniel Engelbrecht, die beide infolge einer Herzmuskelentzündung zusammenbrachen und reanimiert werden mussten.

Durchatmen: Jetzt sind wir mit den wichtigsten Versicherungen für „Otto Normalverbraucher" durch. Ich freue mich, wenn Du noch gut dabei bist und es mir gelungen ist, Dir eine gutes Verständnis über Finanzen und die wichtigsten Versicherungen zu vermitteln.

4.4 Das sagt der Steuerprofi

Hast Du die Steuern verstanden, kannst Du Steuern sparen.

Abb. 4.9 Keine Angst mehr vor dem offiziellen Brief

4.4.1 Gute Berater und der Sportler als Vorbild – meine persönliche Meinung

In diesem Kapitel:

- Was zeichnet aus meiner Sicht einen guten Berater aus?
- Sei ein Vorbild – auch bei den Steuern.

Bevor ich mich und Euch gleich in das Steuerthema stürze, seien mir zu Beginn ein paar persönliche Worte zu den Themen „Berater" und „Steuern" erlaubt. Ich habe in meiner Karriere und durch meine Leidenschaft bei der Beratung von Sportlern (vom angehenden Jungamateur bis zum international erfolgreichen Sportprofi) sowie Profisportvereinen und -Ligen jede Menge Erfahrungen gesammelt …

… und viele Sportler, Spielerberater, Agenten und Finanzberater erlebt und mich auch oft über alle möglichen Themen ausgetauscht. Hier habe ich – zum Glück selten – Menschen erlebt, die es nicht einsehen, überhaupt Steuern zu zahlen. Und ich habe Sportler erlebt, die von ihren Beratern „verraten und verkauft", am Ende ihrer Karriere kurz vor dem Ruin standen.

Die Steuern und die Moral
Niemand zahlt gerne Steuern, aber nimm Dir bitte nicht Ronaldo oder Messi als Vorbild, die durch grenzwertige Steuertricksereien Millionenbeträge an den Steuerbehörden vorbei in Steuerparadiese verschoben haben und deswegen angeklagt wurden, Stichworte Kayman Islands und Panama Papers.

Selbstverständlich sollst Du nicht mehr Steuern zahlen als unbedingt sein muss – und natürlich sollst Du hierfür auch alle Abzugs- und Optimierungsmöglichkeiten kennen. Genau hierfür soll mein Steuerteil Dir einen ersten Einstieg geben. Aber führe Dir bitte auch vor Augen: Zahlst Du viele Steuern, hast Du vorher auch gut verdient.

Vielleicht magst Du Steuern als ärgerlich ansehen – aber sie fließen nicht in die Tasche feister Könige, sondern werden für Aufgaben des Staates verwendet … wozu unter anderem auch die Schulbildung und Universitäten und diverse Sportförderungen gehören, sei es die Sporthilfe oder auch die Sportförderung der Bundeswehr (Abschn. 6.1.2.4). Wenn Du also eine gute Ausbildung genossen hast, vielleicht sogar in Deinem Sport gefördert wurdest, wenn Du erfolgreich genug darin bist, damit auch Steuern anfallen, wenn Deine Fans aus Deutschland Dir zujubeln …

… freue Dich über Deinen Erfolg – und ärgere Dich nicht zu sehr, dass Du der Gesellschaft ein bisschen was von dem zurück gibst, was Du von ihr bekommen hast. Damit eröffnest Du auch zukünftigen Sportlern Chancen, ihren Traum als Profi zu verwirklichen.

Der perfekte Berater
Wenn ich Dir einen Tipp geben darf: Sieh zu, dass Du Dir ein Netzwerk an vertrauenswürdigen Personen aufbaust, die Dich in den verschiedenen Bereichen beraten – und die miteinander sprechen.

Zwar wird es „den perfekten Berater" (egal in welchem Bereich) niemals geben. Wichtig ist aber, dass Du einen Berater findest, der zu Dir passt. Du musst Deinen Berater verstehen und ihm vertrauen können und Ihr solltet als Typen harmonieren. Hier ist es wie mit Deinem Traummann oder Deiner Traumfrau: Was Dir gefällt und Dich vom Typen her anmacht kann für Deinen besten Freund weit weg von der Idealvorstellung liegen. Was ja auch gut ist, ansonsten wäre Ärger vorprogrammiert.

Manche Berater sehen Dich nur als „Melkkuh", aus der sie in möglichst kurzer Zeit ein Maximum an Milch herauspressen müssen. Da wird die Hand dann an allen Stellen aufgehalten und Versicherungen oder Anlagen vermittelt, die die fetteste Provision versprechen, meist verbunden mit einem Maximum an Risiko. Zum Glück ist das jedoch nicht die Regel: Es gibt jede Menge gute Berater, denen es tatsächlich um *Dich* geht.

Genauso wenig, wie die sprichwörtliche eierlegende Wollmilchsau existiert, kann ein Berater jemals alles können. Wichtig ist, dass Dein jeweiliger Berater sein Gebiet gut beherrscht und in der Lage ist, auch mal über den Tellerrand zu schauen, und keine Scheu hat, mit (unabhängigen) Spezialisten aus anderen Themenbereichen zusammenzuarbeiten. Kennt er hier gute Leute und kann er Dir Kontakte vermitteln, umso besser. Hör Dich aber auch bei Mannschaftskollegen oder anderen Sportlern um, ob sie Dir nicht jemanden empfehlen können.

Was immer gut für Dich ist, sind Leute, bei denen *Du* im Mittelpunkt stehst und die eine Diskussion nicht scheuen. Jörg, den Finanzprofi dieses Buches, habe ich beispielsweise durch meine Zusammenarbeit mit Phil (dem Sportprofi) kennen- und schätzen gelernt. Was mich bei Jörg direkt von Beginn beeindruckt hat ist, dass er – anders als manche anderen Finanzberater – Phil nicht nur *seine* Idee und *sein* Konzept verkauft hat. Vielmehr hat er viel erklärt und von Beginn an Alternativen aufgezeigt. Außerdem hat er Phil ausdrücklich aufgefordert, das Konzept mit der Agentur, seinen Eltern und auch seinem Steuerberater (also mir) zu besprechen. In meinem ersten Gespräch mit Jörg, es dauerte ungefähr zwei Stunden, hat er mir seine Ansätze erläutert und ich habe dann meine subjektive Meinung geäußert. Bei zwei Ideen war ich etwas anderer Meinung und eine Sache hat mir gefehlt. Statt beleidigt zu sein, haben wir diese Kritikpunkte durchdiskutiert und das Konzept wurde im Anschluss teilweise nachjustiert – ja, nur teilweise, denn selbst ich habe nicht immer Recht. ☺ Seitdem tauschen wir uns regelmäßig aus, lernen voneinander aus den Fachgebieten des Anderen und ringen gemeinsam um Lösungen im Sinne unseres gemeinsamen Schützlings. So sollte es sein: gemeinsam eine optimale Lösung finden.

> **Meine Meinung**
> Ein guter Berater richtet sich nach *Dir* und versucht *Dich* langfristig glücklich zu machen. Bei ihm geht es nicht darum, in möglichst kurzer Zeit möglichst viel Geld mit Dir zu verdienen, sondern darum, langfristig mit Dir zu arbeiten. Frei nach dem Motto: Ganz lange ein bisschen, ist mehr als kurzfristig viel. Außerdem bezieht er Dich und Deine Vertrauenspersonen in die Entscheidungsfindung mit ein und ihm ist wichtig, dass Du mit der Lösung (auch langfristig) zufrieden bist.

Zum Thema Steuerberater kann ich nur sagen: Nur der Tod ist umsonst. Während Dein Agent, zumindest, wenn Du Arbeitnehmer bist, regelmäßig vom Verein beauftragt und bezahlt wird und der Finanzberater durch Deine Investitionen sein Geld verdient, wird der Steuerberater nach einer gesetzlichen Gebührentabelle bezahlt. Bedeutet: Je weniger Du verdienst, desto günstiger wird es. Verdienst Du aber richtig gut, steigen auch die Kosten für die Steuererklärung. Aus meiner Sicht dennoch gut investiertes Geld. Ein guter Steuerberater wird Dir – neben der Steueroptimierung – Arbeit abnehmen und Dich auch vor Schaden bewahren.
Dringend abzuraten ist in diesem Zusammenhang von „gewitzten Finanzberatern", die keine Steuerberater sind und sich (unerlaubt!) um Steuererklärungen von Profisportlern kümmern. Sind am Ende Fehler drin, haftest Du dafür höchstpersönlich. Diese „Berater" haben keine Haftpflichtversicherung, die für einen solchen Schaden einsteht. Daher: Finger weg!

Mit Steuern gestartet ... mit dem Steuerberater geendet – jetzt solltest Du reif für den Steuerteil sein.

4.4.2 Steuern – Durchblick lohnt und muss nicht kompliziert sein

In diesem Kapitel:

- Keine Angst vor Steuern.
- Durchblick lohnt und hilft, Probleme zu vermeiden.
- Zum Steuersparen ist es nie zu spät.

Ich habe Mandanten, die kommen einmal im Jahr, die Schweißperlen auf der Stirn, und drücken mir einen Karton voll unsortierter Belege in die Hand – wohl wissend, dass mich das Sortieren Zeit und sie Geld kostet. Alleine das Gefühl, die Belege „an den Mann gebracht" zu haben, entlastet ihnen die Seele und die Schmerzensgeldzahlung an mich empfinden sie hierfür als angemessen. Warum? Weil für viele Menschen, Profisportler oder nicht, die Steuererklärung ein Graus ist: Der vermeintliche Paragrafendschungel schreckt viele ab, sich mit den durchaus lohnenden Abzugsmöglichkeiten aus einanderzusetzen.

Jährlich werden Millionen Euro an Steuererstattungen verschenkt, weil für Angestellte ohne sonstige Einkünfte mitunter gar keine Pflicht besteht, eine Steuererklärung zu machen. Ob aus diesem Grund (oder auch aus Faulheit, Unwissenheit oder besagter „Abscheu") wird sie dann auch nicht gemacht.

Wer wie Du professionell Sport betreibt, hat es vielleicht sogar noch ein Stückchen schwerer: Man widmet sich mit großer Begeisterung seiner Tätigkeit und verlässt sich in finanziellen und steuerlichen Fragen auf seine Berater ...

Bist Du ein Einzelsportler dürfte Dir das Thema Steuern bekannt sein und Du hast entweder einen Steuerberater, der Dich hier unterstützt oder Du bist so gut sortiert, dass Du Dich selbst um Deine Angelegenheiten kümmerst. Als Mannschaftssportler bis Du hingegen bei Deinem Club angestellt und vertraust regelmäßig darauf, dass Dein Verein sich schon um alles kümmert und am Ende des Monats auch das besprochene Nettogehalt auf Deinem Konto ankommt.

Profisportler erscheinen hierbei auf den ersten Blick wie Künstler: So groß die Leidenschaft für ihre Tätigkeit ist, so schwierig tun sie sich mitunter im Umgang mit Steuerthemen.

Durchblick rechnet sich für Dich: Wenn Du als angestellter Profisportler die Regeln kennst und die richtigen Belege sammelst, kannst Du Dich auf eine Erstattung von zu viel einbehaltener Lohnsteuer freuen – und wenn Du mit Nebeneinkünften oder als selbstständiger Profisportler für die Versteuerung Deiner Einkünfte selbst verantwortlich bist, kannst Du durch ein optimales Ausnutzen von Abzugsmöglichkeiten Deine Steuerlast ebenfalls optimieren.

Es können allerdings auch Probleme drohen, wenn man sich mit den Regeln nicht auskennt: Für nicht erklärte Einnahmen und nicht gezahlte Steuern können mitunter empfindliche Strafen oder sogar Gefängnis drohen. Unwissenheit schützt vor Strafe nicht. So sollte nicht erst durch den Fall Uli Hoeneß jedem bewusst sein, dass der Staat bei Steuern keinen Spaß versteht. Steuerhinterziehung ist ein Kapitalverbrechen – im wahren Sinn des Wortes – und einen Besuch der Steuerfahndung bei Dir zu Hause mit durchwühlten Schränken und Schubladen willst Du sicher nicht erleben.

Auch Folgewirkungen eines fehlerhaften Verhaltens (negative Berichterstattung, Auswirkungen auf Sponsorenverträge etc.) dürfen neben eventuellen Geldbußen und/oder strafrechtlichen Vorwürfen nicht außer Betracht gelassen werden und können Deine Karriere nachhaltig gefährden.

Und selbst wer sich einen Steuerberater leistet, sollte doch zumindest auch selbst die Grundregeln verstehen, damit er die richtigen Belege sammeln und einreichen, die richtigen Fragen stellen und drohende Probleme erkennen kann. Denn ein Steuerberater ist immer nur so gut wie die Informationen, die er von Dir bekommt – sprich also offen und ehrlich – und am besten frühzeitig – über bevorstehende und geplante Investitionen oder Veränderungen, seien sie persönlicher (Heirat) oder beruflicher (Umzug) Natur.

Wenn Du Dich mit dem Thema Steuern bisher noch nicht groß auseinander gesetzt hast – mach Dir keine Sorgen. Selbst falls Fehler passiert sind, kann man diese in aller Regel noch beheben. Sofern Du bisher bei der

Optimierung nicht alle Möglichkeiten bedacht haben solltest, magst Du zwar ein paar Chancen und Erstattungsmöglichkeiten verschenkt haben, aber zum Steuernsparen ist es ja noch nicht zu spät.

> Die meisten Steuerfragen und -themen sind gar nicht so dramatisch und unverständlich, wie es manchmal auf den ersten Blick scheint oder Dir manche Experten vielleicht glauben machen möchten. Ich werde versuchen, Dir die wichtigsten und relevantesten Themen verständlich und „hochdeutsch" zu erläutern, damit Du künftig teure Fehler vermeiden und Deine Steuer optimieren kannst.

4.4.3 Steuerarten im Überblick

> In diesem Kapitel:
>
> - Was sind Steuern?
> - Welche Steuerarten sind besonders wichtig?
> - Übersicht zur Einkommen-, Gewerbe- und Umsatzsteuer

Jörg wird Dir in seinem Teil (Abschn. 5.2.1.3) später noch verraten, welche Investitionen zu Dir passen könnten und wo die Chancen und Risiken der einzelnen Geldanlagen liegen. Wenn es die Chance geben würde – *ich* würde in Steuern investieren. Denn eins ist sicher: Die Steuern steigen immer. Kurz: Deutschland ist ein „Steuerstaat".

Das bedeutet, dass in Deutschland jede Person und jedes Unternehmen verpflichtet ist, bestimmte Steuern zu bezahlen. Es gibt die unterschiedlichsten Steuern und sie dienen in erster Linie der Finanzierung öffentlicher Ausgaben. Die Steuern sind demnach eine Art „Zwangsabgabe" des Staates, die – ohne direkte Gegenleistung – auf Güter, Dienstleistungen oder Geschäftsvorfälle erhoben wird.

Jeder zahlt also Steuern, mal mehr und mal weniger bewusst. Über viele Steuerarten denkst Du gar nicht groß nach, weil die Steuern im Preis enthalten sind und Du diese daher beim Kauf unbewusst einfach mitbezahlst. Es gibt viele Steuern, die Du gar nicht direkt „siehst": die Biersteuer etwa, oder auch die Energiesteuer oder Kaffeesteuer. Andere werden bewusster wahrgenommen. Hier fällt einem vor allem die Lohnsteuer ein, die man ja auf seinem Lohnzettel als Abzug sieht und am Jahresende zu einer Erstattung führen kann, oder die Einkommensteuer, die Selbstständige zu zahlen haben.

In Deutschland gibt es derzeit 37 Steuerarten, die üblicherweise in folgende Bereiche gegliedert werden:

- Besitzsteuern (zum Beispiel Einkommensteuer, Körperschaftsteuer, Gewerbesteuer oder Kirchensteuer),
- Verkehrssteuern (etwa Umsatzsteuer, Kfz-Steuer, Luftverkehrssteuer, Rennwett- und Lotteriesteuer oder Feuerschutzsteuer),
- Verbrauchssteuern (wie Bier- und Branntweinsteuer, Kaffeesteuer, Tabaksteuer und Energiesteuer) und
- örtliche Steuern (Hundesteuer, Jagd- und Fischereisteuer, Vergnügungssteuer).

Für Dich als Sportler sind davon nicht alle, sondern nur einige dieser Steuern interessant – nämlich die, die Du beeinflussen kannst. Andere Steuern zahlst Du wie jeder andere Bürger „einfach so mit": Wenn Du zum Beispiel „offiziell" zockst, zahlst Du die Rennwett- und Lotteriesteuer, wenn Du Kaffee trinkst, zahlst Du indirekt die Kaffeesteuer, und wenn Du Deinen Smart oder auch Maserati betankst, ist im Preis die Benzinsteuer enthalten.

Direkt betroffen bist Du dagegen von der Einkommensteuer (hierzu zählt auch die Lohnsteuer) und als „selbstständiger" Sportler oder Selbstständiger „neben dem Sport" außerdem gegebenenfalls von der Umsatz- und der Gewerbesteuer.

Zu den einzelnen Einkunftsarten und den daraus resultierenden Steuerarten und -pflichten kommen wir später noch, am Anfang steht zunächst einmal ein kurzer Überblick dieser drei für Dich wichtigsten Steuern.

4.4.3.1 Die Einkommensteuer (und Lohnsteuer)

In diesem Kapitel:

- Grundlagen zur Einkommensteuer
- Grundlagen zur Steuererklärungspflicht

Mit der Einkommensteuer ist es ein bisschen wie mit dem Spielerberater: Je teurer der Transfer beziehungsweise je mehr Du verdienst, desto mehr hält er die Hand auf. Im Steuerfall tut das der Staat. Andererseits bietet er Dir Serviceleistungen und versucht, Dich zu fördern – jedenfalls ist das zu hoffen. Der einzige, leider wesentliche Unterschied: Häufig bezahlt der Verein den Spielerberater, ... während er Deine Steuern aber nicht übernimmt (selbst wenn Du einen Nettovertrag hast).

Dieser Nachteil wird aber zum Vorteil, wenn Du bedenkst: Da *Du* die Steuerlast trägst, kannst Du Dir auch am Ende mit ein bisschen Geschick und Wissen vielleicht ein bisschen was von der Steuer zurückholen – oder bei der Einkommensteuernachzahlung sparen.

Die Einkommensteuer in Deutschland wird – wie der Name sagt – auf das Einkommen natürlicher Personen erhoben. Je höher Dein Einkommen, desto höher die Steuer.

> Je mehr Du also verdienst, desto höher ist die Steuer „auf den letzten Euro" – da der Steuersatz mit steigendem Einkommen steigt. Das nennt sich *Progression* und bedeutet: Für den ersten verdienten Euro zahlst Du gar keine Steuer, bei sehr hohen Einkommen werden für den „letzten Euro" dann aber fast 0,50 EUR Steuer fällig. Etwas genauer erkläre ich das im Kapitel zum System der Einkommensteuer (Abschn. 4.4.4).

Erhoben – also berechnet und eingetrieben – wird die Einkommensteuer entweder direkt über die Einkommensteuererklärung der jeweiligen Person (wenn Du also nicht oder nicht nur auf Steuerkarte verdienst) oder sie wird bereits an der Quelle einbehalten, so zum Beispiel bei Gehaltsempfängern über die Lohnsteuer und bei Zinserträgen über die Zinsabschlagsteuer.

Bei der Lohnabrechnung wird die Steuer automatisch für Dich berechnet und an das Finanzamt gezahlt, Du selbst musst Dich also darum erst einmal nicht kümmern. Als Selbstständiger dagegen musst Du dem Finanzamt Deine Gewinne melden und bekommst im Anschluss die Rechnung präsentiert ... den Steuerbescheid. In der Rechnung werden dann natürlich auch geleistete Anzahlungen – Vorauszahlungen oder auch einbehaltene Steuern wie die Lohnsteuer – berücksichtigt.

Jede Person, die in Deutschland lebt oder in Deutschland Einkommen erzielt, zahlt also grundsätzlich Einkommensteuer. Dennoch muss nicht jeder eine entsprechende Steuererklärung abgeben. Die Pflicht dazu besteht grundsätzlich nur, wenn aufgrund der Art der Einkünfte und Bezüge oder aufgrund sonstiger Besonderheiten eine Nachzahlung drohen könnte. Einfach gesagt: Die Personen, die eigentlich nur Erstattungen erwarten können (Lohnempfänger), werden nicht gezwungen oder aufgefordert, eine Steuererklärung abzugeben. Die Rechnung, also ja eigentlich Gutschrift, gibt es nur auf Antrag. Frech: Während die potenziellen Nachzahler sieben

Jahre zu der Erklärung gezwungen werden können, verfällt das Recht des Lohnempfängers, seine Erstattung zu beantragen, bereits nach vier Jahren.

Hast Du nur Einkünfte auf Steuerkarte (Steuerklasse 1 bis 4), musst Du keine Erklärung abgeben ..., Du solltest es aber (innerhalb von vier Jahren) tun. Kommen andere Einkünfte dazu (Sponsoring etc.) oder bist Du Einzelsportler, kommst Du um eine Steuererklärung sowieso nicht herum.

4.4.3.2 Die Gewerbesteuer

In diesem Kapitel:

- Was ist die Gewerbesteuer?
- Was wird bei der Gewerbesteuer besteuert?

Die Gewerbesteuer besteuert, wie der Name sagt, Gewinne aus einem Gewerbe. Darunter sind natürlich nicht nur zwielichtige Betriebe im Hafenviertel samt „Bordsteinschwalben" zu verstehen. Vielmehr fallen hierunter alle selbstständig ausgeübten Tätigkeiten, die nicht den im Einkommensteuergesetz aufgezählten *freiberuflichen Tätigkeiten* (besonders beratende, künstlerische und Heilberufe) zuzurechnen sind. Das umfasst also quasi alle Tätigkeiten, für die man auch ein Gewerbe anmelden muss – vom Zigarettenverteilen und sonstigen Promotor-Tätigkeiten über den kleinen Kiosk, den zwielichten Finanzberater bis zum Autohaus.

Die Steuer wird von den Kommunen erhoben, also den Städten und Gemeinden, die auch über den Gewerbesteuerhebesatz und somit über die Höhe der Steuer bestimmen.

Die Einordnung, ob es sich um *gewerbliche Einkünfte* (mit Gewerbesteuerpflicht) oder um *freiberufliche Einkünfte* (ohne Gewerbesteuer) handelt, richtet sich wie angesprochen nach der einkommensteuerlichen Definition. Hierzu später noch mehr.

Führst Du ein Gewerbe und bist Du somit gewerbesteuerpflichtig, fällt Gewerbesteuer erst dann an, wenn Dein Gewinn den Freibetrag von 24.500 EUR übersteigt.

Die Gewerbesteuer ist – auch wenn es sich um eine *betriebliche Steuer* handelt – nicht als Betriebsausgabe abzugsfähig. Das bedeutet, dass die Steuer vom *Gewinn vor Gewerbesteuer* berechnet und dann auch bei der Einkommensteuer entsprechend zugrunde gelegt wird.

Natürlich ist es erst einmal ärgerlich, wenn Du für Gewinne nicht nur Einkommensteuer, sondern auch noch Gewerbesteuer zahlen musst. Aber: Um hier die Steuerbelastung abzumildern, ist die Gewerbesteuerbelastung bei der Einkommensteuer zum Teil anrechenbar. Das bedeutet: Musst Du von Deinen Gewinnen Gewerbesteuer zahlen, zahlst Du auf der anderen Seite weniger Einkommensteuer: Rund 80 % der Gewerbesteuer werden bei der Einkommensteuer angerechnet. Oder anders ausgedrückt: Musst Du 1000 EUR Gewerbesteuer zahlen, zahlst Du bei der Einkommensteuer etwa 800 EUR weniger.

Sind Deine Gewinne hoch genug, kommst Du um die Gewerbesteuer als Gewerbebetrieb leider nicht herum. Aufgrund des Freibetrages kann es sich aber durchaus lohnen zu überprüfen, inwieweit verschiedene Tätigkeiten in *einzelne Gewerbebetriebe* getrennt werden können. Der Freibetrag gilt ja für jeden einzelnen davon. Musst Du dennoch Gewerbesteuer zahlen, mindert sich dafür aber die Einkommensteuer, die Du zu bezahlen hast.

4.4.3.3 Die Umsatzsteuer

In diesem Kapitel:

- Umsatzsteuer, Mehrwertsteuer und Vorsteuer
- Vor- und Nachteile der Umsatzsteuerpflicht
- Der Kleinunternehmer

Die Umsatzsteuer, umgangssprachlich auch *Mehrwertsteuer,* besteuert – so sagt es der Name – den *Umsatz,* der mit Gütern und Dienstleistungen gemacht wird. Der Begriff Mehrwertsteuer kommt übrigens nicht daher, dass diese Steuer etwas wertvoller macht, sondern dass nur der jeweilige „Mehrwert" in der Lieferkette besteuert wird und am Ende nur der Endverbraucher mit der Steuer belastet werden soll.

> **Die Mehrwertsteuer einfach erklärt**
> Ein Beispiel – die Preise darin sind frei erfunden und Vegetarier und Veganer mögen mir verzeihen:
> - Ein Schweinebauer züchtet eine Sau und bringt diese zum Schlachter. Der zahlt für das Tier 100 EUR und für diesen Betrag dann die Umsatzsteuer an das Finanzamt.
> - Der Schlachter wiederum schlachtet die Sau, teilt sie in handliche Steaks und verkauft das Fleisch für 150 EUR an den Großhändler. Er schlägt also auf den Einkaufspreis 50 EUR auf. Da er die an den Schweinebauern gezahlten Umsatzsteuer wieder bekommt, bezahlt er Umsatzsteuer auf die 50 EUR „Mehrwert", die er geschaffen hat.
> - Der Großhändler verkauft die Steaks seinerseits einzeln an Supermärkte und bekommt hierfür insgesamt 180 EUR. Der Mehrwert, also die Wertschöpfung, liegt hier bei 30 EUR. Auch hier wird – durch die Anrechnung der an den Schlachter gezahlten Umsatzsteuer – durch den Großhändler Umsatzsteuer auf den Mehrpreis, also 30 EUR bezahlt.
> - Am Ende sind – wenn Du die ganzen gezahlten Steuern addierst – Umsatzsteuerbeträge für den Endverkaufspreis von 180 EUR gezahlt worden. Belastet wirst aber am Ende nur Du als Endkunde, der letztlich das Steak grillt, da diese Steuer dann in Deinem Einkauf enthalten ist.

Wie hier deutlich wird, zahlen auch Unternehmer die Steuer, wenn sie Waren oder Dienstleistungen von anderen beziehen. Da diese gezahlten Steuern (*Vorsteuern* = die Umsatzsteuerbeträge, die Dir in Rechnung gestellt wurden) auf ihre zu zahlenden Umsatzsteuern angerechnet werden, bleiben die Waren und Dienstleistungen in der Wertschöpfungskette aber grundsätzlich bis zum Endprodukt von der Umsatzsteuer unbelastet.

Grundsätzlich sind alle Vergütungen, die Du als Sportler für Deine gewerblichen oder freiberuflichen Tätigkeiten auf Rechnung erhältst (hierzu zählen gegebenenfalls auch Sponsorenleistungen als Mannschaftssportler) umsatzsteuerpflichtig. Das ist eigentlich auch nicht schlimm, wenn Du diese Vergütungen von Unternehmen erhältst, da Du von denen die Umsatzsteuer zusätzlich verlangen kannst (wegen der Anrechnung).

Blöd ist nur, wenn Du das Geld von einem Endverbraucher erhältst, etwa wenn Du als Tennisprofi zum Beispiel noch nebenbei ein paar Trainerstunden gibst. Dann schmälert die Umsatzsteuer tatsächlich Deine Einnahmen.

Derzeit gibt es in Deutschland einen Regelsteuersatz von 19 %, der regelmäßig auch für „Sportler-Rechnungen" anfällt, und daneben für bestimmte Leistungen einen ermäßigten Steuersatz von 7 %, etwa für Lebensmittel oder Bücher. Außerdem gibt es ein paar wenige Leistungen, die von der Umsatzsteuer befreit sind wie Arztleistungen oder Kreditgewährungen. Die betreffen Dich aber nicht.

> **Hinweis**
> Erzielst Du Einnahmen aus einer Tätigkeit im Ausland, besteht regelmäßig keine Umsatzsteuerpflicht für diese Umsätze in Deutschland, da die Leistung nicht in Deutschland erbracht wurde. Bei Umsätzen mit Auslandsbezug – vielleicht sitzt ein Sponsor im Ausland oder Du bekommst Honorar für einen ausländischen Werbespot – können Sonderregelungen gelten. Frage hierzu am besten einen Spezialisten falls Du eine entsprechende Rechnung schreiben musst.

Bist Du umsatzsteuerpflichtig, kannst Du die Steuerbelastung mindern: Du kannst nämlich die Dir in Rechnung gestellte Umsatzsteuer (Vorsteuer), die mit dieser Tätigkeit in Zusammenhang steht (Stichwort: Hotelrechnungen, PC-Kauf etc.) bei der Umsatzsteuerlast in Abzug bringen.

Führ Dir vor Augen: Machst Du Deinen Umsatz vornehmlich mit Firmen (die Dir insoweit auch die Umsatzsteuer zusätzlich bezahlen), ist die Umsatzsteuerpflicht eigentlich eine gute Sache, da Du aus Deinen Kosten zum Teil eine direkte Steuergutschrift bekommst.

> Um die Umsatzsteuer kommt man nur dann herum, wenn die Einnahmen „auf Rechnung" im Jahr den Betrag von 17.500 EUR nicht überschreiten. So sagt es die *Kleinunternehmerregelung*. Aber Achtung: auch „kostenlose Ware" (etwa von einem Sponsor) kann hier in diese Grenze mit einzurechnen sein und es werden hier – auch bei verschiedenartigen Umsätzen – alle Umsätze zusammengerechnet, die Du erzielst. Außerdem kann die Umsatzsteuer sich ja auch lohnen, wenn Du sie zusätzlich bezahlt bekommst und dann Vorsteuerbeträge geltend machen kannst. Auch hier gilt: Ruhig einen Steuerprofi eine Vergleichsrechnung machen lassen.

4.4.4 Das System der Einkommensteuer

4.4.4.1 Einnahmen und Steuersatz

> In diesem Kapitel:
> - Wie funktioniert das System der Einkommensteuer?
> - Wie wird die Steuer berechnet?
> - Welche Einkunftsarten gibt es?
> - Die „Progression"

Oft hilft es, sich auf das Wesentliche zu konzentrieren, um ein komplexes Themenknäuel zu entwirren. Natürlich gibt es im Steuerrecht viele verwirrende und komplizierte Details. Doch wenn man diese beiseitelässt, ist das Thema Steuern auch für den Normalmenschen und Profisportler zu begreifen.

Einen ersten Einstieg zur Einkommensteuer habe ich Dir ja bereits gegeben. Für den Fall, dass Dich das System (und die Frage: „Wie verdammt wird die Steuer eigentlich berechnet und warum bleibt bei einer Gehaltserhöhung eigentlich nur so wenig übrig?") aber eingehender interessiert, will ich hier noch ein bisschen tiefer – aber hoffentlich verständlich – in die Materie einsteigen.

Fangen wir also noch einmal mit der grundlegenden Frage wichtigsten Steuer an: Für was ist überhaupt Einkommensteuer zu zahlen? Der Name sagt es eigentlich schon: auf das Einkommen. Das ist zunächst alles, was Du für die geleistete Arbeit als Gegenleistung erhält: Arbeitseinkommen, Einnahmen auf Rechnung, aber auch Sachleistungen wie ein Auto – sogenannte *aktive Einkünfte*. Außerdem zählen auch *passive Einkünfte* dazu, die nicht durch eine aktive Tätigkeit, sondern vielmehr durch *Anlagen* erzielt werden (Einkünfte aus Vermietung oder Kapitalanlagen und sonstige Einkünfte, etwa aus Renten, einer Rechteüberlassung oder wiederkehrenden Bezügen).

Die Idee des Staates: Je leistungsfähiger (finanziell) der Einzelne aufgrund der ihm laufend zufließenden Mittel ist, desto stärker kann er zur Kasse gebeten werden und sich an den allgemeinen Ausgaben des Staates beteiligen. Dieser Idee liegt auch der in Deutschland angewendete Steuersatz zu grunde, der bestimmt, wie viel Steuer am Ende (über die Lohnsteuer oder die Einkommensteuererklärung) an das Finanzamt zu zahlen ist.

Dieser Steuersatz ist nicht für alle gleich: Es gibt einen Steuerfreibetrag für alle Bürger (das sogenannte Existenzminimum), bis zu dem überhaupt keine Steuer anfällt. Dann beginnt die Steuer auf das darüber liegenden Einkommen mit einem kleinen Prozentsatz und steigt für jeden zusätzlich verdienten Einkommenseuro stetig an, bis der höchste Steuersatz erreicht ist, der *Grenzsteuersatz*. Ohne Berücksichtigung von Einkommen von über 250.000 EUR im Jahr beträgt dieser Grenzsteuersatz (einschließlich des Solidaritätszuschlages) derzeit (Stand 2018) maximal 44,3 %.

Das bedeutet:

Verdienst Du in 2018 als Alleinstehender 5000 EUR, zahlst Du für 100 EUR zusätzliches Einkommen keine Steuern.
 Verdienst Du 10.000 EUR, beträgt die Steuer auf die zusätzlichen Einnahmen etwa 17 EUR.
 Verdienst Du 30.000 EUR, steigt die Steuer für dieses Geld bereits auf rund 32 EUR …,
 … bis am Ende 44,30 EUR abgezogen werden.

Nur wenige Bezüge bleiben bei der Steuer außen vor. Lotteriegewinne etwa oder auch gezahlte Zuschläge für Nacht- und Sonntagsarbeit. Allerdings gibt es hier (für die steuerfreien Zuschläge) betragsmäßige Grenzen, damit diese steuerfreien Zuschläge nicht in unbegrenzter Höhe steuerfrei gezahlt werden können.

Manche Einkommensarten, die eher soziale Hintergründe haben, wie zum Beispiel Arbeitslosen-, Kranken- oder Elterngeld (sogenanntes *Erwerbsersatzeinkommen*), bleiben generell steuerfrei. Auch im Ausland erzielte Einkünfte können unter Umständen in Deutschland steuerfrei bleiben, etwa aufgrund von zwischenstaatlichen Vereinbarungen (*Doppelbesteuerungsabkommen* oder kurz DBA genannt).

Da Steuern, wie gesagt, nicht ab dem ersten Euro zu zahlen sind und der Steuersatz mit steigendem Einkommen steigt, wären gegebenenfalls trotz hoher Einnahmen keine oder nur geringe Steuern in Deutschland zu zahlen, wenn das Einkommen im Wesentlichen aus solchen steuerfreien Einnahmen besteht. Der Staat will jedoch verhindern, dass Steuerzahler tatsächlich hohe Einkünfte haben und entsprechend leistungsfähig sind, darauf aber am

Ende nur einen sehr niedrigen Steuersatz zahlen. Deswegen werden solche Zahlungen zumindest bei der Berechnung des Steuersatzes berücksichtigt.

Dieser Steuersatz wird insoweit auf das Gesamteinkommen (inklusive der Erwerbsersatzeinkommen und steuerfrei belassener Auslandsbezüge) berechnet und der hieraus ermittelte *Durchschnittssteuersatz* dann auf das normale Einkommen (ohne die steuerfreien Anteile) berechnet. Die Regel hierzu nennt sich im Steuer-Deutsch *Progressionsvorbehalt*.

Hast Du beispielsweise hohe Auslandseinkünfte, die in Deutschland nicht zu versteuern sind, bezahlst Du denselben durchschnittlichen Steuersatz auf Deine deutschen Einnahmen wie Dein Vereinskollege, der dasselbe einnimmt wie Du, allerdings ausschließlich im Inland.

4.4.4.2 Ausgaben und Minderung

In diesem Kapitel:

- Werbungskosten und Betriebsausgaben
- Die Sonderausgaben
- Außergewöhnliche Belastungen
- Haushaltsnahe Dienstleistungen und das Kindermädchen

Wie bereits erläutert soll sich die Steuer nach der finanziellen Leistungsfähigkeit richten. Deshalb ist es wichtig, dass das Einkommen auch wirklich beim Steuerpflichtigen ankommt und zum Leben zur freien Verfügung verbleibt.

Nicht jeder Sportler bekommt das nötige Schuhwerk oder sein Spielgerät (Tennisschläger, Golfschläger, Skier etc.) von seinem Verein kostenlos zur Verfügung gestellt. Daher wäre es natürlich ungerecht, wenn Du genauso hoch besteuert würdest wie Dein Konkurrent, der zwar dieselben Einnahmen hat wie Du, dem der Verein aber womöglich alle solche Kosten erstattet. Schließlich bleibt Dir zum Leben viel weniger von Deinem Verdienst.

So sieht das auch der Staat: Entstehen Dir also im Zusammenhang mit den Einnahmen zwingende Kosten, die – im Sinne einer Investition – dazu führen, dass Du diese Einkünfte überhaupt erst erzielen kannst, dienen diese Kosten somit also dem Erwerb sowie der Sicherung und Erhaltung dieser

Einnahmen, mindert sich auch die zu zahlende Steuer. Denn da dieses Geld Dir nicht zur freien Verfügung steht, dürfen bestimmte Ausgaben, die mit den einzelnen Einkünften in Zusammenhang stehen, vor der Ermittlung der Steuer von den Einkünften in Abzug gebracht werden. Diese Möglichkeit nennt sich in Steuer-Deutsch *Kosten absetzen*.

> **Nur zum Verständnis:**
>
> *Kosten absetzen* bedeutet nicht, dass die Kosten direkt die Steuer mindern. Vielmehr werden sie von den zu versteuernden Einkünften abgezogen und mindern die Steuer in Höhe Deines Steuersatzes.

Tatsächlich sparst Du also „nur" die Steuer auf diese Kosten, und zwar in Höhe des Grenzsteuersatzes. Bedeutet also: Gibst Du 100 EUR für Deinen Beruf aus, kannst Du, wenn Du richtig gut verdienst, maximal 44,30 EUR sparen. Mehr dazu auch später im Kapitel „Steuerlich motiviertes Geldausgeben – oder: Gier frisst Hirn" (Abschn. 5.3.4).

Damit Steuerzahler und Finanzämter weniger Arbeit haben und nicht wegen jeder kleinen Ausgabe eine Steuererklärung abzugeben ist, werden Ausgaben bei bestimmten Einkünften bereits mit einem pauschalen Wert automatisch berücksichtigt. Dieser ist für alle Steuerzahler gleich. Das Finanzamt geht gewissermaßen beim Berechnen der Steuer davon aus, dass bei Dir ein gewisses Mindestmaß an Ausgaben sowieso anfällt.

Bei den Einnahmen eines angestellten Sportlers mit Einkünften auf Steuerkarte liegt der automatisch berücksichtigte Wert beispielsweise bei 1000 EUR im Jahr und wird im Steuer-Deutsch als *Werbungskosten-Pauschbetrag* bezeichnet. Der Begriff ist vielleicht ein bisschen irreführend. Denn dieser Pauschbetrag hat nichts mit Werbung zu tun, sondern dahinter verbergen sich tatsächlich alle beruflich bedingten Ausgaben.

Wer also mehr als 1000 EUR selbst gezahlt hat, um damit seine Arbeit zu fördern oder überhaupt bestreiten zu können, kann dies entsprechend in der Steuererklärung angeben. Dann wird auch mehr berücksichtigt und die Steuer (in Höhe des Grenzsteuersatzes) gemindert.

Zu den Details und den „besonderen Werbungskosten" bei Profisportlern (und was gegebenenfalls abzugsfähig sein könnte) sowie zu den verschiedenen Einkünften und dazu, was es hier zu beachten gilt, kommen wir später ab Abschn. 5.3.5 noch …

… aber das erste Aha-Erlebnis sollte es hoffentlich gegeben haben – oder die Erkenntnis: „Naja, *das* habe ich doch alles schon gewusst und *so* kompliziert war das jetzt nicht!"

Was die *Werbungskosten* oder *Betriebsausgaben* als Sportler angeht, solltest Du Dir zunächst merken und verinnerlichen: Belege für alles sammeln, was auch nur im entferntesten oder mit ein bisschen Fantasie dem Job zuzurechnen ist – seien es spezielle Sportlernahrung, Kosten für Handy und Internet (sicherlich wird auch mal der Agent anrufen), Essensquittungen (Gespräche mit dem Trainer, Kollegen, Agenten) oder auch Trainings- und Sportklamotten.

Sicherlich werden hierbei schlussendlich Kosten dabei sein, die das Finanzamt nicht anerkennen würde und die daher keinen Eingang in die Steuererklärung finden. Sammle aber lieber zunächst zu viele Belege, als dass Du tatsächlich entstandene und womöglich berücksichtigungsfähige Kosten am Ende nicht belegen kannst.

> Streichen kann man immer …

Und auch bei den anderen Einkommensarten wird ähnlich verfahren. Wer beispielsweise eine Wohnung oder ein Haus vermietet, kann die ihm entstehenden Kosten ebenfalls von den Einnahmen abziehen, bevor der Gewinn dann versteuert wird. Keine Kosten sind natürlich „Tilgungsleistungen" für ein Darlehen. Denn das kostet zwar Liquidität – aber man zahlt ja nur eine Schuld zurück, mit der die eigentlichen Kosten bezahlt wurden.

Naheliegend ist, dass beispielsweise Ausgaben für einen Makler für die Mietersuche absetzbar sind, ebenso wie die laufenden Unterhaltskosten (Reparaturen, Instandhaltungen) und Zinskosten eines aufgenommenen Kredits, mit dem die vermietete Immobilie finanziert wird. Doch die Möglichkeiten sind noch größer: Auch die Abschreibung auf das Gebäude beziehungsweise den Gebäudeanteil (1/50 der ursprünglichen Anschaffungskosten pro Jahr für einen kalkulatorischen Werteverlust) berücksichtigt das Finanzamt bei der Ermittlung der steuerpflichtigen Einkünfte. Auch hier wieder der Rat: Belege sammeln hilft, Steuern zu sparen.

Bei manchen Einkommensarten wird allerdings von diesen Grundregeln abgewichen, zum Beispiel bei Kapitalerträgen. Diese sind mit einer pauschalen *Abgeltungssteuer* belegt und werden somit nicht mit dem persönlichen, nach Einkommen gestaffelten Steuersatz versteuert. Daher können auch keine Kosten in Abzug gebracht werden, die eventuell mit diesen Einkünften in Zusammenhang stehen. Denkbar wären etwa Depotgebühren oder Kosten für den Vermögensverwalter. Stattdessen gibt es nur einen Steuerfreibetrag in Höhe von derzeit 801 EUR, bis zu dem die Abzugsteuer nicht anfällt. Lediglich für den Fall, dass der persönliche Grenzsteuersatz unter der pauschalen Abgeltungssteuer liegt, kann man sich die Differenz erstatten lassen.

4.4.4.3 Sonderausgaben ... und andere steuersenkende Ausgaben

In diesem Kapitel:

- Welche Ausgaben die Steuer noch mindern
- Was sind Sonderausgaben?
- Was hat es mit außergewöhnlichen Belastungen auf sich?
- Wie steht es mit Handwerkerkosten und haushaltsnahen Dienstleistungen?

Zusätzlich gibt es auch Ausgaben, die sich zwar nicht direkt einer einzelnen Einkunftsart zuordnen lassen, die aber dennoch die Steuerlast mindern. Die wichtigsten davon sind die *Sonderausgaben*, die *außergewöhnlichen Belastungen* und die Ausgaben für *haushaltsnahe Dienstleistungen* und *Handwerkerleistungen*.

Dies hängt zum einen damit zusammen, dass sich der Einzelne diesen Ausgaben nicht entziehen kann und diese Kosten daher die wirtschaftliche Leistungsfähigkeit mindern. Hierzu zählen zum Beispiel Sonderausgaben wie die Kranken- und Pflegeversicherung und Berufsausbildungskosten, aber auch außergewöhnliche Belastungen, die den Einzelnen zum Beispiel während einer schweren Krankheit belasten.

Außerdem kommt hier der Lenkungsmechanismus des Steuerrechtes zum Ausdruck: Beispielsweise fördert der Staat durch die Abzugsfähigkeit von Spenden die Spendenbereitschaft oder er will durch die Abzugsfähigkeit von haushaltsnahen Dienstleistungen und Handwerkerrechnungen die Schwarzarbeit bekämpfen.

Sonderausgaben
Sonderausgaben sind dem Grunde nach private Ausgaben. Anders als allgemeine private Ausgaben von Miete über Urlaub bis Kleidung mindern Sonderausgaben jedoch das steuerpflichtige Einkommen und reduzieren damit die Steuer.

Oft sind es aus Sicht des Staates *gesellschaftlich wichtige Ausgaben*, die den Status als Sonderausgabe bekommen. So werden etwa die gezahlte Kirchensteuer und Spenden als Sonderausgabe berücksichtigt, aber auch Kinderbetreuungskosten sind berücksichtigungsfähig.

Auf der anderen Seite sind Sonderausgaben aber häufig auch Kosten, die *existenziell* sind und der Vorsorge dienen, etwa Beiträge für eine private Altersvorsorge oder Krankenversicherungs- und Haftpflichtversicherungsbeiträge. Solche Ausgaben dienen dazu, Grundrisiken abzusichern und sind insoweit steuerlich abzugsfähig, damit am Ende tatsächlich nur das Einkommen oberhalb des Existenzminimums besteuert wird, welches dem Einzelnen zur Verfügung steht. Da allerdings nur eine Grundsicherung begünstigt sein soll, sind beispielsweise Ausgaben für die Vorsorgeaufwendungen der Höhe nach begrenzt (und bei angestellten Steuerpflichtigen durch die gesetzlichen Abzüge bereits regelmäßig ausgeschöpft).

Außergewöhnliche Belastungen
Außergewöhnliche Belastungen sollen – das sagt allein das Wort – außergewöhnliche und besondere (unzumutbare) Härten bei der Besteuerung vermeiden. Wenn etwa dem Einzelnen schuldlos bestimmte Kosten entstehen, die die Mehrzahl der anderen Steuerpflichtigen nicht hat, sollen diese bei der Beurteilung der Leistungsfähigkeit angemessen berücksichtigt werden und werden daher zum Abzug zugelassen.

Die bekanntesten Posten der außergewöhnlichen Belastungen sind Kosten bei Krankheit oder zu leistender Unterhalt. Natürlich müssen die geltend gemachten Kosten notwendig und angemessen sein. Krankheitskosten sind beispielsweise durch ein Attest oder Rezept zu belegen. Außerdem hält der Staat eine dem Einkommen und Familienstand angepasste *Selbstbeteiligung* für angemessen.

Die außergewöhnlichen Belastungen mindern somit nicht bereits ab dem ersten Euro die Steuer, sondern erst dann, wenn die jeweilige Grenze überschritten wird. Diese liegt zwischen ein und sieben Prozent vom Gesamtbetrag der Einkünfte.

Sollten Dir hohe Kosten aufgrund von Unglücksfällen, Krankheit oder aus rechtlichen Verpflichtungen entstehen, die aus Deiner Sicht „außergewöhnlich" sind ... frag ruhig mal Deinen Steuerberater, ob die Chancen besteht, diese in der Steuererklärung zu berücksichtigen.

Haushaltsnahe Dienstleistungen/Handwerkerleistungen

Eine Besonderheit stellen die Ausgaben für haushaltsnahe Dienstleistungen und Handwerkerleistungen dar – für Tätigkeiten also, die normalerweise von Mitgliedern eines Haushaltes geleistet werden beziehungsweise werden könnten, und für Arbeiten, die im Haushalt sonst noch so anfallen. Hierunter fallen Kosten fürs Fensterputzen über die Haushaltshilfe bis zu kleinen Schönheitsreparaturen, genauso die Installation des Fernsehers, Reparaturen, Renovierung und Wartung in der Wohnung, aber auch ein Umzugsunternehmen oder der Schornsteinfeger.

Was berücksichtigt werden kann, hängt in diesem speziellen Fall mit der Förderung der Steuerehrlichkeit zusammen: ein „schwarz" bezahlter Handwerker oder die Putzfrau ohne Rechnung natürlich nicht. Daher ist auch die bargeldlose Zahlung wie eine Überweisung oder Zahlung per EC-Karte zwingende Voraussetzung für die Berücksichtigung.

Anders als bei den anderen Ausgaben werden diese Zahlungen jedoch nicht vom Einkommen abgezogen. Vielmehr erhält man eine direkt *Steuergutschrift* in Höhe von 20 % der in der jeweiligen Rechnung enthaltenen Lohnkosten. Je nach Art der Dienstleistung werden die Ausgaben innerhalb bestimmter Grenzen (von bis zu 20.000 EUR) berücksichtigt.

> Auch ein Blick in die Nebenkosten- oder Hausgeldabrechnung kann lohnen. Denn hier sind oft Kosten für solche Arbeiten enthalten, Stichworte: Hausmeister, Winterdienst, Wartung oder auch Instandhaltung.

Die Putzfrau, Haushaltshilfe und das Kindermädchen

Die Putzfrau, die Haushaltshilfe und das Kindermädchen ... Mancher Sportler ist froh, wenn fachkundige Personen im Haushalt wichtige Aufgaben übernehmen. Alle diese Kosten lassen sich steuerlich geltend machen, wenn es sich um eine *offizielle Beschäftigung* handelt beziehungsweise eine Tätigkeit gegen eine ordentliche Rechnung.

Hierzu ein Hinweis: Putzfrau, Haushaltshilfe und Kindermädchen sollten immer offiziell angemeldet werden, da es sich ansonsten um Schwarzarbeit handelt. Versteh diesen Rat bitte nicht bloß als „moralischen Zeigefinger". Mach Dir hierzu bitte klar: Zwar kostet eine Anmeldung Geld und Du musst im Zweifel auch Abgaben abführen, aber die steuerliche Förderung entspricht (zufällig) ziemlich genau den entstehenden Abgaben und Du bist „safe".

> Beispiel Minijob, Gesamtkosten bis 2550 EUR pro Jahr:
> Du zahlst Deiner Putzfrau 100 EUR im Monat. Offiziell als Minijob angemeldet kommen für Dich etwa 15 % Abgaben dazu, also 15 EUR. Bei der Steuer sparst Du nun 20 % der Gesamtkosten – also tatsächlich rund 23 EUR. Du machst sogar Plus!

Außerdem ist die betreffende Person mit der Anmeldung auch automatisch über eine Unfallversicherung abgesichert. Stell Dir bloß vor: Deine Putzfrau fällt beim Reinigen der Lampen von der Leiter und ist querschnittsgelähmt … und Du müsstest für alle Folgeschäden aufkommen, weil es bei der Arbeit für Dich passiert ist. *Das* will und braucht keiner. Außerdem ist Schwarzarbeit kein Kavaliersdelikt, sondern ein Straftatbestand und wird im schlimmsten Fall mit hohen Bußgeldern oder sogar Freiheitsstrafen bedroht. Und vor einer anonymen Anzeige eines Neiders ist niemand gefeit.

Die Anmeldung und Abrechnung ist dabei gar nicht so kompliziert, denn für private Haushalte wurde das sogenannte *Haushaltsscheckverfahren* ins Leben gerufen, eine sehr einfach und unbürokratische Möglichkeit, die entstehenden Abgaben (rund 15 %) für geringfügig Beschäftigte in Privathaushalten an die Krankenkasse abzuführen.

Wen es interessiert: Auf der Internetseite der Minijobzentrale (www.minijob-zentrale.de) gibt es hierzu weitergehende Informationen. Oder Du fragst einfach Deinen Steuerprofi.

5

Profi sein – Der Wettkampf
Sportkarriere und das große 1:1

Abb. 5.1 Höher, schneller, weiter: So sieht eine erfolgreiche Sportlerkarriere aus – nicht zuletzt auch bei den Finanzen

5.1 Das sagt der Sportprofi

So klappt's auch mit der Weiterbildung (Abb. 5.1).

5.1.1 Immer einen Schritt voraus

In diesem Kapitel:

- Warum sich Spieler nicht auf die Karriere nach der Karriere vorbereiten.
- Warum sich Spieler auf die Zeit nach der Karriere vorbereiten sollten.

„Die wenigsten Spitzensportler haben am Ende ihrer Sportkarriere finanziell ausgesorgt. Für mehr als 90 Prozent aller mir bekannten Bundeskaderathleten sieht die Situation ganz anders aus: Sie haben keine großen Rücklagen bilden können und brauchen, wie jeder andere auch, einfach einen Job, um ihr Leben zu finanzieren. Und darüber hinaus ist ein Beruf ja auch immer viel mehr als nur zum Gelderwerb da. Die Spitzensportler haben sich ja nicht wegen des Geldes für ihren Sport so engagiert. Nein, sie haben es aus Leidenschaft getan, aus Spaß am Wettkampf und wegen vielerlei nichtmonetären Aspekten. Dieser Personenkreis der Spitzensportler sucht nach Selbstverwirklichung, nach Erfüllung und einem Job, der es ihnen ermöglicht, wieder mit Leidenschaft Ziele zu verfolgen, sich im Konkurrenzkampf mit anderen zu messen und dabei das Beste zu geben. Die duale Karriere ist daher einfach wichtig, damit sich die Spitzensportler auch in ihrer ‚zweiten Karriere' verwirklichen können und neben finanzieller Absicherung auch dort Spaß haben und ihre vielfältigen Talente nutzen können."
(Prof. Bernd Heesen, Professor für Wirtschaftsinformatik an der Fakultät Wirtschafts- und Allgemeinwissenschaften der Hochschule Ansbach)

https://tinyurl.com/ycafaqku

Sportler haben zu Beginn ihrer Sportkarriere die Möglichkeit, sich parallel akademisch weiterzubilden. Ich selbst war dazu jedoch aus den eingangs erwähnten Gründen nicht in der Lage. Außerdem wollte ich mich erst einmal voll auf die Karriere als Spieler konzentrieren.

Ich habe jedoch oft bei Gesprächen mit Teamkollegen festgestellt, dass sie diese „professionelle" Einstellung gegenüber dem Sport so fest in ihrem Kopf verankert haben, dass es für sie oft bis zum Ende der Karriere nicht möglich war, eine Weiterbildung und Vorbereitung auf die Zeit nach der Karriere zu beginnen. Ich hatte dabei oft den Eindruck, dass sie sich gar nicht aktiv mit der Zeit nach der Karriere auseinandersetzen *wollen*. Dies erkläre ich mir so:

- Sie fürchten sich bewusst oder unbewusst vor der Zeit nach der Karriere.
- Sie waren ihr ganzes Leben erfolgreich und sind es daher gewohnt, dass es schon „irgendwie" gut gehen wird.
- Sie denken, dass dafür nach der Karriere immer noch genug Zeit bleibt.
- Sie haben keine Vorstellung davon, was sie genau machen wollen, oder ihnen fehlt der Überblick über passende Ausbildungs- und Berufswege.
- Sie sind schlichtweg zu bequem dafür, sich Gedanken zu machen.
- Sie sind im Sport so erfolgreich, dass es sehr wahrscheinlich ist, dass das aufgebaute Vermögen reicht, um ohne weitere Erwerbstätigkeit ein Leben nach der Sportkarriere gestalten zu können. (Vorsicht! Die Karriere kann beispielsweise durch eine Verletzung schnell anders laufen, als man es sich vorgestellt hat.)

In Gesprächen merkt man aber schnell, dass die meisten nach den ersten Argumenten keine weiteren rationalen Gründe finden, die gegen eine Weiterbildung sprechen, und sie schnell versuchen, vom Thema abzulenken.

Doch ob man will oder nicht, die Zeit nach der Karriere wird kommen und diese sollte man genauso gewissenhaft planen, wie zuvor die Profikarriere.

„Ich habe immer Angst verspürt, wie es nach dem Sport weitergeht. Habe mir viele Gedanken gemacht, viele Gespräche gesucht. Ich habe mich ganz oft informiert. Genau da setzt dieses Buch an."
(Andreas Kuffner, Keynote-Speaker)

https://tinyurl.com/ybsu7yvf

Das „Problem" zu ignorieren, lässt es jedoch nicht verschwinden. Für mich gibt es acht wesentliche Gründe, die dafür sprechen, sich schon während der Karriere weiterzubilden und auch Rücklagen zu schaffen:

Finanzielle Gründe

Man sollte sich darüber bewusst sein, dass die kürzesten Bachelor-Studiengänge und Ausbildungen in der Regel um die drei Jahre dauern. Wenn man den Abschluss in dieser Zeit erreicht, braucht es meist noch mal mindestens drei weitere Jahre, bis man in seinem Job auf ein passables Gehaltsniveau kommt – abhängig davon a), welchen Berufszweig man ergreift, und b), wie hoch das Lebensniveau beziehungsweise die Ausgaben in der Profikarriere gestiegen sind, dass man ein Gehaltsniveau als passabel bezeichnet. In Summe braucht es also mindestens sechs Jahre, bis man beispielsweise nach dem Beginn eines Wirtschaftsstudiengangs auf ein Gehaltsniveau von 50.000 bis 60.000 EUR brutto jährlich kommt. Für die meisten Sportler dürfte das bedeuten, dass sie davor sechs Jahre lang auf die ersparten Reserven ihrer Profikarriere zurückgreifen müssen, um ihr Lebensniveau erhalten zu können.

Altersbedingte Gründe für den Arbeitgeber

Davon ausgegangen, dass die meisten Spieler ihre Karriere in einem Alter zwischen 32 und 35 Jahren beenden, bedeuteten drei weitere Jahre Ausbildung, dass der Sportler erst mit Mitte bis Ende 30 als Anfänger in einen Beruf einsteigen könnte. Oft können dann selbst die vielen positiven Attribute, die zukünftige Arbeitgeber an Sportlern schätzen, die mangelnde Berufserfahrung nicht mehr kompensieren.

Altersbedingte Gründe für den Sportler
Im Alter von 32 bis 35 Jahren mit einem Studium zu beginnen, bedeutet gleichzeitig, mit Teenagern den Hörsaal oder den Klassenraum zu teilen. Ich habe von vielen Sportlern gehört, dass dieser Umstand dafür gesorgt hat, dass das Studium oder die Ausbildung kaum Spaß gemacht hat.

Kontakte nutzen
Kann ein Athlet gleich nach der Karriere einen Abschluss vorweisen, kann er die noch bestehenden Kontakte und vorhandenen Sympathien von Sponsoren nutzen, um gleich in einem Unternehmen die Chance für den Berufseinstieg zu bekommen. Nach drei Jahren „Abstinenz" durch Weiterbildung können schon einige Kontakte wieder verloren sein.

Skills beweisen
Durch eine Weiterbildung während der aktiven Karriere zeigt ein Athlet dem zukünftigen Arbeitgeber zum einen, dass er in der Lage ist, langfristig, strategisch und zielorientiert zu denken. Des Weiteren beweist er ein hohes Maß an Selbstständigkeit und Disziplin. Solche Eigenschaften schätzen Unternehmen sehr. Das macht den Athleten noch interessanter für potenzielle Arbeitgeber.

Auszeit
Einige Sportler streben nach der Karriere eine Auszeit an, bevor sie in den neuen Beruf einsteigen. Immerhin haben sie in ihrer aktiven Zeit ihrer Karriere alles andere untergeordnet. Das kostet viel Energie und Zeit. Der Wunsch nach einer Auszeit ist verständlich – bedeutet aber zugleich, dass man einen weiteren Zeitraum von den Reserven leben muss und noch später in den zukünftigen Beruf einsteigen kann. Hat man bereits einen Berufsabschluss, kann man sich dies unter Umständen eher leisten.

Zeitliche Gründe
Ich habe in vielen Gesprächen mit einigen ehemaligen Sportlern festgestellt, dass sie es enorm bereuen, nicht schon während Karriere eine Weiterbildung begonnen zu haben. Während der aktiven Karriere bildet man sich gerne ein, dass man zu wenig Zeit für ein solches Unterfangen hat. In der Tat, auf manche Phasen der Saison mag das vielleicht zutreffen. Grundsätzlich berichten diese ehemaligen Sportler aber übereinstimmend, dass sie nie wieder so viel (Frei-)Zeit (sprich: Pausen) hatten, wie während der Karriere. Ich persönlich empfinde es mittlerweile als wohltuenden Ausgleich, mich mit etwas zu beschäftigen, dass meinen Kopf fordert – genau so, wie der Büroangestellte nach einem Tag am Schreibtisch Sport zum Ausgleich betreibt. Sportlern, die nach der Karriere arbeiten müssen, fällt es sehr schwer, noch dual nach einem langen Tag im Büro sich erneut an den Schreibtisch zu setzen.

Sinngebung

Ein gut geplanter Ausstieg aus der Profikarriere beziehungsweise Einstieg in die neue Berufswelt kann einer Identitätskrise entgegenwirken.

„Ich glaube, dass für Sportler eine Perspektive für die Zeit nach der Karriere nicht nur aus finanziellen Gründen wichtig ist. Vielmehr ist eine Herausforderung nach der Karriere ja auch eine Art Sinngebung, wodurch der Sportler nicht in ein Loch fällt. Dies sollte man nicht unterschätzen. Ich denke auch, dass eine duale berufliche Ausbildung sehr stark zu einer Persönlichkeitsentwicklung beitragen kann."
(Heiner Brand, ehemaliger Handball-Nationalspieler und Handball-Nationaltrainer)

https://tinyurl.com/y7bbf6nz

„Die zwei größten Irrglauben im Profisport? Erstens: Die schlimmen Verletzungen passieren immer nur anderen! Und zweitens: In 15 Jahren interessiert es auch nur irgendwen, dass ich mal gut Ball gespielt habe!"
(Per Günther, aktiver Basketballprofi und ehemaliger Nationalspieler)

https://tinyurl.com/y76k5vnv

„Mir war es immer ein Anliegen, neben dem Sport meinen Horizont zu erweitern. Die Welt des Sports kann nach einer gewissen Zeit sehr klein erscheinen und ich empfinde es als sehr spannend, neue Leute kennenzulernen, die nicht aus meiner Sportwelt kommen. Ich wollte meine Freizeit stets sinnvoll gestalten. Dass dies auch Vorteile für mein Leben nach dem Sport mitbringen wird, war nicht der einzige Beweggrund, warum ich mich dazu entschied zu studieren. Der Sportler hat viel Freizeit, welche hauptsächlich zur Regeneration genützt werden soll. Grundsätzlich empfand ich das Studium und empfinde ich mein momentanes Teilzeitpensum in der Arbeitswelt als eine Art aktive Regeneration, nicht als Belastung, sondern als optimale Ergänzung zum Sport. Es gibt immer wieder Momente im Sport, in denen man emotional sehr gefordert ist. Eine sinnvolle Gestaltung der Freizeit mittels meiner Ausbildung hilft mir, mich auf eine positive Art abzulenken, die Geschehnisse im Sport zu relativieren und den Sport beziehungsweise meine Leistung nicht zu überanalysieren."
(Timo Helbling, Eishockeyspieler bei EV Zug und ehemaliger Schweizer Nationalspieler)

https://tinyurl.com/ya6t33y7

Schon als Schüler ist es sinnvoll, sich strategisch auf die Zeit als Profi vorzubereiten. Als Jungprofi kann man dann strategisch das Ziel Nationalmannschaft angehen. Und als Profi sollte man sich bereits aktiv auf die Zeit nach der Karriere vorbereiten.

Wer langfristig und strategisch plant, ist immer einen Schritt voraus. So lassen sich schon heute zielorientiert die nötigen Weichen für morgen und womöglich sogar übermorgen stellen.

5.1.2 Auswahl der richtigen Bezugspersonen

In diesem Kapitel:

- Warum die richtige Auswahl von Bezugspersonen so wichtig ist.
- Was bei der Auswahl von medizinischen Bezugspersonen zu beachten ist.
- Woran bei der Wahl des Agenten zu denken ist.
- Was bei der Wahl des Finanz- und Steuerberaters berücksichtigt werden muss.

„Erfahrung in der Disziplin des Sportlers sind meiner Meinung nach von großer Wichtigkeit. Ein Berater ‚von der Stange‘, der sonst Büroangestellte, Bäcker und Bankiers vor sich hat, wird mit den versteckten Kniffen, Risiken und Gepflogenheiten beispielsweise der Basketballszene nicht vertraut sein. Außerdem wäre es natürlich großartig, wenn ein aufrichtiges Interesse auf menschlicher Ebene bestünde."
(Per Günther, aktiver Basketballprofi und ehemaliger Nationalspieler)

https://tinyurl.com/y76k5vnv

In den folgenden Kapiteln widme ich mich einem der schwierigsten und zugleich auch entscheidendsten Themen in der Karriere eines Profisportlers: der richtigen Wahl von Bezugspersonen für sein Umfeld. Besonders in Bezug auf die Bereiche Sport (Agent/Berater), Gesundheit (Ärzte und Physiotherapeuten) und Finanzen (Vermögens- und Steuerberater) ist es wichtig, die passenden Personen an der Seite zu haben. Anders als viele Sportler denken, entscheiden beispielsweise Berater und das Ärzte-/Physioteam mindestens genauso über den sportlichen Werdegang wie das

5 Profi sein – Der Wettkampf

Abb. 5.2 Warum entscheiden nicht wenige Sportler falsch? Aus Bequemlichkeit, Unsicherheit und schlicht Vertrauen in die falschen Personen

sportliche Talent. Hier gut aufgestellt zu sein, ist also ein wichtiger Schlüssel zu einer erfolgreichen Karriere. Woran liegt es dann, dass viele Sportler hier die falschen Entscheidungen treffen? Ich habe in meiner Karriere oft festgestellt, dass dafür immer wieder dieselben Punkte ausschlaggebend waren: Bequemlichkeit, Unsicherheit, falsche Loyalität und schlichtweg Vertrauen in die falschen Personen (Abb. 5.2).

5.1.2.1 Wahl der richtigen Bezugsperson: Gesundheit

In diesem Kapitel:

- Reicht der Vereinsarzt oder lohnt sich mitunter auch ein Experte?

„Als gesunder Sportler begreift man nicht, was Verletzungen bedeuten können. Auch wenn sich Teamkollegen verletzen und man damit konfrontiert wird, geht man selbst nie davon aus, ebenfalls in solch eine Lage zu kommen. Man kann sich nicht vorstellen, was das wirklich bedeutet.

Vor allem im Teamsport isoliert eine große Verletzung einen einzelnen Spieler sofort. Meist leben Profisportler nicht in ihrer Heimatstadt und fallen durch die Trainingsabstinenz dann erst mal in ein Loch. Unwissend folgt man zunächst dem, was der Verein vorgibt, und hört auf die Ärzte und Physiotherapeuten, die der Verein stellt. Ob das der Königsweg ist, lässt sich oft bestreiten. Schließlich stehen für den Verein häufig die kurzfristigen Ziele im Fokus, der einzelne Mensch und dessen langfristige Karriere rücken dabei nicht selten in den Hintergrund.

In erster Linie hängt die ärztliche Betreuung des Sportlers von der Vertragssituation ab. Natürlich wird mehr investiert, wenn man in der Vertragslaufzeit planmäßig wieder fit werden soll. Doch selbst wenn man sehr gut betreut ist: Das A und O ist, dass der Spieler selbst mit großer Motivation und Zielen in die Reha geht.

Um mit dem erwähnten Isolationsgefühl bestmöglich umzugehen, braucht man übrigens privat ein gutes, stabiles Umfeld."
(Kay Gausa, ehemaliger Basketballprofi)

https://tinyurl.com/y7f2qze9

Vereine haben in der Regel ein Netzwerk von Physiotherapeuten und Ärzten, mit denen sie in einer Stadt zusammenarbeiten. Verletzt sich ein Spieler, ist er meist verpflichtet, auf dieses Netzwerk zurückzugreifen. Doch ist dies auch immer im Interesse des Spielers? Weißt Du als Spieler, wie die Kooperation mit einem Physiotherapeuten oder Arzt zustande gekommen ist? War es vielleicht einfach nur, weil der Arzt der Nachbar des

Vereinsgeschäftsführers ist? Oder war der Physiotherapeut gerade lediglich der günstigste in der Stadt? Es gibt unzählige Gründe, wie Organisationen zu ihrer medizinischen Abteilung gekommen sind.

In meiner Zeit bei ratiopharm Ulm kam es einmal zu einer Situation, in der sich das Team von seinem langjährigen Teamarzt getrennt hat, nachdem ein Krankenhaus eine Verpflichtung als Sponsor eingegangen ist. Das Krankenhaus wollte das Image für seine sportmedizinische Abteilung aufbessern und hat sich im Gegenzug als Sponsor engagiert. Ulm überzeugte in diesem Fall ebenfalls das bessere Gesamtkonzept aus Ärzten und Reha-Zentrum und hat den Wechsel daher auch medizinisch für ein Upgrade gehalten. Es gehört jedoch nicht viel Fantasie dazu, sich vorzustellen, dass finanziell schwächer aufgestellte Organisationen genauso gehandelt hätten, auch wenn sie medizinisch nicht von der Alternative überzeugt gewesen wären. Für viele Organisationen kann es einen großen Unterschied machen, am einen Ende Kosten zu sparen und zugleich am anderen Ende zusätzliches Geld einzunehmen.

Letztlich haben der Verein und der Spieler immer das gleiche Interesse: Der Spieler soll zu 100 % fit sein und die bestmögliche Leistung für die Mannschaft bringen können. Oft haben die Vereine auch tolle Ärzte und Physiotherapeuten, sodass der Spieler mit seiner Verletzung in dem Vereinsnetzwerk in guten Händen ist.

Als Spieler bekommt man ein sehr gutes Gefühl für seinen Körper und weiß, wenn etwas nicht stimmt. Zudem merken Spieler schnell, ob der entsprechende Arzt oder Physiotherapeut einem bei einem Problem helfen kann. Ist das nicht der Fall, muss der Spieler ein hohes Maß an Eigeninitiative und Engagement an den Tag legen. Er sollte sich bei Teamkollegen und anderen Ärzten seines Vertrauens nach Alternativen umhören und zur Not auch mal eine längere Strecke auf sich nehmen, um einen Experten zu treffen.

Neben dem Interesse, dass seine Spieler gesund sind, hat der Verein aber noch andere Interessen – und muss womöglich auch Interessenskonflikte berücksichtigen. Kümmern sich Spieler selbstständig um eigene Behandlungsmöglichkeiten, sehen die Vereinsverantwortlichen dies selten gern. Zum einen spielt dabei Eitelkeit eine Rolle. Der Verein hält sein medizinisches Netzwerk möglicherweise für das Beste oder will lediglich die behandelnden Ärzte nicht verärgern. Andererseits wollen Vereine verständlicherweise über alle

Schritte der medizinischen Behandlung eines Spielers informiert sein und die Kontrolle behalten.

Ich habe oft erlebt, dass Spieler bei Verletzungen keine eigenen Schritte eingeleitet haben, weil sie zu bequem waren, sich darum zu kümmern. Außerdem wollten sie keinen Ärger mit dem Verein riskieren, obwohl sie genau wussten, dass sie mit ihrem jeweiligen Problem nicht in den besten Händen waren.

Wenn der Spieler es aber richtig anstellt und gut mit dem Verein kommuniziert, werden ihm oft auch keine Steine in den Weg gelegt. Als Spieler sollte man sich immer bewusst sein, dass der eigene Körper das Kapital ist und man *am Ende des Tages immer selbst für sich verantwortlich ist*. Bequemlichkeit und politische Korrektheit sollten nicht davon abhalten, alles dafür zu tun, den Körper in einen 100 % schmerzfreien und fitten Zustand zu bekommen. Zudem sollte jeder Spieler auf eine Behandlung Wert legen, die seine Gesundheit nachhaltig stärkt.

Bei Verletzungen sollten Spieler immer zunächst auf das medizinische Netzwerk des Vereins zugreifen – aber im Fall des Falles auch keine Mühen scheuen, sich ergänzend nach Alternativen umzuschauen und diese in Anspruch zu nehmen, wenn andere Ärzte oder Physiotherapeuten bei einer Verletzung besser helfen können. Wichtig dabei ist, unbedingt so gut wie möglich mit dem Verein zu kommunizieren.

5.1.2.2 Wahl der richtigen Bezugsperson: Sport

In diesem Kapitel:

- Worauf gilt es bei der ersten Vertragsverzeichnung zu achten und welche Rolle spielen Agenturen?

„Bei der ersten Vertragsunterzeichnung geht es für den Spieler zu allererst darum, keine Fehler zu machen, was dessen Laufzeit betrifft. Junge Spieler entwickeln sich oft rasant, daher sollten sie nicht etwas unterschreiben, dass sie ein Jahr später wieder bereuen.

Das Verhältnis zwischen Spieler/Eltern und dem Jugendtrainer und Verein ist zu Beginn der Karriere noch sehr familiär. Das ist gut, dieses Verhältnis kann aber bei einer Vertragsverhandlung die Zielsetzung der Kommunikation benebeln. Nicht selten nutzt die Vereinsseite dies bewusst oder unbewusst aus: Vereine vertreten oft den Standpunkt, dass sie sich um den Jungen gekümmert haben und jetzt von seiner Seite aus etwas zurückkommen sollte. Sie vergessen dann dabei, dass die Jugendtrainer nicht nur für den einen Spieler eingestellt wurden, sondern auch andere Kids trainiert haben. So entsteht aber eine Art „Bringschuld"-Gefühl. Grundsätzlich ist die Position von Vereinsseite auch ein Stück weit nachvollziehbar. Das sollte aber nicht darüber hinwegtäuschen, dass ein Vertrag für beide Seiten passen muss.

Gerade wenn ein Vertrauensverhältnis zwischen einem Spieler/Eltern und Verein entstanden ist, kann es natürlich heikel werden, wenn plötzlich jemand „von außen" zu den Verhandlungen dazu kommt. Die Agentur sollte also mit großem Fingerspitzengefühl dazustoßen und nicht nur Forderungen stellen. Besonders beim ersten Vertrag geht es darum, für beide Seiten eine faire Lösung zu finden. Junge Spieler beziehungsweise deren Eltern wissen zu diesem Zeitpunkt oft nicht, was eine faire Lösung bezüglich Gehalt und Vertragslaufzeit bedeutet. Daher halte ich einen Berater, der auch im Hintergrund auftreten kann, bei der ersten Vertragsunterzeichnung für ungemein wichtig."
(Patrick King, Berater einer Basketballagentur)

https://tinyurl.com/yc4qp7xh

„Als junger Spieler habe ich mich immer als eine Art Soldat gesehen: Ich habe mich für den Verein geopfert, weil ich das Gefühl hatte, in einer Art Bringschuld zu stehen. Ich hätte mich für meinen Trainer, unseren Manager, ja wahrscheinlich auch für den ganzen Verein vor den Zug geworfen. Daraus resultiert auch, dass ich sehr großen Wert auf die Meinung des Vereins gelegt habe."
(Moritz Müller, Eishockeyspieler bei den Kölner Haien)

https://tinyurl.com/y7xx7hsw

Lass mich eingangs ein paar grundlegende Erläuterungen zu „Agenturen" sagen: Spieleragenturen, Spielerberater, Spielervermittler, Agenten – es gibt viele verschiedene Namen. In der Folge werde ich vereinfachend meistens den Begriff „Spielerberater" verwenden. Spieleragenturen (oder eben auch Spielerberater) sind der Mittler zwischen Verein und Spieler und meistens beiden Seite verpflichtet. Nicht verkennen darf man hier, dass der Spieler sich mit seinem Ansprechpartner gut verstehen muss und das Vertrauensverhältnis sehr wichtig ist – wie zufrieden und gut behandelt der Spieler sich am Ende fühlt, hängt daher auch in den größten Agenturen insbesondere von „seinem" persönlichen Ansprechpartner (Seinem „Spielerberater") ab. Nun kurz zum „Spannungsdreick" Verein-Agentur-Sportler: Zum einen schließen sich Sportler regelmäßig einer Agentur an, die möglichst einen guten Ruf und gute Kontakte zu bieten hat – zum Anderen wenden sich Vereine bei der Suche nach Spielern häufig an Agenturen, die sie dann mit der Suche nach einem speziellen Spielertypen beauftragen (oder von der sie wissen, dass sie über diese einen bestimmten Spieler oder auch Trainer verpflichten könnten). Es besteht insoweit ein Dreiecksverhältnis, in dem der Spielerberater (die Agentur) versucht, beide Seiten „optimal" zusammenzubringen. Der Verein vertraut hier in der Regel auf Agenturen, die einen guten Ruf genießen und mit denen in der Vergangenheit gute Erfahrungen gemacht wurden. Der Sportler hofft, dass die Kontakte „seines Beraters" ihm Türen öffnen und er im Gespräch mit der Agentur und dem Verein „seine Vorstellungen" durchsetzen kann. Für den Spielerberater nicht immer eine einfache Situation: er muss seinen „Kunden", der ihn bezahlt (oft genug der Verein) zufriedenstellen – und gleichzeitig „seine" Sportler bei Laune halten. Das Konstrukt ist ähnlich wie bei Model-Agenturen – die Models sind dort gelistet und der interessierte Kunde beauftragt die Agentur (als Makler), entsprechende Modeltypen zu vermitteln – und zahlt hierfür eine entsprechende Vergütung. Normalerweise besteht zwischen dem Sportler und der Agentur eine „Vertretungsregelung", die aber regelmäßig keinen Vergütungsanspruch (mit Ausnahme evtl. Werbeverträge) beinhaltet. Der Berater erhält lediglich das Recht, den Spieler zu „vermitteln". Der Verein schließt hingegen mit der Agentur einen Vertrag (über eine maklerähnliche Dienstleistung) über die Sportlersuche für eine bestimmte Position oder darüber, einen bestimmten Spieler zu einem bestimmten Budget zu verpflichten. Meistens bestehen Leistungen der Spielerberater gegenüber den Vereinen darin, dass die Agentur Informationen über die Verhandlungsbereitschaft eines bestimmten Spielers und andere, für den Vertragsabschluss (Neuvertrag oder Vertragsverlängerung) wichtige Punkte an den beauftragenden Verein weitergibt und auf den Spieler einwirkt, das Angebot zum Abschluss oder einer Vertragsverlängerung anzunehmen.

Bei der ersten Vertragsunterzeichnug spielen Agenturen häufig noch keine Rolle. Oft findet dabei noch die direkte Kommunikation zwischen Eltern und Verein statt. Dabei werden immer wieder Fehler begangen, die sich vermeiden ließen. Es ist zum Beispiel gängig, dass Vereine die Spieler durch Verträge mit langen Laufzeiten lange an sich binden. Aus Sicht des Vereins ist das natürlich sinnvoll: Sie stecken viel Zeit und Geld in die Ausbildung des Spielers und wollen in den letzten Vertragsjahren davon profitieren. Solche Verträge sind kein Problem, wenn der Spieler zufrieden ist und sich gut entwickelt. Ich habe aber auch schon mit einigen jungen Spielern zusammengespielt, die mit ihrer Situation gar nicht zufrieden und in ihren „Knebelverträgen" gefangen waren.

Es gibt viele Gründe, warum junge Spieler (zu Recht!) unzufrieden sein können:

- Das versprochene Einzeltraining findet nicht statt.
- Anders als versprochen, trainiert der Spieler doch nicht dreimal die Woche bei der Profimannschaft mit.
- Beim Training mit der Profimannschaft steht er nur an der Seitenlinie.
- Obwohl der Spieler sich toll entwickelt hat, erhält er bei der Profimannschaft keine Chance auf Spielzeit.

So oder so ähnlich ist es mir über die Jahre immer wieder begegnet. Ich habe Fälle erlebt, in denen der junge Spieler weniger als 1000 EUR monatlich verdient hat, aber eine Ausstiegsklausel von 30.000 bis 50.000 EUR vertraglich festgeschrieben war. Eltern mögen das okay finden, weil sie sich nicht vorstellen können, warum ihr Kind vorzeitig aus dem Vertrag aussteigen sollte. Doch wenn ein Spieler merkt, dass er sich bei einem Verein nicht optimal entwickeln kann, sollte er unbedingt die Möglichkeit haben, das Programm zu wechseln. Denn eines darf man auf keinen Fall vergessen: Im Alter von 16 bis 20 Jahren werden die Grundsteine für eine Profikarriere gelegt. Was man hier als Spieler verpasst, lässt sich oft nicht mehr wieder aufholen. Natürlich lassen sich besagte Arten von Verträgen in der Regel gerichtlich anfechten. Dann aber läuft der Spieler Gefahr, schon früh als Unruhestifter stigmatisiert zu werden. Oft werden bei dem ersten Vertrag die falschen Prioritäten gesetzt. Jungen Spielern sollte es zu Beginn ihrer Karriere weniger darum gehen, ob sie jetzt 100 Euro mehr oder weniger im Monat verdienen. Viel entscheidender ist die richtige Entwicklungsperspektive. Außerdem gilt es langfristige Verträge möglichst zu vermeiden, damit man als Spieler über die nötige Flexibilität verfügt, falls die zugesagte Förderung nicht eintritt.

Langfristig macht es als Spieler Sinn, mit einer Agentur zu kooperieren. Als ich mit 16 Jahren meine ersten Schritte im professionellen Basketball beschritt, habe ich schnell gemerkt, dass es hier um ein hartes Geschäft von erwachsenen Männern geht. Will man als Spieler Respekt von seinen Mitspielern, Trainern und den Managern bekommen, können nicht mehr die Eltern für einen die Probleme lösen. Daher habe ich gleich zu Beginn meiner Karriere mit meinen Eltern vereinbart, nicht mehr als unverbindlichen Smalltalk mit den verantwortlichen Akteuren zu halten. Es kommt bei allen Beteiligten immer besser an, wenn Spieler bei Problemen den direkten Weg gehen und selbst mit den Verantwortlichen kommunizieren. Natürlich kann es dabei immer wieder vorkommen, dass ein junger Spieler Unterstützung braucht. Dann ist es immer besser, wenn statt der Eltern die Agentur mit dem Verein kommuniziert und zwischen beiden Parteien vermittelt.

Ich kann mich sehr gut daran erinnern, dass es meinen Eltern alles andere als leicht gefallen ist, sich nicht mehr so stark einzumischen. Mit der Zeit haben sie jedoch gelernt, dass der Profisport ein eigener kleiner Kosmos ist, in dem andere Regeln und (ungeschriebene) Gesetze gelten. Noch so gut gemeinte Einmischungen können sich hier unter Umständen sogar als kontraproduktiv erweisen. In praktisch jeder Mannschaft sind zwei bis drei ältere Spieler, die ihre Erfahrung gerne an die jungen Kollegen weitergeben.

Für mich jedenfalls waren meine (älteren) Mitspieler immer die wichtigsten Ratgeber. Es ist wichtig, als junger Spieler schnell das Geschäft zu verstehen, um sich besser darin zurechtzufinden.

„Ich versuche junge Spieler immer wieder auf die Gefahren von langfristigen Verträgen hinzuweisen. Oft ist es doch so: Entweder der Spieler macht eine tolle Entwicklung und spielt dann völlig unter Wert oder er entwickelt sich nicht wie gewünscht – was manchmal nicht zwingend am Spieler selbst liegen muss. Und dann kommt er womöglich nicht aus seinem Vertrag heraus. Als junger Spieler ist es daher immer gut, flexibel und unabhängig zu sein. Die Vereine sind allerdings leider oft in einer zu starken Position. Der Spieler kann oft kaum anders, als den angebotenen langfristigen Vertrag zu unterschreiben und sich so den Traum vom ersten Profivertrag zu erfüllen. Ich habe immer wieder versucht, diese Art Verträge von Ligaseite aus zu regulieren. Leider hatte ich nie Erfolg damit."
(Heiner Brand, ehemaliger Handball-Nationalspieler und Handball-Nationaltrainer)

https://tinyurl.com/y7bbf6nz

Wie finde ich die passende Agentur für mich?
Im Alter von 14 bis 16 Jahren kommen bei talentierten Spielern in der Regel die ersten Kontakte zu einer Agentur zustande. Ich selbst kann mich noch gut daran erinnern. Mein Ansprechpartner für die Agentur war ein ehemaliger Basketball-Bundesligaspieler. Ich hatte ihn schon sehr oft während seiner aktiven Zeit spielen sehen. Bei den ersten Gesprächen rund um das Albert-Schweitzer-Turnier (AST) war er mir gleich sympathisch. Also habe ich mich nach Rücksprache mit meinen Eltern entschieden, mich in den Pool von Spielern der Agentur aufnehmen zu lassen.

Heute rate ich jedem jungen Spieler, sich mehr zu informieren. Ältere Spieler werden gerne dazu Auskunft geben, welche Agenturen in der Szene einen guten Ruf genießen.

Als ich 20 war, ging mein Heimatverein Rhein Energie Köln in die Insolvenz und ich musste mich erstmals um einen neuen Verein bemühen. Von heute auf morgen stand ich vor einer ungewissen Zukunft. Noch nie war ich in ernsthafte Vertragsgespräche involviert. Also war ich sehr nervös. Ist es normal, dass sich noch kein neuer Verein bei mir gemeldet hat? Wann tun Vereine das üblicherweise? Wie funktioniert das alles eigentlich?

Während ich also unruhig zu Hause saß, meldete sich mein Ansprechpartner eine ganze Zeit nicht bei mir. Wenn ich ihn erreichen wollte, ignorierte er meist sogar meine Anrufe. Er vertröstete mich mit Geschichten – etwa mit der von Mithat Demirel, ehemals deutscher Basketball-Nationalspieler, der wohl vor Beginn der Vorbereitungsphase der Vereine (Anfang bis Mitte August) gar keine Anrufe vom ihm wollte, um sich erst einmal Angebote anzuhören. Ich solle mich also entspannen.

Während die Bundesliga-Teams sich schon langsam auf die neue Saison vorbereiteten, wartete ich zu Hause in schlaflosen Nächten auf ein passendes Angebot und fragte mich, ob das Verhältnis zwischen Spieler und Agenturen immer so sei. Mein neuer Verein Eisbären Bremerhaven erfuhr dann durch Zufall davon, dass ich noch vertragslos war und wendete sich dann persönlich an mich. Im Nachhinein erfuhr ich dann von älteren Spielern, dass sich die besagte Agentur nur noch halbherzig mit dem Geschäft beschäftigte und die meisten Spieler schon zu einer anderen Agentur gewechselt waren. In den ersten Jahren sei die Agentur wohl „eine große Nummer" gewesen. Mittlerweile war sie anscheinend kaum mehr aktiv. Statt mit den Vereinen zu kommunizieren, schickte sie Massenrundmails raus, in denen alle ihre Klienten gelistet waren, die noch ohne Beschäftigungsverhältnis waren – so zumindest das Wort auf der Straße. Meine Erfahrungen deckten sich damit.

Ich zog meine Lehren und verließ nach Rücksprache mit Mitspielern und Trainern die Agentur, um eine Passendere für mich zu finden. Dieses Mal holte ich mir jedoch vorab so viele Informationen über die Agentur ein, wie ich nur irgendwie bekommen konnte. Meine wichtigsten Ratgeber waren erneut meine Mitspieler und Trainer. So fiel die Wahl auf Patrick King und seine Agentur. Ich stellte fest, dass das Verhalten meiner alten Agentur sicher kein Paradebeispiel für ein professionelles Verein-Agentur-Spieler-Verhältnis war. Patrick dagegen war immer engagiert und hielt mich stets auf dem Laufenden. Bei den anschließenden Vertragsverhandlungen war ich nie wieder unsicher – und habe immer fest geschlafen.

Was gibt es bei der Auswahl zu beachten?
Viele Agenturen haben einen solch großen Pool an Spielern, dass sie ihre Aufmerksamkeit primär den Großverdienern widmen und junge Spieler dabei oft das Nachsehen haben. Daher ist es wichtig, möglichst vorher zu erfahren, ob die entsprechende Agentur auch jungen Spielern genug Aufmerksamkeit entgegenbringt. Ansonsten kann es unter Umständen ratsam sein, zu Beginn der Karriere erst einmal mit einer kleinen Agentur zusammenzuarbeiten.

Im Verlauf der Karriere sollten Spieler sich jedoch immer wieder ihrer Ziele bewusst werden. Sie sollten stets prüfen: Ist der aktuelle Agent immer noch der bestmögliche, der mich bei meinen Zielen unterstützen kann?

Zwischen Agentur und Agentur gibt es erhebliche Unterschiede, sodass je nach Situation die Wahl auf einen anderen fallen sollte. Habe ich mich als Spieler beispielsweise so gut entwickelt, dass der Sprung zu einem EuroLeague- oder sogar in das NBA-Team möglich ist, kann der Wechsel zu einer größeren Agentur im Zweifel das i-Tüpfelchen sein, um diesen Traum zu erfüllen. Dabei gibt es einige Anhaltspunkte, die darauf hinweisen, ob die jeweilige Agentur das nötige Netzwerk dafür hat. Man sollte zum Beispiel mal fragen: Wie viele Spieler der Agentur haben den Sprung in diese Elite-Ligen geschafft und spielen dort aktuell?

Wie eingangs erwähnt, entscheiden leider nicht immer nur das Talent und die Fähigkeiten darüber, wie eine Karriere verläuft. Wenn Spieler das Gefühl haben, eine andere Agentur könnte ihnen eventuell besser helfen, die eigenen Ziele zu erreichen, sollten sie nicht aus falscher Loyalität oder vermeintlicher Freundschaft die aktuelle Agentur beibehalten. Denn als Spieler hat man in der Regel nur zehn (kurze) Jahre, in denen sehr gute Verträge möglich sind. Eine falsche Entscheidung kann unter Umständen nicht mehr wiedergutgemacht werden. Ich höre oft von Spielern, dass sie ihrem Agenten „noch eine Chance geben wollen". Unterschreibt der Spieler dann einen Zweijahresvertrag, investiert er dafür also möglicherweise um die 20 % der Zeit, in der er gutes Geld verdienen kann.

„Vertrauen zu Bezugspersonen ist wichtig. Allerdings scheint es für einen jungen Sportler anspruchsvoll zu sein, zwischen guten und schlechten Ratschlägen unterscheiden zu können. Ich rate dem Sportler daher, zu Beginn seiner Karriere sich so gut als möglich über die verschiedenen Bezugspersonen zu erkundigen, ältere Teamkameraden zu fragen und sich selbst Wissen anzueignen, um bessere Entscheidungen treffen zu können. Vielmals sind die Eltern ebenfalls überfordert und scheinen als einzige Ansprechperson bei der Entscheidungsfindung nicht immer genügend."
(Timo Helbling, Eishockeyspieler bei EV Zug und ehemaliger Schweizer Nationalspieler)

https://tinyurl.com/ya6t33y7

Bei dem ersten Vertrag sollten finanzielle Anreize eine stark untergeordnete Rolle spielen. Viel mehr steht die sportliche Perspektive und die Laufzeit des Vertrages im Fokus. Hier gilt es langfristige vertragliche Bindungen möglichst zu vermeiden. Als junger Spieler sollte man immer den Kontakt zu älteren Spielern suchen. Sie sind die wichtigsten Ansprechpartner für Fragen und Probleme, die sich jungen Spielern zu Beginn ihrer Karriere stellen.

5.1.2.3 Wahl der richtigen Bezugsperson: Finanzen

In diesem Kapitel:

- Woran erkennt man einen guten Steuer- und Finanzberater?
- Worauf kommt es bei der Auswahl an?

„Nicht alle Athleten sind daran gescheitert, ihr Geld klug zu investieren … nur die meisten von ihnen. Ich hatte Mitspieler, die ihr Geld in Modekollektionen, Restaurants, Fast-Food-Ketten und Basketball-Trainingshallen investiert haben. Die sind aus verschiedenen Gründen gescheitert. Sie wurden schlecht beraten und hatten meist nicht die nötige Zeit oder Erfahrung, um jeweils das komplette Risiko zu überschauen, obwohl die eigentlichen Ideen teils gar nicht so schlecht waren. Ich hatte aber auch Mitspieler, die mit ähnlichen Investitionen sehr erfolgreich waren."
(Adam Hess, Finanzberater in den USA)

https://tinyurl.com/y92mrqx5

Beim Thema Finanzen tun sich Spieler wohl noch schwerer, jemandem zu vertrauen, als bei der Wahl des Agenten. Doch richtige Entscheidungen gerade hier haben sich aus heutiger Sicht sehr positiv für mich ausgewirkt. Doch zunächst möchte ich mit einer Frage starten: Warum ist es überhaupt ratsam, mit einem Finanz- und Steuerberater zusammenzuarbeiten?

Ich beginne mit einer kleinen Anekdote von meinem ehemaligen Teamkollegen Torrell Martin, mit dem ich in Bremerhaven zusammengespielt habe. Bis heute ist er ein guter Freund von mir – man kann sich keinen besseren Teamkollegen wünschen. Torrell dürfte damals pro Saison rund 100.000 bis 150.000 EUR netto verdient haben. Zusätzlich hat ihm der Verein, wie üblich, noch eine möblierte Wohnung und ein Auto gestellt. Einen Teil seines Gehaltes überwies er jeden Monat in die USA, um seine Familie zu unterstützen und Rücklagen zu schaffen. Der Rest stand ihm in Deutschland zur freien Verfügung. Man sollte meinen, Torrell hätte finanziell ein sehr entspanntes Leben führen können. Doch das war mitnichten der Fall. Nicht selten musste er am Ende des Monats mit anderen Teamkollegen zusammen zum Training fahren, weil er kein Geld mehr für Sprit in der Tasche hatte. Wenn ich dann mit ihm zusammen nach einer Trainingseinheit etwas essen gehen wollte, sagte er oft: „I'm a little short chief." Er konnte sich keine Mahlzeit in einem Restaurant mehr leisten. Als er wieder einmal vor Monatsende „a little short" war, bekam er eine Bonuszahlung von mehreren hundert Euro. Noch am selben Abend ging er ins Automatenkasino. Mit dem, was er noch nicht verspielt hatte, lud er die Jugendspieler zum Essen ein – und war bis zum Monatsende wieder „a little short chief".

„Ich hatte mal einen Teamkollegen, der den Verlauf eines Penny Stocks beobachtet hat, der innerhalb einer Woche von einem Wert von 50 Cent pro Aktie auf acht US-Dollar stieg. Er wusste, dass die Aktie irgendetwas mit Marihuana zu tun hatte. Er konnte aber nicht erklären, wie das Unternehmen, das dahinter stand, mit dem Marihuana Geld verdiente beziehungsweise um was für ein Produkt es sich überhaupt handelte. Seinerzeit war diese Aktie ein großes Gesprächsthema in der Kabine und die Aufregung wurde täglich größer, wenn der Mitspieler über neue Kursgewinne berichtete. Das wäre allerdings nicht nötig gewesen: Jeder verfolgte den Kurs zu Hause selbst. Er hat sich allerdings dagegen entschieden, selbst in diese Aktie zu investieren. Ein anderer Teamkollege investierte dafür aber eine Woche später, als der Kurs bereits wieder auf vier US-Dollar gefallen war. Ich schrie ihn an, die Aktien bloß schnell wieder abzustoßen, weil es sich stark nach einer *pump-and-dump*-Strategie anhörte. Er hat sogar auf mich gehört – vielleicht ist er aber auch von selbst darauf gekommen, ich weiß es nicht. Jedenfalls hat er seine Aktien mit kleinem Gewinn wieder verkauft. Wahrscheinlich war er im ersten Moment etwas sauer auf mich oder sich selbst, nachdem der Kurs vorerst wieder etwas kletterte. Ich denke aber, dass er am Ende ganz happy war, als die Aktie einige Monate später wieder bei 40 Cent lag. Er hatte nicht allzu viel Geld investiert, es wäre also kein Weltuntergang gewesen, wenn die Geschichte in die Hose gegangen wäre. So aber hat er sogar ein kleines bisschen gewonnen.
(Adam Hess, Finanzberater in den USA)

https://tinyurl.com/y92mrqx5

Natürlich, beides sind extreme Beispiele. Doch ich habe in meiner Karriere schon mit einigen Teamkollegen zusammengespielt, die ihr Geld so ausgegeben haben und dabei eine alte Weisheit der Finanzbranche ignorierten: „It doesn't matter how much you earn. It matters how much you save."

Selbstverständlich ist sich jeder normaldenkende Mensch sicher, dass er niemals so unvernünftig handeln würde. Genauso konnte auch ich mir niemals vorstellen, wie Spieler Unsummen mit schlechten Investitionen verlieren konnten, die sie selbst, der Finanzberater oder sogar Freunde –und Familienmitglieder für sie getätigt haben. Ich habe viele solche Geschichten gehört, doch mir schien das eine völlig fremde Welt zu sein.

Mit meiner ersten großen Vertragsunterschrift beim FC Bayern München Basketball wurde mir schlagartig bewusst, in wie viele Fallen man tappen kann. Außerdem musste ich lernen, wie schwer es ist, sich nicht den vielen Verlockungen hinzugeben.

Im Alter von 22 Jahren etwa unterschrieb ich meinen ersten Vertrag und mir wurde monatlich eine bedeutende Summe netto überwiesen. Auto und Wohnung wurden zusätzlich gestellt. Auf einmal traf ich immer wieder Personen, die mir sehr interessante Investitionsmöglichkeiten aufzeigten. Ein guter Freund berichtete, ich könne ihm doch 15.000 EUR überweisen, dafür würde er mir in einem Jahr ca. 150.000 EUR „sauberes Geld" mit Papieren zurückgeben. Er habe auch einen guten Freund in einer französischen Investmentbank, der immer wieder mal einen Insidertipp für ihn habe.

Bei dieser Bank ist es Grundvoraussetzung, 500.000 EUR einzuzahlen, um überhaupt ein Konto eröffnen zu können. Als wir zusammen die Bank betraten, wurde mein Freund dort hofiert wie ein König. Auch der Chef der Bank schien ein sehr gutes Verhältnis zu ihm zu pflegen und versicherte mir seine Seriosität. Offensichtlich war mein Freund ein solventer Kunde. Nichtsdestotrotz beschlich mich, auch nach Rücksprache mit meinen Eltern und Freunden, ein ungutes Gefühl. So verzichtete ich auf die vermeintliche Chance, schnelles Geld zu verdienen. Heute sucht das Landeskriminalamt nach Zeugen, denen mein „Freund" Geld schuldet. Seither lebt er in Amerika und kann nicht mehr nach Deutschland einreisen. Und dies war nicht das letzte unmoralische Angebot, das ich bekam.

Gleichzeitig fiel mir auf, wie schnell man einen gesunden Bezug zu Geld verliert. Mir im Media Markt ein iPad für rund 500 EUR zu kaufen, fühlte sich auf einmal so an, als hätte ich früher einen Kasten Wasser gekauft. Es war wie ein Tropfen auf den heißen Stein. Außerdem würde doch im nächsten Monat sowieso wieder viel Geld auf mein Konto fließen ... und im Monat danach ... und in dem danach auch wieder ....

Wäre ich in einem herkömmlichen Berufsfeld tätig gewesen, hätte ein phasenweise leichtsinniger Umgang mit Geld sicher keine so negativen Auswirkungen gehabt. Bleibt die Höhe des Einkommens von Beginn an bis zum Renteneintritt mehr oder weniger voraussehbar, kann man sein Gehalt auch mal eine Zeit lang unvernünftig auf den Kopf hauen.

Als Profisportler endet die Karriere jedoch in der Regel im Alter zwischen 30 bis 35 Jahren – und damit endet auch erst mal die Chance, sehr viel Geld zu verdienen. Wir brauchen uns nichts vorzumachen. In der freien Wirtschaft wird man so schnell nicht mehr fünfstellige Beträge netto im Monat verdienen – vor allem nicht, wenn man als Sportler so spät in den späteren Beruf einsteigt. Dazu muss man hier wieder unten anfangen und die Karriereleiter über Jahre hinweg hochklettern, wenn man „ganz oben" überhaupt je erreicht: Egal, wie gut sich ein Sportler auf die Karriere nach der Karriere vorbereitet – ob er auf dem herkömmlichen Arbeitsmarkt ähnlich erfolgreich sein wird, wie in seiner Spielerkarriere, lässt sich nicht vorhersehen. Denn dort gelten andere Spielregeln. Gleichzeitig dürften sich die meisten Sportler an einen komfortablen Lebensstil gewöhnt haben, den sie auch nach der Karriere nicht aufgeben wollen.

Lange Rede kurzer Sinn: Auch wenn man als Sportler einen tollen Vertrag unterschreibt und sich einen aufwendigen Lebensstil leisten kann, sollte man dabei so viele Werte schaffen, wie möglich.

„Natürlich habe ich aber auch mit Teamkollegen zusammengespielt, die große *budgeting*-Fehler begangen haben. Sie zeugten zu viele (uneheliche) Kinder, kauften verrückte Luxusautos, unterstützten zu viele Freunde, leisteten sich einen wahnsinnigen Lifestyle und waren am Ende des Tages pleite. Ich hatte sogar mal einen Kollegen, dessen Ziel es war, sein gesamtes Gehalt in der Saison auszugeben und nur mit einer Tasche voll Klamotten in die Heimat zurückzufliegen. Ich habe keine Ahnung, wem er damit etwas beweisen wollte. Aber er war sehr erfolgreich darin, pleitezugehen."
(Adam Hess, Finanzberater in den USA)

https://tinyurl.com/y92mrqx5

Wie bin ich zu meinem Steuerberater gekommen?
Eher zufällig. Als Steuerberater meines damaligen Clubs Rhein Energie Köln und leidenschaftlicher Sport- beziehungsweise Basketballfan war Patric (hier mein Mitautor) bei jedem Heimspiel dabei. Im Laufe der Zeit kamen wir im VIP-Raum ins Gespräch und entwickelten einen guten Draht. Außerdem genießt Patric in der Sportszene einen exzellenten Ruf. Er berät Trainer, Spieler, Vereine und sogar manche Ligen. So war es keine Frage, wer mich in Sachen Steuern künftig beraten würde.

Als aufstrebendes Talent machte ich mir zu dieser Zeit allerdings noch keine größeren Gedanken über Steuern. Als ich meinen ersten etwas besser dotierten Vertrag in Bremerhaven unterschrieb, tauschten wir uns zum ersten Mal näher darüber aus. Zwar waren damals noch keine großen Quantensprünge möglich. Aber bei unseren gemeinsamen Treffen schaffte er es, dass ich mich auf einmal für etwas interessierte, was mich sonst eher langweilte. Er dagegen blickte über den Tellerrand hinaus und konnte mir auch immer in vertraglichen und sonstigen Fragen ein gutes Feedback geben. Er gab mir zu diesem Zeitpunkt eine Checkliste mit (die ich Dir in Abschn. 5.3.7 nun auch an die Hand gebe), an welchen Stellen es sich lohnen würde, Rechnungen zu sammeln. Er stellte das Thema so humorvoll und einfach dar, dass es alles andere als lästig für mich war.

Als ich dann in München meinen ersten großen Vertrag unterschrieb, bekam das Thema Steuern eine neue Wichtigkeit für mich. Auf einmal ging es um eine größere Summe Geld, Steuern zu sparen, lohnte sich nun durchaus.

Wie bin ich zu meinem Finanzberater gekommen?
Ich hatte das große Glück, dass mich mein damaliger Trainer Dirk Bauermann mit seinem guten Freund und Finanzberater aus Bamberg in Verbindung brachte: Jörg Bencker, der ebenfalls an diesem Buch mitgeschrieben hat.

Man kann sich vorstellen, dass ich mit großen Vorbehalten in mein erstes Treffen mit Jörg gegangen bin. Immerhin hatte ich in den ersten Wochen nach Vertragsbeginn feststellen müssen, wie viele Menschen sich auf einmal für mein Geld interessierten. War Jörg jetzt einer von den Guten? Mit Dirk Bauermann verbürgte sich jemand für Jörg und zu meinem Trainer hatte ich 100 % Vertrauen. Beim ersten Kennenlernen hatte auch ich gleich ein gutes Gefühl. Ich weiß noch genau, dass Jörg eine Nike-Funktionsjacke und einen Sportrucksack trug – ganz anders als der typische „Finanzhai". Heute weiß ich: Seine größte Leidenschaft ist Ausdauersport wie Marathonläufe oder in den Bergen Fahrrad fahren. Außerdem hat er keine drei unehelichen

Kinder, zwei Frauen und einen Fuhrpark, den er unter anderem durch mich aufpolieren musste. Und am wichtigsten: Ich bei ihm eine unglaubliche Begeisterung und Leidenschaft für seinen Beruf gespürt.

Wir Sportler sind es gewohnt, für unseren Job zu leben. Für uns geht es auf dem Spielfeld um weit mehr als um das reine Geld. Wir haben unser Hobby zum Beruf gemacht. Natürlich findet man auch in anderen Berufen Menschen, die für das berufen sind, was sie tun. Beim Sport ist es fast ausnahmslos jeder. Bis heute versuche ich, ausschließlich mit solchen Menschen zusammenzuarbeiten.

Ich hatte ein gutes Gefühl – also vereinbarten Jörg und ich ein zweites Treffen, bei dem ich meinen Vater darum bat, ebenfalls teilzunehmen. Als Betriebswirt kennt er sich selbst auch sehr gut mit Finanzen aus. Als auch mein Vater überzeugt war, entschloss ich mich endgültig zu einer Zusammenarbeit. Idealerweise hätte ich gerne noch weitere Klienten von Jörg zu ihm befragt. Aber da ich keine kannte, musste ich mich umso mehr auf mein Bauchgefühl und das meines Vaters verlassen. Wir haben es nicht bereut.

Bei zwei weiteren Treffen wurde das Grundgerüst meiner Finanzplanung aufgestellt. Dazu musste ich allerhand Tests durchführen und Fragen beantworten. Mehr dazu findest Du in Abschn. 4.2.

Ich kann mich noch gut daran erinnern, wie naiv es war, mich bis dahin nicht mit dem Thema Versicherungen auseinandergesetzt zu haben. Ich verdiente auf einmal sehr viel Geld und hatte weder eine Haftpflichtversicherung, noch eine Versicherung für Unfälle oder schwere Krankheiten. An eine Berufsunfähigkeitsversicherung hatte ich sowieso nicht gedacht. Stattdessen schaute ich mich aber schon fleißig nach Immobilien als Investitionsobjekte um.

Ich wollte also den zweiten Schritt vor dem ersten nehmen. Im Falle einer schweren Verletzung oder sogar Berufsunfähigkeit hätte ich meine getätigten Investitionen nicht weiter bedienen können und hätte möglicherweise schnell vor einer Privatinsolvenz gestanden. Da ich mich erst so spät mit dem Thema beschäftigt hatte, konnte ich zum Beispiel meinen Rücken schon nicht mehr mitversichern, da ich bereits den ersten Bandscheibenvorfall erlitten hatte. Im weiteren Verlauf meiner Karriere hätte sich das fast gerächt, als ich wegen erneuter Rückenprobleme kurz vor einer Operation gestanden habe. Zum Glück ließ sich dies dank der Hilfe von sehr gutem medizinischem Personal verhindern. Nun ist der Rücken seit mehreren Jahren absolut stabil.

Wie hat mir Jörg geholfen, nicht zu viel Geld unvernünftig auszugeben?
Zu jung, zu viel Geld zu besitzen, kann gefährlich sein. Jörg hat mir mit als Erstes geholfen, wieder das richtige Wertgefühl zu bekommen. Er stellte

eine einfache Frage: Wie viel Geld brauchst Du monatlich zum Leben? Wir einigten uns, dass ich fortan nur noch diese Summe erhielt. Das restliche Gehalt sollte in andere Töpfe fließen, wo es investiert wurde.

Dabei war mein persönliches „Monatsgehalt" recht hoch. Viele Familien mit Kindern müssen davon den monatlichen Lebensunterhalt für alle bestreiten. Ich hatte dieses Geld hingegen für mich alleine zur Verfügung – und Wohnung, Auto (beides trug der Verein) und alle Versicherungen und Geldanlagen (anderer „Topf"). Brauchte ich mehr, konnte ich es mir freischalten lassen. Als 22-jähriger Mann hatte ich also immer noch sehr viel Geld zum Ausgeben. Viele müssen und würden sicher problemlos mit deutlich weniger auskommen. Andererseits habe ich auch stark dafür gearbeitet und dabei auf vieles verzichtet und tue das noch (Abschn. 4.1.2 und 4.1.3). Ich denke, dass es wichtig ist, sich auch für diese Leistung zu belohnen und das Leben zu genießen, wenn Gelegenheit dazu da ist – bewusst und im richtigen Maß.

Einschub
Neben den regelmäßigen monatlichen Ausgaben gibt es natürlich auch noch Sonderausgaben, zum Beispiel für den Urlaub oder einen besonderen Wunsch wie meine Traumuhr. Dass Teamkollegen in einem Sommer 10.000 bis 15.000 EUR für einen Urlaub ausgeben, ist tatsächlich keine Seltenheit. Das lässt sich natürlich leicht machen, wenn das Geld auf dem Konto frei verfügbar ist. Aber auch hier gilt der berühmte Tropfen auf dem heißen Stein: Wenn man das immer wieder macht, ist die monatliche Begrenzung sinnlos! Solche Wünsche muss man sich also vom Monatsbetrag „ersparen". Reicht das nicht, ist das „Freischalten" von Festanlagen möglich – man sollte sich aber selbst daran hindern, dies allzu oft zu tun.

Die mir selbst auferlegte Grenze wollte ich auf keinen Fall überschreiten. Auf einmal musste ich vor jeder größeren Anschaffung wieder überlegen, ob ich mir das für diesen Monat noch leisten kann. So wurden 500 EUR wieder zu einer beachtlichen Summe – obendrein hatte ich wieder mehr Freude, wenn ich mir etwas gegönnt habe.

Mein Ziel war es also, nicht nur die Grenze nicht zu überschreiten, sondern möglichst deutlich weniger als die zur Verfügung stehenden Mittel auszugeben. Jörg hatte mich also mit einem einfachen Trick zum Umdenken bewogen. Von nun an folgte ich der wohl wichtigsten Weisheit des Vermögensaufbaus: „Don't let your savings adjust to your spending needs. Let your spending adjust to your saving needs."

Es motivierte mich, dass jeder Euro den ich nicht ausgegeben hatte, im nächsten Monat investiert und angelegt wurde. Wie im Sport, ist es auch bei den Finanzen leichter, auf etwas hinzuarbeiten, wenn man klare Ziele vor Augen hat. Ich hatte eine zeitliche Vorstellung vom Ende meiner Karriere und vom Übergangsprozess bis dahin, in meinem Anschlussberuf wieder so viel Geld verdienen zu können, um den von mir angestrebten Lebensstandard zu halten. Ich konnte mir also vorstellen, was für ein Leben ich nach meiner Karriere führen wollte und was ich dafür in meiner Sportlerkarriere an Werten schaffen musste.

Wie denke ich heute über Finanz- und Steuerberatung?
Immer wieder einmal wird mir bewusst, wie richtig es war, gezielt Beratung anzunehmen. Ich treffe immer wieder auf Mitspieler, die mir sagen, dass sie eine sechsstellige Summe auf dem Konto liegen haben und diese gerne anlegen würden. Sie haben sich nie getraut, einem Finanzberater zu vertrauen, oder waren zu bequem, sich mit dem Thema auseinanderzusetzen. Sie fragen mich dann um Rat, was ich von Investition x oder Berufsunfähigkeitsversicherung y halte. Ich denke schon, dass ich einen recht guten Überblick dabei habe. Doch gibt es Fachleute, die das professionell betreiben. Meine Teamkollegen sind sicher gut beraten, sich von solchen Experten Ratschläge einzuholen und nicht von mir.

Ich bin übrigens der erste Sportler gewesen, den Jörg betreut hat. Er sagte: „Konzentriere Du Dich voll auf den Sport, ich halte Dir den Rücken frei." Ich habe mich damals gefragt, was er damit meint. Er – als Finanzmensch? Heute könnte ich unsere Zusammenarbeit kaum trefflicher beschreiben. Nach Aufstellen eines Finanzplans – das hat zwei volle Tage gedauert! – brauchte ich mich in den letzten Jahren nicht mehr groß mit Finanzen und Versicherungen beschäftigen. Wenn es etwas zu besprechen gibt, telefonieren wir kurz. Ansonsten treffen wir uns einmal im Jahr, um den aktuellen Zustand zu besprechen und, falls nötig, nachzujustieren.

Heute betreut Jörg zahlreiche Spieler und ist zu einem absoluten Experten auf diesem Feld geworden. Dass ihn auch andere Vertrauenspersonen in meinem Umfeld fachlich und menschlich schätzen, gibt mir weiterhin ein gutes Gefühl

Was würde ich jemanden raten, der nach einem Finanz- und Steuerberater sucht?
Zunächst einmal halte ich es für ausgesprochen wichtig, wenn sich Vertrauenspersonen positiv über den Finanz- und Steuerberater äußern und es persönliche Bezugspunkte gibt.

Ich würde immer noch eine Vertrauensperson in die anfänglichen Gespräche einbeziehen. Ich hatte das Glück, dass sich mein Vater gut genug auskannte. Alternativ finden sich sicher auch andere Verwandte oder Freunde, die gerne behilflich sind.

Mir hat bei meinem Finanzberater Jörg gefallen, dass er gleich den Kontakt zu anderen „Experten" in meinem Umfeld gesucht hat. Er hat sich gleich mit meinem Agenten Patrick King und mit meinem Steuerberater Patric in Verbindung gesetzt, um sich auszutauschen. Für mich war ihr positives Feedback über Jörg eine weitere Rückversicherung.

Der Finanz- und Steuerberater sollte schon vorher mit Sportlern zusammengearbeitet haben oder ein ernsthaftes Interesse signalisieren, dies in Zukunft zu tun. Es ist wichtig, dass er sich mit den Besonderheiten des Berufsfelds Profisportler auskennt oder bereit ist, sich einzuarbeiten. Es stellt sich immer die Frage, welch großen Aufwand er betreiben wird, sich für lediglich einen einzelnen Sportler in dieses komplexe Thema einzuarbeiten.

Am Ende des Tages gilt jedoch auch hier: Auf das Bauchgefühl hören!!!

„Sowohl Athleten als auch andere in ihrem Bereich erfolgreiche Menschen tendieren dazu, ein sehr großes Selbstbewusstsein zu haben. Viele von uns tragen dieses extreme Selbstbewusstsein in jede andere Aktivität, der wir uns annehmen – und vergessen dabei, wie viel Zeit wir in unser aktuelles Unterfangen gesteckt haben. Zu lernen und zu akzeptieren, dass wir alle nur Menschen sind, die nicht überall Experten sein können, ist ein erster wichtiger Schritt. Jemanden zu finden, dem wir vertrauen können und der dies auch verdient, ist der nächste und wahrscheinliche auch der härteste Schritt.

Ich habe meinen Mitspielern unzählige Male geraten, einen Experten für etwaige Probleme zu finden. Konnten sie das nicht selbst, habe ich ihnen dabei geholfen. Wenn ich absehen konnte, dass Menschen in meinem näheren Umfeld dabei waren, viel Geld mit einer Investition zu verlieren oder sogar pleitezugehen, hatte ich immer einen ganz einfachen aber umso wichtigeren Rat für sie parat: Investiere wenigstens nur eine kleine Summe Geld, damit Du es Dir leisten kannst, wenn die Sache in die Hose gehen sollte."
(Adam Hess, Finanzberater in den USA)

https://tinyurl.com/y92mrqx5

Auch wenn man es nicht für möglich hält: Es ist schwer, sein Geld zusammenzuhalten, wenn man als junger Spieler auf einmal viel verdient. Ein Finanzberater hilft dabei, Vermögen langfristig, strukturiert und zielorientiert aufzubauen und mit den nötigen Versicherungen seine Karriere nicht dem Schicksal zu überlassen. Für jeden Sportler ist es also absolut sinnvoll, sich mit Finanzen und Versicherungen auseinanderzusetzen und sich professionell aufzustellen – und zwar so früh wie möglich.

5.1.3 Wichtige zusätzliche leistungssteigernde Faktoren

In diesem Kapitel:

- Welche Faktoren beeinflussen meine Leistung?

„Das Wichtigste ist, dass sich ein Spieler klarmacht, wie groß eigentlich das Spektrum ist an Faktoren, die letztlich die eigene Leistung beeinflussen, die man erreichen kann. Es gibt sehr viele Faktoren, die dann Einfluss haben und der Spieler muss darauf achten, diese Faktoren kennenzulernen und sauber auszubalancieren. Das ist sehr schwierig. Das sind Erfahrungswerte und da gibt's keine Patentrezepte. Aber er sollte sich sozusagen bewusst darüber werden, wie viele Faktoren diesbezüglich eine Rolle spielen. Man denkt am Anfang schnell etwas locker: ‚Ja gut, man muss nur bissel rumtrainieren.' Irgendwann erfährt man ein bisschen was über Ernährung, dann erfährt man ein bisschen was über Regeneration und Bedeutung von Schlaf und so weiter und so weiter ... Und je älter die Spieler werden, desto offensichtlicher werden auch diese verschiedenen Faktoren. Und je früher man damit anfängt, desto besser. Du kannst meines Erachtens nicht nur ein einzelnes Feld nehmen und wie ein Ochse trainieren, alles ist im Zusammenhang zu sehen. Wenn die Regeneration nicht stimmt, wird man sich schneller verletzen oder ermüden. Das Austarieren der verschiedenen Faktoren ist brutal wichtig. Wenn ich immer nur ‚Müll' esse, dann kann ein junger Körper das noch relativ gut verpacken, aber je älter ich werde, desto weniger gut verpackt er das, und anschließend werde ich die Konsequenzen spüren, bin verletzungsanfälliger, bin krank, bin öfter krank und werde Leistungseinbußen hinnehmen müssen. Je früher der Spieler über seinen eigenen Körper und über die Faktoren, die da eine Rolle spielen, lernt, desto besser kann er werden – und das vor allem auch über einen längeren Zeitraum."
(Markus Weise, Leiter Konzeptentwicklung DFB-Akademie)

https://tinyurl.com/yadw3o72

Es gibt noch viele weitere spannende Themengebiete, mit denen sich Sportler unbedingt auseinandersetzen sollten, zum Beispiel Mentaltraining und Ernährung. Im Sport spielen sie oft noch keine große Rolle. Dabei ist es als Sportler fast schon fahrlässig, sich nicht zumindest damit zu beschäftigen. Im professionellen Sport wird heute an immer kleineren Stellschrauben gedreht, um einen Vorteil gegenüber der Konkurrenz zu bekommen. Prozesse und die Trainingssteuerung werden immer weiter optimiert.

Oft entscheiden nur Nuancen über Erfolg Misserfolg. Warum sollte sich ein Sportler also nicht für die vielen Stunden belohnen, die er auf der Trainingsanlage verbracht hat? Wäre es nicht traurig, wenn sich ein Sportler so hart für den Erfolg gequält hat und am Ende scheitert, weil er sich nicht richtig ernährt hat oder gerade mental nicht bereit ist, seine beste Leistung abzurufen. Sich mit beidem zu beschäftigen, heißt nicht, dass jeder Sportler am Ende restlos überzeugt ist und sein Verhalten komplett anpasst. Ein paar Prozente lassen sich aber vielleicht herausholen.

Ich persönlich habe mit einer angepassten Ernährung beispielsweise große Erfolge erzielt. Zu Beginn meiner Karriere hatte ich noch oft mit muskulären Problemen und Verletzungen zu kämpfen. Nach dem ich meine Ernährung umgestellt hatte, kann man meine verpassten Trainingseinheiten und Spiele in den letzten Jahren an einer Hand abzählen. Mit Mentaltraining habe ich mich auch beschäftigt. Ich halte mich jedoch für einen Spieler, der eher zu viel nachdenkt als zu wenig. So hatte ich das Gefühl, durch das Mentaltraining noch mehr zu „verkopfen". Daher habe ich das nicht weiterverfolgt. Möglicherweise hätte ich aber langfristig Erfolge haben können, wäre ich am Ball geblieben. Ich kenne einige Teamkollegen, die durch mentales Training weit vorangekommen sind. Deswegen halte ich es nach wie vor für spannend. Die folgenden Gastbeiträge von Jürgen Schmid und Peter E. Dreverhoff, zwei renommierten Experten auf ihren Gebieten, geben einen kleinen Einblick in beide Themen.

5.1.4 Mit mentalem Training zum Erfolg

Gastbeitrag von Jürgen Schmid

> In diesem Kapitel:
>
> - Wie kann mentales Training mir helfen, mein Potenzial auszuschöpfen?

Mentales Training hilft jedem Sportler, Probleme und Krisen zu bewältigen, das volle Potenzial auszuschöpfen. Das Ziel: maximaler Erfolg bei maximaler Gesundheit – das Kapital jedes Spitzensportlers.

Was ist mentales Training?
Während früher die Hilfe von Mentaltrainern primär bei Problemen gesucht wurde, findet mentale Unterstützung heute, bedingt durch größere Leistungsdichte und immer höher werdende Ansprüche, besondere Bedeutung hinsichtlich maximaler Potenzialerweiterung.

Ein Mentaltrainer analysiert, motiviert und coacht im sportlichen wie im privaten Bereich, was sich gegenseitig beeinflusst und bedingt. Dabei werden individuelle Projekte und Ziele erarbeitet und verfolgt. Gute Mentaltrainer bedienen sich dabei effektiver Ansätze aus Beratung, Mentoring, Coaching und Therapie, das heißt, sie können Athleten auf allen Ebenen helfen. Studien zeigen, dass sich die Produktivität des Trainings und die Leistungen im Wettkampf durch mentale Arbeit vielfach steigern lassen.

Brauche ich Mentaltraining?
Wenn Du Dich das fragst, bist du schon mitten drin in mentaler Arbeit: Selbstreflexion ist neben Außenreflexion die Grundvoraussetzung für Veränderung.

Was kann ich gut und kann ich es noch verbessern? Was muss ich noch lernen, um mein volles Potenzial ausschöpfen – und vielleicht noch zu steigern? Was hält mich vielleicht davon ab? Wie kann ich Krisen und Probleme bewältigen? Mit solchen Fragen, die Du Dir selbst, Deinem Trainer, den Mitspielern oder auch sonstigen Experten stellst und bearbeitest, hast Du ein mentales Tool an der Hand, mit dessen Hilfe Du nach oben an die Spitze kommen und – was oft schwieriger ist – dort auch bleiben kannst. Solltest du mithilfe Deines professionellen Umfelds dabei nicht weiterkommen, bietet sich die Unterstützung eines Mentaltrainers an – egal, ob es sich um körperliche oder mentale Herausforderungen handelt, denn beide spielen zusammen.

Im Grunde geht es darum, auf jegliche Herausforderung die richtige Antwort zu finden, also einen inneren Zustand erzeugen zu können, der für die Situation optimal ist.

Wie verläuft Veränderungsarbeit?
Bewusst und unbewusst. Auf bewusster Ebene erarbeitet man den Status quo, die entsprechenden Ziele und einen optimalen Aktionsplan. Ist etwas

bewusst nicht zu bewältigen, wird die Arbeit auf die unbewusste Ebene verlagert. Denn alle Bewegungsabläufe, Muster und Glaubenssätze sind im Unterbewusstsein gespeichert und werden durch bestimmte Reize abgerufen. Diese Reize zu ändern oder auch neue zu kreieren, bedarf gewisser Techniken, die ein Mentaltrainer beherrscht.

Außerdem bietet es sich an, präventive Bewältigungsstrategien zu erarbeiten. So ist es beispielsweise zielführender und gesünder, möglichst früh zu lernen, mit Stress umzugehen, als dem womöglich unvorbereitet ausgesetzt zu sein.

Wie finde ich den richtigen Mentaltrainer?
Der erste und beste Weg ist die Empfehlung von anderen Athleten und Trainern. Man kann auch im Internet bei entsprechenden Verbänden und Institutionen nachfragen. Wichtig bei der Wahl ist weniger der Berufstitel des potenziellen Trainers, gute Mentaltrainer kommen aus ganz verschiedenen Ausbildungsbereichen. Viel mehr zählen seine Qualifikationen und sein Erfahrungsschatz.

Denn das Verhältnis zwischen Dir und ihm muss passen und auf Vertrauen basieren. Führ also zunächst ein Kennenlerngespräch. Der Mentaltrainer sollte konkret erklären können, wie er arbeitet und mit welchen Methoden. Kritisch zu beurteilen sind vage Aussagen und wilde Versprechungen. Vielmehr sollte der Trainer seine eigenen Grenzen kennen und beispielsweise bei psychischen Erkrankungen an einen ausgebildeten Therapeuten verweisen.

Am Ende entscheidet das eigene Gefühl, ob man mit diesem Menschen zusammenarbeiten kann und will. Also erst reinschnuppern, dann buchen! Und das Wichtigste: Die Freude an Deinem Sport motiviert, setzt Energien frei und hält Dich gesund! Also: *Hab Spaß!!!*

„Ich persönlich glaube, dass der psychologische Aspekt eine unglaublich wichtige Rolle spielt. Auf den Spielern lastet ein enormer Druck. Darüber wird in der Kabine allerdings nie gesprochen. Ich hatte beispielsweise mal einen Mitspieler, der sich vor jedem Spiel übergeben musste, weil er so nervös war. Nach außen hat er sich aber nie etwas anmerken lassen. Ich hatte immer das Gefühl, dass er nur so vor Selbstvertrauen strotzen würde, und war ziemlich überrascht, als ich das mitbekommen habe. Ich selbst bin auch noch vor jedem Spiel nervös (selbst in der Vorbereitung), obwohl ich schon so lange dabei bin. Ich glaube aber, dass mir genau das in den wichtigsten Spielen meiner Karriere hilft. Ich bin die Nervosität gewöhnt und kann dadurch vielleicht besser meine Leistung abrufen als andere. Zumindest schaffe ich es immer, in den wichtigsten Spielen meine beste Leistung abzurufen.

Mir fällt es allerdings schwer, Niederlagen zu akzeptieren. Und ich nehme oft das schlechte Gefühl mit nach Hause, das mich dann den Rest der Woche begleitet. Zuerst suche ich dann immer die Schuld bei mir. Das kann natürlich auch sehr frustrieren, weil man immer Fehler bei sich findet – egal, wie gut man gespielt hat. Ich glaube, dass die Dunkelziffer an Spielern, die ... naja Depression ist vielleicht das falsche Wort beziehungsweise etwas zu hart ausgedrückt ... sagen wir lieber, die der Druck und Niederlagen sehr mitnimmt ... extrem hoch ist. In schlechten Phasen vergisst man oft, wie gut man es eigentlich hat."
(Moritz Müller, Eishockeyspieler bei den Kölner Haien)

https://tinyurl.com/y7xx7hsw

5.1.5 Mit der richtigen Ernährung zu Erfolg

Gastbeitrag von Peter E. Dreverhoff

In diesem Kapitel:

- Wie kann Ernährung meine Leistung positiv beeinflussen?

„Steck den Tiger in den Tank" war vor einigen Jahrzehnten ein erfolgreicher Werbeslogan für einen Auto-Kraftstoff. Aus jeder langweiligen Limousine, suggerierte die Werbung, sollte so die optimale Leistung hervorgelockt werden. Optimierter Kraftstoff bringt außergewöhnliche Leistungen, dieses Motto zieht an der heutigen Tanksäule immer noch. Im übertragenen Sinne ist dieses Denken auch in der Sportwelt angekommen. Wer kann es sich heute noch leisten, den Faktor Ernährung aus dem Leistungssport zu ignorieren?! Nur – welche Methode ist da nun die richtige? Die Empfehlungen und Richtlinien sind durchaus unterschiedlich und widersprechen sich auch noch zum größten Teil.

Für mich persönlich wurde der Faktor Ernährung zu einem einschneidenden Erlebnis: Als junger Erwachsener gab es nichts Wichtigeres als Sport. Mir hatte es das Fahrradfahren besonders angetan und da ich im Alter von Anfang 20 schon etwas fortgeschritten war, begeisterte ich mich für Triathlon. Für diese damals recht junge Sportart gab es schon einiges an Kleinveranstaltungen, an denen ich teilnahm. Für meine Ausrüstung war ich bereit zu investieren: Ein speziell ausgestattetes Rennrad, Trainings- und Schwimmanzüge, Laufschuhe und aerodynamische Schwimmbrille waren selbstverständlich. Die Art meiner Ernährung dagegen interessierte mich wenig, ich aß einfach so weiter wie vor meiner sportbegeisterten Zeit. Mit sehr viel Milch- und Getreideprodukten, Fisch, Müslis und immer wieder mal frischen Salaten hatte ich eher das Gefühl, hier zu den Guten zu gehören. Aber meine heilige Kuh sollte urplötzlich zur Schlachtbank geführt werden …

Nach einer ca. 250 km langen Radtour stellten sich ständige Kniebeschwerden ein. Ein Orthopäde diagnostizierte, dass es sich bei den Schmerzen um eine beginnende Arthrose handelte. Also eine Verschleißerkrankung im Alter von 24 Jahren, ich war verzweifelt. Behandlungsansätze schlugen nicht an und so kam ich auf die Idee, mich selbst durch Ernährungsumstellung zu therapieren. Was soll ich sagen – durch eine Umstellung auf reine Rohkost verschwanden nicht nur die Schmerzen in den Knien, auch Allergien und asthmatische Beschwerden, die mich schon seit frühester Kindheit begleitet hatten, verschwanden spurlos. Mein erneuter Einstieg in den Triathlon-Sport, bei gleichem Trainingspensum, erbrachten dann sogar bessere Platzierungen. Was möchte ich damit sagen? Erst mal: Dein Körper kann nur Top-Leistung bringen, wenn er entsprechend „betankt" wird. Zweitens: Um Ziele zu erreichen, müssen teilweise ungewöhnliche Wege beschritten werden. Und drittens: Unterschätze nicht das Potenzial, welches eine an Dich angepasste und optimierte Nahrungsaufnahme bringen kann. Die Ernährung stellt hier einen bedeutenden Co-Faktor da.

Ich möchte mir hier nicht anmaßen, Ernährungsempfehlungen auszusprechen, die mit Sicherheit zum Erfolg führen und für jeden passend sind.

Ich stelle aber schon die These auf, dass die heutige klassische Ernährung für den Spitzensportler und selbst für den Hobbysportler weniger gut geeignet ist. Um für die intensiven Herausforderungen, die der sportliche Wettbewerb bietet, bestens gewappnet zu sein, versuchen Sportmediziner und Ernährungsforscher durch Ernährungszusätze und spezielle Diäten, die Standardernährung aufgrund von Gegebenheiten der Biologie und der Physiologie zu korrigieren.

In der Praxis zeigt sich immer mehr, dass die Komplexität des Problems und die Verschiedenheit der Organismen die Wirksamkeit dieser Methoden infrage stellt.

Die Notwendigkeit eines optimalen Stoffwechselwirkungsgrades führt dem Sportler immer mehr den Vorteil vor Augen, welcher eine wirklich an die Bedürfnisse des Organismus angepasste Ernährung darstellt, und führt ihn zu einer personalisierten Ernährung.

Hier fünf Grundvoraussetzungen für die Ernährung sporttreibender Menschen:

1. Ernährungsausgewogenheit
   Die ausbalancierte Zufuhr sowohl der Makronährstoffe Kohlehydrate, Fette und Proteine als auch der Mikronährstoffe Vitamine, Mineralstoffe, Spurenelementen, Aminosäuren, Hormone und weitere Phytonährstoffe muss garantiert sein.
2. Optimale Wiederherstellung
   Die Aufgaben, geschädigte Zellen zu regenerieren und verbrauchte Energiereserven aufzufüllen, sollen gewährleistet sein.
3. Abwesenheit schädlicher Stoffe
   Aus der üblichen Nahrungsaufnahme resultierende Belastungen wie zum Beispiel Alkohol, Pestizide etc. müssen minimiert werden – minderwertige Nahrungsmittel sind daher kontraproduktiv.
4. Optimale Entsorgung von Stoffwechselabfällen
   Bedeutende Anstrengungen erzeugen mehr Abfall in unseren Zellen. Die Abbaugeschwindigkeit dieser Abfälle bestimmt die Regenerationsgeschwindigkeit des Organismus entscheidend mit – ein besonders wichtiger Punkt bei Wettkampfformen mit in geringen Zeitintervallen gestaffelten Leistungen.

Eine den körperlichen Herausforderungen auf hohem Niveau angepasste Ernährung muss all diese Bedingungen erfüllen. So kommen wir wieder zu der Einleitung, denn die Antworten der Ernährungslehre sind mehr oder weniger widersprüchlich. Was der eine begeistert empfiehlt, wird von anderen verworfen oder komplett abgelehnt. Welche Ernährung ist nun die richtige für mich und meine Sportart? Zu bedenken ist, dass nicht nur jeder menschliche Organismus unterschiedlich tickt, sondern dass in jeder Sportart auch noch unterschiedliche Anforderung durch die Art und Quantität an den Menschen gestellt werden. So lässt sich auch leicht nachvollziehen, dass Empfehlungen und Erfolgsberichte unterschiedlich ausfallen, ja sogar ausfallen müssen. Sonst wäre doch tatsächlich die eine, noch zu entdeckende Ernährungsform die allein glücklich machende. Da aber die Einsatzgebiete und Milieus, in denen eine Ernährungsform praktiziert wird, niemals gleich sein werden, wird es nach meiner Erfahrung auch in der Zukunft keine Regeln geben, die für alle funktionieren. Wie heißt es so schön: die Erkenntnisse von heute sind die Fehler von morgen!

Meine wichtigste Botschaft ist, sich überhaupt erst einmal mit dem Thema zu beschäftigen, denn neben Leistungsfähigkeit geht es ja auch um Gesundheit, die während und natürlich auch nach der Sportkarriere noch vorhanden sein soll. Durch mangelhafte Ernährung – und dies gilt nicht nur für Sportler – erhöht sich das Risiko für Übermüdung, Erkrankungen, steigende Verletzungsgefahr oder gar ein Abbau von elementaren Körpersubstanzen wie Zähne, Knochen und Muskeln.

Dank dem Internet sind wir schnell in der Lage, Empfehlungen und Ernährungspläne passend zur eigenen Sportart zu ermitteln. Welche Kriterien können dabei bei der persönlichen Auswahl zurate gezogen werden?

Frische trumpft!
Egal, welchen Empfehlungen wir nachhängen, dass wir möglichst viel frisches Obst und Gemüse essen und unsere Nahrung möglichst undenaturiert auf den Tisch kommen sollte, zieht sich durch alle Erkenntnisse. Je mehr Frisches auf unserem Speiseplan steht, desto weniger künstliche Supplemente benötigen wir. Denn wo finden wir die angepriesenen Vitalstoffe in Tablettenform in ihrem natürlichen Umfeld? Wir haben einen natürlichen Körper und den sollten wir so natürlich wie möglich ernähren, möglichst mit Produkten aus dem Biohandel. Übrigens kann hier das Hinzunehmen von selbst gemixten Green Smoothies die Umsetzung von mehr Frische in der Küche sehr erleichtern. Meine Empfehlung hierzu: der Sergei-Boutenko-Film „Powered by Green Smoothie", in dem die entsprechenden Resultate bei zehn Ausdauersportlern dokumentiert werden. Um überhaupt erst einmal einen Eindruck zu bekommen, was verarbeitete und was natürliche Produkte sind, hilft die von dem Ernährungsforscher Professor Dr. Werner Kollath erstellte Wertigkeitstabelle. Getränke sollten selbstverständlich auch nicht unbedingt aus dem Labor kommen. Gefiltertes

Leitungswasser, zu isotonischen Zwecken angereichert mit einer Prise Salz, wäre aus meiner Sicht das Mittel der Wahl, mehr braucht es für die Flüssigkeitszufuhr nicht.

Viel oder wenig Proteine?
Vegan, Low Carb, High Carb oder Paleo – hier finden wahren Glaubenskriege statt. Statt daran zu verzweifeln und die Flinte gleich ins Korn zu werfen, sollten wir das Ganze positiv sehen. Wir leben in einer Zeit, in welcher die Vielfalt an Möglichkeiten, sich zu ernähren, wirklich einmalig ist und wir uns schnell und umfassend Meinungen und Erfahrungsberichte einholen können. Wecke den Forschergeist in Dir! Wenn Dich also eine bestimmte Ernährungsform anspricht, dann kannst Du an Dir nur durch *trail and error* herausfinden, ob es für Dich das Richtige ist. Dies sollte ernsthaft und mit eigener Dokumentation über die Ergebnisse geschehen, sonst kann das Für und Wieder hinterher nicht richtig eingeordnet werden. Neben Trainingsplänen auch noch Ernährungspläne zu führen, fällt schwer, aber es lohnt sich. Wenn dabei extreme Veränderungen in den Essgewohnheiten gefordert sind, empfiehlt es sich, mindestens drei Wochen dabeizubleiben, um dem Stoffwechsel die Möglichkeit zu geben, sich darauf einzustellen. Solche Experimente kurz vor Wettkämpfen sind nicht empfehlenswert und eine kurze Schwächung in der Anfangsphase sollte eingeplant werden.

Das Wichtigste zum Schluss: die gerade praktizierte Ernährungsweise immer wieder infrage stellen. Was gestern gut war und über Monate perfekt funktioniert hat, kann auf Dauer in eine Sackgasse führen oder muss eventuell angepasst und variiert werden, um weiter den gewünschten Effekt zu bringen. Also: Auf der Hut sein, immer wieder einmal etwas Neues ausprobieren und dies als Bereicherung und nicht als Last sehen! In diesem Sinne: Viel Erfolg und Freude beim Entdecken von persönlichen Ernährungswegen ...

5.1.6 Wie setze ich mich langfristig als Profi durch und gehe richtig mit Problemen um?

In diesem Kapitel:
- Welche Rolle spielen Rückschläge in der Karriere eines Sportlers?
- Mit welchen Rückschlägen ich kämpfen musste.
- Wie man richtig mit Rückschlägen umgeht.
- Wie wichtig eine positive Einstellung ist und wie man diese entwickelt.

„Die größte Gefahr besteht sicherlich in einer nicht guten Selbsteinschätzung, eher einer Überschätzung, in wenig Demut, wenig Bescheidenheit, in nicht fokussiertem, nicht zielorientiertem Arbeiten, Vertrauen in falsche Menschen und darin, ganz schnell viel erreichen zu wollen. Letztendlich eine Defokussierung, also zu sehr an externen Faktoren orientiert und zu wenig bei sich selbst geblieben. Das (ist eine) große Gefahr […]."
(Martin Meichelbeck, Direktor Sport bei SpVgg Greuter Fürth)

https://tinyurl.com/y9h4sdkx

„I've missed more than 9000 shots in my career. I've lost almost 300 games. 26 times I've been trusted to take the game winning shot and missed. I've failed over and over and over again in my life. And that is why I succeed." So beschrieb Basketballer Michael Jordan die größte Fähigkeit, die man sich als Sportler aneignen muss: mit Rückschlägen fertig zu werden. Natürlich sind wir nicht alle Michael Jordans und können leider nicht 300 verlorene NBA-Spiele zu unseren größten Rückschlägen zählen. Aber jeder Sportler ist in seiner Karriere auf seine Art mit Problemen, Herausforderungen und Rückschlägen konfrontiert, nie geht es nur bergauf. Manchmal sind es Dinge, die an einem selbst liegen, wie ein Formtief. Manchmal stoppen einen aber auch Faktoren, die man selbst nicht beeinflussen kann, zum Beispiel Verletzungen. Eins hilft dann immer: *positiv* und *geduldig* bleiben. Jordan bringt hierzu exakt auf den Punkt, wie Sportler damit umgehen sollten, um am Ende erfolgreich zu sein. Der Schlüssel zum Erfolg liegt darin, diese Rückschläge zu reflektieren, aus ihnen zu lernen und wieder aufzustehen, um als besserer Spieler die nächste Herausforderung angehen zu können.

Wenn ich heute auf meine 13 Jahre als Profi zurückschaue, gab es immer wieder Situationen, wo ich in meiner Karriere am sprichwörtlichen Scheideweg stand. Den Anfang machte meine Zeit in Köln, in der ich im Alter von 18 Jahren das Gefühl hatte, Spielzeit verdient zu haben. Doch so sehr ich mir in jedem Training mein Herz rausspielte, bekam ich keine echte Chance, wenn die Scheinwerfer angingen. Trotzdem arbeitete ich in jedem

Training weiter, so hart es ging, und wartete auf meine Chance. Mitten in der Saison ging meine Mannschaft unerwartet insolvent und unsere drei Leistungsträger verließen die Mannschaft. Für den Verein, die Fans und natürlich auch für uns Spieler war das furchtbar. Aber für die jungen Spieler, für Tibor Pleiss und mich, öffnete sich der Weg: Ich spielte in jedem Spiel mehr als 30 min und nutzte sie, mich zu zeigen – durch das harte Training war ich physisch und mental bereit dazu.

Als Köln 2009 endgültig den Spielbetrieb einstellen musste, wechselte ich zu den Eisbären Bremerhaven. Auch hier musste ich mich erst mal wieder hinten anstellen. Auch wenn ich das Gefühl hatte, mich im Training sehr gut zu präsentieren, bekam ich wieder kaum Gelegenheit zu spielen. Vor mir spielte damals mit Rodney Buford ein ehemaliger NBA-Spieler, der sich zum Topscorer der Bundesliga mauserte. Auch wenn es mich frustrierte, ich arbeitete weiter hart im Training und wartete wieder geduldig ab. Als Rodney aus familiären Gründen über Weihnachten in die USA fliegen musste, rutschte ich in die *starting five*. Meine Mannschaft legte eine Siegesserie hin und ich konnte in der Phase mit guten Leistungen überzeugen. Als „Hot Rod" den Rückflug und mehrere Fristen verpasste, entließen die Eisbären ihn aus seinem Vertrag und betrauten mich mit seinem Spot. Damals dachte ich: Das hab ich mir verdient. Heute weiß ich, dass ich damit nicht völlig Unrecht hatte. Vielmehr bin ich mittlerweile aber der Organisation und besonders meinem damaligen Coach Doug Spradley dankbar: Es bedarf schon ordentlich Eier, den amerikanischen Topscorer der Liga mit einem 20-jährigen Talent zu ersetzen. In dieser Saison verpassten wir nur knapp das Finale der deutschen Meisterschaft und ich war als Spieler endgültig in der Bundesliga angekommen. Ich bin froh, dass ich mit meiner Leistung das Vertrauen zurückzahlen konnte.

Natürlich, beide Male war auch Glück dabei und ich habe von besonderen Situationen profitiert. Dem stimme ich zu. Ich sage aber zu jungen Spielern auch immer wieder, dass solches jederzeit unverhofft geschehen kann. Man wird diese Chance aber nur dann wirklich nutzen können, wenn man bis dahin stets intensiv an sich gearbeitet hat, körperlich und mental. Durch gute Trainingsleistungen sorgt man außerdem dafür, dass nicht ein anderer Spieler die Chance erhält, denn im Training erarbeitet man sich den Respekt von Trainern und Mitspielern.

Nachdem ich mich in Köln und Bremerhaven durchgesetzt hatte, folgte der erhoffte Schritt in die Nationalmannschaft und zu einem größeren Verein: dem FC Bayern München Basketball. Der Wechsel dorthin brachte im Laufe der Saison dann den ersten großen Rückschlag in meiner Karriere mit sich. Der damalige Trainer Dirk Bauermann überzeugte mich mit einer festen Zusage auf eine bestimmte Rolle – so hatte ich das zumindest verstanden –, den Schritt zu solch einer ambitionierten Mannschaft zu wagen.

Noch vor dem ersten Spieltag merkte ich jedoch, dass er diese vermeintliche Garantie auf Spielzeit doch nicht so ernst meinte, wie ich dachte. Dabei war ich doch als anerkannter und viel gelobter Nationalspieler nach München gekommen. Damit hatte ich erstmals das Gefühl, einen gewissen Status mit Anrecht auf große Spielanteile zu haben. Dieses Mal fiel mir Geduld daher deutlich weniger leicht. Ich musste der harten Wahrheit ins Auge blicken, dass es Anrechte auf Spielzeit im Sport nicht gibt. Am Ende des Tages muss der Trainer Spiele gewinnen. Auf persönliche Befindlichkeiten oder einen vermeintlichen Status kann er dabei keine Rücksicht nehmen. Mir wurde bewusst, dass ich mich als Profi jeden Tag aufs Neue beweisen musste. Das wäre sicherlich leichter gewesen, wenn ich nicht das „Versprechen" im Kopf gehabt und Dirk mir meine wirkliche Rolle vorab klarer kommuniziert hätte. Aber letztlich hatte ich trotzdem das Schicksal in meiner eigenen Hand.

Ich reagierte so, wie ich es davor und danach nie wieder tat: Ich trainierte zwar immer noch hart und schob Extraeinheiten ein, ließ mich aber mental hängen. Ich kam in der ersten Saisonhälfte regelmäßig zu meinen Einsatzzeiten. Ich hätte also im Spiel und während des Trainings beweisen können, dass ich der Mannschaft weiterhelfen kann. Doch trotz hartem Training war ich dazu nicht in der Lage. Vielmehr haderte ich täglich mit meinem Schicksal, war unzufrieden, nicht richtig im System eingebunden zu sein, und unterstützte mein Team auf der Bank nicht mehr – was ich bis heute am meisten bereue. Kurz: Ich hatte eine negative Grundeinstellung und war damit für mein Scheitern selbst verantwortlich.

Ich glaube fest an das *universelle Gesetz der Anziehung*, das *Resonanz-Gesetz:* Gleiches zieht Gleiches an. Wer positiv denkt, dem wird Positives widerfahren. Umgekehrt gilt das natürlich auch. Ich bin überzeugt, dass sich durch mein negatives Denken damals die Dinge in München nicht in meine Richtung bewegten. Ich konnte auf dem Spielfeld noch so frei stehen – meine Teamkollegen übersahen mich. Ich hatte keine Ausstrahlung, war nicht präsent. Als Dirk und ich am Ende der Saison im Training aneinandergerieten, warf er mir vor, ich würde die ganze Saison rumlaufen wie ein Geist. Er hatte Recht.

Auch in meinen späteren Stationen in Ulm und Oldenburg stand ich einige Male am Scheideweg. Ich hatte aber aus meinen Fehlern gelernt und entschied mich dort dann jeweils wieder für die richtige Richtung.

Positiv und geduldig bleiben, das hört sich im ersten Moment erst mal leicht an. Es ist jedoch alles andere als einfach umzusetzen – vor allem dann, wenn man in einer Situation steckt, in der man sich ungerecht behandelt fühlt oder es aus sonstigen Gründen nicht gut für einen läuft. Ich habe für mich einige Bausteine herausgefunden, mit denen ich in den meisten Fällen eine positive Grundhaltung beibehalte.

Erstens: Fehler und Gründe für Probleme und Rückschläge immer zuerst bei sich suchen, bevor man anderen die Verantwortung für sein Scheitern aufbürdet. Man wird immer seinen Teil dazu beigetragen haben, manchmal mehr, manchmal weniger. In jedem Fall ist es der Teil, der sich am leichtesten ändern lässt.

Zweitens: Anders als oft gepredigt ist es nicht ausnahmslos immer hilfreich beziehungsweise sinnvoll, bei Problemen zu kommunizieren. Man muss als Spieler verdammt aufpassen, dass einem die im Gespräch geäußerten Dinge nicht als Ausrede oder Alibi ausgelegt werden. Auf der anderen Seite können Gespräche manchmal dabei helfen, dass beispielsweise der Trainer lernt, einen Spieler besser zu nutzen. Davon profitieren beiden Seiten. Wenn man als Spieler das Gefühl hat, ein Gespräch könnte zu diesem Ziel führen, unbedingt das Gespräch mit dem Mitspieler, Trainer, Manager etc. suchen!

Drittens: Man kann seine Gedanken steuern. Statt sich negativen Gedanken hingeben, diese besser bewusst unterdrücken. Sollte das nicht klappen, am besten mit Dingen beschäftigen, die einen positiv ablenken.

Viertens: Es gibt immer Menschen im eigenen Umfeld, die zu 100 % loyal zu einem stehen. Vielleicht reden sie einem aber auch nur nach dem Mund und deuten bei Fehlern auch erst einmal auf andere. Besonders gut können das selbst ebenfalls frustrierte Teamkollegen. Statt sich ausgerechnet dort Bestätigung zu holen, sollte man diese Personen entweder bewusst meiden oder schnell das Thema wechseln. Bloß nicht permanent lästern! Man sollte unbedingt vermeiden, sich gegenüber Teamkollegen negativ über Trainer, Mitspieler etc. zu äußern. Das schafft schlechte Stimmung und gefährdet den Teamerfolg. Natürlich muss man sich auch mal auskotzen dürfen. Das sollte aber die absolute Ausnahme sein – und im bestenfalls bei einer Vertrauensperson außerhalb des Teams. Außerdem: Negative Gedanken auszusprechen, verstärkt diese nur noch. Wenn es im Spiel nicht gut läuft und/oder man unzufrieden mit Trainerentscheidungen ist, lieber die Mannschaft umso mehr anfeuern. Auch wenn man es anfangs vielleicht ein bisschen vortäuschen muss. So aber verdrängt man negative Gedanken und ist mit etwas Animierendem beschäftigt. Wenn man dann wieder das Spielfeld betritt, ist man sofort bereit und präsent.

Thomas Pletzinger hat 2012 als Journalist die Mannschaft von Alba Berlin für eine Saison begleitet und dann ein Buch geschrieben. Als Titel hat er ein Zitat von dem damaligen Trainer Luka Pavicevic gewählt: „Gentlemen, we are living on the edge."

Für mich gibt es nichts, was den Profisport besser beschreibt. Heute läufst Du vor Tausenden Leuten in die Halle ein und wirst gefeiert. Nach einem großen Sieg fühlst Du Dich, als gehöre die Welt Dir. Einen Tag und eine Niederlage später bist Du der größte Idiot der Nation. Dieses Leben am Abgrund ist eine der größten Herausforderungen, die man als Spieler in seiner Karriere meistern muss.

In diesem Zusammenhang kommt mir die Saison 2016/17 mit dem EWE Baskets Oldenburg in den Sinn. Wir spielten die ganze Saison unter unseren Möglichkeiten und unser Mindestziel Playoffs geriet immer mehr in Gefahr. Im März hatten wir nach einigen Niederlagen noch ein vermeintlich leichtes Spiel gegen den Lokalrivalen Vechta, bevor wir in einem heftigen Restprogramm auf sämtliche Top-Teams trafen. Vechta hatte zu dieser Zeit erst einen Sieg und aktuell 17 Niederlagen in Serie erspielt. Was soll ich sagen? Wir verloren das Spiel in Vechta mit 13 Punkten. Danach ließ mich eine Woche lang nicht mehr in der Stadt blicken. Schon nach normalen Niederlagen wird man als Spieler in der Stadt angesprochen, woran es denn gelegen habe und was denn los sei? Nach diesem speziellen Spiel wollte ich mich dem auf keinen Fall aussetzen.

Wir waren am Boden, an die Playoffs-Teilnahme glaubten wohl nur noch die wenigsten Fans. Doch dann die absolute Sensation: Es folgten drei der schönsten Monate meiner Karriere. Wir legten einen formidablen Schlussspurt hin und beendeten die Saison noch auf Platz 5! Unser Lauf ging auch in den Playoffs weiter und die Euphorie trug uns bis ins Finale, wo wir schließlich am übermächtigen Gegner Bamberg scheiterten. Trotzdem: In Oldenburg waren wir die gefeierten Helden der Stadt. Die Saison endete mit einem Rathausempfang beim Oberbürgermeister und dem Eintrag ins goldene Buch der Stadt. Die Leute klopften einem auf die Schulter und das Basketballfieber, das die Stadt erfasst hatte, war überall zu greifen. Das werde ich nie vergessen.

So nah liegen Himmel und Hölle im Sport beieinander (Abb. 5.3). Hätten wir im Schlussspurt zwei- oder dreimal weniger gesiegt, wären die Playoffs damals vermutlich Geschichte gewesen. Die meisten Spieler hätten Stadt und Club mit gesenkten Häuptern verlassen müssen und im Anschluss wohl Schwierigkeiten gehabt, ihr Gehaltsniveau zu halten. Durch die Teilnahme an den Finals dagegen konnten die meisten Spieler ihren Marktwert deutlich steigern.

Dennoch: In schwierigen Phasen ertappe ich mich häufig bei dem Gedanken, wie schön ein regulärer Job sein muss. Ich gehe um acht Uhr ins Büro und komme um 17 Uhr wieder heim. Natürlich kann man auch da schlechte Tage haben, aber ein Drama ist das in der Regel nicht. Und wenn Du nach solch einem Tag mit Deinen Freunden im beliebtesten Club der Stadt die Nacht Deines Lebens hat, wir Dir das niemand vorwerfen. Dein Privatleben ist dann tatsächlich privat. Wenn ich nach der Vechta-Niederlage ausgelassen in der Stadt gefeiert hätte, hätte das ernsthafte Konsequenzen für mich haben können.

5 Profi sein – Der Wettkampf   191

Abb. 5.3 Im Sport liegen Himmel und Hölle nahe beieinander

Wenn ich mich mit Spielern unterhalte, die sich bereits zur Ruhe gesetzt haben, sind es neben den außergewöhnlichen Momenten genau solche Höhen und Tiefen, die sie am meisten vermissen. Dieses *life on the edge* ist eben doch ein bisschen wie eine Droge.

Während der Karriere muss man als Spieler jedoch lernen, damit richtig umzugehen. In schlechten Phasen verliert man sonst zu schnell sein Selbstvertrauen und geht am Druck kaputt. Laufen die Dinge gut, gibt man sich womöglich zu schnell diesem Hype hin, verliert den Fokus und wird nachlässig.

Genau solche „Anker" helfen einem Spieler, in schwieriger Zeit den richtigen Blick auf die Dinge zu bewahren. Egal was die Außenwelt gerade denkt oder sagt – wichtig ist nur, was man als Spieler selbst und was der Trainer denkt. Ist man auf dem richtigen Weg? Ja, nein? Wenn nicht: Woran liegt es und was lässt sich ändern und wie? Entscheidend ist, sich auf die Sache zu fokussieren und problemorientiert zu denken. Emotionen sollten dabei so weit wie möglich ausgeblendet sein.

Auch für Situationen auf dem Spielfeld hatte Dirk einen „Anker" für uns dabei, an den wir uns halten konnten: die *short memory*. Wenn etwas nicht klappt, vergiss es, bleib selbstbewusst und spiel weiter. Wälzt Du die Gedanken rund um den Fehler, begehst Du in der nächsten Spielsequenz womöglich gleich den nächsten und so fort. Das hilft weder Dir noch der

Mannschaft. Ich habe das so weit verinnerlicht, dass ich mich an manche schlechten Aktionen schon direkt nach dem Spiel nicht mehr erinnern kann, wenn mich jemand darauf anspricht.

„Ein äußeres Problem ist, dass die Stimmung bei der Presse, bei den Fans und im Internet sehr wechselhaft sein kann. Eine wichtige Bezugsperson hat mal zu mir gesagt, ein Schulterklopfer sei nur einen halben Schritt vom Arschtritt entfernt. Nun bin ich ein Spieler, dem Anerkennung wichtig ist und der seine Energie aus dieser Wertschätzung zieht. Zu Beginn meiner Karriere habe ich mich daher zu sehr mit diesen ganzen Meinungen draußen auseinandergesetzt, statt einfach nichts darauf zu geben.

Für mich war es daher ungemein wichtig, mir ein liebevolles familiäres „Nest" außerhalb des Sports aufzubauen. Heute ist mir der Rat von meinen engsten Vertrauten am teuersten. Und die sind größtenteils keine Experten in Sachen Eishockey. Sie helfen mir dabei, meine Mitte beziehungsweise ein Stück, nennen wir es mal Seelenfrieden, zu finden. Sie bauen mich nach Rückschlägen wieder auf und helfen mir, Situationen richtig einzuordnen. Sie helfen mir aber auch, bei Erfolg entspannt zu bleiben. Bei ihrem engsten Umfeld sollten junge Spieler also sehr stark selektieren. Mein wichtigster Rat an junge Spieler lautet: Egal wie gut oder schlecht es gerade läuft, findet Eure Mitte und bleibt bei Euch selbst."
(Moritz Müller, Eishockeyspieler bei den Kölner Haien)

https://tinyurl.com/y7xx7hsw

Jeder Spieler wird früher oder später in seiner Karriere eine schwierige Phase durchlaufen. Wichtig dabei ist, *positiv* und *geduldig* zu bleiben. Anders als viele denken, lassen sich diese Eigenschaften antrainieren. Man muss es nur wollen.

5.2 Das sagt der Finanzprofi

So sorgst Du heute gut für Dein Morgen vor.

5.2.1 Das große Einmaleins – Konzeption im Sportbereich

Finanzkonzepte – maßgeschneidert für Profis

> In diesem Kapitel:
> - werden die wichtigsten Ursachen aufgezeigt, die zu finanziellen Problemen und Pleiten von Sportlern führen.
> - wird das nötige Wissen vermittelt, wie Finanzprobleme vermieden werden und wie ein durchdachtes Finanzkonzept für Profisportler aufgebaut werden kann.
> - werden Tipps gegeben, damit ein Profisportler bestmögliche Finanzentscheidungen für sich treffen kann.

Training, Disziplin, Erfolge und auch Niederlagen prägen das Leben eines Sportlers. Und Träume von wirtschaftlicher Unabhängigkeit und Reichtum (Abb. 5.4).

Damit Deine Träume Realität werden können, soll insbesondere der nächste Abschnitt helfen.

5.2.1.1 Rahmenbedingungen und Herausforderungen

> In diesem Kapitel werden die besonderen Herausforderungen aufgeführt, denen Profisportler und ihre Berater gegenüberstehen.

Vor einiger Zeit wunderten sich die Sekretärinnen in meinem Büro schon sehr, als ein ihnen unbekannter Mann den Empfang betrat, nach einem

Abb. 5.4 Training, Disziplin, Erfolge und auch Niederlagen prägen das Leben eines Sportlers – und Träume von vielen schönen Dingen

Kunden fragte, der gerade bei mir im Beratungsgespräch saß, um kurz darauf gemeinsam mit ihm auf die Herrentoilette zu gehen. Was war passiert? Ein Herr von der Nationalen Anti-Doping Agentur (NADA) hatte meinen Sportlerkunden auf dem Handy angerufen und wollte eine umgehende Trainingskontrolle bei ihm zu Hause durchführen. Um das Beratungsgespräch nicht abbrechen zu müssen, bat mein Kunde den Herren kurzentschlossen, doch direkt in unser Büro zu kommen. Spätestens seit dieser anekdotenhaften Begebenheit weiß auch mein Sekretariat, dass das Leben eines Profisportlers speziell ist.

Um als Berater zu verstehen, was Profisportler wirklich brauchen, hilft es, sich einmal grundsätzlich damit zu befassen, was bei Profisportlern anders ist als bei „Normalverdienern".

Berufssportler können bei entsprechendem Einkommen in kurzer Zeit ein Vermögen aufbauen, das idealerweise bis zum Lebensende reicht. Manche verdienen unvorstellbare Summen, andere Topathlethen dagegen müssen sich neben dem Sport noch darum kümmern, irgendwie ihre Miete und den Lebensunterhalt zu finanzieren. Die Anforderungen an das Finanzkonzept, den Berater und die gemeinsame Zusammenarbeit sind sehr speziell und vor allem bei den Spitzenverdienern um ein Vielfaches höher als bei „Otto Normalverbraucher".

Außerdem wird in Schule und Gesellschaft nicht gelehrt, mit Ruhm und schnellem Reichtum klarzukommen. In den USA wurde 1986 in der National Football League (NFL) und National Basketball League (NBA) das „Rookie Transition Program" ins Leben gerufen. In mehrtägigen Kursen wird den Spielern Basiswissen vermittelt über die Bildung der eigenen Marke, den Umgang mit Social Media, Zeitmanagement, Besonderheiten in der Beziehung zu Lebensgefährten sowie Finanzmanagement.

Bei Berufssportlern ticken die Uhren anders
Abgesehen davon, dass für den Sport fast alles zurückgestellt wird, sind Berufssportler weitgehend fremdbestimmt: Spontane Änderungen am Trainingsplan, Wettkämpfe und die zugehörigen Reisen, Spielergebnisse und vieles mehr bestimmen ihren Alltag. Während viele Angestellte unter vollem Lohnbezug bis zu zehn Tage im Jahr freinehmen können, wenn ihr Kind krank ist, können Profisportler mitunter nicht einmal bei der Geburt ihres Kindes dabei sein. In manchen Zeiten gibt es keinerlei zeitlichen Freiraum, sie sind „im Tunnel", „in der Zone", oft haben sie aber auch zeitlichen Leerlauf. Deshalb ist es für sie umso wichtiger, wenn sie einen flexiblen und verlässlichen Partner für die Finanzplanung haben, der sich darauf einstellen kann.

Berufssportler brauchen einen freien Kopf
Ich habe von Studien aus den USA gehört, die besagen, dass Manager, die ihre Finanzen geregelt haben, bei der Arbeit mehr leisten. Bei Profisportlern dürfte dies umso mehr gelten.

„Wenn ein Spieler durch das Privatleben zu fünf Prozent abgelenkt ist, dann merkt man das auf dem Platz unter Umständen mit 20 %."
(Rolf Beyer, Geschäftsführer von Brose Bamberg)

https://tinyurl.com/y8zal6bh

Beim Empfinden und beim Umgang mit „Störfaktoren" gibt es allerdings große individuelle Unterschiede. Vollbringt einer selbst bei größten privaten Problemen auf dem Platz Höchstleistung, defokussiert ein anderer durch die Geburt eines Kindes und büßt Leistungsfähigkeit ein, weil er seine sportlichen Ziele aus den Augen verliert.

Berufssportler sind umworben und begehrt
Profisportler verdienen mitunter sehr viel Geld, nicht selten ein Vielfaches von dem, was ein gleichaltriger Angestellter bekommt. Das macht sie zum begehrlichen Objekt. Die Person, das Individuum des Sportlers, tritt in der öffentlichen Wahrnehmung zurück zugunsten einer wie auch immer gearteten Projektion. Sie müssen für Sponsoren, Verein, Trainer und Betreuer Zeit haben. Alte und neue, echte und falsche Freunde, Agenten, Berater, aber auch die eigenen Familien oder Partner können eine zusätzliche Belastung sein. Die Beziehung zum persönlichen Umfeld ist dynamischen und erfolgsdominierten Veränderungen unterworfen. Das nachhaltige Wohl der Sportler spielt dabei oft keine Rolle. Bisweilen stehen sie auch unter dem sozialen und finanziellen Druck, für die Familie sorgen zu müssen. Sie sind gefordert, teils auch überfordert, die wahren Absichten im Umfeld zu erkennen: zu unterscheiden zwischen echten und falschen Freunden.

So leben Profisportler in einer eigenen Welt, in mehr oder weniger engem Austausch untereinander – einer quasi abgeschotteten Community – und stehen zugleich im Fokus der Öffentlichkeit.

Die Bedeutung eines durchdachten, persönlichen Finanzkonzeptes kann dadurch ins Hintertreffen geraten. Die eigenen Finanzen werden mitunter nicht professionell, sondern dilettantisch gehandhabt. Besonders Vereinssportler schaukeln sich teilweise gegenseitig in ihren Ausgaben hoch. Der Preis, den Profisportler für Ruhm und Geld bezahlen, ist schließlich hoch. Neben Freizeitverzicht und der Einbuße an Privatsphäre sind viele überproportionalen Gesundheitsrisiken ausgesetzt: von Verletzungen und Unfällen bis hin zu Langfristschäden, deren Auswirkungen erst nach der Karriere richtig zu spüren sind. Da soll der Spaß nicht zu kurz kommen. Vielmehr möchte man sich mit gutem Gefühl etwas gönnen, den Erfolg genießen, es sich gut gehen lassen! Jedoch kann für den, der nicht aufpasst, eine Ausgabespirale – schlimmer noch, eine Fixkostenspirale (das sind wiederkehrende Kosten für laufende vertragliche Ausgaben wie Leasing, Miete, Finanzierung etc.) – entstehen, mitunter angetrieben durch Mannschaftskollegen, Freunde, Partner etc. Je mehr Geld im Spiel ist, desto stärker ist der Sog: Statussymbole wie teure Autos oder Uhren reizen ungemein, verstärkt noch durch maßgeschneiderte Internetportale für Luxusartikel.

Wer nicht aufpasst, konsumiert unmerklich immer mehr und wird – wie ein Ausdauersportler, der überzieht – „sauer", bis schließlich „die Körner ausgehen".

Teile Dir Deine (finanziellen) Kräfte ein.

Vieles konkurriert mit langfristigen Plänen für die Zukunft und Anforderungen an einen klugen Umgang mit den Finanzen. Klar, wer viel leistet und viel verdient, soll sich mit gutem Gefühl etwas leisten können. Wichtig ist, dass die Balance stimmt zwischen den Ausgaben heute und den Rücklagen für morgen.

Die Gefahr der Spielsucht

Was für den Sport gut ist, ist fürs professionelle Finanzmanagement mitunter hinderlich: Die Suche nach dem Kick (Stichwort Wettbüros und Spielcasinos) kann im Einzelfall zum Kick aus dem Reichtum werden. Womöglich wird auch noch versucht, Verluste einer versprochenen genialen Renditeanlage über hochriskante Geschäfte wiedergutzumachen – der mögliche Beginn eines Teufelskreises.

Berufssportler haben ein gesteigertes Einnahmeausfallrisiko

Wie erwähnt, besteht für die Gesundheit eines Profisportlers durch Unfälle oder Erkrankungen ein deutlich höheres Risiko. Das wissen auch Versicherungsgesellschaften, deshalb ist vollumfänglicher Versicherungsschutz nur sehr schwer und teuer zu bekommen.

Auch kann – völlig unspektakulär – die Karriere gefährdet oder jäh zu Ende sein, wenn der Spieler einen Rückschritt in der Entwicklung erlebt: Nicht jeder, der mit einem gut dotierten Vertrag seine Karriere startet, beendet sie nach zwölf oder 15 Jahren auf diesem oder höherem Niveau.

Familie, Freunde und Berater (Spielerberater, Steuerberater)

Ein guter Finanzcoach sollte die Vertrauenspersonen und den Steuerberater des Sportlers nach Absprache mit einbeziehen. Das allerdings kann schwierig werden, etwa wenn die Familie sich zwar in bester Absicht, jedoch mit einem Erfahrungshorizont von außerhalb der Profisportwelt einmischt. So gerät der Sportler gegebenenfalls in einen Entscheidungskonflikt – und der führt wiederum zu Fehlentscheidungen oder einem Entscheidungsvakuum.

Vertraulichkeit

Für ein passendes Finanzkonzept und eine gute und nachhaltige Betreuung benötigt der Finanzberater zwingend umfassende Informationen: Wie hoch ist das genaue Einkommen? Wie viel Vermögen gibt es bereits? Wie gesund ist der Sportler wirklich? Welche sportlichen und privaten Ziele hat er? Diese und weitere Informationen sind die Voraussetzung, dass der Finanzberater seinen Mandanten in dessen Sinn bestmöglich betreuen betreuen kann. Das alles stellt höchste Anforderungen an die Vertraulichkeit und Seriosität des Beraters. Der Sportler muss sich darauf verlassen können, dass nichts nach außen dringt, der Berater nicht mit „spannenden" Informationen hausieren geht.

Vertrauen

Die höchste Kompetenz und der größte Wille nützen nichts, wenn es zwischen Sportler und Berater „knatscht": Die Chemie muss stimmen. Nur, wenn Sportler und Berater einen Draht zueinander haben, kann Vertrauen wachsen, kommt eine intensive Zusammenarbeit zustande, aus der das Beste für den Sportler herausgeholt werden kann. Das trifft auf den Finanzberater genauso zu wie auf den Spielerberater und wohl auch auf den Trainer.

„Bei der ersten Begegnung muss Sympathie da sein. Man muss sich mögen. Das ist das A und O. Sonst wird das nie Sinn machen. Und es macht keinen Sinn, wenn der Junge nicht stabil ist, von einem zum anderen rennt. Gegenseitiges Vertrauen ist wie in einer Ehe Voraussetzung."
(Ali Bulut, Spielervermittler Fußball)

https://tinyurl.com/yco356mj

Weitere Besonderheiten und Einflussfaktoren
Vereinssportler wechseln häufiger Arbeitgeber und Wohnort. Dabei kann das Einkommen von Vertrag zu Vertrag stark schwanken. Das heißt, auch hier sind die Spieler teils fremdbestimmt. Neben der persönlichen Leistung nehmen bei Vereinsspielern die Vereinspolitik (Inhaber, Geschäftsführung, Sponsoren), das persönliche Verhältnis zum Trainer (der wiederum selbst mehr oder weniger permanent auf dem Sprungbrett sitzt), die wirtschaftliche Gesamtlage, die Politik, die Funktionäre und auch der sich verändernde Spielermarkt Einfluss auf das Einkommen.

Auch das Verhältnis der „Spielerfrauen"/„-männer" untereinander kann beeinflussen, wie wohl sich ein Spieler in der Mannschaft fühlt – und sich damit auf die Karriere auswirken. Vor allem auch der Agent – sofern vorhanden – hat Einfluss darauf, wann der Spieler zu welchen Konditionen bei welchem Verein wie lange spielen kann.

Verantwortungsvolle Spielerberater behalten die langfristige Entwicklung im Auge und raten vielleicht vom einen oder anderen lukrativen Wechsel ab, wenn sie überzeugt sind, dass dies dem Karriereweg nicht unbedingt dient. Außerdem wirken sich Wechsel ins Ausland mitunter erheblich auf Versicherungsschutz, Geldanlagen und steuerliche Situation aus.

Last but not least spielen – auch beim besten Ansatz – der Zufall und das Glück eine nicht zu unterschätzende Rolle im Leben eines Profisportlers.

Gefährliches Gemisch
Die Ursache für viele Pleiten und damit zusammenhängende menschliche Tragödien liegen im Zusammenkommen von

- Jugend,
- Unbekümmertheit,
- schnell zu Geld kommen,
- Unerfahrenheit,
- einem ungeeigneten Umfeld,
- schlechtem Einfluss und
- mangelnder Integrität.

Jeder dieser Faktoren für sich alleine kann zu fatalen Fehlentscheidungen führen. Wenn mehrere davon zusammenkommen, potenziert sich die Gefahr. Das ist etwa so, wie wenn ein Fahranfänger in Partylaune mit einem teuren Auto und Sommerreifen im Schnee ziellos durch die Landschaft braust – ohne Airbag, ESP und ABS. Und wenn ein paar Kumpels mit im

Auto sitzen, dann feuern sie ihn noch richtig an. Geil, macht Spaß. Ein heißer Ritt – leider oft mit unglücklichem Ausgang.

***Drop-out*-Thematik**
Je nach Elternhaus, Motivation, Persönlichkeit, Aus- und Weiterbildung während der Karriere fällt ein Sportler nach deren Ende mehr, weniger oder gar nicht in ein Loch. Manch einer gerät Jahre nach dem Karriereende in einen Strudel von Alkohol und Drogen, stürzt psychisch ab. Für jeden, auch für Dich, wird der Tag kommen, an dem kein Gehalt mehr für die Profitätigkeit fließt. Es gilt, sich hierauf vorausschauend finanziell und mental vorzubereiten. „Ein guter Eishockeyspieler spielt da, wo der Puck ist. Ein bedeutender Eishockey-Spieler spielt da, wo der Puck sein wird", sagte einmal die Eishockey-Legende Wayne Gretzky.

Fazit
Aus all diesen Rahmenbedingungen erwachsen die Anforderungen ans „Vermögenshaus" eines Profisportlers. Selbstüberschätzung, das persönliche private und Beratungsumfeld sowie mangelndes Vertrauen erschweren allerdings mitunter dessen Bau erheblich.

Je stärker das Leben auf den Sport ausgerichtet ist und je mehr Einkommen da ist, umso besser müssen ein Berater und das Finanzkonzept sein – ganz im Sinn eines „Finanzmentors und *family offices*".

Der Nachholbedarf ist hier enorm, so das Ergebnis einer Studienarbeit, die Philipp Schwethelm an der Hochschule Ansbach über die Finanzberatung bei Fußballprofis geschrieben hat. Entsprechend groß ist die Verantwortung des Finanzberaters, gefragt sind vorausschauendes Denken, eine kluge Liquiditätsplanung und vor allem Fingerspritzengefühl.

Weil das alles zusammenkommen muss und weil die *Community* der Spitzensportler so klein ist, gibt es wohl zu wenige seriöse und professionelle Berater für die Profis auf dem Platz – und die guten sind nur wenigen bekannt. Denn sie gewinnen ihre Sportlerkunden normalerweise nicht durch Bannerwerbung, laute Auftritte oder Präsenz im VIP-Raum. Ihre Mandanten „finden" sie meist vielmehr via Mundpropaganda: dank persönlicher Empfehlung.

Im Zusammenspiel all dieser Faktoren ist der Grund dafür zu suchen, dass signifikant viele Profisportler schon bei Karriereende oder ein paar Jahre danach Geldsorgen haben. Nur wenige Profisportler in Deutschland sind nach der Karriere wirtschaftlich bessergestellt als ihre Schulkollegen. Angeblich waren in Amerika in der Vergangenheit auch 60 % der NBA-Spieler fünf Jahre nach ihrer Karriere pleite und vier von fünf NFL-Spielern

„schaffen" es, bereits zwei Jahre nach dem Karriereaus in finanziellen Schwierigkeiten zu stecken. Der youtube-Film *30 for 30 broke* zeigt dies sehr eindrucksvoll. Auch in der Presse sind finanziell angeschlagene oder gescheiterte Sportlerkarrieren ein ständiges Thema. Prominente Beispiele aus jüngster Zeit sind Boris Becker, Jan Ullrich oder Mike Tyson. Tyson hat laut Presse Hunderte von Millionen verdient und alles in den Sand gesetzt. Sandra Völker, eine der erfolgreichsten deutschen Schwimmerinnen, konnte sich im April 2018 von ihrer Privatinsolvenz freischwimmen.

Dieses Buch soll jedoch nicht ins allgemeine Wehklagen einstimmen, sondern die Ursachen erläutern und Ansätze für Lösungen aufzeigen. Zwar haben die meisten Berufssportler einen hohen Beratungs- und Optimierungsbedarf, doch – das ist die gute Nachricht – mitunter können mit wenigen punktuellen Änderungen die Weichen in die passende Richtung gestellt werden.

5.2.1.2 Der persönliche Zeitstrahl

> Erträume Dir Dein Leben?!

Ein junger Sportler, noch ganz am Anfang einer vielversprechenden Karriere, fragte mich kürzlich, warum er jetzt schon für später sparen soll. Eine gute Frage. Wer das „Warum" für sich positiv beantwortet hat, der tut sich mit dem „Wie" und „Was" danach viel leichter. Vor allem aber wird er bereit sein zu vorübergehendem Verzicht. Das ist wie im Sport: Man hält mehr Schmerzen aus, wenn man auf ein Ziel hinarbeitet.

Kaum jemand im Alter von gerade einmal 18 Jahren findet Argumente wie Zinseszins, Strukturen legen, sich ans Sparen gewöhnen sexy. „Weil es gut für Dich ist." – „Weil Du es brauchen wirst." – „Weil Du Dich später darüber freuen wirst." – Diese Argumente lösen wohl kaum eine emotionale Zustimmung, aus und verpuffen meist wirkungslos.

Ich möchte Dich, lieber Leser, nun einladen, Dich in Ruhe hinzusetzen, um Deine eigenen Gedanken in die Zukunft zu richten und ein wenig zu träumen. „Was will ich in meiner Karriere erreicht haben?" – „Was ist mir sonst noch wichtig im Leben?" – „Wie will ich später einmal Leben, wohnen …?" Es hilft sehr, das mal niederzuschreiben, es verstärkt die Wirkung.

Das nächste Schaubild zeigt wichtige Lebensbereiche auf, die entscheidenden Einfluss auf den finanziellen Wohlstand haben, aber auch – und das ist viel wichtiger – auf Lebensglück und Zufriedenheit (Abb. 5.5).

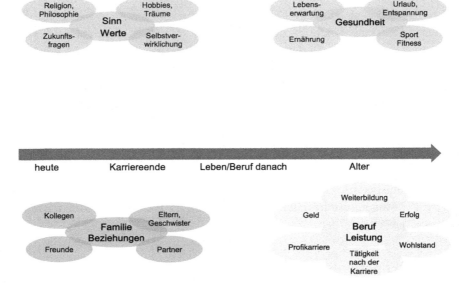

Abb. 5.5 Das Leben ist mehr als Sport: Vieles nimmt Einfluss auf Lebensglück und Zufriedenheit

Falls Du dafür ein paar Gedankenstützen brauchst: In Abschn. 6.2.3 findest Du eine Fragensammlung dafür.

5.2.1.3 Die drei Stufen der Vermögensleiter für Profisportler

In diesem Kapitel:

- wird ein neuartiger Strategieansatz für ein professionelles Vermögenskonzept für Profisportler vorgestellt
- und dessen Aufbau im Detail erläutert.

Stufe 1: Liquiditätsmanagement – Der „Zaubertrank" für den strategischen Vermögensaufbau

Phil hatte hierzu bereits einen „Zaubersatz" erwähnt (Abschn. 5.1.2.3).

„It doesn't matter how much you earn. It matters how much you save."

Anders gesagt: Mach's wie das Eichhörnchen und packe ausreichend zur Seite. Aber warum macht man das nicht jeder automatisch so und wie bekommt man es hin?

Es kommt darauf an, wie man im Umgang mit Geld tickt. Du kannst vereinfacht gesagt zwischen drei Typen unterscheiden:

Typ 1, das „Eichhörnchen": Er lebt von sich aus sparsam und legt lieber zu viel als zu wenig Geld auf die Seite. Schon als Schüler hat er sein Taschengeld gespart und hatte immer eine eiserne Reserve. Meist hat er ein konkretes Sparziel vor Augen, auf das er diszipliniert hinarbeitet. Das ist bei ihm „fest verankert" – sodass er auch als Profisportler ziemlich immun gegen unnötige Geldverschwendung ist.

Typ 2, der „Genießer": Er lebt im Jetzt und Hier, die Augen sind beim Einkaufen sind stets größer als der Geldbeutel. Viel zu früh wird ein zu teures Auto angeschafft. Das Schuhregal platzt aus allen Nähten, eigentlich braucht man schon lange einen begehbaren Schrank – und irgendjemanden, der einem beim Sparen hilft.

Typ 3, das „Chamäleon": Dies will sich nicht so recht festlegen, hat keinen richtigen Plan und verhält sich mal so und mal so.

Vermutlich musst Du jetzt gar nicht groß in Dich gehen: Hast Du Dich schon beim Lesen in einem der drei wiedererkannt?

Die wichtige Nachricht: Profisportler zu sein, macht es für Genussmenschen und Chamäleons nicht leichter, gut mit Geld umzugehen, im Gegenteil. Gerade gutverdienende Vereinsspieler müssen besonders aufpassen: Viele Versuchungen locken (Abb. 5.6).

Die gute Nachricht: Mit einer klugen Struktur und Systematik kann jedem dieser drei Typen geholfen werden oder sie können sich selbst helfen, wenn sie dies denn wollen.

Dann muss hierzulande niemand darauf warten, dass in Deutschland eines Tages, wie in Amerika, ein Treuhandkonzept eingeführt wird: In den USA werden in bestimmten Profiligen 60 % des Verdienstes weggeschlossen. Der Athlet bekommt dieses Geld erst Jahre später in Tranchen ausbezahlt. Allerdings ist es in Deutschland noch lange nicht in Sicht, dass sich Staat, Vereine beziehungsweise Verbände auf eine Struktur wie zum Beispiel in Belgien einigen:

Abb. 5.6 Gutverdienende Sportler müssen besonders aufpassen: Die Versuchungen locken …

„Ich habe mich vor ca. fünf Jahren mit der Fragestellung der Versorgungswerke für Profifußballer in Deutschland und im Ausland beschäftigt. Am besten hat mir das belgische System gefallen. Dort muss der Spieler bis zu 23 % seines Gehaltes in einen Pensionsfonds einzahlen. Dieser spannt den Jungs einen Fallschirm auf, den viele privat nicht aufspannen würden. Ein derartiges System ist die einzige Möglichkeit, etwas in der Breite zu erreichen."
(Frank Aehlig, Leiter der Lizenzspielerabteilung des 1. FC Köln)

https://tinyurl.com/y8mr4mqe

Idealerweise berechnet man den Vermögensbedarf nach geplantem Karriereende und teilt den bis dahin noch fehlenden Betrag durch die Zahl der noch verbleibenden Jahre als Profisportler. Das Ergebnis noch durch zwölf geteilt und die monatliche Sparrate steht fest.

Ein Beispiel: Willst am Du nach Ende Deiner Karriere lebenslang 1000 EUR netto zur Verfügung haben, brauchst Du ein Finanzpolster in der Größenordnung von 400.000 EUR. Möchtest Du gar 10.000 EUR im Monat haben, benötigst Du, um auf der sicheren Seite zu sein – denke auch an Zusatzkosten wie Krankenversicherung und Steuern –, ein Vermögen in Höhe von fünf Millionen Euro. Hast Du noch nichts auf der Seite und noch zehn Jahre Karriere vor Dir, bedeutet dies: Ab sofort musst Du konsequent rund 40.000 EUR monatlich auf die Seite und in sinnvolle Investments packen.

In Anlehnung an Regel 1 ...

> „Spare in der Zeit, dann hast Du in der Not."

... möchte ich Phils Merksatz aufgreifen:

> „Don't let your savings adjust to your spending needs. Let your spending adjust to your saving needs."

Falsch ist also: Einkommen minus Ausgaben ergibt Sparen/Vermögensaufbau

$$\boxed{\text{Einkommen - Ausgaben}} \longrightarrow \boxed{\text{Sparen}}$$

Richtig dagegen: Einkommen minus benötigter Sparrate ergibt das Ausgabebudget

$$\boxed{\text{Einkommen - Sparen}} \longrightarrow \boxed{\text{Ausgaben}}$$

Dreh- und Angelpunkt für ein angemessenes Ausgabeverhalten ist das persönliche Liquiditätsmanagement. Es ist die Steuerzentrale und der „Zaubertrank", der Dir später „ungeahnte Finanzkräfte" verleiht.

Für optimales Liquiditätsmanagement/Cashmanagement sind drei Schritte nötig.

Schritt 1: Trennung von Lebensunterhalt und Konsum
Das funktioniert so: Man legt sich ein zweites Bankkonto zu als sogenanntes Konsumkonto. Von diesem – und nur von diesem! – werden ab nun die variablen Kosten beglichen. Es wird zum Referenzkonto für Kreditkarte und Maestrocard. Bargeld wird ausschließlich von diesem Konto abgehoben und Lebensmittel, Restaurant, Ausgehen, Kultur, Kino, Klamotten, Schuhe, Uhren, Sprit, Hobby, Interneteinkäufe, Spaß haben und so weiter werden ab jetzt ebenfalls nur von diesem Konto bezahlt.

Das Konsumkonto wird per monatlichem Dauerauftrag vom bisherigen (Einnahme-)Konto gefüttert. Wie hoch soll der Dauerauftrag sein? Hier stellt sich die Frage nach den monatlichen Ausgaben.

„Gute Frage!", wirst Du vielleicht denken. „Was gebe ich eigentlich im Monat aus?"

Die meisten unterschätzen anfänglich ihr Ausgabeverhalten und den monatlichen Bedarf. Macht nichts: Im Zweifel grob schätzen und einfach mal anfangen. Die Höhe des Dauerauftrages lässt sich ja bei Bedarf nachjustieren. Wichtig ist aber, nicht nach ein paar Monaten der Versuchung zu erliegen und das System aufzuweichen – etwa indem der Kreditkartenbetrag doch wieder vom alten Konto eingezogen wird.

Wer einigermaßen Überblick hat, kann sich mit folgenden Fragen helfen:

- Was habe ich in den letzten zwei oder drei Jahren in Summe netto verdient?
- Wie viel Vermögen habe ich in dieser Zeit angespart?

Die Differenz durch die Monate geteilt sind die monatlichen Ausgaben (Fixkosten + variable Kosten).

> Verdienst in zwei Jahren 240.000 EUR, Vermögensaufbau: 120.000 EUR →
> Monatliche Ausgaben 5000 EUR, bei Fixkosten von 2000 EUR errechnet sich ein
> Konsum von 3000 EUR

Der Nutzen dieses einfachen Tricks ist frappierend: Ohne ein Haushaltsbuch zu führen, bekommt man einen Überblick über das eigene Ausgabeverhalten und gegebenenfalls wieder einen Bezug zu Geld, sollte der verloren gegangen sein. Für Phil führte dies – wie er schreibt – zu einem Schlüsselerlebnis.

Wenn ich das Liquiditätsmanagement erkläre, höre ich hin und wieder: „So ungefähr habe ich das schon bei mir umgesetzt." Ich frage dann nach dem Unterschied, die Lottozahlen von morgen womöglich genau zu tippen oder doch nur so ungefähr ;-)

Das bedeutet konkret: Mache es genau so und Du hast den größten Nutzen.

Wer sich solch ein System eingerichtet hat, verfügt über ein sehr effektives Werkzeug für Transparenz, Selbsterkenntnis – und bewahrt sich – auch als Genussmensch – leichter davor, zu viel auszugeben. Das System stupst einen an (Abschn. 4.2.2).

Schritt 2: Bewusstes Sparen und Probefahren
Hierfür legt man sich ein Tagesgeldkonto zu. In dieses überweist man ab nun mittels Dauerauftrag die errechnete Sparrate. Damit werden zwei Fliegen mit einer Klappe geschlagen: Es wird ein fixer monatlicher Betrag „weggeschafft", gleichzeitig kann man nötigenfalls jederzeit nachjustieren. In die Sparrate kann übrigens auch die Rücklage für den Urlaub und für größere jährliche Zahlungen einfließen.

Falls Du Dich – noch – nicht mit weiteren Investments beschäftigen willst oder gerade keinen Kopf dafür hast: Ein Tagesgeldkonto und eine feste Sparrate einzurichten, reicht zunächst völlig aus. Damit machst Du in puncto auf Planungssicherheit garantiert mehr richtig, als wenn Du planlos irgendwelche scheinbar lukrativen Investments tätigst.

Schritt 3: Unbewusstes Sparen
Oft sammelt sich auf dem Gehaltskonto zusätzliches Geld an – sei es, weil man die Sparrate vorsichtig definiert hat oder vielleicht auch Zusatzeinnahmen hatte wie Prämien. Oder es häuft sich auf dem Konsumkonto Geld an, weil man gar keine Zeit hatte, welches auszugeben. Einmal im Monat sollte man deshalb die Konten checken und überschüssiges Geld auf das Tagesgeldkonto überweisen.

Bei manchen Banken kann man das automatisieren und ein *Überschusssparen* beziehungsweise *Abräumsparen* einrichten. Dafür legt man einen bestimmten Mindestbetrag beziehungsweise Sockelbetrag fest, der zum Beispiel am 25. eines Monats, kurz vor dem monatlichen Geldeingang, bestehen bleiben soll. Das Konto prüft sich an diesem festgelegten Monatstag selbst und überträgt automatisch alles, was darüber liegt, zum Tagesgeld. Überschüssiges Geld wie Prämien oder Ähnliches werden dann direkt in den Spartopf umgeleitet. Mit dem Konsumkonto macht man es genauso. Die Folge: Statt in Einkaufstüten oder wo auch immer zu verschwinden, organisiert sich das Geld automatisch in Deinem Sinne in Rücklagen – im Unterschied zum Eichhörnchen musst Du nicht lange buddeln, wenn Du es wieder brauchst.

Dank diesem „unbewussten Sparen" kannst Du nachweislich deutlich mehr Vermögen aufbauen, denn das Geld wird dem schnellen Konsum entzogen, weil eine kleine emotionale Hemmschwelle eingebaut ist.

„Trotzdem sollten Eltern ihren Kindern dringend raten, von Anfang an einen Teil dieser Einkünfte zurückzulegen. Dabei geht es natürlich zuerst um die Zukunftssicherung – aber auch darum zu vermeiden, sich an ein Konsumverhalten zu gewöhnen, dass sich noch auf ‚dünnem Eis' befindet."
(Jörg Schwethelm, Vater von Philipp Schwethelm)

https://tinyurl.com/yd2zfqrm

Und so sieht das Ganze schematisch aus (Abb. 5.7):

Abb. 5.7 Liquiditätsmanagement: wenig Aufwand, viel Wirkung

Abb. 5.8 Die eierlegende Wollmilchsau …

Ich vergleiche das in meinen Beratungen gern mit dem Autopiloten eines Flugzeugs: Einmal gestartet braucht man sich um nichts zu kümmern, kann aber jederzeit den Steuerknüppel in die Hand nehmen und in das Geschehen eingreifen. Es gibt es also doch, das Fabelwesen, die eierlegende Wollmilchsau (Abb. 5.8).

Bei einigen Kunden vom Typ Genießer und Chamäleon durfte ich bereits deren Begeisterung miterleben, wie sie Rücklagen durch das Einrichten eines Liquiditätsmanagements in vorher nicht erwartetem Umfang aufbauten. So ist es heute meist das Erste, was ich mit neuen Kunden einrichte.

Chamäleon und Genießer fühlen sich also richtig cool, wenn sie sehen, dass sich etwas ansammelt. Und die Eichhörnchen unter den Kunden freuen sich darüber, dass sie mit dem System weniger Arbeit haben und auch bei ihnen sich der eine oder andere Euro zusätzlich ansammelt.

Einmal eingerichtet, hat man keine Arbeit mehr damit und dauerhaft Überblick und Transparenz. Mit Auszahlplänen kann man in Zeiten ohne Einkommen sein Konto monatlich aus dem Puffer füttern. Zudem ist es möglich, Spar- und Auszahlpläne miteinander zu kombinieren und damit Liquiditätsschwankungen abzufedern – etwa, indem man während des Jahres Geld für größere Versicherungsbeiträge auf die Seite legt und zum Abbuchungsmonat zurücküberweist.

Noch ein Beispiel aus meinem Beratungsalltag: Ein Kunde hatte ein ansehnliches Vermögen. Jedoch hatte er sich selbst auferlegt – trotz Rücklagen –, auf seinen Konten kontinuierlich im Minus zu sein. Er meinte, er braucht die Überziehungszinsen als „Erziehungsmaßnahme", um sich in seinem Konsumverhalten zu disziplinieren. Seit er ein Liquiditätsmanagement hat, gibt er nicht mehr Geld als vorher aus, fühlt sich aber besser und spart zudem die teuren Überziehungszinsen.

Stufe 2: Doppelstrategie aus Grundlagen- und Powersparen

Wenn wir ein Sportlerleben auf eine Zeitachse übertragen, dann ergeben sich ab Karrierebeginn drei unterschiedlich Lebensbereiche. Die Anforderungen und die Spielregeln ändern sich, die Person bleibt dieselbe. Man könnte es auch Dreikampf nennen oder vielleicht hilft Dir der Vergleich zum Triathlon (Abb. 5.9) besser, um früh einen Bezug zur „Endlichkeit" der Sportlerkarriere zu bekommen.

- Disziplin I, Schwimmen: Profikarriere
- Disziplin II, Radfahren: das Leben zwischen Karriere und Altersrente
- Disziplin III, Marathonlauf: die Rentenzeit

Disziplin I, Schwimmen: Die Karrierephase dauert, wenn sie erfolgreich durchgezogen wird, üblicherweise zehn bis 15 Jahre und endet spätestens mit Mitte 30.

Abb. 5.9 In einem Sportlerleben ändern sich mit der Zeit die Spielregeln, die Person bleibt dieselbe

Disziplin II, Radfahren: Mit Erfolgen, Ruhm und Anerkennung im Rücken wartet diese nächste Disziplin. Viele Exsportler nennen es „das wahre Leben".

Wer gut vorbereitet ist, kann diese Zeit mit extremen Freiräumen gestalten und genießen.

„Wenn man 20 Jahre alt ist und am Anfang seiner Karriere steht, dann ist der 35. Geburtstag und das mögliche Ende der aktiven Karriere gedanklich weit weg. Wenn man älter wird, hat man ein anderes Zeitverständnis."
(Dr. Gregor Reiter, Geschäftsführer der Deutschen Fußballspieler Vermittler-Vereinigung (DFVV))

https://tinyurl.com/yccmjv9z

Abhängig von den persönlichen Vorstellungen sowie der beruflichen und finanziellen Vorbereitung nimmt mancher Sportler nun eine mehr oder weniger lange Auszeit, um sich dann in einer neuen Welt zu etablieren und meist in irgendeiner Form beruflich, unternehmerisch und/oder als Förderer tätig zu werden. Und er wird feststellen: Über kurz oder lang interessiert sich kaum jemand mehr dafür, was man mal als Sportler alles „gerissen" hat und es gibt auch keinen Bonus mehr dafür.

Disziplin III, Marathonlauf: die Rentenphase. Wer sich sozial und wirtschaftlich gut gehalten hat – und dazu trägt ein guter Umgang mit Geld nachweislich in hohem Maße bei –, kann auch diese Zeit genießen und beim Altwerden lange jung bleiben.

Diese Zeit dauert im Schnitt etwas länger als eine normale Sportlerkarriere. Damit ergibt sich, grob gesagt, folgende Zeitverteilung: 20 % Karriere; 60 % Beruf und 20 % Rente. Wer direkt nach der Karriere wirtschaftlich unabhängig sein will, lässt Disziplin II gedanklich aus: 20 % Karriere und 80 % Rente. Allerdings benötigt man dann direkt nach Karriere ausreichende lebenslange Einnahmen.

Die Vermögensstrategie (aber auch die persönliche Aus- und Weiterbildung) für Profisportler richtet sich schlauerweise an diesen Lebensphasen aus. Für gutverdienende Profisportler empfehle ich folgende Strategie: Starte mit einer Kombination aus *Grundlagensparen* und *Powersparen* (Abb. 5.10).

```
Powersparen
Disziplin I
Karriere
```

```
Grundlagensparen Disziplin I + II          Disziplin III
─────────────────────────────────────────────────────►
Heute    Karriereende    Leben/Beruf danach    Alter
```

Abb. 5.10 Eine gute Vermögensstrategie: eine Kombination aus Grundlagensparen und Powersparen

Wir denken also vom Ende her und beginnen mit Sparvorgängen zum Aufbau der Altersversorgung – ich will es Grundlagensparen nennen. Man könnte auch Basissparen dazu sagen oder in Anlehnung an den Ausdauersport „aerobes Sparen".

Der große Vorteil: Es können über lange Zeit sowohl Zinseszinseffekt als auch staatliche Förderung genutzt werden. In welcher Höhe das sinnvoll ist, hängt natürlich vom Einzelfall ab.

Jedenfalls sollte die Höhe so austariert werden, dass man den Sparvorgang mit gewisser Wahrscheinlichkeit auch nach der Karriere aus künftigem Einkommen beziehungsweise in Übergangsphasen aus Rücklagen des Powersparens bedienen kann. Wie beim Ironman eben – seinen Rhythmus gehen und Reserven haben. Eine wichtige Rahmenbedingung aber gibt es: Es muss die Möglichkeit geben, die Sparraten einzustellen oder auszusetzen, wenn sich Einkommen oder Lebensentwurf signifikant ändern.

Das Powersparen dagegen dient dazu, ein gutes Finanzpolster für die Zeit nach der Karriere (Disziplin II) aufzubauen und Reserven zu haben, wenn die Karriere aus irgendeinem Grund unterbrochen wird oder vorzeitig endet.

Mit dieser Doppelstrategie packen wir die Herausforderung also zugleich vom langen und vom kurzen Ende aus an – wir nehmen sie in die Zange.

Mit einer Doppelstrategie aus *Grundlagensparen* und *Powersparen* schlägst Du zwei Fliegen mit einer Klappe.

An dieser Stelle sei auf einen wichtigen Unterschied zwischen Einzel- und Vereinsspielern hingewiesen: Die meisten Einzelsportler sind schon während der Karriere gezwungen, genau auf ihr Geld zu achten. Viele können ihren Lebensunterhalt nur dank der Unterstützung durch ihre Eltern oder Familie bestreiten. Eventuell erhalten sie auch Zuwendungen von der Deutschen Sporthilfe, regionalen Förderern oder privaten Mentoren. Ihnen ist bewusst, dass sie sich nach der Karriere ihren weiteren Lebensunterhalt verdienen müssen. Sie haben bereits während der Karriere einen eigenen Dreikampf zu bestreiten. Der besteht aus Geld auftreiben, sich ein berufliches Fundament aufbauen sowie die Karriere mit beidem unter einen Hut zu bringen. Michael Ilgner, der Vorsitzende der deutschen Sportstiftung, sagte mir in einem Telefonat, das treffe auf mehr als 90 % der Einzelsportler zu.

Allerdings haben es gutverdienende Vereinsspieler meiner Meinung nach nicht einfacher. Sie stehen nur anderen Herausforderungen gegenüber. Bei ihnen kommt das „Schlechte mit dem Guten": Monat für Monat fließt Geld aufs Konto – mehr, als man es sich vor Kurzem noch vorstellen konnte. Gleichzeitig – und das ist die Gefahr – verwässert das den Blick für die Notwendigkeit, an Finanzpolster und Berufsaussichten zu denken.

Um das Triathlon-Bild (Abb. 5.9) noch einmal aufzugreifen: Alle Profisportler stehen vor der Aufgabe, einen gelungenen Wechsel von Profikarriere in die Zeit danach zu gestalten.

„Die größte Gefahr ist, dass man, wenn in der Zeit, in der man viel Geld hat, sich wenig Gedanken macht, wie es danach weitergeht. Wenn der Sport vorbei ist, fällt man in ein Loch."
(Andreas Kuffner, Keynote-Speaker)

https://tinyurl.com/ybsu7yvf

Und wie in der Wechselzone vom Schwimmen zum Radfahren kann da schon mal was schiefgehen und man verliert womöglich Zeit. Ich will damit sagen: Für die Zeit nach der Karriere sollte ein größerer finanzieller Puffer zur Verfügung stehen.

Stufe 3: „Drei Baskets"

Dieser Schritt auf der Vermögensleiter ergibt sich logisch aus dem magischen Dreieck (Abschn. 4.3.2.2). Weil es so wichtig ist, hier noch mal: Wer Rendite generieren oder dauerhafte Einnahmen sichern will, der muss wohl oder übel den sicheren Hafen verlassen.

Deshalb brauchen wir – neben Girokonten und Tagesgeld – zwei weitere Töpfe. In Anlehnung an den Basketballsport will ich den Begriff „Baskets" verwenden (Abb. 5.11):

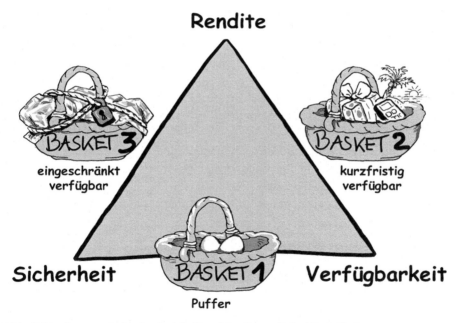

Abb. 5.11 Das magische Dreieck in Kombination mit drei Spartöpfen

Abb. 5.12 Nachhaltiger Vermögensaufbau für Profisportler

- Basket 1: sicher und jederzeit verfügbar
- Basket 2: chancenorientiert und kurzfristig verfügbar
- Basket 3: dem schnellen Zugriff entzogen

Nun werden Stufe 2 und Stufe 3 zusammengefügt und es entsteht das Fundament für einen soliden und nachhaltigen Vermögensaufbau für Profisportler (Abb. 5.12).

Jetzt sind es nur noch wenige Schritte und Du hast Dein perfektes, maßgeschneidertes Vermögensmanagement:

- Kombination mit dem Liquiditätsmanagement
- Festlegen der Verteilung der Geldbeträge (Einmalanlage und monatliche Sparraten) auf die Baskets und
- Auswahl der geeigneten Zutaten mit denen die Baskets befüllt werden.

5.2.1.4 Investments für Profisportler

In diesem Kapitel werden die drei Baskets beschrieben.

Genauso wie ein guter Trainingsplan erstellt wird, so ergibt sich ein Finanzkonzept aus der Leistungsfähigkeit und den (wirtschaftlichen) Zielsetzungen. Die Vermögenszuordnung in drei Baskets bildet die Grundstruktur.

Basket 1: Liquiditätsrücklage
Es gibt ein gutes Gefühl, wenn man die Sicherheit hat, im Bedarfsfall jederzeit über ausreichend Cash zu verfügen. Sei es für den Spontanurlaub, die defekte Waschmaschine, das Bezahlen einer Behandlungsmethode, die von Verein und Kasse nicht übernommen wird. Oder auch zum Kompensieren von vorübergehenden Einkommensverlusten. Als Puffer dient der „Sockelbetrag" auf dem Girokonto und im Tagesgeld. Wer will, kann auch einen Teil davon in schwankungsarme Geldanlagen in Basket 2 zurücklegen.

Ich empfehle, über die Höhe des Puffers etwas intensiver nachzudenken. Die Faustregel von zwei bis drei Monatsgehältern, wie es oft heißt, halte ich bei einem Profisportler für unpassend. Hierzu müssen vielmehr auch Faktoren berücksichtig werden wie Karrierephase, Vertragslaufzeit, Einnahme- und Ausgabesituation, Familienstand und Sicherheitsbedürfnis.

Meist also sollte der Puffer bei Profisportlern höher sein als für „Normalbürger". Andererseits sollte man ihn auch nicht über lange Zeit höher halten als nötig: Das Geld ist hier „flüchtiger" und bringt keine Rendite.

Deshalb sollte beim Tagesgeld der überstehende Betrag regelmäßig zugunsten von Basket 2 und 3 abgeräumt werden.

Basket 2: Investieren an der Börse
Anlagen in diesem Topf haben die Aufgabe, die Chancen am Kapitalmarkt zu nutzen. Passend zur eigenen Risikobereitschaft stellt man sich dafür ein Depot zusammen. Das Ziel ist, das Geld für sich arbeiten zu lassen, mit dem Wissen, innerhalb von wenigen Tagen darauf zugreifen zu können. Von der Logik her gehören auch spekulative Investments, auf die man kurzfristig zugreifen kann, in diesen Topf, zum Beispiel Kryptowährungen (Abschn. 4.3.2.7).

Für die meisten dürfte es allerdings genügen, sich auf Aktien, Anleihen und Investmentfonds zu beschränken.

Basket 3: Investments mit eingeschränkter Verfügbarkeit
Eingeschränkte Verfügbarkeit bedeutet, dass man erst nach einer gewissen Zeit ohne Kostennachteile das Vermögen kommt oder dass man das Geld später einmal nur scheibchenweise zurückerhält. Dafür gibt es mitunter im Gegenzug weitere Vorteile: zum Beispiel kalkulierbare dauerhafte Einnahmen (Immobilie, Altersversorgung), staatliche Förderung, planbare Finanzierungszinsen und einen gewissen Selbstschutz.

Durch die Inkaufnahme von Kapitalbindung eröffnet man sich zusätzliche Anlagemöglichkeiten, die das Vermögenshaus abrunden und vollständig machen. Ein Riesenvorteil für manchen Anlegertyp ist die emotionale Hürde, denn der eigene Zugriff ist erschwert. Auch wenn man zum Beispiel die Immobilie oder Rentenversicherung veräußern könnte – so schnell macht man das halt nicht.

Durch Bausteine mit unterschiedlichen Laufzeiten in diesem Basket verfeinern wir die Doppelstrategie mit Grundlagen- und Powersparen und bauen unser eigenes „Treuhandsystem" für Profisportler.

5.2.1.5 Einordnung der verschiedenen Finanzprodukte in die Baskets

> In diesem Kapitel Welches Anlageprodukt gehört in welchen Basket?

Jedes Finanzprodukt kann man in einen unsere drei Töpfe einordnen. Hier eine Übersicht wichtiger Anlageprodukte. Dabei bedeutet

- SW, dass es sich um einen Sachwert (Inflationsschutz) handelt.
- ein Blitz ϟ, dass die Anlage Wertschwankungen unterliegt.
- zwei Blitze ϟϟ, dass die Anlage besondere Aufmerksamkeit verdient (gute Streuung, nicht zu viel davon).
- drei Blitze ϟϟϟ, dass die Gefahr eines Totalverlustes besteht.

Basket 1:
Girokonto, Tagesgeld, Sichteinlagen
Basket 2:
Sparbücher
Investmentfonds (SW), (ϟ)
Aktien SW (ϟ)
Rohstoffe, Edelmetalle, Edelsteine) SW (ϟϟ)
Hedgefonds (SW)(ϟϟ–ϟϟϟ)
Zertifikate, Swaps, Optionen (SW) (ϟϟϟ)
Kryptowährungen (ϟϟϟ)
Basket 3:
Festgelder, Termingelder
Anleihen
Genussscheine (ϟϟϟ)
Bausparverträge
Rentenversicherungen (privat (SW), staatlich, betrieblich)
Immobilien SW (ϟϟ)
Unternehmerische Beteiligungen SW (ϟϟϟ)
Alternative Investmentfonds (AIF) SW (ϟϟϟ)

Venture Capital SW (💰💰💰)
Kunst, Oldtimer, Raritäten, Uhren SW (💰💰)
Stiftungen

Kunst, Oldtimer und Co. könnte man statt in Basket 3 auch in den Basket 2 einordnen; doch weil man sich davon üblicherweise nicht so gerne trennt, wäre mein Vorschlag Basket 3.

5.2.1.6 Rentenversicherungen und Versicherungsanlageprodukte (Basket 3)

> In diesem Kapitel:
> - werden die verschiedenen Arten und Wirkungsweisen von Rentenversicherungen erklärt.
> - wird erläutert, wie diese optimal in die Vermögensstrategie von Profisportlern eingebunden werden können.

Gerade für Profisportler lohnt sich ein eingehender Blick auf private Rentenversicherungen. Es hilft, diese hinsichtlich ihres jeweiligen Zielhorizonts in zwei Klassen aufzuteilen:

1. Rentenversicherungen als Ergänzung der Vermögensstrategie in Hinblick auf die Zeit ab Karriereende – Disziplin II (Abschn. „Doppelstrategie aus Grundlagen- und Powersparen")
2. Rentenversicherungen mit Blick auf die Altersrente – Disziplin III" (Abschn. „Doppelstrategie aus Grundlagen- und Powersparen")

Ich stelle immer wieder fest, dass mitunter selbst Fachleute wie Steuerberater die vielfältigen Anlagemöglichkeiten von Rentenversicherungen nicht kennen. Vielleicht liegt es an dem Namen, der suggeriert, dass es etwas mit Alter, Niedrigzins und Versicherung zu tun hat.

Im Vergleich zu Geldanlagen ohne die Rentenversicherungshülle genießen sie leichte steuerliche Vorteile. Sie eignen sich hervorragend als Ergänzung zum Vermögensaufbau. Daran ändern auch die 2018 eingeführten neuen Steuerregeln für fondsgebundene Lebens- und Rentenversicherungen wenig.

1. Rentenversicherungen – Disziplin II
Weil sie quasi wie ein Hebel wirken – Zinseszins plus Förderung –, bieten Rentenversicherungen eine gute Möglichkeit, in jungen Jahren für später vorzusorgen. Einfach gesagt: Rentenversicherungen können zu einem

Renditegewinn in der Größenordnung von ca. einem Prozentpunkt verhelfen – um den Preis, dass es den „Schlüssel für das Sparschwein" erst später gibt.

Natürlich muss man genau hinschauen, was im Einzelfall der beste Mix ist. Was für den angestellten Vereinsspieler gut ist, kann für den Einzelsportler die falsche Wahl sein.

Mit Bedacht ausgewählt und zusammengestellt kann man dann damit aber mehrere Fliegen mit einer Klappe schlagen: nämlich alle Anlageformen aus Basket 2 in eine „Rentenversicherungshülle" packen. Rentenversicherungen dieser Gattung werden auch als Versicherungsanlageprodukte bezeichnet. Das bedeutet, man kann Fonds und Vermögensverwalter genauso auswählen und zusammenmischen wie in einem Depot. Nennen wir es einfach „Depot 2.0". Man kann monatlich sparen und Einmalzahlungen vornehmen und je nach Bedarf Grundlagensparen oder Powersparen betreiben.

Aber was ist nun das Besondere an Versicherungsanlageprodukten beziehungsweise Depot 2.0? Die Verwaltungsplattform ist eine Versicherungsgesellschaft und keine Bank.

Auch die Kostenstruktur ist eine andere. Meist gibt es überproportionale Anfangskosten. Das Geld ist also – psychologisch zumindest – dem schnellen Konsum noch besser entzogen als das Bankdepot. Aus Renditesicht eignen sie sich nicht für die kurzfristige Verwendung.

Würde man nach beispielsweise fünf Jahren ein Bankdepot aus Basket 2 mit einem identisch zusammengesetzten Depot 2.0 vergleichen, dann wäre meist (nicht immer) das Bankdepot siegreicher. Im Lauf der Zeit dreht sich das in der Regel aber um: Auf lange Sicht hat das Depot 2.0 meist (nicht immer) die Nase vorne. Denn wie beim Vergleich eines Langstreckenläufers mit einem Sprinter kommen die Stärken des Ersteren nicht gleich am Anfang zum Vorschein.

Ein weiterer Unterschied ist, dass sich je nach Geschmack und Bedarf mehr oder weniger Garantien festlegen lassen. Bei manchen Produkten zum Beispiel, dass zum Auszahlungszeitpunkt – egal was an den Kapitalmärkten passiert – mindestens zehn, 50, 90 oder 100 % des eingezahlten Kapitals vorhanden ist.

Es ist möglich, Kapital in Tranchen oder auf einmal zu entnehmen oder sich eine lebenslange Auszahlung in garantierter Höhe ab einem Zeitpunkt seiner Wahl zu sichern, etwa ab dem geplanten Karriereende in zwölf Jahren. Alternativ ist auch ein Auszahlplan für einen abgegrenzten Zeitraum möglich. Oder man kann sie auch für Immobilienfinanzierungen einsetzen, damit das Einkommen nach der Karriere ergänzen oder sich sonstige Wünsche erfüllen.

Auch steuerlich können Rentenversicherungen vorteilhaft sein. So wird ein Teil der Kapitalertragssteuer erst bei Auflösung abgeführt, in der Zwischenzeit kann das Geld arbeiten. Wenn man sich dann das Geld als Rente auszahlen lässt, gelten dafür – je nach Alter und Laufzeit – begünstigte Steuersätze. Außerdem bergen diese Versicherungen gestalterische Möglichkeiten für eine Vermögensübertragung an Dritte.

Noch etwas: Wenn ein Sportler in die USA geht, kann er diese Versicherung problemlos weiter fortführen und besparen. Bei einem Bankdepot ist dies aus steuerrechtlichen Gründen nicht möglich. Außerdem hat die USA ein Gesetz, dass Ausländer in den USA kein Geld in ausländischen Depots bewegen dürfen. Die Rentenversicherung kann man – richtig eingesetzt – als Multitalent sehen, wenn es um mittel- bis langfristigen Vermögensaufbau geht.

Merkmale
Vorteile: Möglichkeit zum flexiblen Vermögensaufbau für die Zeit nach Karriereende
Nachteile: wenig transparente Kostenstruktur und meist höhere Anlaufkosten
Eignen sich besonders für: Sportler, die mittel- bis langfristig sparen wollen und trotzdem finanziell flexibel sein wollen.
Eignen sich weniger für: Sportler, die ihre Liquiditätsrücklage noch nicht gebildet haben.

Rentenversicherungen – Disziplin III

Diese haben die Aufgabe, die Altersversorgung ab dem gesetzlichen Renteneintrittsalter (derzeit frühestens 62. Lebensjahr) sicherzustellen. Schon seit mehreren Jahrzehnten ist allerdings absehbar, dass die Leistungsfähigkeit der gesetzlichen Altersvorsorge zunehmend sinkt, sodass sie über kurz oder lang kaum mehr als eine Grundsicherung darstellt. Daher hat sich so ziemlich jede der letzten Regierungen neue Reformen einfallen lassen – mit stets guter Absicht. Doch der vom Gesetzgeber beabsichtigte Effekt verpufft größtenteils, weil die Bürger die am grünen Tisch ausgedachten Lösungen zu wenig annehmen: Diese sind derart kompliziert, dass sich fast nur noch Profis wirklich damit auskennen.

Und weil es so kompliziert ist, stellen oftmals die Medien die Lösungen als unbrauchbar dar. Mitunter basierend auf gefährlichem Halbwissen werden die gesetzlich geförderten Lösungen pauschal schlecht geredet und die Bürger verunsichert. Also trauen sich die Bürger noch weniger daran – und machen nicht selten genau das Gegenteil von dem, was eigentlich nötig wäre. Sie sparen zu wenig und sparen falsch.

Nötig wäre, …

1. … nach dem persönlich optimalen Mix aus staatlich geförderter Altersversorgung zu suchen.
2. … diszipliniert und ausreichend zu sparen, um die derzeit niedrigen Zinsen der Kapitalmärkte auszugleichen.
3. einen angemessenen Anteil an Sachwerten (Aktien) zu wählen, um eine reelle Basis auf echten Wertzuwachs zu schaffen.

Ich möchte etwas Licht ins Dunkel bringen, und aufzeigen, welche Möglichkeiten sich Profisportlern bieten. Dabei können wir uns an der zuvor dargestellten Rentenversicherung „Disziplin II" orientieren.

Allerdings musst Du wissen: Der Nutzen dieser Art der Altersversorgung wird für Dich erst nach Jahrzehnten zum Tragen kommen. Das ist ein bisschen so, wie zu Ostern ein Geschenk zu bekommen, das man aber erst zu Weihnachten auspacken darf.

Private Rentenversicherung
Hier gilt alles das, was schon unter Disziplin II dazu gesagt wurde – zumindest, die Rentenversicherung, wenn sie für die Altersversorgung gedacht ist. Sie ist im Vergleich zu den anderen Rentenversicherungsarten am flexibelsten, allerdings erhält man in der Ansparphase keine staatliche Förderung.

Basisrente (Rürup-Rente)
Die Basisrente wird auch Rürup-Rente genannt. „Taufpate" ist Hans-Adalbert „Bert" Rürup, ein deutscher Wirtschaftswissenschaftler und ehemaliger Wirtschaftsweiser. Aufgrund der vom Gesetzgeber vorgegebenen Spielregeln kommt sie der Idee einer selbstverantwortlichen Grundversorgung ziemlich nahe.

Diese Rente ist weder beleihbar, noch verpfändbar. Sie kann also *nicht* für eine Immobilienfinanzierung verwendet werden. Geld, welches hier einbezahlt ist, widersteht sowohl vor als auch nach Rentenbeginn jeder Versuchung der vorzeitigen Entnahme. Es sind also diverse Firewalls eingezogen, die davor schützen, eine spätere Rente vorzeitig zu versilbern.

Im Todesfall kann das darin angesparte Vermögen in Form einer Rente an Ehepartner oder Kinder, die unter 25 Jahre alt sind, weitervererbt werden.

Neben monatlichen Zahlungen sind auch jährliche Sonderzahlungen möglich; in Jahren mit gutem Einkommen kann man dadurch flexibel handeln. Die Beiträge sind bis zu einer gewissen jährlichen Obergrenze (im Jahr

2018 liegt diese bei 23.712 EUR für Alleinstehende) steuerlich absetzbar. Im Jahr 2018 können 86 % der Beiträge abgesetzt werden, ab 2025 sogar 100 %. Diese Obergrenze können allerdings nur Selbstständige voll ausnutzen, weil bei Angestellten Beiträge zur gesetzlichen Rentenversicherung angerechnet werden. Die Steuererstattung (bis zu ca. 40 %) muss man natürlich beantragen; sie kommt mit dem nächsten Steuerbescheid.

> **Merkmale**
> *Vorteile:* in der Ansparphase frei wählbar, das Geld ist dem vorzeitigen Zugriff entzogen
> *Nachteile:* dem vorzeitigen Zugriff entzogen, wird frühestens ab Renteneintritt und dann ausschließlich als lebenslange Rente ausbezahlt, voll zu versteuern
> *Eignet sich besonders für:* Selbstständige und Sportler mit hohem Steuersatz, als ergänzende Basisversorgung mit hohem „Selbstschutz"
> *Eignet sich weniger für:* Sportler mit wenigen Rücklagen und zugleich unstetem Einkommen oder Sportler, bei denen ein Wechsel ins Ausland wahrscheinlich ist

Riester-Rente
Hier sind die Entnahmehürden etwas niedriger. Im Gegensatz zur Rürup-Rente kann man die Riester-Rente unter gewissen Voraussetzungen bei einer Immobilienfinanzierung einbauen oder sich einen Teil des angesparten Kapitals (maximal 30 %) bei Rentenbeginn auszahlen lassen. Und wie die Rürup-Rente ist auch die Riester-Rente pfändungssicher. Selbstständigen steht sie allerdings nicht offen – es sei denn über den Umweg des eventuell riesterförderfähigen Ehepartners.

Die Anlagemöglichkeiten sind vergleichsweise eingeschränkt, im Gegenzug dafür erhält man jedoch eine Beitragsgarantie. Neben der steuerlichen Förderung gibt es – natürlich auch wieder unter gewissen Voraussetzungen – fixe Zulagen (dieses Zulagensystem ist auch nicht ganz trivial). Der maximal geförderte Jahresbeitrag beträgt 2100 EUR. Wer bei Abschluss noch keine 25 Jahre alt ist, bekommt zudem ein staatliches Startgeschenk von 200 EUR in den Vertrag. Wenn man förderfähig ist und wenig verdient, kann man sich schon für 5 EUR im Monat 175 EUR jährliche Zulage sichern und zusätzlich dazu bis zu 300 EUR je Kind. Gut also für Kinderreiche. Zudem steigt die gesetzliche Rente, wenn Kindererziehungszeiten beantragt werden. Auch diese Rente ist später voll zu versteuern.

> **Merkmale**
> *Vorteile:* Mindestgarantie auf Basis der gezahlten Beiträge, Zugriffsmöglichkeiten vor der Rente begrenzt
> *Nachteile:* Wegfall der staatlichen Förderung bei Wegzug aus der EU, Zugriffsmöglichkeiten vor der Rente begrenzt
> *Eignet sich besonders für:* angestellte – und kinderreiche – Sportler mit geringem Einkommen und Sportler mit hohem Steuersatz
> *Eignet sich weniger für:* Sportler, bei denen ein Wechsel ins Ausland wahrscheinlich ist
> *Eignet sich nicht für:* Sportler ohne Anspruch auf Riester-Förderung

Vielleicht magst Du die 2100 EUR im Jahr für Peanuts halten. Oder Du denkst Dir „Kleinvieh macht ebenfalls Mist". In den meisten Fällen jedenfalls dürfte es Sinn machen, den Riester „mitzunehmen". Man muss es ja nicht so weit ausreizen wie ein vermögender selbstständiger Arzt, der sich einzig, um diese Förderung zu bekommen, von seiner selbstständigen Frau auf 450-Euro-Basis hat anstellen lassen.

Betriebliche Vorsorge
Ein wichtiges Merkmal der betrieblichen Altersvorsorge (BAV) ist – wie bei Riester und Rürup – der staatlich verstärkte Hebeleffekt für das Investment. Und natürlich der große Zinseszinseffekt durch das frühzeitige Sparen. Auch an Deine Altersversorgung im Rahmen der BAV kommt kein Dritter ran: Sie ist ebenfalls pfändungssicher.

Diese Gattung der Versorgung macht das Dreisäulenmodell von staatlicher, privater und betriebliche Versorgung komplett. Allerdings kommen lediglich Angestellte und Selbstständige (aus Anlass der Tätigkeit für ein Unternehmen...) in den Genuss der BAV.

Wie bei Riester sind die Anlagemöglichkeiten recht beschränkt, allerdings ist die Rente zum Beispiel auf Grundlage der gezahlten Beiträge garantiert. Zusätzlich können dabei neben Steuern auch Sozialabgaben gespart werden.

Darüber hinaus gibt es noch Zuschüsse durch den Arbeitgeber. Gutverdienern bringt dies allerdings nichts, da ab einer gewissen Einkommenshöhe keine Sozialabgaben mehr geleistet werden. Dafür ist der Steuerhebel für sie wirkungsvoller.

Im Januar 2018 ist das Betriebsrentenstärkungsgesetz (BRSG) in Kraft getreten. Unter dem Strich stärkt es die Bedeutung der BAV sowohl für Gutverdiener als auch für Geringverdiener. Arbeitnehmer können bis zu 520 EUR ihres Gehalts monatlich umwandeln. Ein Teil des BRSG ist das Sozialpartnermodell – manche nennen es nach der Sozialdemokratin Andrea Nahles – wieder jemand aus der Politik, der sich verewigt – „Nahles-Rente".

Es bringt ein paar weitere Veränderungen mit sich, die aber nur bestimmte Arbeitgeber betreffen.

Der große Wurf ist dies nach meinem Dafürhalten nicht. Für sehr sinnvoll allerdings halte ich das sogenannte *opting out*, welches im BRSG verankert ist. Das heißt: Falls ein Arbeitgeber eine eigene betriebliche Versorgung anbietet, dann sind erst mal automatisch alle Arbeitnehmer mit im Boot (Rente später statt Geld heute). Diejenigen, die das nicht wollen, müssen aktiv abwählen. Hier hat wohl jemand die Verhaltensökonomie verstanden (Abschn. „Stufe 1: Liquiditätsmanagement – Der „Zaubertrank" für den strategischen Vermögensaufbau")!

Bei angestellten Sportlern mit einem Nettovertrag ist darauf zu achten, dass die steuerlichen Vorteile von Riester und betrieblicher Versorgung (trotz Nettovereinbarung) auch beim ihm ankommen. Lass dies gegebenenfalls Deinen Steuerberater prüfen.

> **Merkmale**
> *Vorteile:* höhere Fördergrenzen als bei Riester, Zusatzhebel durch Einsparen von Sozialabgaben und Arbeitgeberzuschüsse
> *Nachteile:* weniger Sozialabgaben gleich weniger Ansprüche auf Arbeitslosengeld und gesetzliche Rente, gesetzlich Krankenversicherte zahlen im Alter neben der vollen Besteuerung auf die Rente zusätzlich noch Krankenkassenbeiträge
> *Eignet sich besonders für:* angestellte Sportler mit geringem Einkommen, Gutverdiener und angestellte Sportler, die privat krankenversichert sind
> *Eignet sich weniger für:* Sportler, bei denen ein Wechsel ins Ausland wahrscheinlich ist, und Sportler mit häufigen Einkommenspausen
> *Eignet sich nicht für:* Selbstständige Sportler

Noch mal zusammengefasst
Die gesetzliche Rente gibt es nur für angestellte Sportler und sie kann nicht mehr als eine (kleine) Mindestabsicherung darstellen. Sieh Dir einfach mal Dein derzeitiges Nettoeinkommen im Monat an und die voraussichtliche Rentenhöhe.

Was die staatlich geförderte Altersvorsorge angeht, sind Pauschalaussagen unangebracht. Vielmehr ist jeder Einzelfall gesondert zu betrachten. Tendenziell kann man sagen, dass Riester und betriebliche Vorsorge durch die jeweilige Art der Förderung sowohl für niedrige als auch für hohe Einkommen empfehlenswert sind, die Basisrente eher für hohe Einkommen und Selbstständige.

Alle drei Renten werden so lange fließen, wie man lebt – egal, wie alt man wird. Und alle diese Renten sind insolvenzgeschützt. Das bedeutet, die gefördert angesparten Rentenansprüche hat auch derjenige sicher, der „unterwegs" pleitegeht;-) ..., wovon Leser dieses Buches jedoch verschont bleiben sollen!

Wenn die Rahmenbedingungen passen, können alle vorgestellten Formen der geförderten Altersvorsorge – Riester- und Rürup-Rente sowie die betriebliche Vorsorge – ins Grundlagensparen aufgenommen werden. Jedes der oben beschriebenen Rentenmodelle hat seine eigenen Wirkungsweisen und Daseinsberechtigung. Am besten mixt man sich seinen eigenen Altersvorsorgecocktail daraus.

5.2.1.7 Immobilie als Sachwert (Basket 3)

In diesem Kapitel:

- Die Immobilie als Vermögensanlage
- Welche Immobilienarten gibt es und was unterscheidet sie?
- Worauf müssen Profisportler bei Immobilieninvestments achten?

Welche ist die richtige und wie viele davon machen Sinn?
Immobilien gehören zur Anlageklasse der Sachwerte. Dort nehmen sie allerdings eine Sonderstellung ein, denn Immobilien binden verhältnismäßig viel Kapital, oft ist es die größte Investition im Leben. Anders als bei Aktienanlagen handelt es sich um einen „greifbaren" Sachwert, der üblicherweise mit starken Emotionen verbunden ist. Fast jeder hat eine Vorstellung von Immobilien und meist auch einen positiven Zugang. So wird, was im Normalfall aus Mörtel und Steinen besteht, gerne auch „Betongold" genannt.

Schauen wir uns einmal die verschiedenen Arten Immobilien an. Beispielsweise wird die fremdgenutzte (vermietete) von der eigengenutzten Immobilie unterschieden, das heißt von derjenigen, in der man selbst wohnt.

Selbstgenutzte Immobilie
Die Immobilie, die man selbst bewohnen will, kann eine Eigentumswohnung sein, ein Penthaus, ein Haus mit Garten zum Darumherumlaufen, eine Villa ... und vieles mehr. Sie kann alter, vielleicht sogar historischer Bestand sein, aber auch komplett neu geplant und gebaut.

Ein Vorteil der selbstgenutzten Immobilie: Man kann nach Geschmack kaufen oder bauen und mehr oder weniger schalten und walten, wie man will – und lebenslang mietfrei wohnen, ohne Monat für Monat einem anderen Geld dafür zu bezahlen. Das sind die häufigsten Argumente für die eigenen vier Wände. Allerdings: *Mietfrei* wohnen heißt nicht *kostenfrei,* denn es fallen Nebenkosten und Kosten für Unterhalt und Reparaturen an.

Ein weiteres Argument für eine selbstgenutzte Immobilie ist, dass man sich so normalerweise zu einem stärkeren Vermögensaufbau diszipliniert: Viele Immobilienbesitzer entwickeln großen Ehrgeiz, Geld in die Sondertilgungen zu stecken – Geld, das ohne das Ziel der schnellen Entschuldung vor Augen sonst womöglich im Konsum versickern würde.

Der Nachteil steckt dagegen bereits im Namen: Ein Haus ist „immobil". Zieht man um, kann es ja nicht mitnehmen wie ein Wohnmobil. Also steht man, wenn man es nicht leer stehen lassen will, vor der Aufgabe es zu verkaufen oder zu vermieten. Außerdem treiben bei der selbstgenutzten Immobilie nicht selten besondere Ausstattungswünsche den Preis in die Höhe. Handelt es sich gar um ein einmaliges, von einem Architekten entworfenes Objekt, können die Gesamtkosten am Ende die erste Kalkulation sogar drastisch übersteigen. Zu Bedenken ist außerdem die eigene Lebensplanung: Wer als Single kauft und eine Familie gründet, für den ist die Immobilie dann meist zu klein. Wer sie dagegen in der Phase einer jungen Familie baut, für den ist das Eigenheim nach 20 Jahren oft deutlich zu groß.

Als Geldanlage unter Renditegesichtspunkten wiederum spielt die eigengenutzte Immobilie eher eine untergeordnete Rolle, weil man sie üblicherweise nicht baut, um sie nach einer bestimmten Wertsteigerung wieder zu verkaufen und umzuziehen. Doch gibt sie ein gutes Gefühl, ein Gefühl von Selbstbestimmtheit und Freiheit, und sie spart Mietkosten. Gleichzeitig ist zu bedenken, dass man im Falle der Finanzierung einen Zins an die Bank oder Bausparkasse zahlt. Dieser ist vergleichbar mit einer Miete – im einen Fall mietest Du eine Wohnung, die Dir nicht gehört, im anderen zahlst Du „Miete" für Geld, welches Du Dir leihst.

Soll die eigene Immobilie eines Tages verkauft werden, hängt der Preis natürlich von der Nachfrage und der Marksituation ab.

Durchschnittsobjekte verkaufen sich leichter als Luxusimmobilien. Diese müssen mitunter weit unter dem verkauft werden, was der Bau gekostet hat.

Wer lange an einem Ort verweilt – was bei Profisportlern eher die Ausnahme und nicht die Regel ist – oder auch die Eltern oder Familie dort wohnen lässt, für den ist eine selbstgenutzte Immobilie eher sinnvoll als für jemanden, der seinen Wohnsitz nach ein paar Jahren wieder verlegt. Denn ein Haus schränkt die Flexibilität ein, man sitzt unter Umständen in einem Darlehen fest. Das eingesetzte Eigenkapital „steckt im Stein". Klar, man kann die Immobilie vermieten. Doch wenn man an einem anderen Ort etwas Eigenes kaufen will, tut einem das möglicherweise weh, denn ohne ausreichendes Eigenkapital wird diese Finanzierung teurer als nötig. Und die üblichen Anschaffungsnebenkosten in der Größenordnung von zehn Prozent sind für immer verloren. Das bedeutet: Wer nach ein paar Jahren wieder auszieht, macht Verluste, wenn er die Immobilie nicht mindestens zehn Prozent teurer verkaufen kann. Außerdem: Für einen Mannschaftssportler dürfte sich die Immobile nur für den „Familienrückzugsraum" rechnen – dort, wo er seinen Alterssitz plant – und nur in Ausnahmefällen „am Beschäftigungsort". Letzterer wechselt üblicherweise mehrfach während der Karriere und die Wohnungen „vor Ort" stellt meist der Arbeitgeber.

Zuletzt sollte man jeden Immobilienkauf einem Marktvergleich unterziehen (lassen) – das gilt auch für Objekte, die Dir eine Bank anpreist.

Hier einmal ein Beispiel aus meinem Beratungsalltag: Ein Mandantenehepaar wollte eine Immobilie erwerben mit dem Ziel, eine Anlaufstelle zu haben für die Ferienzeit heute und eine Heimat für die Zeit nach der Karriere. Das Haus war wunderschön, fast neu, top ausgestattet und … lag in der Pampa.

Es war ein sogenanntes „Scheidungsobjekt". Das Besitzerehepaar hat sich, nachdem das Haus fertig war, getrennt und musste unter Zeitdruck verkaufen – ein sogenannter Notverkauf, denn die Bank wollte natürlich weiterhin ihre Kreditraten bedient haben. Die Verkäufer hatten viel Liebe in das Objekt gesteckt; ein sehr guter Architekt hatte es entworfen und es war geschmackvoll eingerichtet. Die zur Bank gehörende Bausparkasse bot das Haus für knapp 600.000 EUR an. Als ich dem Kunden eine Finanzierung besorgen wollte, war die Bank gerade mal bereit, zwei Drittel davon zu finanzieren, obwohl der Mandant selbst beste Bonität hatte. Warum? Die Bank schätzte den Marktwert tatsächlich deutlich niedriger ein, als sie es über ihre eigene Bausparkasse zu verkaufen versuchte. Wie kam es dazu?! Die Bauherren waren bei der Bank so stark verschuldet, dass die Bank versuchte, ihren eigenen Schaden durch einen überhöhten

Verkaufspreis so niedrig wie möglich zu halten. Ich fragte meine Kunden, wie sie sich fühlen würden, wenn sie in ein paar Jahren feststellen, dass sie ihren Lebensmittelpunkt doch nicht weit draußen auf dem Land haben wollen, und sie dann, wenn sie das Haus verkaufen, 200.000 EUR weniger bekommen, als sie bezahlt haben. Schweren Herzens entschieden sich meine Kunden gegen den Kauf – und sind heute froh darüber.

Vielleicht wäre es anders ausgegangen, wären die beiden sicher gewesen, nach der Karriere dauerhaft dort wohnen zu wollen. Denn bei einer selbstgenutzten Immobilie geht es eher um das „was ist sie *mir* wert" als um den nüchternen Marktwert, das heißt, „was ist sie anderen Wert, wenn ich sie verkaufen will".

Überlege Dir lieber einmal mehr, inwieweit der Bau oder Kauf einer eigenen Immobilie durchdacht ist, was Deinen langfristigen Wohnort und die angestrebte Immobiliengröße angeht.

Merkmale
Vorteil: großer Gestaltungsspielraum, hohe Spardisziplin
Nachteil: eingeschränkte Flexibilität
Eignet sich besonders für: Sportler mit ausreichen Eigenkapital und längerem Planungshorizont, die in den eigenen vier Wänden leben wollen
Eignet sich weniger für: Menschen, die sich über Mietzahlungen ärgern – im Fall des Falles tauschen sie Miete gegen Darlehensraten aus
Eignet sich nicht für: Sportler mit sehr kurzem Planungshorizont bezogen auf den Lebensmittelpunkt, verbunden mit geringem finanziellen Spielraum

Fremdgenutzte Immobilie
Mit der fremdgenutzten Immobilie sichert man sich dauerhafte Mieteinnahmen und man kann sie bei Bedarf wiederverkaufen, ohne dass man selbst ausziehen muss. Ob man dann Gewinn macht oder Verlust, hängt von vielem ab: Hat man günstig oder teuer gekauft, wie ist die Nachfragesituation, kann man sich mit dem Verkauf Zeit lassen, wie ist der Zustand des Objektes etc. Generell kann man sagen: Eine „normale" Eigentumswohnung verkauft sich leichter und besser als ein Liebhaberobjekt

oder eine Luxusimmobilie. Wer mit Weile verkaufen kann, wird mehr Geld bekommen als derjenige, der unter Zeitdruck steht.

Ein weiterer Vorteil einer „Fremdimmobilie": Der Staat fördert es, Wohnraum zu schaffen. Konkret bedeutet das, dass er Steuervorteile gewährt, etwa dadurch, dass sich Zinszahlungen von der Steuer absetzen lassen. Dabei werden diejenigen besonders belohnt, die viel Steuern zahlen.

Den meisten kommt als Erstes in den Sinn, eine Immobilie dort zu kaufen, wo man sich auskennt, wo man wohnt – „Kirchturmprinzip" beziehungsweise *home bias* nennt man das; nüchtern betrachtet schränkt diese verständliche Überlegung allerdings den Blick und die Möglichkeiten ein. Andererseits ist es schwer, einen „Fremdmarkt" ohne sachkundige Hilfe einzuschätzen.

Beginnt man erst einmal damit, in den einschlägigen Immobilienportalen zu stöbern, wird das Thema Immobilieninvestition womöglich schnell zu einer zeitraubenden Angelegenheit mit hohem Frustpotenzial. Denn die Superschnäppchen haben im Normalfall einen Haken. Erscheint das Preis-Leistungs-Verhältnis einmal tatsächlich besonders gut, bist Du ganz bestimmt nicht der Einzige, der das feststellt. Vielmehr beginnt unter Umständen ein Bieterwettstreit. Du kommst in Handlungsnot und musst Entscheidungen unter Zeitdruck treffen.

In Reinform erfährt das derjenige, der Objekte in Zwangsversteigerungen erstehen will. Meine Empfehlung: Überlege Dir gut, ob Du diesen Weg versuchen willst. Denn wenn Du hier ein Schnäppchen machen willst, brauchst Du Expertenwissen, Erfahrung und Zeit.

Normalerweise ist die *Neubauimmobilie* teurer als ein vergleichbares *Bestandsobjekt* und die Rendite ist in der Regel bei einer gebrauchten Immobilie höher. Das liegt auch daran, dass sich die Mehrkosten für Neubauten nicht in den Mieten wiederfinden.

Doch Du kaufst mit der Bestandsimmobilie eben eine mehr oder weniger stark abgenutzte Substanz. Oft sind nur Schönheitsreparaturen nötig, manchmal aber müssen zum Beispiel in der Wand verlegte Zu- oder Ableitungsrohre oder Elektroleitungen oder beides erneuert werden. Das ist nicht unbedingt von Nachteil. Schlecht ist es nur, wenn ein derartiger Investitionsstau beziehungsweise Sanierungsstau – so nennen es Fachleute, wenn werterhaltende Maßnahmen lange aufgeschoben wurden – nicht im Preis berücksichtigt wurde oder wenn Du nicht damit gerechnet hast.

Beispiel: Kunden erzählten mir von ihnen bekannten Profisportlern, die gemeinsam ein günstiges altes Objekt gekauft hatten. Es war marode, immer neue Probleme traten auf und das Geld lief durch wie durch ein Fass ohne Boden. Die Sportler zahlten erhebliches Lehrgeld und einer von ihnen wurde dadurch insolvent.

Ein solches Risiko kannst Du deutlich verringern, wenn Du vor Kauf für das Objekt ein Sachverständigengutachten einholst. Es gibt auch Vermittler, welche Immobilien erst dann in ihr Portfolio aufnehmen, wenn neben der Makrolage auch die Mikrolage, der Bauträger und das jeweilige Objekt einen Prüfprozess bestanden haben. Sie nehmen Dir also die komplette Recherche hinsichtlich Qualität, Preis, Entwicklungspotenzial und der Rendite ab. Du kaufst nicht mehr die Katze im Sack, sparst Zeit und gewinnst Sicherheit.

Denkmalimmobilie
Eine besondere Form der gebrauchten Immobilie ist die Denkmalimmobilie. Dabei handelt es sich zum Beispiel um ein aus Sicht des Staates schützenswürdiges altes Wohnhaus oder eine Industrieanlage. Das bedeutet nicht, dass man sich selbst mit dem Denkmalamt herumschlagen muss. Im besten Falle kümmern sich ausgewiesene Experten darum, dass aus einem maroden, alten Wohnviertel in einer aufstrebenden Stadt eine angesagte, kernsanierte und grundrissoptimierte Wohnanlage mit Top-Infrastruktur wird. Und Du als Investor erhältst zusätzlich nennenswerte Steuervorteile.

Das weiß allerdings auch der Bauträger. So kann es passieren, dass ein Teil des Steuervorteils in einem erhöhten Kaufpreis verpufft. Zusätzlich können Umzüge ins Ausland – oder Reduzierung der Steuerlast – zum Beispiel durch Einkommensminderung oder Heirat – den Steuervorteil zunichtemachen. Hier mein Rat: Eine solche Investition sollte sich – wie jede andere Investition auch – auch ohne Steuervorteil rechnen.

Konzeptimmobilie
Eine weitere Gattung ist die Konzeptimmobilie – Wohnobjekte, die für spezielle Zielgruppen und für deren Bedürfnisse konzipiert werden, zum Beispiel Pflegeimmobilien oder Immobilien für das sogenannte Mikrowohnen, etwa voll eingerichtete Managerwohnungen, Ferienwohnungen oder innovative Studentenwohnheime.

Hier erwirbst Du in der Regel ein Rundum-sorglos-Paket (Vermietung, Verwaltung, Mietpool, Mietgarantie …) mit teils 20-jähriger Mietgarantie.

Merkmale
Vorteile: niedriger Verwaltungsaufwand, Mietgarantie
Nachteil: wenig Einflussmöglichkeit
Eignet sich besonders für: Sportler, die möglichst wenig Aufwand wollen
Eignet sich weniger für: Sportler, die irgendwann selbst darin wohnen wollen
Aufgepasst: mitunter steuerliche Besonderheiten

Globalobjekt

Wenn Du finanzstark genug bist, kannst Du Dir ein sogenanntes Globalobjekt anschaffen, zum Beispiel ein Wohnhaus mit vielen Mietparteien.

Der Vorteil: Du bist der Alleinbesitzer und musst zum Beispiel bei Investitionsentscheidungen keine Rücksicht auf Mitbesitzer nehmen.

Achte aber darauf, dass die Verhältnismäßigkeit stimmt – sprich, dass nicht ein Großteil Deines wirtschaftlichen Erfolges von diesem einen Objekt abhängt. Das würde dann ein „Klumpenrisiko" sein – im Volksmund ein „Himmelfahrtskommando": Allein das Gelingen der Investition bestimmt Deinen wirtschaftlichen Erfolg oder eben auch Misserfolg – wie in dem geschilderten Fall, dass jemand insolvent wurde, der sein Geld in ein marodes Objekt gesteckt hatte.

Die Lage der Immobilie

Noch ein paar Worte zur Wahl des Standortes: Wenn Du Dich mit anderen über Immobilien unterhältst, wirst Du immer wieder einen mantrahaft vorgetragenen Satz hören: „Lage, Lage und nochmals Lage." Klar, denn die Substanz der Immobilie kann man verändern, den Standort aber nicht.

Im Idealfall passt die Makrolage. Vielleicht etwa liegt das Objekt der Begierde in einer aufstrebenden Stadt beziehungsweiser einer Metropolregion. Und in jeder Stadt gibt es gute und weniger gute Lagen. Kriterien sind zum Beispiel Lärmbelästigung, Arbeitsplatzsituation, Kaufkraft, sogar die Windrichtung, wenn etwa ein Müllheizkraftwerk in der Nähe ist. Wie ist es um die Verkehrsanbindung bestellt? Welche Leute wohnen dort? Gibt es Kindergärten oder Schulen in der Nähe, Cafés, Theater und Parkmöglichkeiten? Wie ist es mit dem Freizeitangebot? Wie ist die Nachfrage nach Immobilien, die regionale Wirtschaftskraft und wie die Bevölkerungsstruktur?

Was bei der Vermögensanlage hinsichtlich der Diversifikation gilt – Risikostreuung statt Klumpenrisiko –, das gilt auch für eine Kommune. Eine Stadt mit vielen Arbeitgebern aus unterschiedlichen Branchen bietet mehr Sicherheit als eine Stadt, in der mehr oder weniger alles von einem Arbeitgeber abhängt. Eine Monostruktur zum Beispiel geschaffen durch einen großen Automobilhersteller und die davon abhängige Zuliefererindustrie. Diese und weitere Faktoren fließen ins Standortrating ein, das für professionelle Immobilieninvestoren eine wichtige Entscheidungsbasis ist.

Die Lage ist also ein wichtiges, weil unveränderliches Kriterium. Doch, wenn sich die meisten auf Lage, Lage, Lage konzentrieren, wirkt sich das auch auf den Preis der Objekte in dieser Lage aus – Angebot und Nachfrage regeln bekanntlich den Preis. Zwar wird man eine Immobilie in einer Top-Lage immer besser verkaufen können, doch kauft man sie eben derzeit auch schon oft sehr teuer ein. Zu bedenken ist also, ob die angesagte Lage von heute dies auch morgen noch sein wird. Eine gute Lage bedeutet folglich nicht automatisch auch eine gute Rendite. Auch hier wirkt das magische Dreieck der Geldanlage (Abschn. 4.3.2.2). Bei geringem Risiko – Top-Lage, Top-Vermietungssituation – ist auch die Mietrendite üblicherweise geringer als bei hohem Risiko. Investitionen, auf die sich die breite Masse nicht stürzt, sind günstiger zu erwerben. Ein paar Parkhausplätze in einer chinesischen Großstadt können sich weit besser rentieren als zum Beispiel eine teuer eingekaufte Eigentumswohnung in München oder Frankfurt. Ein Pflegeappartement irgendwo auf dem Land kann eine solidere Investition sein als ein Penthouse in Berlin.

Für alle genannten Gattungen der fremdgenutzten Immobilie gilt:

Merkmale
Vorteile: Sie bietet die Chance auf inflationsgeschützten Vermögenszuwachs und dauerhafte, möglicherweise lebenslange Einnahmen. Sie kann unabhängig vom eigenen Wohnmittelpunkt gekauft und verkauft werden und bringt Steuervorteile (bei der Finanzierung) mit sich.
Nachteile: Der emotionale „Will-ich-haben"-Faktor vernebelt mitunter den Blick auf die Risiken wie Mietausfallrisiko, Finanzierungsrisiken, Marktrisiken, hohe Bindung von Kapital beziehungsweise monatliche Verpflichtungen.
Eignet sich besonders für: Sportler mit hohem Einkommen und ausreichend Rücklagen beziehungsweise Sportler, die die Immobilie noch während der Karriere abbezahlen können
Eignet sich weniger für: Sportler mit wenig Rücklagen und unsicherem Einkommen
Eignet sich nicht für: Sportler mit sehr kurzem Planungshorizont
Aufgepasst: Im Fall einer Finanzierung sollte auch das – eventuell vorzeitige – Karriereende berücksichtigt werden.

Meine Empfehlung für Dich:
Egal, wofür Du Dich interessierst, egal, was Dir angeboten wird – frage Dich stets, was die Triebfeder des Verkäufers ist. Denkt er ausschließlich aus der Sicht des Produktverkäufers oder versucht er, sich ehrlich in Deine Situation als Erwerber hineinzuversetzen.

Mindestens sollte es ein seriöser Verkäufer oder Immobilienmakler sein, der mit Dir ein Geschäft machen will, wie mit jedem anderen auch. Jemand, der sich einen guten Ruf erarbeitet hat, an dem ihm etwas liegt. Im schlimmsten Fall hast Du es mit einem Verkäufer zu tun, der in Dir ein Opfer oder eine Melkkuh sieht, der er mit viel Verkaufsgeschick so viel wie möglich und so schnell wie möglich andrehen möchte. Im besten Fall hast Du einen Partner zur Seite, der darauf achtet, dass die Immobilie ihren Preis wert ist, die Lage stimmt und dass die Investitionshöhe und die Kategorie (Eigen-, Fremd-, Neu-, Alt-, Denkmal- …) zu Dir sowie zu Deiner Lebenssituation und -planung passen.

Damit hast Du nun einen groben Überblick über die wichtigsten Möglichkeiten einer Immobilieninvestition.

Weitere Anschaffungskriterien
Neben dem Kaufpreis und dem Zustand des Objektes spielen die Professionalität und der Umfang der Verwaltung eine wichtige Rolle. Idealerweise kümmert sich jemand darum, dass das Objekt an zahlungskräftige Mieter vermietet wird – dass diese Mieter nett sind, reicht mitunter nicht aus. Der Verwalter hat ein Auge auf das Objekt und organisiert Abhilfe, wenn zum Beispiel der Wasserhahn tropft. Er kümmert sich um einen professionellen Mietvertrag, bei dem die Miete automatisch an die Lebenshaltungskosten angepasst wird. Denn nur dann ist die Immobilie inflationsgeschützt. Der Verwalter sorgt sich, dass bei Mieterwechsel die Wohnung wieder gestrichen, notfalls renoviert und eine umgehende Weitervermietung sichergestellt werden. Nicht zuletzt legt er Dir professionelle Abrechnungen vor, sodass Du nichts weiter tun musst, außer die gesammelten Unterlagen einmal im Jahr Deinem Steuerberater zu geben.

Wirtschaftliche Kennzahlen
Eine **Bruttomietrendite** von 3,5 % bedeutet, dass man bei einer Immobilieninvestition von 100.000 EUR jährliche Mieteinnahmen von 3.500 EUR hat. Allerdings muss man hiervon noch die Bewirtschaftungskosten abziehen – Faustregel: 1,50 bis zwei Euro pro Quadratmeter im Monat, um die Nettomietrendite zu erhalten, analog zur Nettorendite einer Geldanlage. Das wären bei einer Einzimmerwohnung von 25 Quadratmetern zum Beispiel 500 EUR im Jahr. Damit ergibt sich eine Nettomietrendite von 3,0 %. Das bedeutet, man hat einen tatsächlichen Jahresgewinn von 3.000 EUR im Jahr beziehungsweise 250 EUR im Monat. Individuelle Steuer- und Finanzierungseffekte können diese Rendite noch verändern.

Sei Dir aber bitte bewusst, dass dies lediglich eine Orientierung geben kann. Das heißt: Auch wenn diese Kennzahlen gut aussehen, hast Du noch keine Garantie, dass das Investment insgesamt gut ist. Ein Grund hierfür ist, dass sich der Wert der Immobilie verändert. Zum anderen kommen eventuell ungeplante Kosten auf Dich zu. Oder Du wirst vielleicht von Mietausfällen überrascht.

Bei der Anschaffung fallen sogenannte *Erwerbsnebenkosten* an, etwa die Grunderwerbsteuer (unterschiedlich je nach Bundesland) sowie Kosten für den beurkundenden Notar, den Grundbucheintrag, eventuell auch für einen Makler und/oder Gutachter. Diese Gebühren bekommst Du nicht wieder, sie sind quasi die „Eintrittsgebühr". Ein guter Orientierungswert dafür sind zehn Prozent. Wenn eine Immobilie also 500.000 EUR kostet, solltest Du 50.000 EUR dazurechnen, welche Du idealerweise schon auf die Seite gelegt haben solltest.

Zu den *laufenden Nebenkosten* gehören zum Beispiel Müllgebühren, Abwassergebühren, Kosten für die Verwaltung, Gartenpflege, den Schornsteinfeger und Versicherungen, etwa die Wohngebäudeversicherung oder Haus- und Grundbesitzerhaftpflicht. Wenn Du die Wohnung/das Haus vermietest, kannst Du die meisten dieser Kosten – nicht die Kosten für die Verwaltung – an die Mieter weiterreichen.

Dazu kommen in mehr oder weniger großen Abständen Kosten für Instandhaltung, Reparaturen und generelle Modernisierung: Wände, Fenster und Türen neu streichen, die Heizung erneuern, das Dach neu decken etc. Hierzu legst Du idealerweise von Anfang an etwas zur Seite – Du bildest Rücklagen.

Welche ist also die richtige Immobilie für Dich? Ich denke, Du hast nun genug „Material", um eine Idee zu bekommen, welche Möglichkeiten einer Immobilieninvestition für Dich und Deinen Vermögenskuchen (Portfolio) sinnvoll sein können für den Fall, dass Du in Immobilien investieren willst.

Eine Idee könnte zum Beispiel sein, dass Du Dir Schritt für Schritt ein ausgewogenes Immobilienportfolio aufbaust – bestehend aus verschiedenen Einheiten und vielleicht sogar verteilt auf zwei oder mehr Metropolregionen – es ist wie bei Glatteis im Winter: wer streut rutscht nicht aus.

Und wieviel davon macht Sinn? Natürlich: Je mehr Immobilien Du nach Abzug von Darlehen besitzt, desto mehr Vermögen hast Du. In letzter Konsequenz ist es auch hier wieder Deine Entscheidung und Verantwortung, ob und in welchem Umfang Du in „Stein" investierst. Achte darauf, dass Du immer ausreichend Liquidität und sonstiges freies Vermögen hast und Du Dich nicht irgendwann am Volumen Deiner

Darlehen „verschluckst". Baue also parallel zum Immobilienvermögen auch in nennenswertem Umfang anderes Vermögen auf – und schaffe Dir zudem ausreichend Puffer beziehungsweise Sicherheit, sodass Du Dich bei einem plötzlichen oder auch beim planmäßigen Karriereende entspannt zurücklehnen kannst, weil Du weißt, dass Du von nun ab dauerhafte Zuflüsse hast.

Vielleicht fragst Du Dich aber auch, ob eine Immobilieninvestition überhaupt sinnvoll ist. Immer wieder einmal geistert schließlich das Gespenst einer Immobilienblase im Hörensagen herum.

Fakt ist: Die Preise sind in den vergangenen Jahren stark gestiegen, in Metropolen wie München und Frankfurt teils sogar extrem. Der Wirtschaft geht es gut und es wird seit einigen Jahren überdurchschnittlich viel in Immobilien investiert, nicht zuletzt, weil die Zinsen niedrig sind. Fakt ist auch: Wohnraum wird weiterhin benötigt und nimmt man andere Länder als Maßstab, dann ist in Deutschland noch Luft für weitere Preissteigerungen.

Du wirst in den nächsten Monaten und Jahren vermutlich immer wieder mal auf Meinungen zu Immobilienpreisen stoßen, auf Ankündigungen von Hiobsbotschaften („Wann platzt die Immobilienblase?") oder auf die Empfehlung, doch endlich auf den fahrenden Zug aufzuspringen („Kaufe jetzt, bevor es zu spät ist!"). Mit solchen Schlagzeilen kannst Du ab sofort gelassen umgehen. Denn Du weißt nun, dass es zu einem professionellen Vermögensaufbau gehört, breit zu streuen. Damit bist Du gut gegen aufziehenden Sturm gewappnet (Abb. 5.13).

„Schnickschnack" bringt keine Rendite. Achte daher auf einen angemessenen Einkaufspreis und darauf, dass Tilgung und Finanzierungsdauer auf das geplante Einkommen während und nach der Karriere abgestimmt sind. Idealerweise ist Deine Immobilie am Karriereende komplett

Abb. 5.13 Merke: Lege nicht alle Eier in einen Korb

abbezahlt. Mindestens aber sollte sie sich dann dauerhaft selbst tragen, sodass Du nicht noch zuzahlen musst, sondern Du sicher sein kannst, dass sie Dich in absehbarer Zeit mit laufenden Einnahmen versorgt. Steuerliche Vorteile können die Rendite zusätzlich verbessern; gerade Profisportler können davon profitieren.

Ob und welche Immobilie für Dich passt, ist natürlich im Einzelfall zu prüfen. Grundsätzlich aber halte ich Immobilieninvestitionen für einen sinnvollen Baustein beim Vermögensaufbau im Allgemeinen und für Sportler im Besonderen: Man legt Geld langfristig auf die Seite und es ist ein gewisser Sparzwang gegeben.

Eine Challenge ist auch die Wahl des richtigen Zeitpunktes für die – erste – Immobilie. Es macht erst dann Sinn, wenn die Grundstruktur steht und ausreichend Sicherheitspolster aufgebaut ist. Zu lange zu warten, ist aber auch problematisch. Denn mit jedem Jahr, welches man abwartet, verkürzt sich die Karrieredauer – im Mittel vielleicht um zehn Prozent.

Auch sei derjenige vorgewarnt, der sich große Immobilienvermögen anhäuft und glaubt, sein Vermögen sei unantastbar: Wenn der Staat irgendwann seinen Bürgern besonders tief in die Tasche greifen will – oder muss –, dann geht das recht leicht bei Immobilienbesitzern. Stichworte hierfür lauten: Grundsteuer, Vermögenssteuer oder Sondersteuer.

Sonstige Formen der Immobilieninvestition
Diese Liste der Möglichkeiten, in „Betongold" zu investieren, ist noch länger. Da sind zum Beispiel noch Geschäftsimmobilien wie Appartements in Hotels, Hotelanlagen, Einkaufszentren im In- und Ausland oder Ferienimmobilien.

Schließlich gibt es noch die Möglichkeit, in Immobilien in Form von Fonds zu investieren, um seinen Vermögenskuchen (Portfolio) um diese Anlageklasse zu erweitern, ohne Aufwand für Objektsuche, Verwaltung, Vermietung, Finanzierung und notarielle Beurkundung treiben zu müssen.

Hierfür gibt es einerseits sogenannte „offene Immobilienfonds" (Basket 2). Das sind Fonds, bei denen Du – wie bei einem Aktienfonds – Anteile an einer mehr oder weniger breiten Streuung von Immobilien erwirbst. Darüber hinaus gibt es auch „geschlossene Immobilienfonds" (Basket 3). Diese beschränken sich normalerweise auf ein Objekt und sie haben – ähnlich wie Flugzeugfonds oder Schiffsfonds – überdurchschnittliche Ausfallrisiken im Gepäck. Eine breitere Streuung bieten gewisse alternative Investments, die sich auf das „Aufpimpen" von Immobilien spezialisiert haben. In etwa wie geschlossene Immobilienfonds mit einer breiteren Anlagestreuung.

5.2.1.8 Finanzierung für Profisportler

> In diesem Kapitel Was ist für Profisportler bei Finanzierungen zu beachten?

Die Frage, wie eine optimale Finanzierung für Profisportler aussieht, lässt sich aus den bisherigen Kapiteln einfach beantworten: Das Ziel ist, dass die Finanzierung, um was es sich auch dreht, am Ende der Karriere entweder abbezahlt ist, sich durch die Mieteinnahmen von selbst abbezahlt oder genügend alternative Reserven vorhanden sind, um die Schulden aus eigener Kraft kurzfristig begleichen zu können. Hierfür gibt es im Wesentlichen zwei Gründe.

Erstens kann niemand sagen, wie sich die Finanzierungszinsen in nächster Zukunft, in zehn oder noch mehr Jahren entwickeln. Wie Du im Kleinen Einmaleins der Finanzierung lesen kannst (Abschn. 4.3), ist bei „normalen" Finanzierungen nach zehn Jahren noch ein Großteil der Schulden vorhanden (Abschn. 4.3.5), wenn die Tilgung zu niedrig gewählt wird: Der günstige Zins oder die kleine Tilgungsrate können dann wie ein Bumerang auf Dich zurückkommen – was mindestens schmerzhaft ist und im ganz ungünstigen Fall auch „vermögenstödlich" sein kann.

Zweitens lässt sich ein angestrebtes Einkommen nach der Karriere womöglich nicht realisieren, vielleicht kommt es auch zu größeren Mietausfällen. Auch dann kann es eng werden mit der Finanzierung. Dann wirst Du erleben, dass die Immobilie in Wirklichkeit nicht Dir, sondern der Bank gehört: Solange ein Sportler ein scheinbar nachhaltiges hohes Einkommen hat, sind die Banken freundliche Geldgeber. Doch, weil es so bedeutsam ist, hier noch einmal das anschauliche Bild: Banken leihen Dir bei Schönwetter einen Regenschirm und bei Regen nehmen sie ihn Dir wieder weg (Abschn. 4.3.5).

Wer nicht sicherstellen kann, dass er nach Ablauf der Zinsbindung ausreichend Reserven hat, der sollte besser eine längere Festschreibung wählen – auch um den Preis der höheren Kosten. Mit wenigen Zusatzkosten kann man sich so im Zweifel existenzielle Sicherheit erkaufen. Letzten Endes liegt es auch hier wieder in Deinem Ermessen, welches Risiko Du gehen willst.

Es gibt noch eine weitere Frage, die man sich vor einer Finanzierung stellen sollte: Was soll passieren, wenn die Karriere vorzeitig beendet wird? Dafür gibt es viele mögliche Gründe, manche kann man beeinflussen, andere nicht. Keinen Einfluss hat man zum Beispiel darauf, ob man während der Karriere länger krank oder gar dauerhaft sportunfähig wird. Das bringt uns zum nächsten Teil: Die optimale Finanzierung besteht aus der bestmöglichen individuellen Mischung von günstigem Zins angemessener Tilgung. Wichtig darüber hinaus ist eine hohe Planungssicherheit gegen zukünftige Zinssteigerungen, eine hohe Flexibilität für Sondertilgungen sowie die Absicherung im Fall von – vorübergehender oder dauerhafter – Sportunfähigkeit. Schließlich sollte Dir das alles nicht zu viel Kapitalkraft abziehen, damit Du Spielraum für weiteren Vermögensaufbau behältst.

In der Praxis wird dies oft durch Kombination von zwei oder drei Darlehen umgesetzt. Bei einer vermieteten Immobilie kann das zum Beispiel so aussehen, dass ein kurzfristiges Darlehen, das auf das Ende der Sportkarriere abgestimmt ist, ergänzt wird durch, wenn nötig, ein langfristiges Darlehen (15 bis 20 Jahre), das weniger Liquidität zieht, als Mieteinnahmen reinkommen. Daneben hast Du bestenfalls auch einen Plan B – etwa Versicherungen oder sonstige Vermögenswerte – für den Fall, dass Deine Karriere, warum auch immer, vorzeitig endet.

„Es kann vom einen auf den anderen Tag Schluss sein. Mir war immer wichtig, einen Plan B zu haben. […] Für das Karriereende, den Tag X, einen Plan zu haben, gibt mir die Freiheit, mich zu 100 % auf den anstehenden Wettkampf zu konzentrieren."
(Kathrin Boron, ehemalige Profiathletin im Rudern, Managerin für Athletenförderung bei der Deutschen Sporthilfe)

https://tinyurl.com/y8dvhwrr

Schließlich: Je mehr Eigenkapital Du in den Ring werfen kannst, desto besser. Dazu können Vermögenswerte aus Basket 1, Basket 2 und Basket 3 (Powersparen) zählen.

Finanzierungen müssen auf den Einkommensverlauf einer Profisportlerkarriere abgestimmt sein – sowohl von der Zinsfestschreibung, als auch von der Tilgung her einschließlich eines Planes B.

5.2.1.9 Risk Management für Profisportler

Berufsgruppenspezifische Risiken – passende Versicherungen

In diesem Kapitel:

- Was leistet die gesetzliche Unfallversicherung?
- Was sind die wichtigsten privaten Versicherungen für Profisportler?
- Mit welchen Kosten sind sie verbunden?
- Welche Spezialversicherungen für Berufssportler gibt es und was unterscheidet sie?
- Welche Möglichkeiten gibt es bei der Krankenversicherung?
- Was ist bei der Antragstellung und Schadensabwicklung zu beachten?

Wir Autoren wollen Dich mit diesem Buch animieren, Dich mit wichtigen Fragen auseinanderzusetzen, um die für Dich bestmöglichen Entscheidungen zu treffen. Insofern wäre es weder logisch noch konsequent, an dieser Stelle vergeneralisierende Vorschläge zu machen: „So ist es für alle richtig." Das wäre fahrlässig und für viele schlichtweg der falsche Rat. Vielmehr braucht jeder Sportler sein ganz persönliches Konzept.

Jetzt fragst Du Dich wahrscheinlich eines: Mal „Butter bei die Fische" – wie kann ein Vorsorgekonzept für Sportler konkret aussehen und, vor allem, was kostet die Absicherung genau? Im Folgenden bekommst Du deshalb eine Übersicht über die wichtigsten Versicherungen für einen Profisportler. Versicherungen, die für viele Sportler nicht infrage kommen – zum Beispiel die Tierhalterhaftpflicht oder die Wohngebäudeversicherung – sind hier dagegen nicht aufgeführt.

Grundsätzlich kann man sagen: Je früher sich ein Sportler mit Versicherungen auseinandersetzt – am besten vor der Karriere als Profisportler – desto besser sind seine Möglichkeiten, sich umfassend und günstig abzusichern.

„Kommt eine Verletzung, ist auf einmal alles aus, man steht da und guckt blöd durch die Gegend – wenn sie nicht jemanden haben, der es gut mit ihnen meint, ihnen sagt, wogegen sie sich schützen müssen und worum kümmern. Das fängt schon bei der Altersvorsorge an."
(Ali Bulut, Spielervermittler Fußball)

https://tinyurl.com/yco356mj

Wie ich bereits erwähnt habe (Abschn. 5.2.1.1), unterliegt der Profisportler einem stark überdurchschnittlichen Berufsrisiko. Die Wahrscheinlichkeit, dass er aufgrund einer Verletzung oder Erkrankung seinen Beruf länger unterbrechen oder dauerhaft beenden muss, ist im Vergleich zu anderen berufstätigen Menschen extrem hoch.

Das wissen auch Versicherer. Deshalb lassen sich auch nur wenige Versicherungsgesellschaften auf eine „Wette" mit Sportlern ein. Die Versicherungsbedingungen sind teils schwammig formuliert, die Versicherungsprämien mitunter enorm hoch. Außerdem unterliegt das Angebot ständigen Veränderungen. Versicherer ziehen sich vom Sportlermarkt zurück, andere kommen dazu. Manche unerfahrenen Gesellschaften holen sich eine blutige Nase, weil sie mehr Schadensfälle haben als kalkuliert, andere sind übervorsichtig und verlangen zur Abschreckung überteuerte „Mondprämien". Auch deshalb ändern sich die angebotenen Versicherungsprodukte und Tarife häufig.

Die individuell mögliche Zusammensetzung und der finanzielle Aufwand für das Absicherungskonzept hängen von vielem ab, etwa von der jeweiligen Sportart, vom Alter, der Liga, der jeweiligen Karrierephase, dem Gesundheitszustand, dem Spielervertrag oder der Nationalität, nicht zuletzt von der finanziellen und familiären Situation und dem individuellen Bedürfnis nach Sicherheit. Um eine fundierte Entscheidung für den eigenen

Versicherungsumfang treffen zu können, sollte ein Profisportler auf alle Fälle einen Überblick darüber haben, was es an möglichem Versicherungsschutz gibt. Hier erhältst Du daher Informationen zu sportlerspezifischen Versicherungen und deren Besonderheiten sowie eine Orientierungshilfe dafür, was für Dich passen könnte. Neben der Wichtigkeit findest Du Orientierungswerte zu den jeweiligen Prämien für qualitativ gute Tarife.

Beginnen wir in jungen Jahren: Schüler sind normalerweise noch über ihre Eltern abgesichert. Hier gilt es, die Optionen für die Zukunft zu erkennen und sich idealerweise Versicherungsschutz zu den Konditionen eines Schülers dauerhaft zu sichern! Ich will dies zum besseren Einprägen *wild card* nennen. Was darunter genau zu verstehen ist, und Tipps, wie man an eine *wild card* kommt, findest Du in Abschn. 5.2.2.1.

Sportler bei Bundeswehr, Zoll oder Polizei etc. erhalten teilweise Vorzugskonditionen über Tarife im öffentlichen Dienst.

Vielleicht beinhaltet auch Deine Kreditkarte ein kleines Versicherungspaket, zum Beispiel mit Reiserücktritt, Auslandsreiseversicherung etc., sodass Du Dir, Qualität vorausgesetzt, eventuell eine Doppelabsicherung sparen kannst.

Die Prämien für die Einkommensabsicherung hängen neben dem Alter beispielsweise auch vom Gesundheitszustand ab, vom Inflationsausgleich und der Dauer der Rentenzahlung sowie bei Schülern von der Jahrgangsstufe und bei Profis von der Sportart und so weiter. Deshalb weichen konkrete Angebote oft deutlich vom „Musterbeitrag" ab.

Dazu kommt, dass es zum Beispiel bei Pflegeversicherungen und besonders auch bei sportspezifischen Versicherungen erhebliche Preisunterschiede auf dem Markt gibt. Du kannst davon ausgehen, dass diese – anders als bei der Risikolebensversicherung – in der Regel durch Qualitäts- und Leistungsunterschiede verursacht sind.

Wer bei Berufsunfähigkeit, beim Unfall- Sporttagegeld und bei Sportunfähigkeit andere Versicherungssummen wünscht, kann die Beiträge leicht errechnen – einfach nach dem Motto: doppelte Leistung gleich doppelter Preis.

Falls Du zusammenzuckst, wenn Du die Versicherungsbeiträge für Deine gewünschte Absicherung zusammenzählst, empfehle ich Dir, die Sache einmal anderes anzuschauen: Machen die jährlichen Versicherungsbeiträge (ohne Krankenversicherung und Altersversorgung) zehn bis 20 % Deiner Nettoeinnahmen aus, liegst Du etwa im Durchschnittsbereich einer für einen Profisportler angemessenen Absicherung.

Bei der nachfolgenden Tabelle handelt es sich um Monatsbeiträge (Tab. 5.1). Für die Wichtigkeit der einzelnen Produkte gilt folgende Leitlinie:

5 Profi sein – Der Wettkampf   243

Tab. 5.1 Versicherungen für Profisportler – ein Überblick

	Bezeichnung	Schüler, 18 Jahre	Sportprofi Single, 25 Jahre	Sportprofi verheiratet, 30 Jahre, Alleinverdiener mit Kindern	Bemerkung
Schadensersatz & Hab & Gut	Privathaftpflichtversicherung		5 €	7 €	Schüler sind normalerweise über die Eltern mitversichert
	Hausratversicherung		5 €	5 €	Wohnungsgröße 100 qm mit Fahrradversicherung 2.000€
	Rechtsschutzversicherung		15 €	20 €	Schüler sind normalerweise über die Eltern mitversichert; Vollschutz: Privat, Verkehr, Wohnung, Angestellt
Personenversicherungen	Berufsunfähigkeitsabsicherung	50 €	**	**	Beitrag je 1.000€ Monatsrente bis alter 67; **Angebote für Profisportler unwahrscheinlich
	Sporttagegeldversicherung (TTD)		450 €	500 €	Beitrag je 100€ Tagessatz (entspricht 3.000€/Monat); Beispiel Vereinsspieler Fußball
	dauerhafte Sportunfähigkeit (PTD)		450 €	500 €	Beitrag je 500.000€ Versicherungssumme; Preisunterschiede +/- 30 %
	Dread Disease		75 €	80 €	Versicherungssumme 500.000€ Ergänzung zu Berufsunfähigkeit, Sportunfähigkeitsversicherung
	Grundfähigkeit-/Erwerbsunfähigkeit		80 €	85 €	3.000€ Monatsleistung bis Alter 67; Basisschutz der in Extremfällen greift; ggf. als Ergänzung sinnvoll
	Krankenhauszusatz mit Option für die Private Krankenversicherung	13 €	**	**	die "Wild Card" für die Karriere; **Angebote für Profisportler unwahrscheinlich
	Unfallversicherung Schüler/Profisportler	10 €	60 €	60 €	Leistung 500.000€
	Pflegeergänzungsversicherung		30 €	30 €	Leistung 1.500€/Monat
	Risikolebensversicherung			40 €	Versicherungssumme 1 Mio; Leistungsdauer 20 Jahre; wichtig zur Absicherung der Familie, besonders bei Finanzierungen
	Auslandsreisekrankenversicherung	1 €	1 €	2 €	Reisen bis zu 8 Wochen

Legende: MUSS / SOLL / KANN

- *Muss:* Fehlt diese Absicherung, kann das die Existenz gefährden.
- *Soll:* Fehlt die Absicherung oder wird die Leistung nicht anderweitig abgesichert, kann das im Schadensfall wirtschaftlich schmerzhaft sein.
- *Kann:* Diese Versicherungen sind im Normalfall unnötig, können gegebenenfalls wichtig werden, wenn kein anderer Schutz besteht.

5.2.1.10 Gesetzliche Unfallversicherung (Berufsgenossenschaft) für Vereinssportler

In diesem Kapitel:

- Die Bedeutung der gesetzlichen Unfallversicherung für Profisportler
- Welche Leistungen bietet sie und wo sind ihre Grenzen?

Jeder angestellte Berufssportler in Deutschland ist im Rahmen der gesetzlichen Unfallversicherung automatisch bei der Verwaltungs-Berufsgenossenschaft (VBG) versichert. Die Beiträge zahlt der Arbeitgeber, den Nutzen hat der Sportler.

Der Name „Unfallversicherung" ist auf den ersten Blick vielleicht missverständlich, denn die Berufsgenossenschaft funktioniert anders als eine private Unfallversicherung: Sie leistet nicht nur für den eigentlichen Unfall, sondern darüber hinaus auch für eine eventuell hierdurch eintretende Berufsunfähigkeit. Die Versicherung umfasst also auch die Folgen von Arbeitsunfällen oder auch Berufskrankheiten, die im unmittelbaren Zusammenhang mit der Arbeit stehen.

Für Dich als Sportler zum Beispiel besteht Versicherungsschutz bei Teambesprechungen, beim Training, bei Wettkämpfen oder Freundschaftsspielen, die vom Verein angesetzt werden – egal, ob im In- oder Ausland. Ein Leistungsfall ist zum Beispiel ein Bänderriss, der im Bundesligaspiel passiert, oder ein Autounfall auf der Fahrt zum Mannschaftstraining. Das gilt übrigens auch, wenn ein angestellter Sportler an die Nationalmannschaft abgestellt wird: Auch dann genießt er diesen Schutz.

An dieser Stelle ein Hinweis für selbstständige Kaderathleten und Einzelsportler ohne Angestelltenvertrag: Sie haben in der Regel keinen Versicherungsschutz über die VBG. Haben sie indes ein Gewerbe angemeldet, könnten sie sich gegen einen entsprechenden Beitrag freiwillig bei der Berufsgenossenschaft versichern. Der Vorteil: Es sind sehr gute Reha-Leistungen und gegebenenfalls Wiedereingliederungshilfen abgedeckt. Dieser Schutz ist allerdings nicht unter einem Jahresbeitrag von 4700 EUR zu bekommen. Tatsächlich hat sich in Deutschland nur eine Handvoll Sportler für diese Form der Absicherung entschieden. Nichtsdestotrotz, wenn der Profi neben dem Sport in einem gewissen Zeitumfang noch einer anderen selbstständigen Tätigkeit – zum Beispiel dem Vertrieb von Nahrungsergänzungsmitteln – nachgeht, senkt das den Beitrag ein wenig. Ein pragmatischerer Weg wäre, sich bei einem Verein anstellen zu lassen. Bereits ab einem Monatseinkommen von ca. 250 EUR wird man über die VBG versichert. Als Vertragsgrundlage könnte zum Beispiel ein Mustervertrag des Deutschen Fußballbundes (DFB) sein, den man online leicht finden kann. Ähnliches gibt es auch für andere Sportarten. Für den Verein sind die Kosten dafür überschaubar. Zwar gibt es bei diesen Minibeiträgen keinen Anspruch auf nennenswerte Lohnersatzleistungen oder Renten, aber eben im Fall des Falles doch eine sehr gute ärztliche Versorgung. Natürlich darf das Arbeitsverhältnis nicht nur zum Schein bestehen und es muss beachtet werden, dass zum Beispiel Unfälle aus Training sowie Wettkämpfen auch zu diesem Arbeitsverhältnis zugeordnet werden können.

Wenn Du mehr wissen willst, geh mal ins Internet. Bei der VBG findest Du aussagekräftiges Info-Material zum Runterladen, etwa die Broschüre „Versichert bei der VBG – Informationen für Sportvereine" oder den „VBG-Sportreport 2017". Diesem ist zu entnehmen, dass Vereine pro Spieler und Jahr mit durchschnittlich 2,5 Verletzungen und 25 Ausfalltagen rechnen müssen und dass sich ca. 80 % der Sportler mindestens einmal in der Saison verletzen. Der Bericht enthält auch interessante Aussagen über die unterschiedlichen Verletzungsrisiken bei den Sportarten Handball, Fußball, Basketball und Eishockey.

Die Leistungen der VBG sind umfangreich; sie reichen von der Übernahme von Arzt- und Krankenhauskosten über Krankenleistungen wie das Verletztengeld und Rehabilitationsmaßnahmen bis hin zu Rente und – im schlimmsten Fall – Sterbegeld.

Das Verletztengeld ist quasi ein Lohnersatz. Dieses und die Erwerbsminderungsrente sind einkommensabhängig und in der Höhe begrenzt, damit decken sie nur einen Teil der finanziellen Einbuße. Für Top-Verdiener gibt es monatlich maximal 6.400 EUR und hiervon müssen noch Sozialversicherungsbeiträge und Steuer bezahlt werden. Im Fall der Rente werden (bei 100 % Minderung der Erwerbsfähigkeit) bis zu 64.000 EUR Jahresrente gezahlt. Das mag für Dich als top-verdienendem Profisportler erst einmal nach wenig klingen. Falls allerdings eines Tages durch einen Unfall der *worst case* eintritt und die Karriere beendet werden muss, wirst

Du es zu schätzen wissen: Haben oder Nichthaben macht dann einen gewaltigen Unterschied.

Die Erwerbsminderungsrente kann man sich auch als einmaligen Betrag steuerfrei auszahlen (abfinden) lassen.

Ein wichtiges Merkmal der VBG-Leistungen ist die Regel „Rehabilitation vor Rente": Die Leistungen sind nicht „gedeckelt". Stattdessen wird alles versucht, um einen Spieler wieder fit zu bekommen – manchmal sogar nach dem Motto „koste es, was es wolle". Sollte Jahre nach der Sportlerkarriere noch eine Folgeoperation aufgrund eines gemeldeten Arbeitsunfalls fällig sein, dann wird auch diese in Deutschland von der VBG bezahlt.

Hinweis für Spielerberater
Das gilt auch für ausländische Spieler, die sich im Rahmen einer Vereinstätigkeit in Deutschland verletzt haben.

Der Arbeitgeber zahlt für diese Versicherung einen erheblichen Beitrag. Dieser ist rund 50-mal so hoch wie bei Angestellten in anderen Berufen und wird jährlich angepasst. Für einen Fußballspieler, der mehr als 96.000 EUR im Jahr verdient, bezahlt der Verein ca. 25.000 EUR Jahresprämie an die VBG. Und wenn der Spieler den Verein verlässt und durch einen anderen ersetzt wird, dann fällt die Prämie zweimal an. Interessant ist, dass alle diese Beiträge die Kosten der VBG trotzdem nicht decken.

Es ist wichtig, dass der Arbeitgeber der VBG alle Verletzungen meldet. Auch mit zeitlicher Verzögerung kann zum Beispiel eine Verletztenrente noch zum Tragen kommen. Treten etwa bei einem Sportler nach Jahren Folgeschäden aufgrund der jahrelangen Dauerbelastung auf, hat er unter Umständen Anspruch auf eine Rentenleistung – beispielsweise bei dauerhaften Knieschäden als Folge von Meniskusverletzungen. Voraussetzung für die Rentenleistung ist eine Minderung der Erwerbsfähigkeit von mindestens 20 % und eben, dass die Verletzung aktenkundig ist.

In der Vertragszeit kümmert sich der Arbeitgeber um die Meldung bei der VBG. Im Zweifel muss der Sportler nach der Karriere aber selbst aktiv werden und sich um den Nachweis und die Durchsetzung bemühen, denn er ist dann nicht mehr als Sportler angestellt. Dazu kommt, dass die VBG Dokumente zeitlich nur begrenzt archivieren darf. Vielleicht liegen ihr auch schlicht nicht alle relevanten Dokumente vor, aus denen sich zum Beispiel eine schleichende Schädigung des Bewegungsapparates ableiten lässt. Eine weitere Fehlerquelle für eine lückenlose Dokumentation ist der Wechsel von Verein zu Verein. Deshalb ist es am besten, selbst alle entsprechenden Arztberichte aufzuheben! Alternativ dazu gibt es spezialisierte Dienstleister, die gegen eine einmalige Gebühr von ein paar Hundert Euro relevante Dokumente anfordern, archivieren und sich nötigenfalls um Gutachten und bei Erfolgsaussicht ums Durchfechten von Ansprüchen kümmern. Bei Erfolg stellen sie dann einen gewissen Anteil von den erstrittenen Leistungen in Rechnung – quasi eine Art „Rechtsschutzversicherung" zur Durchsetzung von Ansprüchen bei der VBG.

Nicht nur zeitversetzt, auch unmittelbar nach einem Sportunfall oder einer beruflich verursachten Erkrankung passiert es immer wieder, dass es zu Abgrenzungsschwierigkeiten kommt oder die VBG nicht leistet, etwa bei einer maßgeblichen Vorschädigung des Bewegungsapparates, einer Schambeinentzündung, Herzrhythmusstörungen, einem Lungenkollaps, einer Zerrung … So kann es beispielsweise vorkommen, dass es Probleme mit der Leistungsregulierung nach einem Bänderriss gibt, den man sich nachweislich im Training zugezogen hat. Mit der Begründung, dass die Bänder vorgeschädigt sind und der Bänderriss auch im Alltag beim Treppensteigen hätte passieren können.

Unfälle und Erkrankungen, die kein Arbeits(-wege)unfall oder Berufskrankheit sind, gehören **nicht** zum Leistungsspektrum der VBG. Hier ein paar Beispiele, die ich im Netz gefunden habe, bei denen eine Krankheit zum Karriereknick oder gar -ende geführt hat: Bei den Fußballern Mario Götze und Sebastian Deisler waren es eine Stoffwechselerkrankung beziehungsweise Depressionen, beim Basketballer Branko Klepac eine Autoimmunerkrankung und bei der Eiskunstläuferin Tanja Szewczenko eine Viruserkrankung. Es bleiben also – mit und ohne VBG – existenzielle Lücken für Profisportler in jeder Einkommensklasse, unabhängig davon, ob sie Einzelsportler oder angestellt sind.

Angestellte Sportler haben einen guten Schutz, wenn ihnen im Rahmen ihrer unmittelbaren beruflichen Tätigkeit etwas passiert. Dennoch ist eine ergänzende private Absicherung für jeden Profisportler notwendig.

5.2.1.11 Private Versicherungen für Profisportler

In diesem Kapitel:

- Die wichtigsten Versicherungen für Sportler
- Wo sind die Unterschiede und wie kann man sie schlau miteinander kombinieren?

Im Unterschied zur gesetzlich geregelten Absicherung liegt die Zusammenstellung des privaten Risk Managements alleine in der Verantwortung des Sportlers. Die nachstehenden Seiten sollen Dich dabei unterstützen, das Passende für Dich zu finden.

(Sport-)Krankentagegeldversicherung
Dies ist quasi eine vorübergehende Sportunfähigkeitsversicherung. Zur Erinnerung: Im Kleinen Einmaleins war vom Goldesel die Rede (Abschn. 4.3.5.3). Dieser soll – wie ein Ersatzspieler – für Dich einspringen, wenn Du „ausfällst" und kein Einkommen mehr hast. Bist Du als angestellter Sportler zum Beispiel länger als sechs Wochen krank, dann endet die gesetzliche Leistungspflicht des Arbeitgebers. Nur in wenigen Ausnahmen bieten Vereine – oder der individuelle Spielervertrag – dem Sportler eine Besserstellung wie eine Leistung bis zum Ende der Vertragslaufzeit.

Spitzensportler bei Polizei, Bundeswehr oder Zoll sind dagegen besser abgesichert (Abschn. 5.2.2.2). Für alle anderen stellt sich die Frage: Wovon soll ich jetzt leben?

Nicht ganz so hart trifft es diejenigen, die angestellt sind und aufgrund einer Sportverletzung ausfallen. Sie werden durch den Verdienstersatz der gesetzlichen Unfallversicherung wirtschaftlich abgefedert – einkommensabhängig und maximal mit ca. 6400 EUR im Monat (Abschn. 5.2.1.10).

Wiederum etwas „Glück im Unglück" hat nun derjenige, der angestellt und gesetzlich krankenversichert (GKV) ist. Er erhält nach den sechs Wochen Krankengeld als Lohnersatz – ebenfalls einkommensabhängig – maximal 2714 EUR im Monat. Einzelsportler und privat krankenversicherte Sportler müssen sich eigenverantwortlich um einen passenden Zusatzbaustein zur Absicherung eines Krankentagegeldes kümmern.

Profisportler, die ihren Sport wegen Krankheit, Unfall oder Verletzung für längere Zeit nicht ausüben können, müssen in der Regel mit massiven Einkommensverlusten rechnen.

Um die individuelle Lücke zu schließen, gibt es als „Ersatzgoldesel Nummer 1" sogenannte *Sporttagegeldversicherungen* (*temporary total disability*, TTD). Sie können bei einer Handvoll inländischen und ausländischen Gesellschaften beantragt und abgeschlossen werden. Dabei kann man wählen, wie hoch der tägliche Einkommensersatz sein soll, ab welchem Tag er beginnt und nach wie vielen Wochen er endet. Beispiel: Ein Sportkrankentagegeld in Höhe von 300 EUR am Tag beziehungsweise 9.000 EUR im Monat ab dem 43. Krankheitstag für 1,5 Jahre ist für ca. 500 EUR im Monat zu haben.

Für den Antrag werden Gesundheitsfragen erhoben und in der Regel sind ärztliche Untersuchungen nötig. Preis und Umfang der Absicherung hängen neben der Sportart von der gewählten Variante ab, dem Eintrittsalter, der Versicherungsdauer und vom Gesundheitszustand bei Antrag.

Merkmale
Vorteile: Es besteht die Möglichkeit, eine krankheitsbedingte Einkommenslücke für einen definierten Zeitraum zu schließen. Die Absicherung ist individuell festlegbar. Sie leistet bei Ausfällen durch private oder berufliche Unfälle wie auch durch Krankheiten.
Nachteile: Die Zahl der Anbieter ist klein, diese Versicherungen sind teuer und eventuelle Vorerkrankungen werden in der Regel nicht mitversichert. Zudem sind die Vertragslaufzeiten selten länger als drei Jahre, danach muss erneut ein Antrag gestellt werden.
Eignen sich besonders für: Sportler, die ihre Lebenshaltungskosten nicht anderweitig decken können.

> *Weniger geeignet für: Sportler,* die ausreichend Rücklagen haben **und** wenig Versicherungsschutz wollen.
> *Aufgepasst:* Die Dauer der Leistung ist meist auf zwei Jahre begrenzt. Wird die Versicherung zudem häufiger in Anspruch genommen, kündigt die Versicherungsgesellschaft womöglich den Vertrag, sofern dies nicht vertraglich ausdrücklich ausgeschlossen ist. Nicht zuletzt unterscheiden sich die Preise und das Kleingedruckte der unterschiedlichen Anbieter und deren angebotenen Varianten erheblich.

Sportunfähigkeitsversicherung – *permanent total disability (PTD)*
Sie wird auch als Sportinvaliditätsversicherung bezeichnet. Zusammen mit der Sporttagegeldversicherung ist sie die wichtigste berufsspezifische Absicherung für Profisportler. Die meisten Profifußballer etwa haben einen derartigen Versicherungsschutz.

Beide Versicherungen – Sporttagegeld und Sportunfähigkeitsversicherung – ergänzen sich. Denn: Die Sportunfähigkeitsversicherung schließt sich von der Idee her logisch an die Krankengeldversicherung an. Das heißt, sie ist der „Ersatzgoldesel Nummer 2" – vergleichbar mit der zweiten Reihe von Fangnetzen bei einem alpinen Abfahrtsrennen. Sie dient dazu, „den kompletten Abflug" zu vermeiden und bei endgültiger Spielunfähigkeit eine einmalige „Abfindung" in vereinbarter Höhe zu leisten. So lässt sich ein fiktives Einkommen absichern, das man hätte, würde man die Karriere wie geplant fortsetzen können. Beispiel: Das Nettojahreseinkommen liegt bei 100.000 EUR, die geplante Restkarrierezeit beträgt noch fünf Jahre. Dann läge die Versicherungssumme bei 500.000 EUR.

Im Vergleich zur Sporttagegeldversicherung ist diese Versicherung günstig, die Beiträge liegen bei etwa 0,6 bis zwei Prozent der Versicherungssumme, das heißt im Schnitt bei ca. 100 EUR monatlich für 100.000 EUR Versicherungssumme.

Du kannst Dir damit auch für den Fall der Fälle ein finanzielles Polster für eine Ausbildung oder ein Studium sichern. Es ist auch eine Überlegung wert, bestehende Immobiliendarlehen für den Fall der dauerhaften Sportunfähigkeit abzusichern und somit auf einen Schlag schuldenfrei zu werden.

Bei manchen Gesellschaften muss diese Versicherung alle paar Jahre neu beantragt werden. Relevante Erkrankungen und Verletzungen, welche zwischenzeitlich aufgetreten sind, werden dann nicht mehr versichert.

> **Merkmale**
> *Vorteil:* finanzielle Absicherung im Fall der dauerhaften Sportunfähigkeit
> *Nachteile:* wenige Anbieter, teils schlechte und intransparente Bedingungen
> *Eignet sich besonders für:* Sportler, die ein morgiges Karriereende finanziell nicht verkraften können oder die noch keine ausreichende Berufsausbildung haben, mit der sie sich und gegebenenfalls auch ihre Familie ernähren können
> *Eignet sich weniger für:* Sportler, die bereits finanziell ausgesorgt haben
> *Aufgepasst:* eventuell Ausschlüsse oder Risikozuschläge aufgrund von Vorerkrankungen sowie große Unterschiede im Preis und im „Kleingedruckten", muss alle paar Jahre erneuert werden (begrenzte Laufzeit)

Was Du noch über TTD und PTD wissen solltest
Die Vertragsdauer ist enorm wichtig – je länger desto besser. Nicht wenige Sportler stehen aktuell ohne Versicherungsschutz da, weil Sie wegen zwischenzeitlich aufgetretenen Verletzungen oder Erkrankungen den bestehenden Vertrag nicht verlängert bekommen und andere Versicherer deswegen ebenfalls ablehnen.

Aber: Achtung! Auch hier gibt es Mogelpackungen wie etwa Mehrjahresverträge, bei denen der Versicherer jederzeit aussteigen kann.

Da TTD und PTD aus dem Netto bezahlt werden, sind die Leistungen eigentlich steuerfrei – jedoch holt sich der Staat auch hier durch eine Hintertür Geld von Dir: Weil die Versicherungsleistungen die prozentuale Steuer auf Deine sonstigen Einnahmen erhöhen, musst Du auf diese mehr Steuer zahlen als normal – das nennt sich *Progressionsvorbehalt*. Patric ist bereits in seinem Steuerteil darauf eingegangen (Abschn. 4.4.4.1).

Was tatsächlich versichert ist und was nicht, unterscheidet sich von Anbieter zu Anbieter und von Tarif zu Tarif. Es lohnt sich, genau hinzuschauen und die Versicherungsbedingungen auf folgende Punkte zu abzuklopfen:

- Leisten PTD und TTD unabhängig voneinander (Mehrfachentschädigung) oder rechnen sie Leistungen der jeweils anderen Versicherung an?
- Inwieweit sind psychische oder degenerative Erkrankungen mitversichert?
- Inwieweit sind Überlastungserkrankungen mitversichert?
- Verlängert sich die Versicherung automatisch oder muss sie regelmäßig mit neuer Gesundheitsprüfung beantragt werden?
- Werden versicherte Leistungen auch außerhalb der Spielsaison erbracht?

- Ist die Versicherungsleistung unabhängig davon, wie lange der Spielervertrag läuft, oder endet sie mit dem Vertrag?
- Gilt deutsches oder ausländisches Vertragsrecht?
- Welche Ausschlüsse beziehungsweise Einschränkungen der Leistungspflicht gibt es?

Berufsunfähigkeitsabsicherung
Dies ist die umfangreichste Absicherung – das beste Pferd (besser gesagt: Ersatzgoldesel) im Stall zur Einkommensabsicherung. Sie fragt nicht nach dem Grund – wichtig ist allein, ob jemand seinen Beruf weiter ausüben kann oder nicht. Zum Beispiel ist auch die Psyche mitversichert, was nur bei sehr guten Sportunfähigkeitspolicen der Fall ist. Der Zustand der Gesundheit wird nur einmal am Beginn geprüft, Verschlechterungen müssen nicht nachgemeldet werden. Zudem leistet die Versicherung bereits nach sechs Monaten ab einem definierten Grad der Berufsunfähigkeit, zum Beispiel 50 % oder 75 %.

Dumm nur: Kaum ein Versicherer will sich auf eine derartige Wette mit Dir, einem Profisportler, einlassen. Fast niemand will dieses Risiko derzeit „zeichnen", wie es fachsprachlich heißt. Dennoch gibt es einzelne Anbieter, bei denen Profisportler bestimmter Sportarten eine Berufsunfähigkeitsversicherung abschließen können. Es versteht sich von selbst, dass diese ihren Preis haben und gewissen Einschränkungen unterliegen. Beispielsweise sind Absicherungshöhe und Leistungsdauer begrenzt.

> **Merkmale**
> *Vorteil:* umfangreicher Versicherungsschutz
> *Nachteil:* für Profisportler kaum zu bekommen und sehr teuer
> *Eignet sich besonders für:* Profisportler mit hohem Sicherheitsbedürfnis und Jungprofis
> *Eignet sich weniger für:* Profisportler, die über eine finanzielle Mindestabsicherung verfügen

Eine Sonderstellung nehmen Schüler und Amateure ein, die noch keinen Profivertrag haben. Hierzu findest Du mehr im Kapitel „Rookies: die *wild card*" (Abschn. 5.2.2.1).

Grundfähigkeits- und Erwerbsunfähigkeitsabsicherungen
Diese Versicherungen erbringen eine monatliche Zahlung, wenn – fast – gar nichts mehr geht. Das heißt, wenn man beispielsweise keinen anderen Beruf

mehr ausüben kann. Im Extremfall können sie die letzte finanzielle Rettung sein. Sie sind unnötig, wenn aus obigen Absicherungen (Sportunfähigkeit, Berufsunfähigkeit) ein vernünftiges Paket zusammengestellt wird. Doch bieten sie, gerade für gesundheitlich vorbelastete Profisportler, manchmal die einzige Möglichkeit, einen Versicherungsschutz gegen die finanziellen Folgen von gesundheitlich bedingtem Einkommensverlust zu erhalten.

> **Merkmale**
> *Vorteil:* vergleichsweise kostengünstig
> *Nachteil:* leistet nur im gesundheitlichen *worst case*
> *Eignet sich besonders für:* Sportler, für die Sportunfähigkeit und Berufsunfähigkeit nicht infrage kommen
> Eignet sich weniger: als alleinige Absicherung gegen Einkommensausfall

Es gibt noch weitere sinnvolle Versicherungen, die sich zur Vervollständigung der Basisabsicherung von Profisportlern anbieten

Dread-disease-Versicherung

Diese Personenversicherung leistet eine Einmalzahlung bei bestimmten Erkrankungen wie zum Beispiel Herzinfarkt, Schlaganfall oder Krebs. Je nach Anbieter werden ca. 30 bis 50 definierte Krankheiten versichert. Das Berufsrisiko der Sportler fällt bei Beantragung in der Regel nicht ins Gewicht, was im Umkehrschluss bedeutet, dass ein Karriereende, welches im Berufsrisiko als Sportler begründet ist, nur in wenigen Fällen zu einer Auszahlung führen wird.

Die Gesundheitsprüfung findet nur einmal statt, die Laufzeit kann indes ohne Gesundheitsprüfung verlängert werden. Allerdings: Der Sportler kann durch Erkrankungen spielunfähig werden, die nicht zu den vertraglich aufgeführten gehören. Auch Unfallfolgen sind nicht abgesichert.

> **Merkmale**
> *Vorteil:* vergleichsweise kostengünstig
> *Nachteil:* lückenhafter Schutz
> *Eignen sich besonders:* als Ergänzung zur Abrundung des Konzeptes
> *Eignen sich weniger:* als alleinige Absicherung gegen Einkommensausfall

Unfallversicherung

Sie überweist eine vereinbarte Einmalzahlung, wenn man durch einen Unfall einen bleibenden Schaden erleidet – egal, ob der Unfall privat oder beruflich passiert ist. Dieser Schutz gilt weltweit und rund um die Uhr.

Eine Zielsetzung kann es sein, nach einem schweren Unfall Geld zur Verfügung zu haben, um seine Umgebung behindertengerecht umzugestalten.

Wie schwerwiegend der bleibende Unfallschaden einzustufen ist, legt die sogenannte *Gliedertaxe* fest. Die *Progression* wiederum definiert einen Faktor, mit dem die Versicherungsleistung in Abhängigkeit vom Invaliditätsgrad multipliziert wird. Es versteht sich von selbst, dass Profisportler auch bei der Unfallversicherung eine besondere Risikogruppe sind. Das bedeutet erneut: Die Zahl der Anbieter ist überschaubar und die Versicherungsprämien sind relativ hoch.

„Ich würde mich besser absichern, damit meine ich die private Unfallversicherung. Mir war sehr lange nicht bewusst, was das eigentlich genau ist, als ich als Jugendspieler angefangen habe. Aufgrund meiner Verletzungshistorie mit drei Kreuzbandrissen hätte ich durch eine solche Unfallversicherung eine hohe Summe erhalten."
(Kay Gausa, ehemaliger Basketballprofi)

https://tinyurl.com/y7f2qze9

Unfallversicherungen eignen sich nicht als Ersatz, wohl aber als Ergänzung für ein sportlerspezifisches Absicherungskonzept. So kann ein Spieler mit einem Kreuzbandriss und 15 % Invalidität spielunfähig sein, bekommt aber keine Leistung, wenn seine Unfallversicherung beispielsweise erst ab 20 % Invaliditätsgrad leistet.

> **Merkmale**
> *Vorteil:* vergleichsweise günstig (monatlich ca. 40 EUR bei 100.000 EUR Versicherungsleistung)
> *Nachteil:* leistet nur bei definierten und unfallbedingten, bleibenden Schäden
> *Eignet sich besonders:* als Ergänzung für Sportler, denen eine umfassende Absicherung wichtig ist
> *Eignet sich weniger für:* Sportler, die denken, eine Unfallversicherung bietet einen ausreichenden Schutz für die Einkommensrisiken
> *Aufgepasst:* Die Gliedertaxe – in Kombination mit der Versicherungssumme – definiert die Leistungshöhe.

Pflegeergänzungsversicherung
Im Falle der Pflegebedürftigkeit durch Unfall oder Krankheit erhält jeder in Deutschland Versicherte Leistungen aus der Pflegeversicherung. Sie ist eine verpflichtende Ergänzung zu jeder privaten oder gesetzlichen Krankenvollversicherung. Allerdings reichen die gesetzlich festgelegten Leistungen von maximal 2005 EUR monatlich für die vollstationäre Pflege in einem Heim normalerweise für eine ausreichende Versorgung nicht aus. Teilweise muss man in derselben Größenordnung privat drauflegen. Und falls das eigene Vermögen dafür zu knapp ist und das Sozialamt Kosten übernimmt, fordert dieses das Geld von Angehörigen wie Ehegatten oder unterhaltspflichtigen Kindern zurück.

Um das zu verhindern, gibt es private Pflegetagegeld- und Pflegeergänzungsversicherungen. Diese Versicherungen eignen sich ergänzend für Profisportler genauso wie für den „Normalbürger" und sogar für Profisportler lassen sich gute Tarife zu normalen Konditionen finden.

Die Pflegeversicherung läuft auch über die Karriere hinaus. Pflegeergänzungsversicherungen sind in der Regel umfassender, beitragsstabiler aber auch teurer als entsprechende Pflegetagegeldversicherungen. Wer eine Pflegeversicherung wünscht, kann sich auch anstatt von monatlichen Beiträgen mit einem Einmalbetrag dauerhaften Schutz sichern.

> **Übrigens**
> Falls ein Elternteil ein Pflegefall wird, „haften die Kinder für die Eltern". Mit einer Pflegeergänzungsversicherung für die Eltern kann man auch dieses Risiko versichern und – wie der Fachmann sagt – ausfinanzieren und sein eigenes Vermögen schützen. Wenn die Pflege über längere Zeit geht, dann können die Gesamtkosten schon mal sechsstellig werden.

Der Vollständigkeit halber möchte ich noch erwähnen, dass es auch die Möglichkeit eines gesetzlichen Zusatzbausteins gibt, den – auch hier hat sich ein Politiker verewigt – „Pflege-Bahr". Diesen sollten Personen in Erwägung ziehen, die wegen Vorerkrankungen keinen privaten Ergänzungsschutz bekommen. Für Profisportler also folglich nicht die erste Wahl.

> **Merkmale**
> *Vorteil:* Sicherstellung einer ausreichenden Leistung im Pflegefall
> *Nachteil:* schützt nur im Pflegefall
> *Eignet sich besonders für:* Sportler, denen ein umfassender Versicherungsschutz wichtig ist
> *Eignet sich weniger für:* Sportler, die ausgesorgt und ein geringes Bedürfnis nach Absicherung haben

Risikolebensversicherung

Berufssportler der meisten Sportarten erhalten auch diese Versicherung zu normalen Konditionen. Anders als bei einer Versicherung für den Unfalltod leistet die Risikolebensversicherung im Todesfall unabhängig von der Ursache – egal ob durch Unfall oder Krankheit. Die begünstigten Hinterbliebenen erhalten eine Einmalzahlung in der vereinbarten Höhe. Ein Sportler kann damit zum Beispiel Ehepartner oder Kinder wirtschaftlich absichern. Mit dem Geld können beispielsweise Immobiliendarlehen abbezahlt oder die Ausbildung der Kinder finanziert werden. So kommen zur Trauer um den geliebten Partner nicht noch wirtschaftliche Sorgen dazu.

„Über-Kreuz-Versicherung" – Wenn die Versicherung auf den Namen zum Beispiel des Ehepartners abgeschlossen wird, wenn also der Versicherungsnehmer der Ehegatte ist, die versicherte Person aber der Sportler, entfällt im Todesfall die Erbschaftssteuer auf die Auszahlungssumme.

Freilich sollte man zum Thema „Ehepartner" dann und wann gegebenenfalls kritisch nachdenken, ob die getroffene Wahl beim Bezugsrecht immer noch richtig ist. Scheidungsanwälte raten im Trennungsfall zuallererst, die

Bezugsberechtigung einer Lebensversicherung zu überprüfen und den gegebenenfalls nicht mehr ganz so geliebten, getrenntlebenden Ehepartner als Bezugsperson für seine Versicherung zu widerrufen. Bei der erwähnten Über-Kreuz-Versicherung ist der eigene Einfluss allerdings begrenzt. Denn der Versicherungsnehmer, in diesem Fall der Ehegatte, hat alle Rechte und Pflichten für den Vertrag. Solange der (Ex-)Partner die Prämie bezahlt, läuft der Vertrag.

Zudem sollte klar definiert sein, wer eigentlich konkret als Begünstigter gemeint ist. So hatte der Bundesgerichtshof 2015 einen Fall zu entscheiden, bei dem eine hohe Versicherung mit der Bezugsperson „die Ehefrau" abgeschlossen war. Nach der Scheidung von seiner ersten Frau und Wiederverheiratung wollte die junge zweite Gemahlin wissen, ob sie gut abgesichert sei. Der Mann verwies auf seine Versicherung und dass sie als Ehefrau ja versichert sei. Nach seinem Tod ging der Fall als „Witwenstreit" bis zum Bundesgerichtshof. Der entschied, dass wohl die Person gemeint sei, an die man bei Ausfüllung der Versicherungsurkunde gedacht habe: nämlich die erste Frau – Pech für die Nachfolgerin.

Du solltest Bezugsberechtigungen immer wieder einmal überprüfen und darauf achten, dass namentlich ausdrücklich eine bestimmte Person gemeint ist, um Zweideutigkeiten zu vermeiden.

Merkmale
Vorteil: Diese Versicherungen sind eine kostengünstige Möglichkeit, Hinterbliebene für den Todesfall abzusichern.
Nachteil: Der Sportler selbst kommt nicht in den Genuss der Versicherungsleistung ;-)
Besonders geeignet für: Sportler mit wirtschaftlich abhängigen Familienmitgliedern
Weniger geeignet für: alleinstehende Sportler

Manche Versicherungsgesellschaften bieten noch weitere Sportlerversicherungen an. Meist handelt es sich dabei um Mischformen einzelner Komponenten von zwei oder mehr Versicherungen, etwa eine Kombination von Grundfähigkeits- und *dread-disease*-Versicherung.

Auch Verbände, Spielergewerkschaften und Vereine bieten zum Teil Serviceleistungen oder Versicherungsschutz. Die Fédération Internationale de Football Association (Fifa) sichert zum Beispiel Vereine bei Länderspielen ab und der Deutsche Fußballbund (DFB) hält für Nationalspieler einen gewissen Versicherungsschutz vor.

In aller Regel sind diese Versicherungen in Höhe und Umfang aber nicht ausreichend, um einen individuellen privaten Versicherungsschutz zu ersetzen. Auch hier gilt: Genau hinschauen beziehungsweise den Umfang der Versicherung überprüfen. Denn mitunter handelt es sich bei den Paketen um einen nicht erwähnenswerten Mindestschutz. Beispiel gefällig?

Die Deutsche Sporthilfe hat neben ihrer sonst großzügigen Unterstützung in ihrem Förderkonzept ein Versicherungspaket für Sachversicherungen im Programm. Deren Bausteine sind Unfall-, Haftpflicht-, Rechtsschutz- und Auslandskrankenversicherung. Die Idee ist gut, aber wer nicht aufpasst und nicht, wie von der Sporthilfe empfohlen, im Sportler-Extranet nachliest, denkt fälschlicherweise, er könne sich einen eigenen Versicherungsschutz sparen. Jedoch: Abhängig von der Förderstufe ist der Versicherungsschutz teilweise explizit auf die Ausübung des Sportes beschränkt. Soweit ich erfahren habe, wird das Paket aber derzeit überarbeitet.

Private Krankenvollversicherung
Während der Karriere ist über die jeweilige Infrastruktur im Umfeld eines Sportlers oft eine Top-Versorgung mit VIP-Status gewährleistet. Diese Privilegien enden allerdings dummerweise mit der Karriere.

Gleichzeitig nimmt mit zunehmendem Alter der Bedarf an medizinischer Versorgung zu und nicht wenige Sportler haben lebenslang mit gesundheitlichen Beschwerden zu kämpfen – ein Preis für die jahrelange Spitzenbelastung. Wem dauerhaft garantierte Versicherungsleistungen und VIP-Status bei vielen Ärzten wichtig sind sowie die Möglichkeit, sich von medizinischen Koryphäen behandeln zu lassen, der ist auf lange Sicht bei einer privaten Krankenversicherung am besten aufgehoben.

„Bei einer Operation oder einer langfristigen Rehabilitationszeit zum Beispiel kann eine private Krankenversicherung finanzielle Unterschiede ausgleichen. Denn oft weichen die Kosten für eine Behandlung in der von der Berufsgenossenschaft vorgeschlagenen Klinik und beim Top-Kniespezialist im In- oder Ausland ab. So hat der Spieler die Möglichkeit, die bestmögliche Behandlung und Betreuung zu wählen – und zwar unabhängig vom Preis."
(Frank Aehlig, Leiter der Lizenzspielerabteilung des 1. FC Köln)

https://tinyurl.com/y8mr4mqe

Die Vorteile einer privaten Krankenversicherung können natürlich auch schon während der Karriere zum Tragen kommen, etwa wenn man einen Spezialisten wünscht – außerhalb der vom Verein/Verband gestellten Infrastruktur.

„Zudem würde ich kritischer gegenüber den Reha-Einrichtungen sein und gegebenenfalls Sachen hinterfragen, um ein bestmögliches Reha-Ergebnis zu erzielen."
(Kay Gausa, ehemaliger Basketballprofi)

https://tinyurl.com/y7f2qze9

Du hast die Wahl zwischen unterschiedlichen Tarif- und Leistungsstufen. Nicht jeder PKV-Tarif zahlt zum Beispiel den Chefarzt in voller Höhe. Auch wenn Du in Erwägung ziehst, einen Teil Deiner Karriere im Ausland zu verbringen, kommt nicht jede Gesellschaft in Betracht. Manche Gesellschaften versichern Sportler zwar im Inland, aber nicht im Ausland.

Da sich die Versicherer der Risiken bewusst sind, mit denen ein Profisportler lebt, gibt es nur ein extrem kleines Auswahlangebot und eine äußerst strenge, restriktive Risikoprüfung.

Wer jetzt denkt, es sei eine gute Idee, sich eben nach der Profikarriere als Privatpatient zu versichern, der sei gewarnt: Zwar entfällt dann die berufsbedingte Auswahlbegrenzung, dafür dürften wegen gesundheitlicher Risiken oft die Tore verschlossen bleiben. Denn viele Profisportler bringen eine Verletzungs- und Behandlungsgeschichte mit, vor der Versicherer zurückschrecken, sodass sie den Antrag freundlich, aber bestimmt, ablehnen.

> **Merkmale**
> *Vorteil:* vertraglich garantierter Leistungsumfang
> *Nachteil:* Beitragsentwicklung birgt Risiken, Familie ist nicht beitragsfrei mitversichert
> *Eignet sich besonders für:* Sportler, denen eine dauerhafte Absicherung insbesondere im *high-end*-Bereich wichtig ist
> *Eignet sich weniger für:* Sportler, denen die staatliche Versorgung genügt
> *Aufgepasst:* Annahmevoraussetzungen (Einkommenshürde, Risikoprüfung)

Krankenzusatzversicherung
Neben der privaten Krankenvollversicherung gibt es verschiedenste private Zusatzversicherungen. Damit kann man seinen gesetzlichen Versicherungsschutz verbessern und in der maximalen Ausführung soweit anheben, dass man auf dem Niveau eines privat Krankenversicherten behandelt wird. Ein paar Beispiele, wofür man eine Zusatzversicherung abschließen kann: Sehhilfen, Zahnbehandlung, Zahnersatz, Heilpraktiker, ambulante Leistungen oder Krankenhaustagegeld und Chefarztbehandlung im Falle stationärer Behandlung.

Auch hier gilt: Was für Dich wirklich von Bedeutung wäre, wird für Profisportler meist nicht angeboten. Und ob Du beispielsweise für zehn Euro im Monat eine Brillenzusatzversicherung abschließt, um alle zwei Jahre ein Zuschuss für eine Sehhilfe von „bis zu 150 EUR" zu erhalten, ist nicht wirklich eine Frage von wirtschaftlicher Relevanz.

> **Merkmale**
> *Vorteil:* maßgeschneiderte Ergänzung der gesetzlichen Versorgung
> *Nachteil:* umfassender Zusatzschutz ist teuer
> *Eignet sich besonders für:* Sportler, die ihren gesetzlichen Krankenversicherungsschutz aufstocken wollen
> *Eignet sich weniger für:* Sportler, denen die GKV-Leistung reicht
> *Aufgepasst:* Annahmevoraussetzungen (Einkommenshürde, Risikoprüfung), Wahl des richtigen Tarifes

Haftpflicht, Hausrat, Rechtsschutz für Profisportler
Bei den sogenannten Sachversicherungen gehören Privathaftpflicht-, Hausrat- und Rechtsschutzversicherung zur Standardempfehlung für Privatpersonen wie für Sportler, denn die Haftungsrisiken sind gleich.

In Ausübung Deines Berufes bist Du über Deinen Verein beziehungsweise über die Gruppenversicherung beim Landessportbund versichert. Aber wenn der Fußballer mit seinem Kumpel mal nebenbei Kopfballtraining übt und ihn dabei verletzt, dann haftet er selbst!

Da ist das Schmerzensgeld für den Beinbruch noch der geringste Betrag, vielmehr können Dich die Forderungen der Sozialversicherungen in den Ruin treiben: die Krankenkasse für die kompletten Behandlungskosten, die Berufsgenossenschaft für die möglicherweise jahrelange Reha und so weiter.

Während der Abschluss einer Privathaftpflichtversicherung nicht nur deswegen für einen Profisportler außer Diskussion steht, wächst die Bedeutung einer Hausratversicherung mit der Größe der Wohnung beziehungsweise mit dem Wert des in der Wohnung untergebrachten persönlichen Besitzes. Das kann sich im Laufe einer Sportlerkarriere sehr dynamisch entwickeln. Vor allem sieh zu, eine „Unterversicherung" zu vermeiden. Ein Beispiel: Sportler X hat seinen Hausrat angemessen mit 100.000 EUR versichert. Irgendwann entdeckt er dann seine Vorliebe für chinesische Vasen. Zehn Jahre und zehn Porzellangefäße später ist sein Hausrat 200.000 EUR wert – er ist also „unterversichert". Das heißt: In jedem einzelnen Schadenfall, also auch, wenn nur sein Schlafzimmer ausbrennt, bekommt er von der Versicherung nur die Hälfte von jedem Gegenstand ersetzt! Also immer mal prüfen, ob Du noch angemessen versichert bist!

Bei Privathaftpflicht- und Hausratversicherung werden Sportler übrigens ganz „normal" behandelt und zahlen Versicherungsbeiträge wie jeder Nichtsportler.

Eine Rechtsschutzversicherung ist ebenfalls für Profisportler nicht zu verachten. Sie kann zum Beispiel beim Streit mit dem Arbeitgeber/Verein hilfreich sein. Manche Rechtsschutzversicherer aber machen einen Bogen um Profisportler oder -Trainer.

Die passenden Zutaten für ein perfektes Finanzkonzept bestehen aus einer ausreichenden finanziellen Rücklage und einer gut abgestimmten individuellen Mischung von Vermögensaufbau und Absicherung.

5.2.1.12 So kommst Du zum gewünschten Versicherungsschutz

In diesem Kapitel:

- Stolperfallen bei der Antragstellung
- Verträge aktuell halten
- So kommst Du im Schadensfall zu Deinem Geld.

Vom Antrag zum Vertrag – vom Vertrag zur Leistung
Wie beschrieben kann man eine Versicherung im gewissen Sinne mit einer Wette vergleichen (Abschn. 4.3.4). Nötig dazu ist lediglich, dass sich zwei Parteien über die Art der Wette und einig sind und diese auch einlösen. Wie kommt nun ein gewünschter Versicherungsschutz zustande und was ist zu beachten, damit die Versicherung zahlt wenn etwas passiert ist?

Schritt 1: Antrag stellen
Während man zum Beispiel beim Antrag für eine Privathaftpflichtversicherung nicht viel falsch machen kann, entscheiden ausreichende und korrekte Angaben bei Personenversicherungen über das Zustandekommen eines Vertrages und den Anspruch auf eine Auszahlung im Schadensfall.

Nehmen wir einmal an, Du willst Dich mit einer Sportunfähigkeitsversicherung gegen Einkommensverlust durch Krankheit oder Unfall schützen. Im Normalfall hilft Dir bei der Antragstellung ein Berater oder Vermittler mit hoffentlich entsprechender Kompetenz. Mitunter kommt es allerdings auch heute noch vor, dass ein Spielerberater seinem Klienten einen Antrag hinlegt, dieser ihn blanko unterschreibt und etwas später das Geld für die Police von seinem Konto abgebucht wird. Der Sportler weiß weder, was er unterschreibt, noch, welche Gesundheitsangaben eingetragen werden. Ob der Agent dabei die Interessen seines Sportlers oder eigene im Vordergrund hat, das ist eine andere Frage. Jedenfalls: Das kann gut gehen. Wenn es ans „Eingemachte" geht und der Versicherer im Schadensfall eventuell Millionen auszahlen muss, wird er genau recherchieren, ob alle Angaben stimmen, und suchen, ob er nicht eine Hintertür in unkorrekt ausgefüllten Gesundheitsangaben findet, durch die er schlüpfen kann, um nicht zahlen zu müssen. Und in letzter Konsequenz ist es Deine Unterschrift, die unter den Gesundheitsangaben prangt.

Zurück zum Antrag: Mancher Versicherer weist darin auf die Bedeutung der Angaben hin, etwa so:

> … Alle wichtigen Details Ihrer Krankengeschichte müssen angegeben und dürfen nicht weggelassen werden, weil Sie wieder gesund sind oder Ihnen mitgeteilt wurde, dass Ihre Untersuchungsergebnisse zufriedenstellend waren, oder weil Sie glauben oder Ihnen gesagt wurde, diese seien irrelevant oder unwichtig. Das Nichtangeben von wichtigen Informationen kann die Versicherungspolice ungültig werden lassen. Im Zweifel fragen Sie bitte Ihren Vermittler.

Nun folgen Fragen zur beruflichen Tätigkeit, Fragen nach dem aktuellen Gesundheitszustand und zur Gesundheitshistorie zum Beispiel derjenigen der vergangenen fünf Jahre. Sehr hilfreich, oft sogar Bedingung, ist es, aktuelle Untersuchungsergebnisse beizulegen. Falls es Vorerkrankungen gibt, beschleunigt es den Antragsprozess, wenn entsprechende Arztberichte gleich mit eingereicht werden. Denn falls die Angaben nicht genügen, fragt die Gesellschaft gegebenenfalls beim Arzt nach. Wenn Du dann Pech hast, dauert seine Antwort ewig und aus dem Antrag wird nie ein Vertrag. Du solltest Dich übrigens weder kränker noch gesünder machen, als Du bist.

Oft prüfen die Versicherer bereits bei der Antragstellung im Internet, zum Beispiel im „Transfermarkt", ob Du nicht vielleicht etwas vergessen hast. Vielleicht kommst Du ihnen zuvor und googelst Dich mal selbst mit dem Zusatz „Erkrankung" oder „Verletzung". Spätestens im Schadensfall wird sehr genau hingeschaut, ob der Antragsteller etwas „vergessen", verschwiegen oder geschummelt hat – das Ganze nennt sich *Verletzung der vorvertraglichen Anzeigepflicht*. Vorschäden wie eine operierte Schulter werden meist aus dem Versicherungsschutz ausgeschlossen. Ein guter Berater hilft Dir dabei einzuschätzen, was ein Versicherer an Ausschluss oder Zusatzprämie fairerweise verlangen kann, und verhandelt gegebenenfalls noch einmal für Dich nach. Dies sprengt in der Regel die Grenzen dessen, was ein Profisportler für sich selbst zu leisten vermag.

Oft hast Du in der Antragsphase für ein paar Wochen einen sogenannten vorläufigen Versicherungsschutz. Den vollen Schutz hast Du aber erst dann, wenn die Police – ein anderes Wort für Versicherungsvertrag – ausgestellt ist.

Schritt 2: Vertrag aktuell halten

Ändert sich das Risiko, musst Du das eventuell nachmelden, damit der Schutz aktuell bleibt und die Gesellschaft nicht deswegen die Leistung verweigern kann. Folgende Veränderungen sollten unbedingt an die entsprechenden Versicherungsgesellschaften gemeldet, beziehungsweise der Versicherungsschutz überprüft und angepasst werden:

- Umzug,
- Bankverbindung,
- Wegzug ins Ausland,
- eingetretene Schäden – auch wenn man den Umfang noch nicht absehen kann –,
- Familienstand,
- Geburt eines Kindes,
- neuer Verein oder Vertrag,
- gegebenenfalls Veränderungen in Bezug auf nötige Versicherungssumme,
- neue Risiken wie ein Immobilienerwerb oder eine neue Wohnung,
- Aufnahme oder Wegfall einer angestellten Tätigkeit.

Schritt 3: Die Prämie bezahlen

Manche Versicherer buchen nicht vom Konto ab. Voraussetzung für eine Leistung ist aber, dass die Prämie fristgerecht beglichen wird. Also achte darauf, dass wichtige Post nicht für Wochen oder gar Monate ungeöffnet und unerledigt bleibt.

Schritt 4: Ansprüche geltend machen

Genauso wie Du einen Lottoschein im Falle eines Gewinnes einlösen musst, musst Du im Schadensfall die Ansprüche bei der Gesellschaft geltend machen. Das bedeutet: Wenn Du krank bist oder verletzt oder Du einen Unfall hattest, in dessen Folge Du körperlich eingeschränkt bleiben könntest, informiere Deine Versicherungsgesellschaft so früh wie möglich darüber.

Dann machst Du alles richtig und wirst in aller Regel die Versicherungsleistung erhalten. Falls es Schwierigkeiten gibt oder Dir die Gesellschaft einen Vergleich anbietet, empfiehlt es sich, professionellen Rat einzuholen, zum Beispiel bei einem auf Versicherungsrecht spezialisierten Anwalt. Falls Du eine private Rechtsschutzversicherung hast: Du kannst Dich dort vorab kostenlos telefonisch beraten lassen und gegebenenfalls auf deren Kosten einen Anwalt nehmen, der Deine Rechte für Dich durchsetzt.

Wenn Du einen guten Finanzberater hast, dann wird er Dir die Arbeit hierfür größtenteils abnehmen und Dich nötigenfalls mit Rat und Tat durch diese vier Schritte begleiten.

5.2.2 Sportler mit besonderen Rahmenbedingungen

In diesem Kapitel:

- Wissenswertes, Tricks und Tipps für Schüler und „Nochnichtprofis", Spitzensportler bei Behörden sowie Spitzenverdiener und vermögende Sportler

Bei drei „Gruppen" von Sportlern bringt das Finanzkonzept zusätzliche Chancen beziehungsweise Erfordernisse mit sich: Schüler und Amateure, Spitzensportler bei Bundeswehr, Polizei, Zoll und Feuerwehr sowie absolut top verdienende Sportler. Gerade die beiden Kapitel *wild card* für Schüler und Spitzensportler bei Behörden können auch für die Eltern junger Sportler interessant sein (Abschn. 5.2.2.1 und 5.2.2.2).

5.2.2.1 *Wild card* für Schüler und Amateure

In diesem Kapitel:

- Zukunftsweisendes Risk Management für Youngsters
- Goldene Tipps für den Nachwuchs!

Es ist ein bewegender Moment, die Unterschrift unter den ersten Profivertrag zu setzen. Was hast Du nicht alles dafür in Kauf genommen: Training, mehr Training und nochmals Training, Niederlagen, Blut, Schweiß, Tränen, Quälerei und Verzicht ... Doch aufgepasst! Profisportler zu sein, eröffnet eine Dir einerseits eine neue faszinierende Welt, doch gleichzeitig gehen andere Türen unwiderruflich zu. Im Kapitel über das Risk Management (Abschn. 4.3.4) hast Du erfahren, dass die meisten Berufsunfähigkeits- und Krankenversicherungen Profisportlern verwehrt bleiben oder sehr teuer sind. Wer aber gut informiert ist und rechtzeitig handelt, hat die Möglichkeit, eine *wild card* für wichtige Personenversicherungen zu ergattern. Damit kann er an der zukünftigen „Versicherungswette" teilnehmen, ohne den dann geltenden Qualifizierungsregeln zu genügen. Solange Du noch keinen Profivertrag hast, ist es möglich hier zukunftsweisend Weichen zu stellen und damit „einen Schritt voraus" zu sein. Als Schüler oder Student etwa kannst Du Dir so eine günstige und umfassende Basisabsicherung zulegen, zum Beispiel eine Berufsunfähigkeitsabsicherung, welche Dich, wenn Du willst, Dein ganzes Berufsleben absichert. Hier ist allerdings etwas Recherchearbeit nötig. Denn es gibt derzeit nicht viele Gesellschaften, bei denen man in der Berufsunfähigkeitsversicherung das Berufsrisiko Profisportler nicht nachmelden muss! Doch der Einsatz für die Recherche lohnt sich: Du bist zu einem Preis-Leistungs-Verhältnis abgesichert, welches für Profisportler sonst undenkbar ist.

Oder eine Krankenversicherung. Wenn Du eine private Zusatzversicherung willst – zum Beispiel für das Krankenhaus – oder Dir die Option wünschst, später in eine private Krankenvollversicherung wechseln zu können, kannst Du auch dafür jetzt noch die Weichen stellen: Für weniger als einen Euro am Tag bekommst Du eine Krankenhauszusatzversicherung im Paket mit einer Auslandsreisekrankenversicherung und einer *wild card* für eine spätere private Krankenvollversicherung. Konkret bedeutet das, dass Du zum Beispiel nach einem Unfall im Krankenhaus Anspruch auf ein Einzelzimmer und Chefarztbehandlung haben kannst. Wenn Du eines Tages als Profisportler die Einkommensvoraussetzung für eine private Vollversicherung erreichst, dann genügt es, der Versicherung formlos und fristgerecht mitzuteilen, dass nun die Vollversicherung aktiviert werden soll.

Du hast die Wahlfreiheit unter fast allen privaten Krankenversicherungsgesellschaften. Im Regelfall musst Du weder Veränderungen im Gesundheitszustand noch Dein neues Berufsrisiko nachmelden. Du hast eine Umstellungsgarantie, ein vertragliches Recht auf die Aktivierung mit dem ursprünglichen Risiko zum Alter bei Vertragsumstellung. Das liest sich in den Vertragsbedingungen dann beispielsweise so:

> Die Umstellung erfolgt ohne erneute Risikoprüfung und ohne Wartezeiten. Grundlage für die Risikozuschlagsbemessung ist die bei Abschluss des Optionstarifes festgestellte Risikolage sowie der nach der Umstellung zu zahlende Tarifbeitrag zum erreichten Alter.

Wichtig: Falls Du Dir diese Möglichkeiten sichern willst, sollten Du und/oder Dein Berater die jeweilig konkreten Wechseloptionen und -fristen prüfen.

Weitere Auswahlkriterien für Deine private Krankenversicherung können sein:

- Wechselmöglichkeit nach der Aktivierung der Vollversicherung zwischen Basis und Toptarifen ohne Gesundheitsprüfung. Damit kannst Du die Versicherung Deinen zukünftigen Absicherungswünschen besser anpassen.
- Möglichkeit, bei Aktivierung ein Krankentagegeld ohne Gesundheitsprüfung einzuschließen.
- Möglichkeit, die Versicherung auch dann behalten zu können, wenn Du beruflich ins Ausland gehst.

Der Preis spielt nach meiner Erfahrung eine untergeordnete Rolle. Immer wieder gehen Versicherungen mit vergleichsweise günstigen Prämien an den Markt. Das rächt sich oft im Laufe der Jahre. Der Preis verändert sich. Einmal hat die eine Gesellschaft die Nase vorne, ein anderes Mal eine andere. Wichtiger ist, dass es eine solide Gesellschaft ist und der Tarif zu Deinen Bedürfnissen passt.

> **Noch ein Praxistipp**
> Falls Du über das Elternhaus bereits eine private Krankenversicherung (Vollversicherung- oder Zusatzversicherung) hast, kannst Du diesen Schutz auch in die Profilaufbahn „retten". Sprich dazu am besten mit Deinem Berater oder der Versicherungsgesellschaft.

Für Zeiten, in denen Du als Angestellter unter der Einkommensschwelle für die private Krankenvollversicherung liegst, hast Du die Möglichkeit, einzelne Bausteine wie etwa die stationäre Zusatzversicherung weiter zu behalten und den Rest der Versicherung in Form einer „Anwartschaftsversicherung" vorübergehend auf Eis zu legen. Damit sicherst Du Dir ebenfalls ein zeitlich freies Rückkehrrecht unabhängig von Gesundheitszustand und Beruf. Sogar Dein junges Eintrittsalter kannst Du Dir – gegen einen Mehrbeitrag – konservieren lassen. Eine unüberlegte Kündigung würde in den meisten Fällen einen *point of no return* bedeuten.

Wer sich gegen Gesundheitsrisiken absichern möchte, weil er bereits krank ist, wenn also das sprichwörtliche Kind in den Brunnen gefallen ist, der hat keine Wahlfreiheit mehr. Die Versicherung lehnt ihn ab.

> **Mein Praxistipp**
> Sichere Dir Optionen und halte Dir die Wahlfreiheit offen.

5.2.2.2 Spitzensportler bei Bundeswehr, Polizei, Zoll und Feuerwehr

> In diesem Kapitel:
>
> - Was bedeutet es, Spitzensportler bei einer Behörde zu sein?
> - Welche Besonderheiten gibt es für Spitzensportler bezüglich Berufsausbildung, Einkommen und Absicherung?

Mit 150 Mio. EUR im Jahr – Tendenz fallend – ist die staatliche Förderung des gesamten Spitzensportes in Deutschland auf dem Niveau eines Top-Bundesligavereins. Das ist aus meiner Sicht viel zu wenig dafür, dass man sich mit möglichst vielen Olympiasiegern schmücken will. Viele unmittelbar Beteiligte, Eltern, Trainer und Einzelsportler können davon ein Lied singen. Spitzensportler bei einer Behörde sind dagegen in einer Poleposition: Sie haben professionelle Rahmenbedingungen für den Leistungssport, Berufsausbildung und Einkommen gesichert. Das alles kombiniert mit einer fast 100 %igen Übernahmegarantie – wie geil ist das denn!

Diese einmalige Förderung kommt Spitzensportlern zugute, die bei einer Behörde wie Bundeswehr, Polizei, Zoll oder Feuerwehr in das Spitzensportprogramm aufgenommen werden. Unter dem Dach des jeweiligen Ministeriums – Verteidigungsministerium (Bundeswehr), Innenministerium (Bundespolizei/Länderpolizei) und Finanzministerium (Zoll) – und finanziert vom Steuerzahler ist eine duale Ausbildung integraler Bestandteil des jeweiligen Programms.

Bereits Jugendliche mit noch nicht einmal 16 Jahren können aufgenommen werden. Im Grunde genommen werden die Spitzensportler genauso behandelt wie ihre Kollegen, die nicht als Spitzensportler gefördert werden. Der große Unterschied ist der: *Alle Spitzensportler werden für die Ausübung ihres Sportes großzügig freigestellt.*

Im Krankheitsfall genießen sie Versicherungsschutz durch die freie Heilfürsorge. Sind sie „sportunfähig", werden sie – sofern irgendeine dienstliche Tätigkeit gesundheitlich möglich ist – bei ihrer Behörde in ein Beschäftigungsverhältnis übernommen. Bei allen Verantwortlichen, mit denen ich gesprochen habe, sind hohes Verantwortungsbewusstsein und großer Fürsorgesinn für die Sportler spürbar.

In den Genuss der jeweiligen Förderung kommen Kadersportler (D/C-Bundeskader, C-, B- und A-Kader) beziehungsweise (Olympia-, Perspektiv- und Nachwuchskader), solange sie entsprechende Leistungen erbringen und die Tendenz nach oben zeigt. Die bisherige Kaderstruktur wird übrigens mit der Leistungssportreform des Deutschen Olympischen Sportbundes (DOSB) und durch die bei fast allen Verbänden verwendete Zielstruktur in Olympia-, Perspektiv- und Nachwuchskader abgelöst.

Jährlich legt der zuständige Verband fest, ob ein Sportler die Leistungsvoraussetzungen erfüllt und in die jeweilige Sportfördergruppe aufgenommen wird. Beim Skisport ist das zuständige Gremium zum Beispiel der Deutsche Skiverband (DSV). Dieser ist übrigens ein Wirtschaftsunternehmen, welches keine staatlichen Zuschüsse erhält.

Weit über 90 % der Kadersportler im Wintersport sind bei Behörden beschäftigt, die meisten bei der Bundeswehr. Sie fördert knapp 750 Sportler aus allen olympischen Sportarten. Alle leistungssportorientierten Spitzenverbände des DOSB profitieren von dieser Spitzensportförderung: olympische, para-olympische und nicht-olympische. Das System der dualen Karriere bietet auch die Möglichkeit zu Studieren oder ein Fernstudium an einer privaten Universität zu absolvieren (Abschn. 6.1.2). Selbst ans professionelle Abtrainieren bei Karriereende oder -abbruch – wie vermutlich bei den anderen Behörden auch – ist gedacht.

Weitere ca. 350 Athleten sind auf Bundespolizei, Zoll, Landespolizei, Feuerwehr und weitere Partner verteilt.

Entfallen die Fördervoraussetzungen oder entscheidet sich der Athlet selbst, auszusteigen, „zurück ins Glied": Der Skirennläufer Felix Neureuther etwa könnte beispielsweise ab morgen als Zollbediensteter arbeiten, wenn er denn will.

Das Charmante an dem Konzept aus Sicht der Sportler ist, dass sie – spätestens nach der Verbeamtung auf Lebenszeit – eine Jobgarantie haben: egal, ob sie gesund und unverletzt bleiben, egal, ob sie die Sportkarriere planmäßig oder außerplanmäßig beenden oder der Kader verkleinert wird und sie aus der Förderung fallen, weil es ein paar noch Bessere gibt.

Vieles von den problematischen Rahmenbedingungen für Profisportler, die in diesem Buch angesprochen werden, trifft auf sie daher nicht zu. Das soziale Netz – Einkommen und Absicherung – stellt die jeweilige Behörde, die Sportinfrastruktur der jeweilige Sportverband. Zudem haben sie die Möglichkeit, sich nach einer gewissen Dienstzeit für externe Weiterbildungen freistellen zu lassen und gegebenenfalls im Anschluss eine berufliche Laufbahn außerhalb der Behörde einzuschlagen. Dort allerdings müssen dann auch mehrfache Olympiasieger der Tatsache ins Auge blicken, dass sie nach der Sportkarriere außerhalb der Behörde mit neuen Maßstäben gemessen werden:

„Die duale Karriere ist Hauptgrund, dass keine/r der Athleten/Athletinnen am Ende der Karriere rausgeschmissen wird."
(Martin Löchle, Personalkoordinator Bundesbehörden und Sportwart Biathlon)

Spitzensportler bei einer Behörde zu sein, ist also fast ein Rundum-sorglos-Paket. Dafür „musst Du" nur die Schulbank mit „normalen" Kollegen drücken – zum Beispiel bei der bayerischen Polizei als Sommersportler von Oktober bis Januar, als Wintersportler von April bis Juli. Die Ausbildung dauert dadurch allerdings fünf statt zweieinhalb Jahre. Beim Zoll wirst Du als Spitzensportler ganzjährig freigestellt und machst die Ausbildung erst in ein paar Jahren, nach der Sportlerkarriere.

Ein Wermutstropfen ist, dass fast immer die Möglichkeit auf ein Spitzeneinkommen entfällt. Nur einer Handvoll Ausnahmeathleten bietet sich die Möglichkeit, lukrative Werbeeinnahmen für sich zu vereinnahmen. Ein Vorteil, den man nicht hoch genug bewerten kann, ist dagegen, dass das in diesem Buch vielzitierte Motivationsloch und Karriereloch nach der Karriere entfällt: Die Sportlerkarriere geht, wenn es der Sportler will, nahtlos in die Berufslaufbahn über. Außerdem kann sich der Sportler bereits während der Karriere den Kopf mit dem Leben außerhalb der Sportwelt sinnvoll „freiblasen".

Auch die jeweilige Behörde zieht einen Nutzen aus dem Sportförderprogramm. Neben vorzeigbaren Vorbildern wie Olympiasiegern und Weltmeistern rekrutieren sie top motivierte Mitarbeiter, die ihre Leistungsorientierung in der Regel auch auf den Berufsalltag und ihre Kollegen übertragen.

Doch auch in diesem geschützten Umfeld werden Athleten mitunter mit Herausforderungen konfrontiert, bei denen Eigenverantwortlichkeit gefragt ist. Besonders wenn ein Sportler schnell durchstartet:

„Junge Athleten können in verschiedenen Disziplinen des Wintersports innerhalb mehrerer Monate (oder auch Wochen) aus der Anonymität zweiklassiger Wettkampfserien (Europacup; Continentalcup) ins Rampenlicht der Worldcups wechseln und sich dort erfolgreich etablieren. Auf diese Athleten rollt eine riesige Welle an Anfragen und Angeboten verschiedenster Vermarktungs- PR Experten ein, dem sie in der „Hitze des Gefechts" nicht adäquat begegnen können. Sie sollten daher im Vorfeld (bei entsprechender Prognose) neutrale Aufklärung zu den wichtigsten Themen erhalten, etwa zu Sponsoringverträgen.

Was ist zu beachten bei Angeboten von „Sportmanagern" und/oder Agenturen?

Wo liegen Tücken und Fallen in Vertragswerken, die sie langfristig an ein Management binden beziehungsweise dem Management über die Dauer des Vertrages hinaus Tantiemen an den Einnahmen sichern?

Worin unterscheiden sich Managementleistungen und entsprechende Provisionen zur bloßen Vermittlung von Sponsoringpartnern (Maklerleistungen)?

Was bedeutet beziehungsweise was beinhaltet ein seriöses Athletenmanagement?

Brauche ich in jedem Fall einen Experten (Manager) dafür oder kann ich gewisse Aufgaben auch selbst übernehmen beziehungsweise mein etabliertes Umfeld (zum Beispiel Eltern, PR-Abteilung des Verbandes etc.)

(Karlheinz Waibel, Bundestrainer Wissenschaft & Technologie, Deutscher Skiverband)

https://tinyurl.com/ybbpuksu

Eine weitere Besonderheit bei der Bundeswehr ist der Berufsförderungsdienst. Hier kümmern sich engagierte Berater darum, die Sportler dabei unterstützen, ihren Idealberuf zu finden und realisieren zu können – sowohl innerhalb der Bundeswehr als auch außerhalb.

Viele Spitzensportler bei der Bundeswehr nutzen zum Beispiel die Möglichkeit des Bundesförderungsdienstes, sich für sechs Monate oder auch für ein, zwei und sogar fünf Jahre freistellen zu lassen – je nachdem, ob sie vier, sechs, acht oder zehn Jahre bei der Behörde beschäftigt waren.

„Durch meinen Status als Zeitsoldat hatte ich die Möglichkeit, den Berufsförderungsdienst der Bundeswehr zu nutzen. Je länger man dabei ist, desto länger beziehungsweise größer ist die Förderung."
(Michael Greis, ehemaliger Biathlet und Olympiasieger)

https://tinyurl.com/ycr2ozpf

Ansonsten weist auch die Bundeswehr darauf hin, dass eine private Absicherung notwendig ist. „Versäumtes kann nicht nachgeholt werden!" In einer Broschüre mit diesem Titel stehen wichtige Hinweise zur sozialen Absicherung der Soldaten.

Auch beim Zoll, der Feuerwehr oder Polizei gibt es spezifische Vorteile und Besonderheiten, die sich der interessierte Sportler anschauen sollte.

Ein weiteres Beispiel möchte ich aber noch näher erläutern: die bayerische Polizei als relativ jungen Förderer. Derzeit werden Sportler aus 34 Sportdisziplinen gefördert; sogar Boulderer sind dabei. Allerdings werden nur diejenigen aufgenommen, die ihre berufliche Zukunft nach der Sportkarriere dauerhaft bei der Polizei sehen. Es gibt Tutoren, die den Sportler an die Hand nehmen und sich um die Abstimmung zwischen Behörde und Verband kümmern.

Während einer achtmonatigen Freistellungsphase beziehungsweise bis zu zwölf Monaten nach abgeschlossener Ausbildung können die Sportler jederzeit freiwillig in einer Dienststelle hospitieren. So ist es schon vorgekommen, dass ein Bürger, der sich seiner Festnahme widersetzte, es unvermutet mit einem Olympiasieger einer Kampfsportart zu tun bekam und er sich ungewöhnlich schnell auf dem Boden der Tatsachen wiederfand. Duale Karriere eben ;-)

Ansonsten unterscheiden sich die Förderprogramme von Behörde zu Behörde und von Bundesland zu Bundesland. Teilweise werden sogar Mannschaftssportler gefördert (Baden-Württemberg). Mal wird die Sportzeit der Berufslaufbahn als Dienstjahre angerechnet, mal nicht.

Da es keine zentrale Informationsstelle gibt, bleibt dem interessierten jungen Sportler nichts anderes übrig, als sich so lange bei Laufbahnberatern von Olympiastützpunkten zu informieren, bis er das Passende gefunden hat. Wenn Du einer dieser Sportler bist, dann sind Dir viele Hürden aus dem Weg geräumt, die sich Deinen anderen Profisportkollegen stellen.

Doch auch wenn die Absicherung so vergleichsweise sehr gut ist, gibt es auch hier einiges zu beachten.

Dreh – und Angelpunkt der gesundheitlichen Absicherung ist die freie Heilfürsorge. Sie ist das Ergebnis der besonderen Fürsorge der Dienstherren für bestimmte Hochrisikoberufe, zum Beispiel Soldaten oder Polizeibeamte. Sie gehört weder zum gesetzlichen noch zum privaten Krankenversicherungssystem. Der Umfang ihrer Leistungen variiert von Bundesland zu Bundesland, ebenso gibt es Unterschiede bei den einzelnen Behörden. Eine Gemeinsamkeit gibt es jedoch: Der Beamte beziehungsweise Sportler muss sich nach Karriereende, spätestens aber im Pensionsalter, über die Beihilfe krankenversichern.

Da die Beihilfe aber nur einen Teil der Krankheitskosten bezuschusst, meist sind es 50 %, ist der Rest privat abzusichern.

Wer als Sportler nach seiner Laufbahn die Behörde verlässt, steht ebenfalls vor der Notwendigkeit, sich um eine private Krankenversicherung zu kümmern – mit entsprechender Gesundheitsprüfung.

Hier kommt wieder der Joker der *wild card* ins Spiel (Abschn. 5.2.2.1): Beim Werdegang als Spitzensportler bei einer Behörde wird dringend empfohlen, sich um diese *Anwartschaftsversicherung* für eine private Krankenversicherung beziehungsweise Beihilfeversicherung zu kümmern. Bei Bedarf kannst Du sie aus dem Schlaf wecken und aktivieren. In der Regel wirst Du im Rahmen der Einstellung diesbezüglich beraten.

> „Augen auf, Ohren auf, nicht schlafen! Ganz, ganz wichtig: Anwartschaft separat abschließen!"
>
> (Eduard Dosch, heute stellvertretender Vorsitzender der Deutschen Polizeigewerkschaft in Bayern, während der Präsentation seiner Berufsvertretung vor den neu eingestellten Beamten in Ausbildung)

Meist gibt es Kooperationen mit Sonderkonditionen, etwa über die Mitgliedschaft in einer der Berufsvertretungen – Gewerkschaft der Polizei (GdP) oder Deutsche Polizei Gewerkschaft (DPolG). Mitunter ist bei derartigen Rahmenverträgen die Gesundheitsprüfung erleichtert, wenngleich ein Sportler, der polizeidiensttauglich ist, auch diese Hürde nehmen würde – zumindest am Anfang seiner Laufbahn.

Doch auch wenn Du für den Krankheitsfall oder einen dienstlichen (Sport-)Unfall sehr gut abgesichert bist, empfehle ich Dir, früh über eine private Versorgung Deiner Arbeitskraft nachzudenken und gegebenenfalls entsprechende Vorsorge zu treffen.

Einen vollumfänglichen Anspruch auf Pension durch den Dienstherrn haben Beamte und Spitzensportlerortler erst nach 35 Dienstjahren. Zwar wird bei Krankheit oder Unfall alles versucht, dem Sportler bei der eigenen oder einer anderen Behörde einen Arbeitsplatz anzubieten; selbst wenn jemand im Rollstuhl sitzt. Dennoch bleibt eine Lücke. Denn erstens würde selbst die Pension nicht reichen und zweitens muss der Betroffene im Falle einer gänzlichen Dienstunfähigkeit schlimmstenfalls entlassen werden. Wer ganz großes Pech hat, wird wegen gesundheitlicher Probleme nicht in das Beamtenverhältnis auf Lebenszeit übernommen.

Eine *Dienstunfähigkeitsversicherung* (Polizeidienstunfähigkeitsversicherung) – das ist eine Berufsunfähigkeitsversicherung mit einer Zusatzklausel für Beamte beziehungsweise Polizisten – kann diese Lücke schließen. Im Vergleich zu einer Sportunfähigkeitsversicherung ist sie sehr kostengünstig. Und sie kann Dir – als Berufsunfähigkeitsversicherung – gute Dienste leisten, auch wenn die Sportkarriere zu Ende ist und Du vielleicht ein Einkommen in der freien Wirtschaft erzielst.

Des Weiteren empfehle ich Dir, eine Diensthaftpflichtversicherung in die Privathaftpflicht mit aufzunehmen.

Laut Gerd Enkling, Gesamtverantwortlicher der Spitzensportförderung der bayerischen Polizei, sind dies die drei *must haves* für Spitzenathleten.

MUSS
- Anwartschaftsversicherung,
- Dienstunfähigkeitspolice sowie
- Diensthaftpflichtversicherung.

Und sein engster Mitarbeiter Wolfgang Barth fügt hinzu, dass eine …

SOLL
- Rechtsschutzversicherung sowie eine
- Auslandskrankenversicherung

… die *must haves* sinnvoll ergänzen.

Die beamtenrechtliche Unfallfürsorge ist das Pedant zur gesetzlichen Unfallversicherung. Wer will kann noch eine Unfallversicherung abschließen, um auch im Privatleben abgesichert zu sein. Bei den sonstigen Versicherungen finden sich keine nennenswerten Unterschiede zu anderen Profisportlern.

Ausnahme: Du kannst etwas Geld bei den Versicherungen sparen, weil Du Prämienvorteile für den öffentlichen Dienst bekommst und die Risikoprüfung durch Rahmenverträge erleichtert sein kann. Mit Riester-Vertrag und Rürup-Rente kannst Du die Altersversorgung steuerlich gefördert anheben und es gibt sagenhafte 6,65 EUR monatlich in Form von vermögenswirksamen Leistungen ;-). Lediglich eine betriebliche Versorgung wie in der Privatwirtschaft gibt es hier nicht.

Bei Deinem Vermögenskonzept kannst Du Dich am Großen Einmaleins orientieren (ab Abschn. 5.2.1).

Spitzensportler, die in ein behördliches Förderprogramm aufgenommen sind, genießen im Vergleich zu den meisten ihrer Profisportkollegen eine unglaublich gute Mischung aus Freiraum für Ihren Sport, sportlicher und beruflicher Förderung und wirtschaftlicher Planungssicherheit. Sie haben es in vielem leichter – sind aber genau wie alle anderen letzten Endes ihres Glückes eigener Schmied, was ihre Vorsorge und Finanzen angeht.

5.2.2.3 Topverdiener und vermögende Sportler

In diesem Kapitel:

- Was sind die besonderen Chancen und Risiken von hochvermögenden Sportlern?
- Welche neuen Möglichkeiten eröffnen sich?
- Wie macht man das Beste daraus?

Du hast es geschafft! Du verdienst gerade Millionen oder hast sie womöglich schon auf der Seite und kannst zu Recht stolz darauf sein. Ruhm und Reichtum bringen spezifische Herausforderungen mit sich und bieten gleichzeitig unglaubliche Möglichkeiten, die eigene Persönlichkeit zu entfalten und zu gestalten.

Herzlichen Glückwunsch an dieser Stelle denjenigen, die auf dem Boden geblieben sind und eine Vision von ihrem Leben haben. Denn Geld alleine macht nicht glücklich; die Zufriedenheit nimmt mit Luxuswagen, Villa, Yacht nicht wirklich dauerhaft zu. Beweis gefällig? Fast jeden Tag ist in den Medien von reichen Sportlern und sonstigen Stars zu lesen, deren Leben im Chaos versinkt. Man kann auch in der schönsten Villa der Welt Tränen weinen: „Alles, was man hat, das hat einen." – „Je mehr man hat, desto mehr hat man zu wenig". Vermögen bringt Freiheit mit sich, hat aber eben auch seinen Preis.

Falls Du selbst auf der Suche nach Orientierung für Deinen Lebensweg bist: Gespräche mit wirklich guten Freunden und Vertrauenspersonen helfen. Vielleicht geben Dir auch die „Fragen aus dem Coaching-Bereich" einen Impuls (siehe zum Beispiel Abschn. 4.2.4).

Vielleicht willst Du wie der Fußballer Neven Subotic eine Stiftung gründen? Oder soziale Projekte fördern, selbst Unternehmer werden oder alles zusammen? Ob Du willst oder nicht: „Eigentum verpflichtet." Davon hast Du auch selbst einen Nutzen: Dein Name ist über eine Stiftung auf ewig mit einer Herzensangelegenheit verbunden und das Leben erhält nach der Sportkarriere eine neue Inspiration und Fülle.

Eine eigene Stiftung zu gründen ist ein spannendes Projekt. Du bist dabei die Initialzündung für etwas Dauerhaftes und Du wirst Menschen inspirieren, einen Teil dazu beitragen, anderen zu helfen, die Welt ein bisschen besser zu machen. Dadurch wird auch Dein Leben reicher. Last but not least kannst Du Bittsteller mit Verweis auf Dein Stiftungsengagement viel leichter von Dir fernhalten. Mehr dazu findest Du beispielsweise unter www.stiftungen.org.

Nur zu Hause rumsitzen, feiern und überlegen, wofür man als nächstes sein Geld ausgibt, macht nicht wirklich glücklich und zufrieden. Und es ist auf Dauer langweilig. Das erleben nicht nur Spitzensportler. Auch viele erfolgreiche Unternehmer setzen sich nach dem Verkauf ihres Unternehmens (das ist quasi deren Karriereende) nur kurz zur Ruhe, um dann festzustellen, „ich brauche eine Betätigung". Wer dann erst lange suchen muss, verfällt leicht in Betätigungsfelder, die womöglich gar nicht zur eigenen Persönlichkeit passen oder undurchdacht sind. Gerne gewählt sind zum Beispiel Beteiligungen an Sportfirmen oder man beginnt, in anderen unternehmerischen Tätigkeiten ein großes Rad zu drehen. Daher Achtung: Vor dem Einstieg in jegliches unternehmerisches Engagement, und klinge es noch so spannend, sollte das Feld von externen Fachleuten geprüft werden, vor allem auch auf Haftungsrisiken.

„Gerade Personen, die wie Profisportler in der Öffentlichkeit stehen, machen teilweise immer wieder gravierende Fehler, die ein auf den ersten Blick nur für den Experten zu erkennendes Haftungsrisiko nach sich ziehen."
(Dr. Gregor Reiter, Geschäftsführer der Deutschen Fußballspieler-Vermittler Vereinigung e. V. (DFVV))

https://tinyurl.com/yccmjv9z

Nicht immer ist der beste Sportler auch der beste Unternehmer. Das Beispiel Boris Becker zeigt, dass man sich selbst frühzeitig daraufhin prüfen sollte. Übrigens: Eine Stiftung kann auch unabhängig vom eigenen unternehmerischen Geschick sinnstiftend sein.

Für den Fall, dass Du mit diesen Worten gerade nichts anfangen kannst: Das ist okay. Vielleicht ist das jetzt (noch) nichts für Dich und Du erinnerst Dich eines Tages wieder daran.

Jedenfalls brauchen vermögende Sportler zuerst mal ein „dickes Fell". Sie stehen im Rampenlicht, das Vermögen liegt mehr oder weniger offen und die meisten wollen davon ein Scheibchen abhaben. Gerade wenn man in Gelddingen noch unerfahren ist, fällt es unheimlich schwer, seriöse Angebote herauszufiltern. In der Regel haben die Tops unter den Tops deshalb ein Umfeld mit Menschen, die ihnen zuarbeiten, sie abschirmen, ihre Privatsphäre schützen – wie ein Türsteher vor dem Club.

Ruhm und Geld sind eine besondere „Challenge", ein gefährliches Gemisch. Besonders prekär ist es, wenn Menschen sehr schnell zu Geld kommen. Manche werden sprichwörtlich „vom Geldsack erschlagen". Das gilt für Sportler genauso wie für Lottomillionäre. Wenn es Dich interessiert; schau einfach mal ins Internet und suche nach den Begriffen „Lottomillionär und pleite" beziehungsweise „Sportler und pleite".

Gegen diese Risiken ist derjenige gut gewappnet, der ein festes Wertesystem hat, der geerdet ist. Bildung, Elternhaus und Umfeld spielen eine wichtige Rolle. Letztendlich gibt es auch hier *no excuses*. Egal woher Du kommst: Du hast Unvorstellbares erreicht, Du kannst stolz darauf sein und das Leben genießen und gestalten. Einmal mehr der viel zitierte Hinweis: Du bist selbst dafür verantwortlich, was Du daraus machst.

Bleib auf dem Boden, behalte eine gesunde Einstellung und schaffe Dir ein professionelles Umfeld.

Wenn wir nun gedanklich die Reset-Taste drücken und alle genannten Störfaktoren weglassen: Da liegt ein Haufen Geld bei einer oder mehreren Banken. Geld, das ein Mensch mit normalem Ausgabeverhalten auch in mehreren Leben nicht aufbrauchen kann. Wie legst Du es am besten an, was zeichnet einen guten Finanzberater für Vermögende aus?

Ein Anzeichen, ob der Vermögensberater, die Bank oder das *family office*, der, die oder das vielleicht gerade um Dich wirbt, seriös und ganzheitlich arbeitet, findest Du darin, wenn der Berater beziehungsweise die Institution zu Beginn der Arbeit errechnet, welches Vermögen zur Sicherung des Lebensunterhaltes gebraucht wird.

Wichtiger also, als dass er Dir erzählt, was er und seine Bank alles kann und wie toll seine Anlagen laufen ist es, dass er mit Dir ein gemeinsames

Verständnis über das hierfür nötige Kapital schafft. Lass uns mal kurz checken, was das in Zahlen bei realistischer Betrachtung bedeutet: Je 1000 EUR, über die ein junger Mensch lebenslang verfügen will, müssen ca. 400.000 EUR *solide* angelegt sein.

Wenn Du beispielsweise lebenslang 10.000 EUR monatlich für Lifestyle und Wohnen zur Verfügung haben willst, musst Du dafür gut fünf Millionen Euro reservieren. Denn es müssen noch Steuern und Krankenversicherung bezahlt werden. Wie diese fünf Millionen sinnvoll angelegt werden können, habe ich Dir in den vorherigen Kapiteln (Abschn. 4.3.2.7) schon erläutert.

Was ist bei Millionenvermögen anders? Welche neuen Möglichkeiten eröffnen sich? Aus Sicht der Banken und Vermögensverwalter gehörst Du zu den *high net worth indivduals* (HNWI) beziehungsweise zu den *established wealthy investors*. Die Dienstleistungen für solche Kunden sind umfangreicher. Man müsste annehmen, in diesem Segment werde mit mehr Kompetenz und überwiegend von ehrbaren Kaufleuten beraten. Leider stimmt das nur zum Teil. Nicht die Größe oder Prominenz von Anbietern garantiert Qualität und Redlichkeit, auch nicht beeindruckendes Auftreten des Beraters. Frage also kritisch nach: Warum werde ich auf diese Anlagemöglichkeit angesprochen, welchen Vorteil habe ich, was kostet es und mit welchen Risiken ist es verbunden?

Allzu oft werden vermögende Kunden über den Tisch gezogen, mal mit einem Handstreich, mal unmerklich und scheibchenweise über Monate und Jahre hinweg.

„Überall, wo viel Geld im Spiel ist oder auch nur vermeintlich viel Geld, werden schräge Gestalten angezogen wie Motten vom Licht."
(Frank Aehlig, Leiter der Lizenzspielerabteilung des 1. FC Köln)

https://tinyurl.com/y8mr4mqe

Trotz umfangreichster Regulierung gibt es auch in diesem Vermögenssegment leider noch immer Möglichkeiten, die Finanzaufsicht auszuhebeln. Das kann ein unerfahrener Kunde nicht erkennen. Wer schnell zu viel Geld kommt, ist besonders gefährdet, weil er kaum die Möglichkeit hat, in kleinen Schritten Erfahrungen zu sammeln.

„Investiere wenigstens nur eine kleine Summe Geld, damit Du es Dir leisten kannst, wenn die Investition in die Hose gehen sollte."
(Adam Hess, Finanzberater in den USA)

https://tinyurl.com/y92mrqx5

Tatsächlich sind Anleger mit „altem Geld" normalerweise viel vorsichtiger und in der Anlage konservativer als Menschen, die schnell zu Reichtum gekommen sind.

Unterhalte Dich mit Personen, die schon seit Jahrzehnten vermögend sind, und lasse Dir eventuell von ihnen Referenzen geben.

Hier möchte ich nochmal Frank Aehlig zitieren:

„Wenn heute ein Spieler beispielsweise 1,5 Mio. netto verdient, dann ist das Risiko, damit falsch umzugehen viel größer. Es fehlt in der Regel der Lernprozess. Das Verständnis für Geld kann nicht mitwachsen, sondern wird quasi vorausgesetzt. Das wird verstärkt durch die Lebensweise, durch Statussymbole und das Umfeld. Eine gewisse Erdung und ein gesunder Wertekonsens helfen, Fehler in Grenzen zu halten beziehungsweise zu vermeiden."
(Frank Aehlig, Leiter der Lizenzspielerabteilung des 1. FC Köln)

https://tinyurl.com/y8mr4mqe

Arbeite Dich langsam an die Themen heran und parke im Zweifelsfall Dein Geld besser ohne Rendite, aber dafür sicher.

Wie Du seriöse und gute Berater identifizierst, kannst Du in Abschn. 5.1.2 noch mal nachlesen. Neben weiteren wichtigen Voraussetzungen ist es ein Muss, dass der Berater die versprochene Rendite einer Anlage immer im Zusammenhang mit den damit verbundenen Risiken erläutert.

„Wenn Ihnen einer bei dem aktuellen Zinsniveau eine 15-prozentige Rendite verspricht, dann sollte man zumindest sehr genau nachhaken."
(Dr. Gregor Reiter, Geschäftsführer der Deutschen Fußballspieler-Vermittler Vereinigung e. V. (DFVV))

https://tinyurl.com/yccmjv9z

Außerdem sollte er nicht nur ein Produkt oder nur Produkte eines Anbieters parat haben.

Misstrauisch solltest Du besonders dann werden, wenn Dir Investments besonders beeindruckend angeboten werden – wenn die Chancen enorm groß sind, die Zeit für das Investment knapp ist und dazu die Risiken außergewöhnlich gering sind. Wenn es um eine „einmalige Gelegenheit" geht, einen „Geheimtipp" speziell für Dich als VIP Kunde oder guter Freund. Weitere Beispiele, bei denen Deine Alarmlampen angehen müssen: der Kauf illiquider Aktien am unregulierten Markt oder auch Beteiligungen in Ländern mit laxer Regulierung.

Du wirst normalerweise auf hohem Niveau umworben und in exklusiven, teils einschüchternden Räumen beraten oder man kommt zu Dir nach Hause. Transparenz, Beratungsqualität und Produkte allerdings verändern sich nicht durch angenehme Äußerlichkeiten.

Einen umfassenden Service für große Vermögen bieten *family offices*. Sie haben sich auf die Fragen von vermögenden Kunden spezialisiert. Teilweise sind es „Spezialabteilungen" von Banken, teilweise sind sie unabhängig.

Mit steigendem Vermögen nimmt, wie schon erwähnt, in der Regel das Sicherheitsbedürfnis zu. Das erste Ziel ist also der Vermögenserhalt nach Steuer und Inflation.

In aller Regel – auch weil man Dich als Kunden gewinnen oder halten will – gesteht man Dir Sonderkonditionen zu. Mit steigenden Anlagevolumen erhält man zudem einen Mengenrabatt: Je größer die angelegten Beträge sind, desto weniger fallen bestimmte Kosten ins Gewicht. Das bringt Gebührenvorteile mit sich; zum Beispiel sinken die laufenden Kosten in Depots deutlich. Die Standardkostensätze bewegen sich – je nach Anlagevolumen und Bank – zwischen etwa 0,3 bis ein Prozent.

Doch auch hier ist es sinnvoll, mal einen genauen Blick darauf zu werden. Ich kenne ein Beratungshaus, welches Mitarbeiter eigens dafür abstellt, die Fremddepots von Interessenten auf versteckte Kosten hin zu analysieren. Leider ist es auch heute noch oft der Fall, dass sich angepriesene „Sonderkonditionen" als Mogelpackung erweisen und die vermeintlichen Depotkosten von zum Beispiel 0,5 % in Wahrheit zwei- bis dreimal so hoch sind.

Mit neuen Regulierungen schränken die Behörden den Spielraum für so etwas stark ein. Aber viele Banken reagieren bereits mit neueren Entwicklungen, etwa sogenannten *dark pools* oder der Beimischung „strukturierter Produkte" – genauso wie manch Autohersteller mit unlauteren Tricksereien versucht, seine viel zu hohen Abgaswerte zu verschleiern.

Mit wachsendem Anlagevolumen eröffnen sich zusätzliche Anlagemöglichkeiten: Bei Immobilien kannst Du in Globalobjekte investieren und hast damit die Hoheit zum Beispiel über einen oder mehrere Wohnblocks. Du kannst auch Kapital gemeinsam mit institutionellen Investoren anlegen, zum Beispiel in Stiftungen, Universitäten, Versicherungsgesellschaften, Pensionsfonds und *family offices*. Anlagemöglichkeiten können beispielsweise Infrastrukturprojekte sein.

Auch gewisse steuerliche Gestaltungsmodelle werden erst ab einer gewissen Vermögenshöhe attraktiv. Darüber hinaus wächst die Möglichkeit, sich in verschiedenster Form unternehmerisch zu engagieren.

Eine Möglichkeit dafür wäre eine Beteiligung in Start-ups. Damit meine ich weniger das *crowd funding*. Es gibt beispielsweise Gründerzentren oder Businessplan-Wettbewerbe, wo sich junge Unternehmer tummeln und ihre Ideen vorstellen. Die Businesspläne werden geprüft und die besten von ihnen werden prämiert. Sieger erhalten professionelle Förderung, zum Beispiel begleitendes Coaching. Ab etwa 50.000 EUR kann man als Geldgeber einsteigen und sich an den hoffnungsvollen Unternehmen beteiligen. Vielversprechende Perspektiven einerseits, das Risiko des Totalverlusts aber mit im Gepäck – daher der Name Risikokapital. Deshalb ist auch hier eine Risikostreuung angesagt. In der Praxis bedeutet dies: Empfohlen wird eine Beteiligung bei mindestens zehn verschiedenen Projekten. Falls neun davon scheitern und eines durchstartet, kann das immer noch ein gutes Geschäft werden. Wer sich in der Gründerszene engagiert, kommt in Kontakt mit begeisterten jungen Menschen, die vor Elan und Ideen nur so sprühen – und die ihr Leben vorübergehend für ihre Idee eintauschen, so wie der Profisportler dem Sport alles unterordnet.

Auch was den Erfolg angeht, gibt es Parallelen: Viele Karrieren enden aus den unterschiedlichsten Gründen vorzeitig. Nur wenige schaffen es dauerhaft an die Spitze. Eines davon ist Flixbus, das wohl bekannteste deutsche Start-up. Die Gründer haben den ersten Investor in so einem Wettbewerb gefunden.

Eine Möglichkeit, das eigene Vermögen zu schützen und im Fall der Fälle darauf zugreifen zu können, ist, Geld im Ausland zu deponieren. Es gibt Analysen darüber, welche Länder sich aus politischen, wirtschaftlichen und rechtlichen Gründen dafür besonders eignen. Die Auswahl, welches Land zum Schutz des Vermögens am besten geeignet ist, sollte in jedem Fall individuell je nach den Bedürfnissen und Gegebenheiten des Vermögensinhabers erfolgen.

Geld im Ausland anzulegen ist, offiziell deklariert und korrekt versteuert, vollkommen legitim. Der Euro bietet keine absolute Sicherheit und stellt eine latente Gefahr dar: Die Eurokrise ist nicht final ausgestanden. In Zypern etwa wurde ein wenig davon spürbar als im Jahre 2013 Zwangsabgaben eingeführt und der Zahlungsverkehr sowie Barabhebungen vorübergehend massiv eingeschränkt wurden. Vernünftige Vermögensverwalter haben für den Fall eines Euro-*break-up* Lösungen in der Schublade liegen, die sie in kürzester Zeit aktivieren können. Im Falle des Falles kommt man im ausländischen Depot an Geld.

Eine weitere Option, über die einige Vermögende nachzudenken, ist, nicht nur Geld über die Grenze zu schaffen, sondern den eigenen Lebensmittelpunkt zu verlagern und in andere Länder mit anderen Steuergesetzen zu ziehen. Wenn dies an Dich herangetragen wird, empfehle ich dringend zu hinterfragen, ob der Tippgeber wirklich in Deinem Interesse handelt oder ob andere eigennützige Motive dahinterstecken. Denn solch ein Umzug hat seinen Preis und muss wegen der langfristigen Tragweite durchdacht werden. Damit verlässt Du nicht nur Deine Heimat, sondern verlierst möglicherweise auch Deine Wurzeln.

Steuern zu sparen, ist also weder für eine Anlageentscheidung noch für die Verlagerung des Lebensmittelpunktes ein taugliches Leitmotiv (Abschn. 4.3.1).

Weil wir gerade bei Steuern sind: In den „Panama Papers" und „Paradise Papers" ist nachzulesen, dass der Hunger danach, Steuern zu sparen, seltsame Blüten treiben kann. Die Grenze von Weiß über Hellgrau zu Dunkelgrau bis hin zur Steuerhinterziehung ist fließend. Hat man sie einmal überschritten, sind die Konsequenzen kaum abschätzbar und ein „Zurück auf Los" ist fast nicht mehr möglich. Die *leaks* der vergangenen Jahre haben bewiesen, dass der Glaube an absoluten Datenschutz und Diskretion bei einem steuerrechtswidrigen Engagement ein Irrglaube ist – egal was man Dir erzählt.

„Wehret den Anfängen". Manchmal hilft es, sich dies zu verinnerlichen. Ein guter Steuerberater wird Dir helfen einzuschätzen, was gestalterisch sinnvoll und möglich ist und wo der legitime Weg endet. Notfalls investiere ruhig Geld in eine unabhängige Zweitmeinung.

Zu einem ganzheitlichen Vermögensschutz gehört aber noch Weiteres.

Es gibt zum Beispiel Versicherungskonzepte, die auf die speziellen Bedürfnisse von vermögenden Privatkunden zugeschnitten sind. Diese beinhalten – neben den sonstigen Sachversicherungen wie Hausrat und Privathaftpflicht – Versicherungsschutz und Dienstleistungen, wenn Dritte Dir oder Deinen Nächsten Schaden zufügen. Stalking, Entführung, Identitätsmissbrauch, Schäden aus Internetbetrug sind da einige der Stichworte. Das bedeutet für Dich im Schadensfall Zugriff auf Krisenmanagement, psychologische Betreuung und Kommunikationsunterstützung mit Behörden und Öffentlichkeit.

Zusammengefasst kann man sagen, dass große Vermögenswerte neue Perspektiven bei der Selbstverwirklichung und bei Anlagemöglichkeiten bieten. Gleichzeitig bringen sie auch neue Fragestellungen mit sich, Freiheit und Verantwortung nehmen zu. Ein passendes Umfeld wird Dich dabei unterstützen, Dich auch hier wie ein Profi zu verhalten.

„Ein Spieler, der ein stabiles Umfeld hat, ist besser vor allen diesen Einflüssen geschützt."
(Frank Aehlig, Leiter der Lizenzspielerabteilung des 1. FC Köln)

https://tinyurl.com/y8mr4mqe

Wie nun verläuft der Weg zu einem ausgewogenen Vermögenssystem für Profisportler?

5.2.3 Das individuelle Konzept

> In diesem Kapitel findest Du Schlüsselfragen für den „Rohbau" Deines persönlichen Finanzgerüstes.

Du hast nun einen Leitfaden an die Hand bekommen, wie das Gerüst Deines persönlichen „Sei ein Profi – Nicht nur im Sport"-Finanzkonzeptes aufgebaut werden kann. Du hast Dir vermutlich Gedanken gemacht, wie viel Du ausgeben und wie viel Du auf die Seite legen willst.

Und Du hast einen ausreichenden Überblick über nötigen Zutaten für die Bereiche Investment, Finanzierung und Risk Management.

Und wenn Dir das vorgeschlagene System mit den drei Baskets und der Doppelstrategie aus Grundlagensparen und Powersparen zusagt, kann es sofort losgehen.

Stelle folgende Fragen – die Antworten leiten Dich beim Konzipieren:

- Welcher Betrag soll über kurz oder lang in Basket 1 fließen?
- Was hoch soll Deine eiserne Reserve sinnvollerweise sein.
- Wie sollen die Geldmittel auf die Baskets 2 und 3 aufgeteilt werden?
- Wie lange dauert Deine Karriere (Powerphase) noch andauern?
- Auf welche Schwankungen bei Investments willst Du Dich einlassen – und auf welche nicht?
- Welches Mindesteinkommen soll Dein „Ersatzgoldesel" im Falle von Krankheit oder Unfall produzieren und wie lange (Sporttagegeldversicherung, Sportunfähigkeitsversicherung …)?
- Ab welcher Schadenshöhe willst Du Vermögenswerte (zum Beispiel Hausrat) absichern?
- Welche Ansprüche stellst Du an Deine Krankenversicherung (gesetzlich oder privat)?
- Wie willst Du Deine Angehörigen absichern?

Wenn hierzu schließlich jeweils Verträge zustande gekommen sind, dann hast Du Dein individuell bestmögliches Konzept. Das ist ein Grund zum Feiern – herzlichen Glückwunsch. Du kannst ein wirklich gutes Gefühl haben, was Deine Finanzen angeht und hast den Kopf frei für den Sport!

Schauen wir nun noch, wie zum Beispiel ein Berater auf entsprechende Verträge hinarbeitet.

5.2.4 Vom Konzept in die Praxis

> In diesem Kapitel findest Du einen Praxisvorschlag für den Start einer Zusammenarbeit mit einem Finanzberater.

Beratungsangebot und Umsetzung
Es gibt viele Wege, ein gutes vollumfassendes Finanzkonzept zu erarbeiten und umzusetzen. Der Idealzustand für ein optimales Konzept und hohe Kundenzufriedenheit ist ein vertrauensvolles Miteinander auf Augenhöhe, Je umfasender die Zusammenarbeit, je umfangreicher die Informationen, desto besser. Wenn ein neuer Kunde aus welchen Gründen auch immer nur Teilbereiche (zum Beispiel ausschließlich eine einzelne Versicherung, nur Geldanlage, oder mal eben eine günstige eine Finanzierung wünscht), dann kann das volle Potenzial einer ganzheitlichen Strategie nicht ausgeschöpft werden. Schließlich hängen die einzelnen Bereiche stärker zusammen als man bei oberflächlicher Betrachtung meint. Wie bei einem Hausbau oder einer Renovierung ist es sinnvoller erstmal einen Plan zu haben, als damit anzufangen, sich schöne Fließen auszusuchen. Es ist besser, über das Fundament, das Konzept zu gehen, als sich mühevoll – über Einzelthemen – zu einer abgestimmten Finanzarchitektur zu arbeiten.

Das Ziel ist, im Beratungsgespräch die Strategie zu besprechen und die individuellen Wünsche aufzunehmen. Es wird quasi der Finanzplan konfiguriert – genauso, wie man sich im Internet ein Wunschauto zusammenstellt. Beim zweiten Gespräch wird dann das Auto bestellt und schließlich ein paar Wochen später mit einem Blumenstrauß übergeben und man fährt zufrieden heim.

Soviel zur Theorie. Die Finanzpraxis stellt sich allerdings meist komplizierter dar. Die Produkte sind erklärungsbedürftig und der Berater muss die Teile in Einzelarbeit zusammenstellen. Bei mir hat sich dafür folgendes Vorgehen bewährt.

Gespräch 1
Das dauert etwa anderthalb Stunden, dient zum Beschnuppern und ist ergebnisoffen. Idealerweise sind Ehepartner gleich mit dabei. Wir besprechen gegenseitige Erwartungen an die Zusammenarbeit und klären die Rahmenbedingungen: Welchen Umfang soll die Dienstleistung haben, was wird das kosten, wie schaffen wir Transparenz und Austausch … und was ist der bevorzugte Kommunikationsweg: Skype, Mail, Telefon, Whatsapp oder SMS.

Es wird herausgearbeitet, welche Vorstellungen mein jeweiliger Mandant vom Leben hat, wie groß der persönliche Wunsch nach Sicherheit ist und wie groß seine Wirtschaftskraft ist (Einkommen, aktuelle Vermögensstatus abzüglich Darlehen) und wie die Vermögensstruktur aussehen soll (Bedarf an Liquidität, Verfügbarkeit …). Dies alles wird dann auf Machbarkeit geprüft, hinterfragt und gegebenenfalls wird nachjustiert, zum Beispiel auch Wünsche reduziert oder verschoben.

Natürlich reden wir auch über Zukunftspläne: Wie lange soll die Karriere bestenfalls dauern und womit will der Mandant danach sein Geld verdienen?

Bei Paaren ist noch zu klären, wer der Entscheider und bevorzugte Ansprechpartner ist. Wichtig für mich ist auch zu wissen, wer die Personen des Vertrauens sind und in welchem Umfang sie in die Beratung und Betreuung einbezogen werden sollen.

Um konkrete Finanzprodukte geht es dagegen nicht, dafür ist später noch ausreichend Zeit und Gelegenheit.

Meist findet dann nach etwa zehn Tagen ein erneutes Treffen statt – das ist genug Zeit um alles setzen zu lassen und nicht zu lange, sodass man beim zweiten Gespräch schnell wieder an das Erstgespräch anknüpfen kann.

Gespräch 2
Am Anfang stehen eventuelle Fragen und Erkenntnisse, die sich aus der ersten Unterhaltung ergeben haben. Außerdem sprechen wir über die persönliche Risikobereitschaft, vielleicht wird auch ein *risk-profiling*-Test gemacht und ausgewertet.

Damit sind dann die notwendigen Informationen beisammen, um das Gesamtkonzept zu erarbeiten. Dazu gehört auch die Frage, wie viele Bausteine nötig sind, um die gewünschte Risikostreuung, Flexibilität und Übersichtlichkeit sicherzustellen. Grundsätzlich gilt: so viele wie nötig, so wenige wie möglich.

Wenn gewünscht, kommen zu diesem Termin auch Vertrauenspersonen hinzu, zum Beispiel Spielerberater, Agenten, Steuerberater oder die Eltern. Wenn das nicht machbar ist, werden sie eben mittels Webkonferenz aufgeschaltet. Das Einbinden der Vertrauensperson geht teils sogar so weit, dass nahezu die komplette Kommunikation und Umsetzung mit ihr geführt wird, der Spieler wird dann nur in Ausnahmen selbst kontaktiert. Auch hier ist beim Berater viel Fingerspitzengefühl nötig, um zu wissen, wann der Spieler in welchem Umfang selbst ebenfalls wieder einzubeziehen ist.

Gespräch 3
Jetzt stelle ich das Konzept vor – darin stecken viele Stunden Arbeit! – und wir klären offene Fragen und den zeitlichen Ablauf der Umsetzung.

Steht dem nicht ein zwingendes Absicherungsinteresse entgegen, ist der erste Schritt der Umsetzung das Liquiditätsmanagement. Ihm, dem „Zaubertrank" für den Vermögensaufbau, kommt größte Bedeutung zu: Hier wird festgelegt, welche variablen Ausgaben monatlich möglich sind. Übriges Geld wird in Abstimmung mit dem Spieler und zu seinem Selbstschutz „wegorganisiert". Zwar kann er jederzeit eingreifen, so wie eben auch ein Flugzeugkapitän von Autopilot auf manuelle Steuerung umswitchen kann. Doch gibt es hierbei eine psychologische Hemmschwelle. So wird im Ergebnis nachweislich mehr Geld angespart.

Folgegespräche regelmäßig und bei Bedarf
Die weitere Umsetzung geschieht nach Festlegung der Prioritäten und des gewünschten Zeitplanes. Durch den ersten Termin sind ja schon die wichtigsten Parameter für die Finanzarchitektur bekannt: Eventuell schon bestehende Verträge und Depots können nun beurteilt und soweit sinnvoll beibehalten, gekündigt oder angepasst werden. Fehlendes wird neu beantragt.

Da ein komplettes Finanzkonzept in der Regel mehr als ein Dutzend Verträge umfasst, dauert die finale Umsetzung – wie beim Hausbau – nicht selten einige Monate. Von der Arbeit in dieser Zeit bekommt der Mandant kaum etwas mit. In dieser Zeit werden im Hintergrund Ausschreibungen getätigt, Verhandlungen mit Gesellschaften geführt, Vertrauenspersonen einbezogen, Arztberichte eingeholt etc. Mitunter ist es auch angebracht, den Arbeitgeber aktiv einzubeziehen, etwas dessen kaufmännische Abteilung oder die Personalleitung. Denn natürlich müssen auch die Arbeitsverträge angeschaut und gegebenenfalls Unklarheiten mit Spielerberater und Verein geklärt werden, Gespräche mit dem Vereinsarzt inklusive.

Während dieser Zeit trifft man sich nötigenfalls noch das eine oder andere Mal oder stimmt sich telefonisch ab. Das Liquiditätsmanagement wird eventuell noch nachjustiert, weil man feststellt, dass die Ausgaben doch höher sind als vermutet ... In der Regel kann sich der Sportler aber danach gedanklich zurücklehnen und man trifft sich in der Folge nur, wenn sich wesentliche Veränderungen ergeben – etwa wenn ein neuer Spielervertrag, eine Heirat, eine Immobilieninvestition oder auch Nachwuchs ansteht.

Sonst sieht man sich ein- bis zweimal im Jahr, um bei einer guten Tasse Kaffee festzustellen: „Läuft!" Und spätestens jetzt ist eine belastbare Vertrauensbasis zwischen Sportler und Berater gewachsen.

Netzwerk nutzen
Mitunter ergeben sich bei Mandanten Fragestellungen, die außerhalb meines Kompetenzbereichs liegen. Das können beispielsweise steuerliche Fragen sein, aber auch Fragen aus vielen anderen oder sehr persönlichen Gebieten. Dann stelle ich den Kontakt zu passenden Personen her. Es macht mir Spaß, in diesem Zusammenhang zu überlegen, wer aus meinem Spezialistennetzwerk jeweils am besten geeignet ist und auch aus persönlicher Sicht zum Mandanten passen könnte.

5.3 Das sagt der Steuerprofi

So hast Du gutes Auskommen mit dem Einkommen (siehe Abb. 5.14).

5.3.1 Status und Art der Besteuerung

In diesem Kapitel:

- Hinweise zu Erklärungspflichten
- Status und Art der Besteuerung
- Und: Welche Arten Einkünfte gibt es typischerweise?

Abb. 5.14 Sportler an der Kasse – Geldausgeben kann Steuern sparen.

Die verschiedenen Einkünfte eines Sportlers werden unterschiedlich besteuert – was auf den ersten Blick erst einmal komplex und verwirrend erscheinen mag. Aber: Wir werden das Schritt für Schritt durchgehen, also keine Angst. Nach dem Kapitel wirst Du einen Überblick über die wichtigsten Einkünfte und ihre steuerliche Behandlung haben und entsprechend sensibilisiert sein.

Sehen wir uns zunächst an, was für Einkünfte ein Sportler typischerweise haben kann. Neben den direkten Einnahmen aus der Tätigkeit als Sportler, durch den Club oder in Form von Preisgeldern aus Wettkämpfen gibt es häufig ergänzende Einnahmen. Das können Gelder aus einer Trainertätigkeit sein, Sponsorengelder, Fördermittel oder auch Einkünfte aus Vermögensanlagen beziehungsweise Investitionen. Hier den Überblick zu behalten, scheint manchmal gar nicht so einfach.

Doch genau diesen Überblick brauchst Du, um die Dinge steuerlich richtig zu machen. Denn neben Steuerzahlungen und dem „Abwicklungsaufwand" im Zusammenhang mit dem Sammeln von Belegen für die Erstellung einer optimierten Steuererklärung (dazu kommen wir dann später) muss Dir bewusst sein: Wenn Du als Sportler Deine steuerlichen Pflichten verletzt, drohen Dir wie allen anderen auch strafrechtliche Konsequenzen – und bei Dir kommt noch die negative Presse hinzu.

Hier gilt leider wie so oft:
„Unwissenheit schützt vor Strafe nicht."

Selbst ein vermeintlich „echter Nettovertrag" – egal ob im In- oder Ausland – entbindet Dich nicht davon, Dich mit steuerlichen Themen und Erklärungsnotwendigkeiten auseinanderzusetzen. Denn diese Verträge beziehen sich regelmäßig nur auf das Gehalt. Daneben erzielte Einkünfte, zum Beispiel Einkünfte in anderen Ländern oder durch Sponsorenverträge, müssen trotzdem selbst versteuert werden. Hier können tatsächlich zusätzliche Steuerzahlungen entstehen, die Du alleine zu tragen hast (und für die Verein nicht haftet). Besser also, Du kennst Dich aus oder holst Dir fachkundigen Rat, damit Du keine Fehler machst.

Beachten musst Du auch, dass es in einigen Ländern, zum Beispiel in Spanien, zusätzliche Erklärungspflichten hinsichtlich des Vermögens gibt, die ebenfalls zu eigenständigen Steuerzahlungen führen können. Kommst Du Deiner Erklärungspflicht nicht nach (auf die Dein Verein Dich nicht unbedingt hinweist), kann das mitunter empfindliche Strafen nach sich ziehen.

Hierzu sei die Geschichte eines befreundeten Profisportlers erwähnt, der von seinem spanischen Verein nie auf besagte Erklärungspflichten hingewiesen wurde. Als er sich nach einiger Zeit selbst um seine spanische Steuererklärung kümmerte, war die Überraschung groß. Plötzlich war von einer Vermögenssteuererklärungspflicht die Rede und von massiven Strafen – etwa bei Nichtangabe eines erklärungspflichtigen Bankkontos in der Erklärung oder auch die Nichtabgabe der verpflichtenden Erklärung selbst: Mindeststrafe 10.000 EUR. Glücklicherweise ließen sich in diesem Fall die nötigen Erklärungen noch zeitig und ohne zusätzliche Zahlungen erstellen … Aber das hätte auch ins Auge gehen und teuer werden können.

Gut hat es also, wer bei einem verantwortungsvolles Management mit entsprechendem Netzwerk unter Vertrag steht, das auf entsprechende Risiken und Pflichten hinweist. Doch wie immer gilt: Der Ball liegt bei Dir und Eigenverantwortung und ein paar Gedanken – und Fragen an einen kompetenten Ansprechpartner – zum Thema Steuern sind nie verkehrt.

> **Führe Dir immer vor Augen:**
> Der Vorwurf „Steuerhinterziehung" … kann eine hoffnungsvolle Karriere manchmal schneller beenden, als Du das Wort „Steuererklärung" aussprechen kannst.

Das soll aber gar nicht erst zu Deinem Problem werden. Hier daher die wichtigsten Basics (einschließlich typischer Einnahmen und daraus resultierenden Pflichten) im Überblick.

Status und Art der Besteuerung
Als Erstes ist bei Deinen regelmäßigen Einnahmen vom Verein zu entscheiden, ob Du als Sportler angestellt bist oder als selbstständiger Rechnungsschreiber Dein Geld bekommst. Natürlich gibt es hierfür Regeln – und der Verein haftet am Ende für eine Falschbeurteilung (die besonders wegen der Sozialversicherung extrem teuer werden kann).

Typischerweise ist es so, dass Du als Mannschaftssportler angestellt bist und als Einzelsportler häufig selbstständig. Schauen wir uns beides genauer an.

Der Mannschaftssportler

Als Mannschaftssportler erzielst Du regelmäßig Einkünfte aus „nicht selbstständiger Tätigkeit". Du bist dann Angestellter Deines Vereins und damit Arbeitnehmer.

Die Versteuerung erfolgt dann entweder über die Steuerkarte oder pauschal versteuert. Außerdem bist Du über Deinen Verein auch kranken-, renten- und arbeitslosenversichert, sofern es sich nicht ausnahmsweise um einen Minijob oder eine Studententätigkeit handelt.

Hast Du in dem jeweiligen Kalenderjahr keinerlei anderen Einkünfte – also weder aus Sponsorengeldern, Vermietung oder auf Rechnung etc. und auch keine sonstigen Bezüge wie Kranken- oder Arbeitslosengeld oder Einkünfte im Ausland – entfällt die Pflicht zur Steuererklärung, die Du natürlich trotzdem freiwillig abgeben kannst (was sich oft genug auch lohnt).

Vielleicht hast Du Dich aber auch schon mit Phils Tipps zu Fördermöglichkeiten auseinandergesetzt oder mit den Hinweisen von Jörg zu Anlagemöglichkeiten – oder Du bist so gut, dass Dir Sponsoren die Bude einrennen? Dann erzielst Du womöglich schon zusätzliche Einnahmen. In diesem Fall musst Du auf jeden Fall eine Einkommensteuererklärung abgeben und Dich mit der steuerlichen Behandlung der verschiedenen Einkommensarten auseinandersetzen (dazu im nächsten Kapitel mehr).

Selbst wenn Du keine Steuererklärung abgeben musst
Rechnen lohnt sich für Dich als Mannschaftssportler, denn oft „droht" eine Erstattung – die Du Dir natürlich nicht entgehen lassen solltest (sofern sich der Verein nicht mittels eines Nettovertrages den Erstattungsanspruch gesichert hat).

Der Einzelsportler

Bist Du Einzelsportler und gegenüber Deinem Verein oder Club „eigenverantwortlich" tätig, bist Du selbstständig tätig und kein Angestellter. „Eigenverantwortlich" bedeutet in diesem Zusammenhang, dass Du Dich selbst um Dein Training und weitestgehend selbstständig um die Wettkampforganisation etc. kümmerst. Dann erzielst Du, genauso wie bei Ausrüsterverträgen, gewerbliche Einkünfte. Einen Arbeitsvertrag mit dem

Verein hast Du in diesen Fällen regelmäßig nicht und meist erfolgt die Vergütung – mit Ausnahme von Kostenerstattungen oder einer kleinen Fixvergütung – erfolgsabhängig.

Bist Du als Einzelsportler selbstständig, musst Du hierfür ein Gewerbe anmelden – und Gewerbesteuererklärungen abgeben und regelmäßig Umsatzsteuer berechnen. Du alleine bist für die Anmeldung, Erklärung und Zahlung der Steuern verantwortlich und musst Dich auch um Deine Krankenversicherung selbst kümmern.

Der Amateursportler
„Amateursportler" bist Du, wenn Du Deinen Sport vornehmlich aus Liebe ausübst, ohne einen Beruf daraus zu machen – also im Wesentlichen nicht genug Geld mit dem Sport verdienst, um davon leben zu können. Der Amateursportler ist quasi ein „Sonderfall" im Sportbereich.

Selbst bei Olympioniken handelt es sich – gerade in den „Nebensportarten", die nicht ganzjährig im Fokus der Fernsehsender stehen – um Amateursportler. Die Betroffenen unter Euch werden sich angesprochen fühlen.

Als Amateursportler kann es sich bei Deinen Einnahmen um Auslagenersatz, Aufwandsentschädigungen, Arbeitslohn oder Einkünften aus selbstständiger Tätigkeit handeln.

Auslagenersatz und Aufwandsentschädigung bleiben steuerlich unberücksichtigt, sofern Du die Regeln beachtest und entsprechenden Ausgaben in entsprechender Höhe nachweisen kannst. Sonst treffen – genauso wie bei einer geringfügigen Vergütung für Deine Tätigkeit – den Verein beziehungsweise Deinen Arbeitgeber die steuerlichen Pflichten.

Stammen Deine Einnahmen aber aus einer selbstständigen Tätigkeit, richtet sich die steuerliche Behandlung nach Deiner „Gewinnerzielungsabsicht". Das bedeutet: Handelt es sich lediglich um ein „Hobby" (und machst Du mit dieser Tätigkeit dauerhaft Verluste, weil die Kosten Deines Sports die Einnahmen auffressen und eine Besserung nicht in Sicht ist), handelt es sich um sogenannte „Liebhaberei" … und Du musst diese Einnahmen – einschließlich einmaliger Prämien wie bei einer Olympiamedaille – nicht versteuern.

Andererseits kannst Du die jährlich entstehenden Verluste auch nicht steuerlich geltend machen, indem Du sie bei anderen Einkünften zum Abzug bringst.

Bist Du Amateursportler, lohnt es sich, den Einzelfall genauer zu prüfen und Dich mit möglichen Gestaltungsmöglichkeiten sowie den steuerlichen Folgen auseinanderzusetzen.

5.3.2 Typische Nebeneinkünfte von Sportlern: Welche gibt es und worauf musst Du achten?

In diesem Kapitel:

- „Typische" Nebeneinkünfte von Sportlern
- Prämien und Medaillen
- Geldwerte Vorteile und die steuerlichen Folgen
- Was gibt es bei Geschenken zu beachten?

In diesem Kapitel geht es um „typische" Nebeneinkünfte von Sportlern, also Einnahmen, die zwar nicht aus der Anstellung beim Verein oder aus den Honoraren oder Antrittsprämien bei Einzelsportlern herrühren, aber oftmals typischerweise bei Dir als Sportler anfallen können.

Nicht gemeint sind Gelder aus Glücksspiel und Zockerei ... auch wenn Spiel- und Wettsucht unter Profisportlern vorkommt und es sogar Profifußballer geben soll, die an professionellen Pokerturnieren teilnehmen. Hierzu nur zwei Tipps: „Zocken" ist in den wenigsten Fällen eine sinnvolle Geldinvestition. „His Airness" etwa, die Basketball-Legende Michael Jordan, hat seine Spielsucht an den Rand des Bankrotts getrieben – und das Wetten auf die eigene Mannschaft ist ohnehin unzulässig. Außerdem sind Verluste aus Glücksspiel steuerlich nicht nutzbar, gleichwohl können Gewinne als „professioneller Pokerspieler" der Einkommen- und Gewerbesteuer (und sogar der Umsatzsteuer!) unterliegen ... Das aber nur am Rande.

Einen ersten, kleinen Überblick verschiedener Einkunftsarten hast Du im ersten Buchteil schon bekommen. Nun wollen wir auf ein paar Besonderheiten noch einmal vertieft eingehen.

Einige der „typischen" Nebeneinkünfte liegen auf der Hand: Es gibt zum Beispiel Antrittsprämien von Sportverbänden für die Teilnahme an internationalen Meisterschaften und Wettkämpfen, Fördergelder wie die von der deutschen Sporthilfe oder Geldzahlungen aus Sponsorenverträgen, für Autogrammstunden oder den Auftritt als „Celebrity".

„Typisch" sind auch Nebeneinkünfte als Übungsleiter oder Trainer, wenn Du in Deinem Verein zusätzliche Trainings leitest. Manchmal verdienst Du auch als „Dozent", etwa wenn Du Vorträge über Deine Karriere hältst.

Neben diesen offensichtlichen Einkünften gibt es aber auch solche, die auf den ersten Blick für Dich gar nicht zu Einnahmen führen: zum Beispiel Ausrüsterverträge, bei denen Du von Deinem Ausrüster Kleidungsstücke „bis zu einem bestimmten Wert" kostenlos zur Verfügung bekommst, Einladungen zu Events, bei denen der Einladende die Kosten für

Unterkunft, Event und Verpflegung übernimmt, oder auch das Auto, dass Dir ein dem Club oder ein der Sportart nahestehender Autohändler vor die Türe stellt. Außerdem bekommst Du als „Mensch in der Öffentlichkeit" manchmal unaufgefordert Sachen kostenlos zur Verfügung gestellt (Klamotten, Schmuck oder sonstige Gegenstände) – oder Du trainierst in dem Fitness-Club in Deiner Nähe kostenfrei und postest dafür ab und zu mal ein Bild auf Deinem Instagram-Account.

Alles das sind ebenfalls geldwerte Einnahmen, die Du in der Regel als Einkünfte versteuern musst.

Wichtig zu wissen
Nicht nur *Einnahmen in Form von Geld* gelten als steuerpflichtige Einnahmen – auch *Einnahmen in Geldeswert* können steuerpflichtig sein.

Als „*Geldeswert*" zählen dabei alle Mittel, die in Geld getauscht werden können beziehungsweise die einen „Wert" haben: Hierzu zählen Forderungen (Wertpapiere, Sparbücher, Gutscheine) und Sachbezüge (also Waren oder Dienstleistungen), die einen Geldwert haben (zum Beispiel Klamotten, Rabatte, das kostenlose Training, ein Auto, das Du auch privat nutzen darfst, oder freie Verpflegung). Sogar eine Medaille ist im Grunde eine „Einnahme in Geldeswert".

Ob und in welcher Höhe diese Vorteile für Dich zu steuerpflichtigen Einnahmen führen, ist im Einzelnen zu untersuchen. Wie so oft ist es ratsam, im Zweifel einen Profi zu fragen – um nicht hinterher ein unangenehmes Problem mit dem Finanzamt zu bekommen.

Falls Du Dir allerdings keinen Steuerberater leisten kannst (oder willst) und auch Dein Berater keinen Fachmann in seinem Netzwerk hat: Auch ein Anruf beim Finanzamt kann Dir Antworten liefern. Diese Auskünfte sind zwar „unverbindlich", sie binden das Amt also nicht bei der Steuerveranlagung, aber die Informationen geben Dir zumindest einen ersten (guten) Anhaltspunkt. Hier gilt tatsächlich: „Fragen kostet nichts", denn die Auskunft ist kostenlos.

Nun aber zurück zu den wichtigsten Nebeneinkünften und ihren steuerlichen Folgen.

Typische Nebeneinkünfte in Geld sind:

- Sponsoren- und Werbeverträge
- Fördergelder und Antrittsprämien von Sportverbänden
- Siegprämien
- Honorare als Übungsleiter, Dozent, Autor etc.

Typische Nebeneinkünfte in Geldeswert sind:

- kostenlose Unterkunft/Verpflegung
- Kfz-Überlassung
- Ausrüsterverträge mit „Bestellbudget"
- Einladungen zu Events und Geschenke von Förderern/Unternehmen
- Vergünstigungen bei Einkäufen, Hotelübernachtungen etc.
- Medaillen

Gehen wir es systematisch an und beginnen mit den typischen Einkünften in Geld. Wie Du Dir sicherlich denken kannst (und inzwischen auch wissen solltest), sind sämtliche Geldzahlungen, die Du für Deine Tätigkeit als Sportler (oder aus daraus herrührenden Nebentätigkeiten) erhältst, grundsätzlich steuerpflichtig.

Bist Du angestellt, wird das laufende Gehalt von Deinem Arbeitgeber versteuert – für Extraeinnahmen bist Du allerdings selbst verantwortlich. Versteuerst Du dagegen als Einzelsportler Deine Einnahmen ohnehin selbstständig, rechnest Du die Zusatzeinnahmen (hoffentlich) sowieso über Deine Gewinnermittlung ab.

Erhältst Du also, neben Deinem Gehalt beziehungsweise Grundhonorar Zahlungen aus Werbe- oder Sponsorenverträgen, Fördergelder oder Prämien, unterliegen diese grundsätzlich der Gewerbe- und Umsatzsteuerpflicht.

Einkünfte aus der Tätigkeit als Dozent, Trainer oder Autor unterliegen – sofern nicht ausnahmsweise die Kleinunternehmerregelung zum Tragen kommt – ebenfalls der Umsatzsteuer, allerdings fällt hier keine Gewerbesteuer an.

> **Noch einmal der Hinweis:**
> Sofern verschiedene Zusatzeinkünfte zusammenkommen, lohnt es sich wegen der Gewerbesteuer immer, sauber in „gewerbliche Einkünfte" (zum Beispiel Prämien, Werbeeinnahmen etc.) und „freiberufliche Einkünfte" (etwa als Trainer, Dozent) zu trennen. Außerdem solltest Du prüfen, inwieweit es sich bei den „gewerblichen Einkünften" um verschiedene Gewerbebetriebe handelt, um den Freibetrag bei der Gewerbesteuer gegebenenfalls mehrfach nutzen zu können (Abschn. 4.4.3.2).

Jetzt aber ans Eingemachte: Einkünfte, die nicht in Geld bestehen. Die Versteuerung ist erst einmal nicht anders, als ob Du einen Scheck in die Hand gedrückt oder den Betrag auf Dein Konto überwiesen bekommst. Du erhältst kein Bargeld …, aber den Wert gutgeschrieben und versteuerst ihn. Erhältst Du also einen Sportwagen als Prämie, weil Du ein Tennisturnier gewonnen hast, versteuerst Du den Wert des Autos als Einnahme aus dem Tennisturnier. Machst Du Werbung für einen Sportartikelhersteller und bekommst dafür kein Geld, aber kostenlose Ware – dann ist der Wert der Ware als Einnahme zu versteuern, denn Du bezahlst diese Ware ja nicht und sparst insoweit Geld.

Hierbei gibt es nun Folgendes zu bedenken:

- Du bekommst kein Geld, daher muss der Einnahme auch gleichzeitig eine Ausgabe (in entsprechender Höhe) gegenüberstehen. Ist diese Ausgabe beruflicher Natur, wie etwa bei Trainings-/Wettkampfklamotten aus einem Ausrüsterdeal, versteuerst Du diesen Teil der Einnahmen faktisch nicht, weil Du diese Ausgaben ja entsprechend bei der Steuer geltend machen kannst. Die Einnahmen und Ausgaben gleichen sich quasi aus. Handelt es sich aber um eine private Ausgabe wie bei dem Sportwagen, den Du privat nutzt, oder bei Freizeitklamotten des Ausrüsters, kannst Du diese nicht als Ausgabe abziehen, Du musst diese Einnahme also versteuern.
- Selbst wenn die Ausgaben bei der Steuer geltend gemacht werden können, sind Einnahmen und Ausgaben *getrennt zu verbuchen* und haben Auswirkung auf die Beurteilung der Umsatzgrenzen für die *Kleinunternehmerregelung:* Wird die Grenze von 17.500 EUR in der Summe durch laufende Umsätze und den Wert der Sachzuwendungen überschritten, ist für alle Umsätze Umsatzsteuer zu berechnen und an das Finanzamt abzuführen.
- Bist (oder wirst) Du umsatzsteuerpflichtig, ist es wichtig, dass für diesen *Barter-Deal* (Tauschhandel) von beiden Seiten gleichlautende

Rechnungen geschrieben werden. Der Grundsatz lautet *quid pro quo* (lateinisch: „dies für das"): Du bekommst eine Rechnung über den Wert der Sportkleidung in Höhe von 500 EUR und schreibst im Gegenzug eine Rechnung für Deine Werbeleistung in Höhe von 500 EUR. Die beiden Rechnungen werden dann verrechnet. Dabei fließt zwar kein Geld, aber durch Rechnung und Gegenrechnung ist sichergestellt, dass die Umsatzsteuer auf den Umsatz mit der Vorsteuer aus den (beruflichen) Ausgaben verrechnet werden kann und somit keine Zusatzbelastung entsteht.

- Unter bestimmten Umständen kann auch der Zuwendende – also derjenige, der Dir „Vorteile" zukommen lässt – diese Sachzuwendung pauschal versteuern. Dann hast Du mit der Steuer hierfür nichts mehr zu tun. Dies geht aber nur, wenn es sich um echte Geschenke handelt, also um eine *freigiebige Zuwendung,* für die Du keine Leistung zu erbringen hast. Ein Beispiel wäre eine Einladung zu einem Event oder die Kiste Zigarren zu Weihnachten, nicht aber die kostenlose Mitgliedschaft im Fitnessklub, für die Du einmal im Monat ein Foto mit Verlinkung posten sollst. Außerdem muss der Zuwendende Dir mitteilen, dass er die Steuer übernommen hat. Kriegst Du also unaufgefordert Geschenke oder bist Dir nicht sicher: Nachfragen kann sich (steuerlich) lohnen.
- Nicht jeder Rabatt muss gleich zu einem steuerpflichtigen Vorteil führen. Bekommst Du zum Beispiel bei Deinem Lieblingsladen mal einen „Freundschaftsrabatt" oder im Hotel ein kostenloses Upgrade, muss das nicht immer gleich zu einer steuerlichen Einnahme führen – kann es aber. Liegt der Rabatt im sonst üblichen Rahmen oder bekommen auch andere Gäste solche Upgrades, ist alles in Ordnung. Bekommst Du aber einen extra dicken Rabatt oder ein deutlich besseres Zimmer, bloß weil der Hotelbesitzer ein Fan ist oder sich Publicity erhofft, hängt der geldwerte Vorteil mit Deiner beruflichen Tätigkeit zusammen. Dann kannst Du nur hoffen, dass für den geldwerten Vorteil die Pauschalversteuerung vorgenommen wird.
- Das Finanzamt ist nicht dumm und beobachtet inzwischen sehr geschult die sozialen Netzwerke – nicht zuletzt weil die Bedeutung von „Influencern" immer weiter zunimmt. Da außerdem Querverweise über Prüfungen der Gönner (Autohäuser, Sportartikelhersteller etc.) nicht unwahrscheinlich sind: *Bitte bei der Steuererklärung beziehungsweise dem Gespräch mit dem Steuerberater die Sachzuwendungen nicht vergessen und in Grenzfällen (Rabatte, Einladungen, Upgrades) ruhig gezielt nachfragen!*

Um alle Zweifel auszuräumen, hier die im Sportbereich häufigen Einnahmen in Geldeswert noch mal ausdrücklich im Einzelnen.

Freie Unterkunft
Oft wird eine kostenlose Wohnung zur Verfügung gestellt. Die Zurverfügungstellung einer (kostenlosen) Wohnung ist ein geldwerter Vorteil und somit grundsätzlich steuerpflichtig. Zahlst Du als Sportler hingegen eine Miete, liegt ein steuerpflichtiger Vorteil dann vor, wenn diese gezahlte Miete (inklusive Nebenkosten) die ortsübliche Miete für vergleichbaren Wohnraum unterschreitet (Hinweis: Die niedrigste Miete laut Mietspiegel ist ausreichend).

Liegt allerdings eine doppelte Haushaltsführung vor (Abschn. 5.3.5) oder wird die Wohnung/das Hotel im Rahmen steuerlicher berücksichtigungsfähiger Reisekosten übernommen, etwa für Leichtathletik-Meeting in einer anderen Stadt, ist dies steuerfrei möglich.

Freie Verpflegung
Vom Arbeitgeber kostenfrei zur Verfügung gestellte Mahlzeiten stellen ebenfalls einen geldwerten Vorteil dar, ebenso die kostenlose Verpflegung während einer Sportveranstaltung. Sofern es sich um übliche Mahlzeiten im Wert von weniger als 60 EUR handelt, können diese mit den Sachbezugswerten versteuert werden (in 2018: Frühstück 1,73 EUR, Mittag- und Abendessen je 3,23 EUR).

Werden die Mahlzeiten jedoch im Rahmen einer Auswärtstätigkeit wie etwa bei einem Auswärtsspiel oder auswärtigen Wettkampf zur Verfügung gestellt, für die Verpflegungsmehraufwendungen geltend gemacht werden können – das ist bei Abwesenheit von zu Hause von mehr als acht Stunden der Fall – ist kein geldwerter Vorteil zu versteuern.

Hinweis: Bei der Bereitstellung von Getränken im Rahmen von Trainings oder Wettkämpfen handelt es sich um Annehmlichkeiten, die zu keinem geldwerten Vorteil führen.

Kfz-Gestellung
Stellt Dir der Arbeitgeber oder ein Sponsor ein Auto zur Verfügung, das Du auch privat nutzen darfst, ist für die Privatnutzung ein geldwerter Vorteil zu versteuern. Bist Du angestellt, hat der Verein als Dein Arbeitgeber die Versteuerung bereits im Rahmen der Lohnabrechnung durchzuführen. Bist Du Einzelsportler, sieht das anders aus: Bekommst Du als Einzelsportler ein Auto zur Verfügung gestellt – etwa aufgrund eines separat mit dem Sponsor abgeschlossenen Vertrages oder direkt durch den Hersteller – bist

Du für die Versteuerung selbst zuständig. Üblicherweise geschieht dies nach der sogenannten *Ein-Prozent-Regel:* Ein Prozent des Bruttolistenneupreises pro Monat zuzüglich eventueller Fahrten zur Arbeitsstätte. Alternativ kannst Du auch ein Fahrtenbuch führen und den privaten Anteil hiernach versteuern. Das etwa bietet sich an, wenn Du besagtes Auto privat nur wenig nutzt. Versteuerst Du das Auto nach einer der beiden Methoden, ist eine Übernahme (bei angestellten Sportlern) beziehungsweise der Betriebsausgabenabzug (bei selbstständigen Sportlern) sämtlicher mit dem Betrieb des Fahrzeuges verbundenen Kosten möglich.

Kleidung
Bekommst Du kostenlos Kleidung gestellt, ist zu unterscheiden, woher die Klamotten kommen: vom Verein oder einem Sponsor. Stellt Dein Verein Dir als Angestelltem Kleidung zur Verfügung und handelt es sich hierbei um Sportbekleidung wie Trikot, Trainingsanzug oder Sportschuhe, zählt dies als typische Berufskleidung, sodass sich kein steuerlicher Vorteil ergibt. Bekommst Du vom Verein allerdings Freizeitklamotten oder durch einen Vereinssponsor auch mal einen maßgeschneiderten Anzug, ist dieser Vorteil in den meisten Fällen steuer- und sozialversicherungspflichtig. Um die richtige steuerliche Behandlung hat sich in diesem Fall Dein Arbeitgeber zu kümmern.

Bekommst Du die Kleidung aber unmittelbar von einem Sponsor oder auch als Einzelsportler von Deinem Verein, muss Du Dich selbst ums Versteuern kümmern. Hier kannst Du Dir merken: Der Wert der Kleidung ist immer eine Einnahme aus Gewerbebetrieb – die Kosten in gleicher Höhe sind dann entweder *Betriebsausgabe* oder *Werbungskosten* (also eine Ausgabe, die Du steuerlich geltend machen kannst, zum Beispiel bei Sportschuhen oder Trikots), oder es handelt sich um Privatvergnügen, etwa bei Freizeitklamotten.

Vergünstigungen, kostenlose Testprodukte, Einladung zu Events
Auch Vergünstigungen und Einladungen können zu steuerlichen Einnahmen führen – nämlich dann, etwa wenn Rabatte oder Testprodukte das „übliche" Maß übersteigen. Bekommst Du beispielsweise ein teures Geschenk oder eine Einladung zu einem tollen Event (Opernball, Loge beim Fußball etc.), solltest Du dringend an die Steuer denken. Wird von Dir keine Gegenleistung erwartet und hast Du Dich zu nichts verpflichtet, sprich den Gönner ruhig auf die Pauschalversteuerung an: Frage ihn ganz konkret, ob er die Steuer übernommen hat. Gerade bei Eventeinladungen

oder auch teureren Geschenken ist dies (eigentlich) Standard. Falls dem aber nicht so ist, musst Du Dich kümmern.

Olympische Medaillen und Prämien
So unglaublich es klingt: Auch der Gewinn einer Gold- oder Silbermedaille kann in Deutschland der grundsätzlichen Steuerpflicht unterliegen. Bis 2016 waren in den USA ebenfalls der Wert der Olympia-Medaillen als auch die damit verbundenen Prämien steuerpflichtig – mittlerweile trifft dies nur noch Sportler, die mehr als eine Million US-Dollar im Jahr verdienen. In Deutschland entscheidet das jeweils zuständige Finanzamt, eine grundsätzliche Befreiung von der Steuerpflicht gibt es für Olympiaprämien nicht. Meist wird der Profisportler um die Versteuerung nicht herumkommen, bei einem Amateursportler hingegen kann sich eine Überprüfung der Umstände lohnen.

Außerdem wichtig
Werden Gelder im Ausland verdient, können sich Besonderheiten bei der deutschen Steuer ergeben (Abschn. 6.3.2.4).

Wenn Du in Deutschland Einkommensteuer bezahlen musst, versteuerst Du in der Regel alle Einkünfte – auch die aus dem Ausland – im Rahmen Deiner deutschen Einkommensteuererklärung. Die eventuell im Ausland einbehaltene Steuer wird dabei auf die deutsche Steuer angerechnet.
Unter Umständen gibt es besondere zwischenstaatliche Regelungen (Stichwort Doppelbesteuerungsabkommen) – hier lohnt auf jeden Fall ein Gespräch mit einem Steuerprofi.

5.3.3 Angestellt, gewerbetreibend, selbstständig, Trainerjob – Sponsoreneinnahmen und Vermögensaufbau: Die unterschiedlichen Einkünfte im Überblick

In diesem Kapitel:

- Typische Einnahmequellen und die steuerliche Einordnung
- Welche Steuern für welche Einnahmen?

In den vorherigen Kapiteln habe ich Dir die Abgrenzung der Einnahmen bei Mannschafts- und Einzelsportlern erklärt. Außerdem haben wir über typische Haupteinkünfte und oftmals anzutreffende Nebeneinkünfte gesprochen. Soweit, so einfach … Hier nun knapp auf einen Blick: Welche Steuern sind für welche Einnahmen zu bezahlen, wer ist hierfür verantwortlich und welche Steuerpflichten können sich ergeben?

Einnahmen als Amateursportler
Je nach Gewinnerzielungsabsicht keine steuerliche Einnahme („Liebhaberei" oder normale Beurteilung als Einkünfte aus Gewerbebetrieb oder als Angestellter (mit den entsprechenden Folgen). Sofern eine Gewinnerzielungsabsicht besteht, sind Gewinne zu versteuern (vgl. nachfolgende Stichworte) und es ist ebenfalls eine Verlustverrechnung möglich (Abschn. 5.3.1).

Auslagenersatz
Echter Auslagenersatz – die Erstattung von verauslagten Kosten gegen Beleg – führt nicht zu steuerlichen Einnahmen (Abschn. 5.3.1).

Aufwandsentschädigungen
Aufwandsentschädigungen (als pauschale Abgeltung tatsächlich entstandenen Sachaufwandes) führen zu keinen steuerpflichtigen Einnahmen, – sofern die Entschädigung die glaubhaften (beziehungsweise nachweisbaren) Aufwendungen nicht übersteigen. Andernfalls Einnahmen als Angestellter oder aus Gewerbebetrieb (Abschn. 5.3.1).

Einnahmen als Vereinsangestellter (Verpflichtung zur Teilnahme an Wettkämpfen)
Einkünfte aus nichtselbständiger Arbeit; Lohnsteuer und Sozialversicherung (Abschn. 5.3.1).

Einnahmen (und unentgeltliche Ausrüstung) von Sportartikelherstellern
Gewerbliche Einkünfte; Einkommensteuer, Gewerbesteuer, gegebenenfalls Umsatzsteuer (Abschn. 5.3.1).

Länderspielprämien
Auszahlung über den Verein:, Lohnsteuer (gegebenenfalls Beachtung Doppelbesteuerungsabkommen) und Sozialversicherung.

Auszahlung direkt über Verband: Gewerbliche Einkünfte; Einkommensteuer (gegebenenfalls Beachtung Doppelbesteuerungsabkommen), Gewerbesteuer, gegebenenfalls Umsatzsteuer. Hinweis: Denkbar ist auch die Einordnung als arbeitnehmerähnliche Einkünfte (Abschn. 5.3.1).

Einnahmen Startgelder/Siegprämien (national und international) von Veranstalter
Gewerbliche Einkünfte; Einkommensteuer (gegebenenfalls Beachtung Doppelbesteuerungsabkommen), Gewerbesteuer, gegebenenfalls Umsatzsteuer (im Ausland Sonderregeln beachten).

Erstattung von Reisekosten für Trainingslager oder Wettkampf (Veranstalter, Fachverband, Sporthilfe)
Bei Profisportlern: gewerbliche Einkünfte; Einkommensteuer, Gewerbesteuer; gegebenenfalls auch Umsatzsteuer.

Bei Amateursportlern: sonstige Einkünfte; Einkommensteuer, gegebenenfalls Umsatzsteuer.

Unterstützungsleistung der Stiftung Deutsche Sporthilfe
Sonstige Einkünfte; faktisch steuerfrei (es wird ohne weiteren Nachweis davon ausgegangen, dass den Einnahmen Kosten in gleicher Höhe gegenüberstehen).

Einnahmen aus Trainertätigkeit
Freiberufliche Einkünfte; Einkommensteuer (Übungsleiterfreibetrag prüfen), gegebenenfalls Umsatzsteuer. Hinweis: Es entsteht eventuell Rentenversicherungspflicht als Selbstständiger.

Einnahmen aus der Teilnahme an Autogrammstunden
Mannschaftssportler/Vergütung durch den Verein: Nichtselbstständige Einkünfte, Lohnsteuer und Sozialversicherung.

Einzelsportler beziehungsweise Zahlung durch einen Sponsor: gewerbliche Einkünfte; Einkommensteuer, Gewerbesteuer, gegebenenfalls Umsatzsteuer.

Vermietungseinkünfte aus Immobilien
Einnahmen aus Vermietung und Verpachtung; Einkommensteuer, Umsatzsteuer in Ausnahmefällen.

Verkauf von Immobilien
Ausschließliche Eigennutzung oder Haltefrist von länger als zehn Jahren: grundsätzliche Steuerfreiheit.

In allen anderen Fällen: privates Veräußerungsgeschäft (sonstige Einkünfte); Einkommensteuer auf den Gewinn.

Einkünfte aus Beteiligungen
Hier kommt es darauf an: können gewerbliche Einkünfte, Einkünfte aus Kapitalvermögen oder auch Vermietungseinkünfte sein (entsprechend ist jeweils zu versteuern).

Aktiengewinne und Zinserträge
Einkünfte aus Kapitalvermögen; Abgeltungssteuer.

Gewinnen aus Kryptowährungen (Beispiel Bitcoins)
Haltefrist von länger als einem Jahr: steuerfrei.

Haltefrist kürzer (einschließlich Einsatz als Zahlungsmittel oder Tausch in andere Kryptowährung): privates Veräußerungsgeschäft (sonstige Einkünfte). Einkommensteuer auf den Gewinn (Steuerfreigrenze beträgt 600 EUR).

5.3.4 Steuerlich motiviertes Geldausgeben – oder: Gier frisst Hirn

> In diesem Kapitel
> - Wie hängen Investition und Steuergutschrift zusammen?
> - Muss man investieren, um Steuern zu sparen?
> - Wann ist Geldausgeben (steuerlich) sinnvoll?
> - Warum sollte sich eine Investition auch ohne Steuerersparnis rechnen?

Als ich noch klein war – lange vor meiner „Karriere" als Steuerberater – gab es einen Zeitschriftenladen bei uns um die Ecke, bei dem wir „anschreiben" konnten. Mein Vater war damals als Arzt selbstständig und konnte die Kosten für Zeitschriften, wenn er diese in der Praxis für seine Patienten zum Lesen ausgelegt hatte, als berufliche Ausgabe von der Steuer absetzen.

Irgendwie habe ich das schon früh mitbekommen … und deswegen immer gedacht, dass ich meinem Vater Steuern sparen helfe, wenn ich mir eine Zeitschrift kaufe und sie ihm dann hinterher für das Auslegen in der Praxis gebe. In meiner „Kleinen-Kind-Welt" dachte ich, dass sich die Steuern genau um die Kosten der gekauften Zeitschrift mindern würden. Das suggeriert das Wort *absetzen* ja auch irgendwie. Dass mein Vater bei solchen Ausgaben **immer** *ein Minus* machen würde … auf die Idee wäre ich damals niemals gekommen.

Diese Vorstellung scheint allerdings bei vielen Menschen immer noch im Kopf zu sein. Immer wieder kommen Mandanten – besonders Selbstständige – am Jahresende eilig zu mir, um mich zu fragen, ob Sie nicht noch dringend Investitionen tätigen müssten, um noch Steuern zu sparen. Und oft direkt im Anschluss: „Warum hast Du mir nicht gesagt, dass mein Auto abgeschrieben ist und ich mir dringend ein neues kaufen muss?"

> Bei Frage der Steueroptimierung gehe ich zusammen mit meinen Mandanten stets so vor:
> Erstens: die Einnahmen analysieren. Welche Einnahmen gibt es, welche davon führen zu steuerpflichtigen Einkünften und wie oder wo (und von wem) sind beziehungsweise werden diese versteuert?
> Zweitens: die Ausgaben analysieren. Welche Kosten fallen (regelmäßig oder unregelmäßig) an? Wo lässt sich eine Verknüpfung zu den steuerpflichtigen Einkünften herstellen?
> Drittens: anstehende oder sinnvolle Investitionen besprechen. Welche steuerlichen Folgen hat welche Investition? Was sind zusätzliche Einnahmen? Welche Kosten lassen sich geltend machen? Was lässt sich abschreiben?
> Viertens: die Abzugsfähigkeit *gewünschter* (nicht unbedingt notwendiger) Investitionen und Ausgaben erläutern – und bewerten, inwieweit eine eventuell mögliche steuerliche Berücksichtigungsfähigkeit die Ausgabenentscheidung vereinfacht.

Der zweite Punkt (hierzu noch mehr in den Kapiteln zu Werbungskosten und Betriebsausgaben, Abschn. 5.3.6 und 5.3.7) führt unmittelbar zu mehr Geld auf dem Konto: etwa weil weniger Steuern zu zahlen sind und/oder am Ende des Jahres Steuer erstattet wird. Dagegen führen „Drittens" und

„Viertens" automatisch zunächst weniger an Liquidität (also einem Minus), weil die Steuerersparnis niemals den Investitionsbetrag erreicht.

Trotzdem scheinen die Worte „Steuern sparen" eine nahezu magische Wirkung auf viele Menschen auszuüben – was dann mitunter zu emotionalen und spontanen Entscheidungen führt, die aus wirtschaftlicher Sicht nicht immer nachvollziehbar erscheinen. Die Menschen scheinen lieber 100 EUR auszugeben, um 20 EUR an Steuern zu sparen, als 80 EUR auf dem Konto zu behalten.

Natürlich sind Investitionen notwendig und auch sinnvolle Ausgaben sind für Beruf und Geschäft unabdingbar, um Einnahmen zu sichern oder überhaupt erst möglich zu machen. Auch soll es dem Steuerpflichtigen unbenommen bleiben, aus persönlicher Neigung heraus (privat oder geschäftlich) auch vermeintlich unnötige Ausgaben zu tätigen – denn nur wer mit Spaß bei der Sache ist, hat am Ende auch Erfolg.

In diesem Spannungsfeld kann eine steuerliche Subvention, eine Teilerstattung der Kosten durch deren Abzugsfähigkeit, die Entscheidung für eine Investitionen und Ausgaben vereinfachen. Eine positive Rendite einer Anlage sollte jedoch niemals ausschließlich aus steuerlichen Besonderheiten resultieren, da sich die Rahmenbedingungen auch nachträglich noch ändern können.

Was aber ist eine gute Investition zum Steuersparen? Das eingangs erwähnte Auto schon mal nicht, im Gegenteil: Ein Auto muss auf 72 Monate abgeschrieben werden. Das heißt, sechs Jahre lang dürfen jeden Monat 1/72 der Kosten vom Gewinn abgezogen werden. Zugleich ist jedoch regelmäßig ein privater Nutzungsvorteil zu versteuern, der die (steuerliche) Kostenbelastung und somit eine potenzielle Steuerentlastung im Unternehmen mindert.

Bedeutet: Kaufst Du Dir im November ein Auto für 36.000 EUR, was neu ursprünglich einmal 50.000 EUR gekostet hat, kannst Du für die beiden verbleibenden Monate noch zusammen 1.000 EUR als (zusätzliche) Abschreibungskosten von Deinem sonstigen Gewinn abziehen, der aber auf der anderen Seite um 1.000 EUR für die Möglichkeit der Privatnutzung zu erhöhen ist.

Auch wenn der private Nutzungsvorteil gar nicht berücksichtigt wird, ergibt sich erst einmal keine nennenswerte Entlastung. In Beispiel hier sind es maximal 420 EUR – denen aber auf jeden Fall deutlich höhere Mittelabflüsse gegenüberstehen dürften ... oder bei geringen Leasing- oder Finanzierungsraten am Ende der Laufzeit ein sehr hoher Restwert, den Du dann noch ablösen musst.

Ich halte es prinzipiell für den falschen Ansatz, (extra) Geld auszugeben, um (einen Teil hiervon) bei den Steuern angerechnet zu bekommen. Kosten sparen (anders als durch Kosten ein paar Steuern sparen) bedeutet grundsätzlich netto mehr Geld auf dem Konto (und nicht weniger Geld in der Summe).

Dennoch: Beim Thema „Steuern sparen" brennen mitunter die Sicherungen durch und es wird den kühnsten Versprechungen Glauben geschenkt. Eine Investition ist aber nur dann gut, wenn sie am Ende gewinnbringend, beziehungsweise die Geldausgabe für den Betrieb notwendig ist.

Investiere ich heute 100.000 EUR in einen Fonds und erhalte ich hierfür direkt eine Verlustzuweisung in Höhe von 120 % und bekomme ich dann rund 50.000 EUR Steuern erstattet – finden das viele Steuerzahler zunächst unheimlich toll. Ist dann aber einige Jahre später der Fonds womöglich pleite und muss ich als „Steuervermeider" die noch fehlenden 20 % der Verlustzuweisung, also 20.000 EUR, an den Insolvenzverwalter bezahlen, ist das Gejammer hingegen groß.

So sollte man sich zum Zeitpunkt der Investition immer fragen, was die versprochene Verlustzuweisung denn eigentlich bedeutet. Grundsätzlich bedeuten Verluste – sofern sie nicht alleine aus steuerlichen Abschreibungsmöglichkeiten resultieren – dass das Geld „erst mal weg" ist – beispielsweise durch Investitionen, aber auch Vertriebsprovisionen oder sonstige laufende Kosten, die hinterher dann (hoffentlich) die Verluste wieder wettmachen. Das allerdings war zum Beispiel häufig gerade bei Media-, Film- oder Schiffsfonds nicht der Fall.

Selbst wenn es sich nicht um einen Pleitefonds handelt, sondern dieser insgesamt Überschüsse abwirft oder später auch „nur" zum ursprünglichen Investitionspreis verkauft werden kann, kommt mitunter zum Verkaufszeitpunkt eine böse Überraschung: Selbst wenn man auf dem Papier gar keinen Gewinn gemacht hat und den Fonds für 100.000 EUR zurückgibt, sind auf einmal Steuern von nahezu 50.000 EUR zu zahlen.

Klingt unlogisch? Eigentlich ist das sogar sehr logisch, wenn man sich die Systematik der Steuer vor Augen führt. Wenn der Gewinn am Ende Null ist, ich mir aber ganz am Anfang einmal eine Steuererstattung von 50.000 EUR geholt habe, – ist klar, dass ich diese 50.000 EUR letztlich auch zurückzahlen muss.

Noch mal anders gesagt
Es ist unsinnig, eine Investition alleine aus steuerlichen Gründen zu tätigen. Denn Steuern können sich immer ändern und eine Investition bedeutet zunächst auch immer ein Minus an Liquidität. Die maximale Steuerersparnis beträgt ungefähr 40 % des eingesetzten Kapitals, 60 % sind also (mindestens) erst einmal zu bezahlen. Dafür ein Darlehen aufzunehmen, ist natürlich auch eine Art der Zahlung.

Ist ja auch schlüssig: Stellen wir uns vor, dass es am Flughafen eine Swatch-Uhr für nur 60 EUR zu kaufen gibt, die im normalen Swatch-Store 100 EUR kostet. Da käme ja niemand auf die Idee, sich zehn Swatch-Uhren zu kaufen und hinterher zu behaupten, er hätte 400 EUR mehr in der Tasche. Natürlich wurden erst einmal 600 EUR ausgegeben. So ist das auch bei der Investition zum Steuersparen – erstmal geht mehr Geld weg, als man spart.

Da wir hier nicht den Lustkauf besprechen (natürlich freut sich der Sammler, wenn er seinen Schatz bei eBay oder am Flughafen zu einem vergünstigten Preis erwerben kann), untersuchen wir den Kauf unter Renditegesichtspunkten. Der geringere Kaufpreis stellt dann die Investition unter Berücksichtigung der Steuerersparnis dar.

Besonders bei größeren Investitionen merkt man den Liquiditätsnachteil oft nicht unmittelbar, da die „Mehrkosten" über Darlehen finanziert werden. Im Swatch-Beispiel gehen wir daher mal davon aus, dass die Uhren (Investition) mit der Kreditkarte (Darlehen) bezahlt werden. Zusätzlich unterstellen wir mal, dass die Abbuchung der Kreditkarte für den Kauf bei Fälligkeit mit einem Erlös aus dem Uhrenverkauf (Beendigung der Anlage) bezahlt werden soll. Hier gibt es dann folgende Szenarien:

Fall 1: Es findet sich kein Käufer und die Swatch-Uhren müssen unter Druck beim Pfandleiher abgegeben werde. Der Pfandhändler bezahlt nur 30 EUR je Uhr. Das wäre die klassische Fehlinvestition – der Verlust beträgt 300 EUR oder anders gesagt 50 % des Kapitals.

Fall 2: Die Uhren werden zusammen an einen Sammler abgegeben und es werden 600 EUR Erlös erzielt. Hier konnte zumindest das eingesetzte Kapital wiedererlöst werden. Es wurde weder Gewinn gemacht, noch ist ein Verlust entstanden.

Fall 3: Die Uhren werden einzeln über eBay oder den Trödelhandel verkauft und es werden im Schnitt 100 EUR je Uhr erlöst. Hier hat sich die Investition endlich gelohnt. Wenn der Verkaufspreis insgesamt bei zum Beispiel 1.000 EUR liegt, beträgt der endgültige Überschuss 400 EUR, denn die Kreditkartenabbuchung lag bei 600 EUR.

Allerdings haben wir bis jetzt die Rendite alleine aus finanzieller Sicht betrachtet und die steuerliche Betrachtung ausgeblendet. Dies entspricht auch der steuerlichen Realität, sofern der spätere Verkauf steuerfrei ist – wie etwa bei einer Immobilie außerhalb der zehnjährigen Spekulationsfrist. Ist der Verkauf allerdings steuerpflichtig, ermittelt sich die Steuer – ohne Berücksichtigung von eventuellen Abschreibungsbeträgen – vereinfacht gesagt als Differenz aus dem ursprünglichen Kaufpreis und dem Veräußerungserlös.

Gehen wir zurück zum Uhrenbeispiel. Hier gehen wir davon aus, dass sich der reduzierte Kaufpreis (wie bei einer Investition) aus einer Steuergutschrift ergibt, also der Einkaufspreis tatsächlich bei insgesamt jeweils 100 EUR liegt und sich die 40 EUR Reduzierung aus einer Steuergutschrift ergeben, die dem Kreditkartenkonto gutgeschrieben wurde. Steuerlich würde sich nun Folgendes ergeben:

In *Fall 1* ergibt sich ein steuerlicher Verlust von 700 EUR (aus dem Erlös abzüglich des unrabattierten Verkaufspreises): also 300 EUR minus 1.000 EUR, die die zehn Uhren vor der Steuergutschrift gekostet haben. Ein (steuerlicher) Verlust von 700 EUR bedeutet bei einem Steuersatz von 40 % eine Steuerersparnis von rund 280 EUR. Da uns bereits bei Kauf für den vollen Kaufpreis eine Steuererstattung von 400 EUR gutgeschrieben wurde, sind nun 120 EUR an das Finanzamt zurückzuzahlen (40 % des Verkaufspreises von 300 EUR). Der Verlust nach Steuern beträgt dann in der Summe 420 EUR.

In *Fall 2* ergibt sich ein steuerlicher Verlust von 400 EUR. Wieso? Wieder heißt es Erlös abzüglich des unrabattierten Verkaufspreises: also 600 EUR minus 1.000 EUR, die die Uhren „eigentlich" gekostet haben. Hieraus ergibt sich eine Nachzahlung von 40 % des Verkaufspreises von 600 EUR (240 EUR). Der Verlust beträgt somit 400 EUR abzüglich der endgültigen Steuergutschrift von 160 EUR, also 240 EUR.

In *Fall 3* ergibt sich trotz des finanziell guten Gelingens insgesamt weder Gewinn, noch Verlust. Denn beim unterstellten Verkaufspreis von 100 EUR je Uhr wird gleichzeitig wieder eine Steuernachzahlung in Höhe der vorherigen Reduzierung fällig: 400 EUR sind ans Finanzamt abzuführen – was den finanziellen Gewinn wieder auffrisst.

Kommen wir wieder zur Ausgangsfrage zurück. Lohnt es sich zu investieren, um Steuern zu sparen? Das Beispiel mit den Uhren zeigt: Eine Investition bedeutet grundsätzlich immer erst einmal einen Liquiditätsverlust, der gegebenenfalls über eine Finanzierung aufgefangen werden kann. Eine Steuerersparnis muss aber auch gleichzeitig immer im Zusammenhang mit der Gesamtinvestition und dem *späteren „Exit"* gesehen werden: Was passiert im Fall des Verkaufs? Die höchste Steuerersparnis bringt nichts, wenn die Investition nichts taugt oder die anfängliche Ersparnis im Veräußerungsfall von den Gewinnsteuern wieder aufgezehrt wird.

„Investitionen tätigen, nur um Steuern zu sparen, ist ein absolutes *no go*. Das ist im Prinzip wie Heißhunger im Fastfood-Laden – man will haben, haut rein … und im Nachhinein bereut man den Scheiß!"
(Tony Canty, Basketballprofi)

Bei der Entscheidung pro oder contra bezüglich einer Anlage sind immer die Gesamtumstände zu sehen: Wo liegt das Risiko und wie hoch ist es? Wie hoch ist die laufende Rendite? Wie sieht das Ganze steuerlich aus? Und: Was passiert bei Aufgabe der Investition?

Optimal ist eine Anlage vor allem dann, wenn sie sich auch ohne Berücksichtigung der steuerlichen Betrachtung rechnet, da sich steuerliche Rahmenbedingungen mitunter später ändern können – und in der Vergangenheit auch geändert haben.

Aber: Im Rahmen eines Lustkaufes oder auch bei der Frage „Darf's ein bisschen mehr sein?" kann und darf ein steuerlicher Vorteil natürlich berücksichtigt werden. Vor „Gier frisst Hirn" – gerade in Bezug auf attraktiv erscheinende steuerliche Vorteile – sollte man sich allerdings in Acht nehmen.

5.3.5 Der Sportler als Arbeitnehmer

5.3.5.1 Tipps und Tricks fürs Steuernsparen

In diesem Kapitel:

- Nettolohnvereinbarung und Steuererklärung über den Club
- Welche Belege gilt es zu sammeln?
- Welche Kosten kann ich absetzen?
- Die doppelte Haushaltsführung und sonstige Reisekosten
- Abzugsfähigkeit von Kosten für die Steuerberatung

Beim iPad-Kauf gespart, den benötigten Laptop 30 % günstiger, mit dem Sportschuhkauf den nächsten Urlaub teilfinanziert … und vielleicht noch von den Kosten für das Fernstudium einen Teil erstattet bekommen: Wenn sich das gut anhört und Dir das „Steuersparen" ohnehin Spaß macht, dann ist dieses Kapitel genau das richtige für Dich – egal, ob du mit Deinem Verein oder Club einen normalen *Bruttovertrag* oder einen *Nettovertrag* ausgehandelt hast, der Dir monatlich eine fixe Auszahlung verspricht.

Vorab: Wenn Du eine Nettolohnvereinbarung hast, solltest Du zuallererst in den Vertrag schauen, denn in solchen Fällen lassen sich Clubs und Vereine mitunter Steuererstattungsansprüche abtreten – und Du müsstest die Steuererklärung durch einen den Verein nahestehenden Steuerberater erstellen lassen. Hintergrund ist, dass sich Dein Arbeitgeber eventuell zu viel gezahlte Steuern zurückholen will, um die Kosten für Deinen Vertrag zu mindern.

Sollte eine solche Vereinbarung auch in Deinem Vertrag versteckt sein, sprich mit Deinem Agenten und suche (gegebenenfalls über ihn) das Gespräch mit den Verantwortlichen. Denn resultieren tatsächlich Steuererstattungen aus Kosten, die Du im Rahmen Deiner sportlichen Erwerbstätigkeit hattest, wäre es ungerecht, wenn die Erstattung dem Verein zustünde – die Ausgaben hast Du ja bezahlt und sind nicht dem Verein entstanden.

Außerdem müsste der Verein die Kosten des Steuerberaters bezahlen und dies wiederum als „geldwerten Vorteil" entsprechend Versteuern und Verbeitragen, sodass sich dies (gerade bei inländischen Sportlern) für den Verein oft gar nicht lohnt.

Die Erfahrung zeigt, dass in einem direkten Gespräch (und mit den entsprechenden Argumenten) viele Vereine und Clubs auf das ihnen vertraglich womöglich zustehende Recht verzichten, die Steuererklärung zu erstellen. Sollte es eine solche Klausel geben, solltest Du das Gespräch frühzeitig suchen, damit Du am Ende nicht umsonst Belege gesammelt hast.

Ist die Frage der Steuererklärung geklärt, steht dem Steuernsparen eigentlich nichts mehr im Wege.

Jede Ausgabe – auch unter Berücksichtigung einer eventuellen Steuerersparnis – ist immer ein Minusgeschäft (Abschn. 5.3.4) ... Aber: Gerade durch ohnehin zu tätigende Ausgaben kann man sich oft am Jahresende eine gewisse Erstattung vom Finanzamt zurückholen – so tut dann manche (notwendige) Ausgabe nur noch halb so weh.

Wichtig ist, dass Du gerade am Anfang lieber eine Rechnung oder Quittung mehr aufbewahrst als notwendig – und Dich langsam mit der Systematik der Werbungskosten vertraut machst. Beginne Dich zu fragen: „Hat die Ausgabe nicht auch mit Deiner Berufsausübung zu tun?" Selbst wenn die Antwort nur „Könnte sein?!" lautet: Pack die Ausgabe ruhig zu Deinem Steuerstapel.

Was ich mache, wenn ich mich mit einem Sportler das erste Mal in steuerlichen Angelegenheiten zusammensetze? Ich lasse mir die gesammelten Belege zeigen – und auch gleich das private Konto. Dann stelle ich gezielte Fragen zu Abbuchungen beziehungsweise den einzelnen Posten und versuche zu ergründen, ob – trotz eventuell fehlendem Beleg – eine berufliche Ausgabe vorgelegen haben könnte.

Das Gesetz definiert Werbungskosten wie folgt: „Werbungskosten sind Aufwendungen zur Erwerbung, Sicherung und Erhaltung der Einnahmen."

Das bedeutet: Von den Einkünften können die Kosten abgezogen werden, die Dir notwendiger- beziehungsweise sinnvollerweise entstehen, um Deinen Beruf auszuüben oder Dich nach vorne zu bringen. Das können Kosten für Deinen Sportsschuhe oder ein Individual-Training, aber genauso

Fortbildungskosten, Bewerbungskosten oder auch Umzugskosten „zum Job" sein. *Absetzen* kannst Du dabei oft mehr Kosten, als Du vielleicht denkst.

> **Wenn Du beispielsweise**
> - vom Verein ein Auto gestellt bekommst, aber das Tanken selbst bezahlst,
> - Deinen hungrigen Steuerberater wegen Deiner Steuererklärung, Deinen Agenten oder einen potenziellen Sponsor zum Essen einlädst, um mit ihm über einen Vertrag zu sprechen,
> - über Dein privates Handy mit dem Agenten und Club wegen Deiner Karriere telefonierst,
> - auf eigene Kosten zu anderen Vereinen reist, um im Anschluss mit dem Trainer Deine Chancen für die nächste Saison zu besprechen,
> - einen Laptop kaufst, um Dich fortzubilden und andere Clubs (potenzielle Arbeitgeber) und Ligen im Auge zu behalten,
>
> … sind das alles Kosten, die Dir ein paar Steuer-Euros zurückbringen können.

> **Praxistipp zu Bewirtungskosten (zu 70 % abzugsfähig)**
> Gewöhn Dir an, bei Essen mit beruflichem Hintergrund direkt nach einer *Bewirtungsquittung* zu fragen. Der Kellner wird wissen, was Du meinst. Im Anschluss füll diese dann auch gleich aus. Hier musst Du bei *bewirteten Personen* die Namen Deiner Gäste und auch Deinen eigenen eintragen, bei *Grund der Bewirtung* nennst Du den beruflichen Hintergrund, zum Beispiel Vertragsgespräch, Perspektiven neue Saison etc. Noch unterschreiben … und fertig. Schon kannst Du das mit zu Deinen Steuerunterlagen nehmen.

Und auch ein Dauerauftrag an Deine Eltern kann Dir *richtig* Steuern sparen helfen … Glaubst Du nicht? Dann lies dazu die Ausführungen zu den *Kosten der doppelten Haushaltsführung* durch, die gleich noch folgen.

Zwar ist es so, dass bei Dir wie bereits erwähnt als Arbeitnehmer ohnehin ein *Werbungskosten-Pauschbetrag* von 1.000 EUR berücksichtigt wird. Bedeutet: Erst wenn Du 1.001 EUR als Kosten nachweist, beginnt das Steuersparen. Durch pauschale Reisekosten, ohnehin anfallende Werbungskosten während der Saison oder auch Umzugskosten aufgrund eines Clubwechsels kommen viele Sportler problemlos über diese Betragsgrenze.

Beginne, Dir für Deine Ausgaben Rechnungen und Quittungen geben zu lassen, und sammle sie – am besten nach Kategorien getrennt (Handy, Auto, Unterkunft, Reisekosten, Sportlerkleidung, Essen etc.), zur Not aber auch unsortiert in einem Karton. Auch der gewiefteste Steuerprofi kann nicht erraten, was Du alles für Ausgaben hattest, wenn er keine entsprechenden Angaben hat. Also denk daran: Aussortieren kann man immer – aber nachträglich Ausgaben zu belegen, ist immer schwer (oder unmöglich).

Neben den typischen Werbungskosten, die für alle Angestellten gelten – Büro-/Papierbedarf, Ausgaben für berufliche Netzwerke, Bewerbungskosten etc. – können bei Profisportlern noch eine Reihe anderer Kosten typischerweise anfallen. Du findest sie in Abschn. 5.3.7 beispielhaft aufgeführt.

Sieh die dortige Aufstellung als „Ideengeber" – und schau Dir Deine Ausgaben an ... Dir werden im Anschluss sicher viele Kosten in einem anderen (beruflichen) Kontext erscheinen. Und wenn ein Steuerprofi Dir hinterher erklärt, dass die Idee zwar gut – aber von der Rechtsprechung der Finanzgerichte ein Werbungskostenabzug leider ausgeschlossen ist ..., dann kannst Du sicher sein: Du hast das Prinzip des Steuersparens verstanden.

Nun noch zu ein paar der Werbungskosten im Einzelnen:

Umzugskosten
Gerade als Mannschaftssportler stehen oft im Rahmen neuer Arbeitsverträge Umzüge an, aber auch als Einzelsportler kann es durch einen Vereinswechsel notwendig werden, den Wohnort zu verlegen. Die Kosten dafür kann Dir der Verein steuerfrei erstatten. Wenn Du den Umzug (oder Teile davon) aber selbst bezahlen musst, kannst Du dies in Deiner Steuererklärung geltend machen. Auch ein „Hinzug" zur Arbeit, wenn Du näher an den Verein ziehst und so fortan arbeitstäglich in der Summe mindestens eine Stunde Fahrtzeit einsparst, kannst Du dies steuerlich geltend machen. Dabei kommt es nicht darauf an, dass die Strecke tatsächlich kürzer es, wichtig ist die gesparte Zeit.

Zu den berücksichtigungsfähigen Kosten zählen der Lohn und sonstige Kosten für den Möbelpacker, Reisekosten zur Umzugsvorbereitung und für den Umzug selbst, maximal sechs Monate doppelte Miete, das Honorar für den Makler (für eine Mietwohnung, nicht für ein eigenes Haus) und sogar umzugsbedingter Nachhilfeunterricht für Deine Kinder. Außerdem kannst

Du sonstige Auslagen geltend machen, wie Gebühren für die Ummeldung, für den neuen Telefonanschluss, für die Installation von Elektrogeräte oder auch für die Reparaturen von Transportschäden. Das belegst Du entweder durch Einzelnachweis oder berücksichtigst diese Kosten pauschal (Stand 1. Februar 2017: 764 EUR für Ledige beziehungsweise 1528 EUR für Verheiratete zuzüglich 337 EUR für jede weitere Person).

Kosten der doppelte Haushaltsführung
Als Sportler bist Du häufig für eine begrenzte Zeit, etwa für eine Saison, außerhalb Deines eigentlichen Lebensmittelpunktes tätig und die Beschäftigungsorte wechseln deutlich häufiger als bei einem „normalen" Berufstätigen. Entstehen Dir für die Unterkunft (oder auch Verpflegung) an Deinem Beschäftigungsort Aufwendungen, lassen sich diese unter bestimmten Voraussetzungen steuerlich geltend machen.

Das Vorliegen einer *doppelten Haushaltsführung* ist Voraussetzung dafür, damit Du neben den Unterkunftskosten (bis zu 1.000 EUR monatlich) zusätzlich noch Verpflegungspauschalen (24 EUR am Tag) für drei Monate geltend machen kannst … – nach einer vierwöchigen Abwesenheit vom Beschäftigungsort (beispielsweise in der Saisonpause) geht das sogar mehrfach.

Eine doppelte Haushaltsführung liegt steuerlich dann vor, wenn Du aus beruflichen Gründen gezwungen bist, außerhalb Deines Lebensmittelpunktes eine Zweitwohnung zu bezahlen (auch die Versteuerung einer vom Verein zur Verfügung gestellten kostenlosen Wohnung zählt hierzu) – und außerdem daneben eine „Hauptwohnung" hast, die Dein Lebensmittelpunkt ist und die Dich finanziell belastet. Sofern Du eine eigene Miet- oder Eigentums-wohnung hast, die Du bezahlst, ist der Abzug kein Problem.

Was aber, wenn Du regelmäßig in der trainingsfreien Zeit (beziehungsweise außerhalb der Saison) zu Hause bei Deinen Verwandten wohnst? Ins Kinderzimmer im elterlichen Haushalt zu ziehen, reicht allein leider nicht. Vielmehr musst Du Dich auch – und zwar nachweislich! – an den Kosten der Haushaltsführung *maßgeblich* beteiligen. Du musst also einen Teil der Miete, der Nebenkosten und Kosten der Lebensführung bezahlen. *Maßgeblich* heißt, dass Dein Anteil mindestens zehn Prozent betragen muss.

Beispiel: Die Kosten für die Mietwohnung der Eltern liegen bei 1.500 EUR warm. Zudem werden 1.000 EUR Kosten für Lebensmittel und sonstige Dinge des täglichen Bedarfes unterstellt. Macht zusammen 2500 EUR monatlich. Dann kannst Du mit einem Zuschuss von 300 EUR (am besten per Dauerauftrag) richtig Steuern sparen. Denn durch diesen Zuschuss beteiligst Du Dich maßgeblich und kannst die vorgenannten Kosten – also Miete am Beschäftigungsort und Verpflegungsmehraufwendungen – bei der Steuer geltend machen (oder: bei den Vertragsverhandlungen mit dem Verein durch entsprechende steuerfreie Zuschüsse ein deutlich höheres Netto-Einkommen verhandeln).

Reisekosten
Reisekosten kannst Du geltend machen, wenn Du aus beruflichen Gründen reisen musst: zum Beispiel, weil Du Dich an einem anderen Ort bewirbst, zu Wettkämpfen fährst, auswärts an Sichtungsturnieren teilnimmst oder auch an Spezialtrainings außerhalb der Saison. Zu den Reisekosten zählen zum Beispiel die reinen Fahrtkosten, also das, was öffentliche Verkehrsmittel wie Taxi, Bahn und Flugzeug tatsächlich kosten. Bei Fahrt mit dem eigenen Auto kannst Du eine Kilometerpauschale von 0,30 EUR absetzen. Außerdem hast Du einen Verpflegungsmehraufwand, der pauschal geltend gemacht wird: Die Inlandspauschale beispielsweise liegt zwischen 12 und 24 EUR, je nachdem, wie lange Du unterwegs bist. Gerade bei Mannschaftssportlern bieten diese Verpflegungspauschalen häufig ein Steuersparpotenzial, da nicht auf allen Auswärtsfahrten eine Verpflegung stattfindet und hier häufig entsprechende Kosten angesetzt werden können.

Auch Übernachtungskosten (laut Rechnung) gehören zu den Reisekosten, ebenso Reisenebenkosten wie etwa für Gepäcktransport oder -aufbewahrung, Maut- oder auch Parkplatzgebühren sowie Kreditkartengebühren bei Begleichung beruflicher Ausgaben im Ausland etc.

Verbindest Du auf der Reise Berufliches mit Privatem? Hängst Du an das Trainingscamp auf Fuerteventura vielleicht noch eine Woche privaten Strandurlaub dran? Dann lassen sich die Reisekosten in einen beruflichen und einen privaten Teil aufteilen: Das Trainingscamp ist voll beruflich, die Ferienwoche voll privat ... und die Flugkosten sind entsprechend aufzuteilen.

Tankkosten
Die meisten Sportler mit „Dienstwagen" werden das kennen: Der Verein stellt Dir ein Auto kostenlos zur Verfügung und bezahlt Steuer und Versicherung – aber fürs Tanken bist Du selbst verantwortlich. Hier ist es wichtig zu wissen: Zuzahlungen und selbst zu tragende Kosten mindern den geldwerten Vorteil. Die Kosten rund um den Wagen, die du selbst zahlen musst, kannst Du bis zur Höhe der pauschalen Pkw-Versteuerung (findest du auf Deiner Lohnabrechnung) geltend machen. Grundsätzlich geht das

sogar dann, wenn Du „sonst" nicht über den Werbungskosten-Pauschbetrag kommst – denn eigentlich minderst Du das Gehalt um den zu viel versteuerten Anteil am Pkw. Hier heißt es also ebenfalls: Quittungen sammeln, hilft Steuern sparen. Hast Du ein Auto vom Verein und zahlst Du im Monat 100 EUR Benzin, sichert Dir das normalerweise mindestens eine Erstattung von 350 EUR im Jahr.

Steuerberatungskosten
„Wer soll das bloß alles verstehen?" – Wenn Du Dir einen Steuerberater suchst, der Dich berät und Dir bei der Steuererklärung behilflich ist, kannst Du dafür einen Großteil der Kosten (nämlich den Teil der Rechnung, der auf Deine beruflichen Einkünfte entfällt) natürlich auch steuerlich geltend machen.

Berufsausbildungskosten
Vielleicht denkst Du heute schon an die Zeit nach Deiner Karriere? Womöglich fängst Du frühzeitig an, Dich fortzubilden – zum Beispiel durch eine karrierebegleitende Ausbildung oder auch ein Fernstudium? Die durch diese Ausbildung entstehenden Kosten wirken steuermindernd. Hierzu zählen Studiengebühren oder Kosten für Fachliteratur, natürlich auch eventuelle Reisekosten zu Präsenzseminaren oder auch Fahrtkosten zu Lerngemeinschaften.

Handelt es sich bei der Ausbildung/dem Studium um Deine erste Berufsausbildung nach der Schule, sind diese Kosten (begrenzt auf 6.000 EUR) als Sonderausgaben abzugsfähig. Inwieweit die Kosten für eine Erstausbildung eventuell unbegrenzt abzugsfähig sein könnten, prüfen die Steuergerichte noch. Aber 6.000 EUR für eine nebenberufliche Ausbildung musst Du ja auch erst einmal ausgeben. Ist es bereits Deine zweite Ausbildung, kannst Du jedenfalls alle Kosten ohne Begrenzung geltend machen.

5.3.5.2 Warum „schlechte" ausländische Spieler teils mehr verdienen (oder: „mehr Netto" heißt nicht immer „mehr Respekt")

In diesem Kapitel:

- Warum können „auswärtige Mannschaftkollegen" mehr verdienen?
- Welche Zusatzkosten entstehen bei Wohnung und Auto?
- Wie kalkuliert ein Verein die Gehaltskosten?

- Wie unterschiedlich können Kosten sein – und warum kann mehr Netto weniger Arbeitslosengeld bedeuten?

Jeder kennt es, man trifft es überall an und es gibt sogar einen Song darüber: „The grass is always greener on the other side."

Die wenigsten Menschen schaffen es, ihr Glück daran zu messen, was sie selbst haben und ob es ihnen gut geht. Man(n) (und frau) schielt immer darauf, was andere mehr haben, was andere sich leisten können, und man strebt nach dem „Mehr", misst sein Glück am Vergleich mit den anderen.

Die wenigsten Sportler würden wie Basketball-Star Dirk Nowitzki zugunsten der Mannschaft auf Teile ihres möglichen Gehaltes verzichten, damit der Club mehr Geld für andere Spieler ausgeben und insgesamt eine bessere Mannschaft zusammenstellen kann. Auch wenn das zugegebener Maßen auf hohem Niveau erfolgt – der Durchschnittssportler schaut zunächst auf sein eigenes Gehalt … und misst seinen „Erfolg" und die ihm entgegengebrachte „Wert"-Schätzung auch im Vergleich mit dem Verdienst der anderen.

Doch so einfach, wie es scheint, ist das mit dem Nettovergleich nicht. Auch wenn in vielen deutschen Sportligen Nettoverträge nicht mehr erlaubt oder zumindest nicht gern gesehen sind: Die Realität zeigt, dass den Sportler – und seinen Agenten im Rahmen der Vertragsgespräche – zunächst einmal ausschließlich die Nettosumme über die Vertragslaufzeit interessiert, während der Verein die Vorstellung regelmäßig in einen „Bruttovertrag" bringen muss. Wie das dann später vom Verein gerechnet und vertraglich geregelt wird (echter Nettovertrag, ergänzender Imagevertrag, echte Bruttoverträge, Vergütungsmixe), ist unterschiedlich – und der Verein wird versuchen, dies im Rahmen der steuerlichen Möglichkeiten möglichst optimal zu rechnen. Das interessiert den Sportler aber nicht, beziehungsweise nur am Rande. Hauptsache, die vereinbarte Vergütung ist am Ende des Monats auf dem Konto.

Am Rande sei erwähnt, dass bei einem Vereinswechsel und alternativen Angeboten mitunter sogar sportliche Aspekte in den Hintergrund treten. Wie gut der Verein für die sportliche Entwicklung ist, inwieweit der Sportler gefördert wird oder er Spielzeit bekommt, gerät nicht selten zur Nebensache: Kann der eigentlich bessere Club die geforderte Mindestvergütung nicht zahlen oder will er es nicht, wird das Angebot genommen, das einfach „ein besseres Netto" bietet.

Dich als Spieler/Sportler interessiert dabei meist nicht, was „Dein Netto" für den Verein an Kosten bedeutet. Du machst Dir vermutlich vor allem Gedanken, ob diese Vergütung – verbunden mit Zusatzleistungen wie Auto, Wohnung oder auch sonstige Extras wie freies Essen – „angemessen" ist. Die Bezahlung soll Dir einen guten Lebensstil und vielleicht sogar einen strategischen Vermögensaufbau ermöglichen und dafür schlicht so hoch wie möglich sein. Und Du beäugst sicher (auch) die Vergütungen von Mannschaftskollegen und bemisst den Dir entgegengebrachten „Respekt" hieran.

Vergleicht man die Nettogehälter in einer Mannschaft, wird man jedoch oft feststellen, dass die reinen Auszahlungsbeträge nicht immer den „Leistungsstand" und das Standing in der Mannschaft widerspiegeln – was nicht (nur) mit Verhandlungsgeschick des jeweiligen Agenten zu tun hat.

Spitzenfußballer und Millionenverdiener wie Messi, Ronaldo (oder unlängst dank China der bestbezahlter Fußballer der Welt: Carlos Tevez) können sich diese Art der „Prahlerei" erlauben, weil bei diesen Summen jedwede Art der Kostenoptimierung sowieso egal ist und diese Summen – netto oder brutto – mit dem normalen Menschenverstand gar nicht zu begreifen sind. Im „normal bezahlten Sport" allerdings, also bei allen anderen Mannschaftssportarten und Fußball unterhalb der zweiten Liga, führt eine reine Nettobetrachtung zu einem verzerrten Bild … und mitunter zu unnötig verletztem Stolz, Unzufriedenheit oder Neid. Doch woran liegt das?

Zunächst steht fest, dass bei allen Vereinen (sportartübergreifend) der Kostenblock „Spielergehälter" der größte und wichtigste Budgetposten ist. Zugleich sind die Ausgaben in ihrer Höhe begrenzt – durch die Einnahmeplanung für Sponsoring und Ticketgelder und die vorgegebenen „sonstigen Kosten". Die Clubverantwortlichen sollen nun mit dem vorhandenen Geldbetrag eine möglichst gute Mannschaft zaubern und „das höchste Netto" aus dem Geldtopf garantieren.

Zusatzleistungen wie Miete oder Auto mindern die für Bruttogehälter zur Verfügung stehende Geldsumme vorab. Außerdem ist zu bedenken, dass auch die Arbeitgeberbeträge für die Sozialversicherung und Berufsgenossenschaft vom verbleibenden Betrag zu zahlen sind.

Gerade vertraglich garantierte Wohnungen lassen, sofern keine doppelte Haushaltsführung vorliegt, die Gehaltskosten rasch in die Höhe schnellen. Da der Sportler die Wohnung ja zusätzlich zu seinem normalen Gehalt kostenfrei gestellt bekommt, ist der steuerliche Nachteil im Rahmen der Lohnabrechnung netto auszugleichen. Durch die hierfür notwendige Übernahme von Steuer- und Sozialversicherungsbeträge entstehen bei einer (steuerpflichtigen) Wohnungsüberlassung schnell enorme Zusatzkosten. Gleiches gilt für die Autoüberlassung: Auch hier ist ein entsprechender Ausgleich vorzunehmen, was zu einer deutliche Extrabelastung für den Verein führt.

> **Hierzu ein Beispiel:**
> Ein nicht verheirateter Spieler mit einem Nettogehalt von 1.500 EUR soll eine kleine Wohnung zur Verfügung bekommen. Deren Miete liegt bei 500 EUR. Ohne doppelte Haushaltsführung entstehen dem Verein – neben der gezahlten Miete – Zusatzkosten von etwa 910 EUR, um das Gehalt des Spielers so zu erhöhen, dass er trotz der Wohnung dasselbe Netto ausbezahlt bekommt. Führt der Sportler dagegen einen doppelten Haushalt, kann der Verein ihm die Wohnung ohne Extrakosten überlassen.

Hier wird ersichtlich, dass „Provinzclubs" Standortvorteile haben: Das Mietniveau ist meist niedriger, was den Steuerausgleich günstiger macht. Auch die Lebenshaltungskosten sind allgemein geringer. Das alles müssen Clubs in teuren Metropolen durch Zusatzeinnahmen erst einmal refinanzieren. Das ist nicht immer einfach, zumal in Metropolen häufig mehr als eine Sportart vertreten ist und „König Fußball" häufig genug sonstigen Sportarten potenzielle Sponsoren entzieht.

Während Du als Spieler/Sportler also primär auf die Auszahlung schaust, muss der Verein im Blick haben, was für Kosten ihm durch die Mixtur aus Gehalt und sonstigen geldwerten Leistungen wie Miete, Auto oder Monatsticket etc. entstehen … und wie er durch ein Ausnutzen steuerlicher Gestaltungsspielräume Deinen Wünschen möglichst gerecht werden kann.

Die steuerlichen (Optimierungs-)Möglichkeiten sind auch der Grund, warum ausländische oder aus anderen Städten stammende Spieler häufig leichter ein höheres Nettogehalt bekommen, als der Spieler aus der eigenen Jugend. Auch der Familienstand und die entsprechende Steuerklasse wirken sich direkt auf die dem Verein bei einem vorgegebenen Netto entstehenden Kosten aus.

> **Ein weiteres Beispiel zur Verdeutlichung**
> Vergleichen wir die Abeitgeber-Kosten (AG-Kosten) für einen Achtmonatsvertrag für einen unverheirateten heimischen Spieler mit einem Nettogehalt von 1.700 EUR, der zusätzlich eine Wohnung mit einer monatlichen Miete von 700 EUR und ein Auto der Golfklasse zur Verfügung gestellt bekommt, mit dem verheirateten Ausländer mit einem Nettogehalt von 2.500 EUR, der ebenfalls ein Auto bekommt und dessen größeren Wohnung monatlich 1.000 EUR Miete kostet. Eine „optimierte Lohnabrechnung" könnte hier jeweils so aussehen (Tab. 5.2):

Tab. 5.2 Heimischer Spieler, ausländischer Spieler – ein Kostenvergleich

	Abrechnung heimischer Spieler	Abrechnung ausländischer Spieler
	Steuerklasse 1, Netto 1.800 €, Wohnung & KfZ	Steuerklasse 3, Netto 2.500 €, Wohnung & KfZ (DHHF)
Gehalt	2955,00	2725,00
SFN Zuschläge	295,00	270,00
Zuschuss Internet	50,00	50,00
Sachbezug Wohnung	700,00	1000,00
Sachbezug KfZ	275,00	275,00
Verpflegungsmehraufwand	0,00	270,00
Abzüge LSt, SV	− 1.600,00	− 815,00
Abzüge Sachbezüge	− 975,00	− 1.275,00
Auszahlung	**1700,00**	**2500,00**
Kosten gesamt		
Gehalt (inkl. Miete/KfZ)	4275,00	4.590,00
AG Anteile SV, pausch. LSt	880,00	675,00
AG Anteil BG	985,00	690,00
Summe AG-Belastung	**6140,00**	**5955,00**

Obwohl der ausländische Spieler über die 8 Monate insgesamt 6400 EUR mehr ausbezahlt bekommt, spart der Verein monatlich 185 EUR – oder auch knapp 1500 EUR.

Beim heimischen Spieler sind – mit Ausnahme eventueller Zuschläge für Sonn-, Feiertags- und Nachtarbeit – nicht viele begünstigte Gehaltsbestandteile möglich. Der Ausländer kann dagegen – einen doppelten Haushalt unterstellt – neben einer steuerfrei überlassenen Wohnung unter anderem auch Verpflegungsmehraufwendungen erstattet bekommen und hat im Beispiel zusätzlich noch eine günstigere Steuerklasse. So verursacht der heimische Spieler trotz deutlich geringerer Nettoauszahlung und kleinerer Wohnung insgesamt mehr Kosten als der ausländische Spieler. Der Verein lässt sich sein „Eigengewächs" also tatsächlich mehr kosten als den aus dem Ausland verpflichteten Spieler.

Würde der heimische Spieler also allein auf den Auszahlungsbetrag des ausländischen Kollegen schauen, der netto fast 40 % mehr verdient und auch noch eine größere Wohnung hat, schiene es, als sei der Mannschaftskollege für den Verein der „wertvollere" Spieler.

Tatsächlich investiert der Verein mehr Geld für den heimischen Spieler und bringt so seine Wertschätzung (unbemerkt) zum Ausdruck.

Grundsätzlich ist es so, dass die Kostenunterschiede für heimische und ausländische Spieler, die in der Regel eine doppelte Haushaltsführung nachweisen können, bei geringen Gehältern im Verhältnis am größten sind. Bei Monatsgehältern im fünf- oder sogar sechsstelligen Bereich fallen die Zusatzbelastungen nur noch geringfügig ins Gewicht. Auch hier macht jedoch die Steuerklasse (1 oder 3) einen wesentlichen Kostenunterschied bei der Netto-Brutto-Umrechnung aus. Das ist auch der Grund, warum Verträge oftmals eine „Steuerklassen-Klausel" enthalten.

Fragt der Verein bei Abschluss des Vertrages nach Sachen wie einer doppelten Haushaltsführung oder der Steuerklasse, dienen diese Angaben dazu, die Kosten für das gewünschte Nettogehalt unter Berücksichtigung sonstiger Leistungen ermitteln zu können.

Insgesamt kann der Verzicht auf geldwerte, nicht begünstigte Leistungen, wie etwa eine große Wohnung (falls kein doppelter Haushalt vorliegt) oder ein Auto, am Ende zu einem höheren Nettogehalt führen.

Um nichts zu verschenken, lassen sich die Vereine, wie bereits dargestellt, mitunter in den Verträgen zusätzlich eventuelle Steuererstattungsansprüche abtreten. So lassen sich – sofern nicht alle Möglichkeiten der Optimierung konsequent bereits im Rahmen der Lohnabrechnung ausgenutzt wurden – auch nachträglich die Lohnkosten noch senken. Dahinter steht der Gedanke, dass mit dem Spieler über ein vertragliches Netto gesprochen wurde und daher dem Verein alle Steuervorteile zustehen sollen – da eventuelle Steuererstattungsansprüche letztlich ja das zur Verfügung stehende Netto (nachträglich) erhöhen würden. Der Verein hat einfach zu viel an Steuern gezahlt und zu teuer gerechnet.

Da Verein und Spieler sich regelmäßig auf einen Auszahlungsbetrag einigen, muss es dem Verein auch offenstehen, diesen möglichst kostenoptimal zu berechnen. Zwar kann die Abtretung von Steuererstattungsansprüchen durchaus kritisch gesehen werden, besonders dann, wenn Du selbst Kosten zu tragen hattest, Nebeneinkünfte oder Einkünfte Deines Ehegatten dazukommen. Dagegen ist eine Nettolohn-Kostenoptimierung die Voraussetzung dafür, dass die bei einem vorgegebenen Lohnbudget in der Summe zur Verfügung stehende Auszahlungssumme für alle Spieler zusammen möglichst hoch ist und die bestmögliche Mannschaft verpflichtet werden kann.

Für eine solche Hochrechnung werden pauschal besteuerte sowie steuer- und sozialversicherungsfreie Entgeltbestandteile verwendet. So können sich bei bis zu mittleren vierstelligen Nettogehältern beim Arbeitslosengeld Einbußen ergeben: denn dem Arbeitslosengeld liegt alleine das Sozialversicherungsbrutto zugrunde, die begünstigt berechneten Entgeltbestandteile bleiben hier außen vor. Dies sollte und muss in der Planung für vertragslose Zeiten zwischen zwei Saisons berücksichtigt und entsprechend bedacht werden. Hier gilt: Ein niedrigeres, weil nicht kostenoptimiertes Nettogehalt führt bei gleichen Gesamtkosten zu einem höheren Arbeitslosengeldanspruch. Im Beispiel von vorhin hätte der heimische Spieler nun einen deutlichen Vorteil: Bei der Berechnung seines Arbeitslosengeldes würde ein Betrag in Höhe von 3.930 EUR zugrunde gelegt, während beim ausländischen Spieler lediglich 3.000 EUR zur Anrechnung kämen.

Wenn Dich interessiert, auf welcher Grundlage Dein Arbeitslosengeld berechnet würde, wirf einen Blick auf den Gehaltszettel: Dort ist auch das Sozialversicherungsbrutto (SV-Brutto) ausgewiesen, von dem die Abzüge für die Sozialversicherung berechnet werden. Du findest es meist unterhalb der Auflistung der einzelnen Gehaltsbestandteile. Auf Basis des dort genannten Betrags würde später Dein Arbeitslosengeld ermittelt.

Willst Du mal Deinen fiktiven Anspruch ausrechnen? Gib bei Google „Arbeitslosengeldrechner" ein und Du findest einige Rechentools dafür.

5.3.6 Der selbstständige Sportler

5.3.6.1 Gewinnermittlung und Umsatzsteuerpflicht

In diesem Kapitel:

- Grundlegendes zur Gewinnermittlung
- Abschreibung und beschränkt/nicht abzugsfähige Betriebsausgaben
- Die Anlage EÜR
- Die Umsatzsteuererklärung

Bist Du bereits „gestandener Sportler", bereitet Dir die Gewinnermittlung oder auch *Einnahme-Überschuss-Rechnung* sicher keine Kopfschmerzen mehr. Als Anfänger fragst Du Dich aber vielleicht, worauf es dabei zu achten gilt. Selbst wenn Du das alles vom Steuerberater erledigen lässt oder lassen willst: Mit ein paar Grundkenntnissen – und einer entsprechenden Vorsortierung – lässt sich bei den Kosten für die Steuererklärung bares Geld sparen ... und ein „Schmerzensgeldaufschlag" vermeiden.

Wichtig sind diese Begriffe
Einnahmen: Dahinter steht die Summe *aller* Einnahmen: Geldeingänge, Sachzuwendungen und Eigenverbrauch, einschließlich Umsatzsteuer
Umsatz: Nettobeträge aller Einnahmen – in Geld oder Geldeswert
Ausgaben: Nettobeträge aller Ausgaben zuzüglich gezahlter Vorsteuer und inklusive Reisekostenpauschalen sowie an das Finanzamt gezahlter Umsatzsteuer
Abschreibung: Verteilung der Anschaffungskosten auf mehr als ein Jahr
Gewinn / Verlust: Einnahmen abzüglich Ausgaben und Abschreibung

Wie läuft das also jetzt mit der Gewinnermittlung? Zunächst sammelst Du alle Zahlungsbelege: Ein- und Ausgangsrechnungen, Quittungen und eventuell auch Belege von Bareinzahlungen auf dem Konto. Die Einnahmen musst Du aufschreiben, aber nicht zwingend für jede Einnahme einen einzelnen Beleg haben. Für Ausgaben gilt dagegen grundsätzlich: *„Keine Buchung ohne Beleg."* Kannst Du aber partout eine bestimmte Rechnung nicht mehr finden oder hast Du keine bekommen, kannst Du – aber bitte nur ausnahmsweise! – einen Eigenbeleg erstellen: Du schreibst auf einen Zettel, was Du wann und warum ausgegeben hast, zum Beispiel das Trinkgeld für den Möbelpacker.

Wie Du die Belege sammelst – im Schuhkarton mit Schmerzensgeldgarantie, ordentlich hinter den jeweiligen Kontoauszug geheftet oder in Klarsichthüllen nach Thema sortiert – und ob Du die Ausgaben in einer Excel-Tabelle führst, mit der Rechenmaschine aufaddierst oder einen Profi die Buchhaltung überlässt ... das bleibt Dir überlassen und ist gesetzlich nicht vorgeschrieben. Ein bisschen Ordnung, zumindest aber eine thematische Sortierung kann keinesfalls schaden. Es spart Dir Kosten und schützt Dich davor, dass Du Belege hinterher nicht wiederfindest. Es lohnt sich auch, die verschiedenen Einnahmen wie Preisgelder, Sponsoreneinnahmen, Einnahmen aus Trainerstunden oder Auslandseinnahmen etc. zu trennen – das erhöht die Übersicht und Du kannst hinterher schneller schauen, ob die Einnahmen vielleicht verschiedenen Einkunftsarten zuzuordnen sind (freiberuflich oder gewerblich), ob Du gegebenenfalls mehr als eine Gewerbesteuererklärung machst und was wie in der Umsatzsteuererklärung anzugeben ist.

Die Einkommensteuer- und Gewerbesteuererklärung
Hast Du alle Einnahmen und Ausgaben zusammen, ist das schon die halbe Miete. Jetzt muss Du noch Folgendes beachten: Hast Du Dir Anlagevermögen gekauft – also Gegenstände, die regelmäßig länger als ein Jahr benutzt werden und mehr als 410 EUR gekostet haben – legst Du diese Quittungen erst einmal zur Seite und addierst nur die normalen Ausgaben.

Das Anlagevermögen musst Du auf die Dauer der Nutzung *abschreiben*. Das bedeutet: Kaufst Du Dir ein schönes MacBook, bei dem von einer dreijährigen (= 36-monatigen) Nutzung ausgegangen wird, kannst Du jeden Monat 1/36 an Kosten geltend machen. Hast Du das MacBook also im September gekauft, kannst Du im laufenden Jahr noch (von September bis Dezember) 4/36 der Anschaffungskosten geltend machen.

Beachte
Kaufst Du Anlagevermögen, musst Du den Anschaffungspreis auf die Nutzungsdauer verteilen. Je nach Gegenstand ist die Abschreibungsdauer für die *Abschreibung* verbindlich festgelegt. Diese findest Du leicht über Google in den amtlichen *Afa-Tabellen*.
   Die Abschreibung läuft so lange, bis der Anschaffungspreis komplett abgeschrieben ist oder der Gegenstand verschrottet oder verkauft wird. Da die Abschreibung über mehr als ein Jahr läuft: Das Anlagevermögen und den Restwert in einer Liste festhalten und im nächsten Jahr die Restabschreibung nicht vergessen.

Die Einnahmen addiert, die Ausgaben und Abschreibung davon abgezogen – und schon hast Du Deinen steuerlichen Gewinn. Hört sich erst mal recht einfach an, aber der Teufel steckt im Detail.

Nicht alle Kosten sind ungeschmälert abzugsfähig. Die Gewerbesteuer etwa darf beim Gewinn nicht abgezogen werden (Abschn. 4.4.3.2) und Bewirtungskosten können nur zu 70 % bei den Ausgaben berücksichtigt werden. Auch Geschenke an Geschäftsfreunde bilden eine gewisse Ausnahme: Sie dürfen nur abgezogen werden, sofern die Kosten je Geschäftsfreund 35 EUR im Jahr nicht übersteigen.

Vorsicht bei Kilometergeldpauschalen: Wenn Du Reisekosten nach pauschalen Kilometern abrechnest – übertreib es nicht. Wenn Du Dein Auto zu mehr als der Hälfte der Kilometerleistung beruflich nutzt, wird das Auto zu notwendigem *Betriebsvermögen*. In diesem Fall kannst Du zwar alle Kosten steuerlich geltend machen. Allerdings wirst Du in aller Regel nicht um die Ein-Prozent-Versteuerung der Privatnutzung herumkommen. Heißt: Du musst monatlich ein Prozent des Bruttolistenneupreises Deines Autos als fiktive Einnahme versteuern – und Umsatzsteuer zahlst du noch *on top*. Da ist die Kilometerabrechnung steuerlich meist günstiger. Bevor Du also zu viele Kilometer abrechnest, check besser noch mal die Gesamtkilometer des Jahres.

Um es nicht zu kompliziert zu machen: Von den wichtigsten Regelungen hast Du jetzt gehört. Wenn Du das alles nach bestem Wissen und Gewissen so vorbereitest, kann ein Rat vom Steuerprofi, der da mal einen professionellen Blick drauf wirft, normalerweise nicht mehr teuer sein. Frag also ruhig mal nach einem freundschaftlichen Rat.

Hast Du das erledigt, kannst Du den so ermittelten Gewinn in die Einkommensteuererklärung (in die Anlage S für freiberufliche beziehungsweise in die Anlage G für gewerbliche Einkünfte) und gegebenenfalls in die Gewerbesteuererklärung eintragen. Auch die Steuer könnte nun eigentlich berechnet werden – fertig bist Du aber leider immer noch nicht.

Denn Du musst noch die sogenannte *Anlage EÜR* ausfüllen. Wenn Du Deine Steuererklärung selbst machen willst, zahlt sich spätestens jetzt die Ordnung aus, da Du fürs Ausfüllen dieser Anlage die Ausgaben vorgegebenen Kostenkategorien zuordnen musst. Schau Dir das Formular einmal an ... dann hast Du für die Vorsortierung Deiner Belege für die Zukunft ein brauchbares System.

Spätestens jetzt wirst Du vielleicht überlegen, ob Du Dich nicht eventuell doch nach einem Steuerberater umschaust. Wenn Du am Anfang Deiner Karriere stehst und Deine Einnahmen noch nicht so hoch sind, würde ich Dir raten: Versuch Dich ruhig erst einmal selbst an Deiner Steuererklärung und frag dann einen Experten. Nicht nur, dass es Dich dann wesentlich weniger Geld kostet. Ein Lob vom Fachmann, dass Du das alles ja eigentlich vorbildlich vorbereitet hast, geht runter wie Öl.

Die Umsatzsteuererklärung
Ein wichtiger Hinweis vorab: Du kannst nur *ein* umsatzsteuerlicher Unternehmer sein. Klingt ein wenig lächerlich, bedeutet aber: Selbst wenn Du umsatzsteuerpflichtige Einkünfte aus verschiedenen Tätigkeiten hast, etwa als Freiberufler und zusätzlich aus zwei verschiedenen gewerblichen Tätigkeiten, gibst Du nur eine Umsatzsteuererklärung ab, in der alle Umsätze einbezogen werden. Auch für die Frage, ob Du Kleinunternehmer sein kannst und damit von der Umsatzsteuerpflicht befreit bist, werden alle Umsätze zusammengerechnet.

In der Regel wirst Du als Profisportler mit Deinen Umsätzen der *Ist-Versteuerung* unterliegen (das solltest Du unbedingt beim Finanzamt formlos einmalig beantragen). Dann musst Du die Umsatzsteuer nur für tatsächliche Geldeingänge beziehungsweise erhaltene Sachbezüge bezahlen – also unabhängig von der Rechnungsstellung. Das Gegenstück heißt *Soll-Versteuerung* und ist der eigentliche Standard. Hiernach müsstest Du die Umsatzsteuer schon bezahlen, wenn Du die Rechnung geschrieben hast, egal wann Du das Geld bekommst. Ist natürlich doof – daher: bei Aufnahme der Tätigkeit einmalig beantragen.

Wenn Du Umsatzsteuererklärungen erstellen musst, solltest Du bei der Auflistung der Ausgaben sowohl den Nettobetrag als auch die Vorsteuer erfassen. Letztere ist in der Regel auf der Rechnung separat ausgewiesen. So kannst Du schnell ermitteln, wie viel Vorsteuer Du von Deiner Umsatzsteuer in Abzug bringen kannst.

Um die Einnahmen in Nettobeträge und Umsatzsteuer zu trennen, darfst Du nicht einfach den Taschenrechner nehmen und mit den Einnahmen multiplizieren, sondern musst den Steuerbetrag per Dreisatz ausrechnen: Einnahme geteilt durch „1 Komma Steuersatz mal Steuersatz". Bedeutet: Hast Du 1.000 EUR eingenommen, ist die darin enthaltene Steuer bei einem Steuersatz von 19 % nicht 190 EUR, sondern: 1.000 EUR/ 1,19 × 19 % = 159,66 EUR. Der Umsatz (Nettobetrag) ist somit 840,34 EUR (oder auch: 1.000 EUR/1,19).

Die so ermittelten Beträge – Umsatz nach Steuersatz, Umsatzsteuer und anrechenbare Vorsteuer – kannst Du dann in die Umsatzsteuererklärung übertragen, die geleisteten Vorauszahlungen abziehen ... und fertig ist die Umsatzsteuererklärung.

Hinweis
Wenn Du Dich das erste Mal selbstständig machst, bist Du im ersten Jahr verpflichtet, monatliche Umsatzsteuervoranmeldungen abzugeben. In der Folge entscheidet die für ein Jahr gezahlte Umsatzsteuer darüber, ob Du monatlich, quartalsweise oder jährlich Deine Umsatzsteuer ans Finanzamt melden musst.

5.3.6.2 Wie lässt sich der Gewinn mindern?

In diesem Kapitel:

* Welche Belege gilt es zu sammeln?
* Welche Kosten kann ich absetzen?
* Die doppelte Haushaltsführung und sonstige Reisekosten
* Abzugsfähigkeit von Steuerberaterkosten

Du als Einzelsportler wirst Dich bereits mit den grundsätzlichen Anforderungen an eine Steuererklärung auseinandergesetzt haben und auch eine grundsätzliche Vorstellung davon haben, welche Kosten Du mit den Einnahmen verrechnen kannst. Eine Einleitung à la „Gewinnermittlung für Sport-Dummies" spare ich mir daher ... und hoffe, dass Du in den vorherigen Kapiteln bereits einige nützliche Tipps und Hinweise hierzu gefunden hast.

Hast Du als Einzelsportler rein aus Interesse bereits das Kapitel zum Sportler als Arbeitnehmer gelesen (Abschn. 5.3.5) – oder bist Du als Mannschaftssportler in diesem Kapitel gelandet ... findest Du in diesem Kapitel nicht viel Neues. Denn die steuerlichen Abzugsmöglichkeiten sind im Grunde vergleichbar – und die Erläuterung zu den wesentlichen Ausgaben sind absolut die gleichen. Dennoch wollte ich nicht auf die wichtigsten Hinweise verzichten – spart das Blättern für die, die das entsprechende Kapitel übersprungen haben und vielleicht führt ein erneutes Durchlesen (nach der „Holzhammer-Methode") auch zu einem tieferen Verständnis der Abzugsmöglichkeiten. Hast Du alles schon verinnerlicht, lies die folgenden Ausführungen und spar Dir die Einzelerläuterungen.

Zunächst noch einmal die wichtigsten Hinweise:
Jede Ausgabe ist auch unter Berücksichtigung einer eventuellen Steuerersparnis immer ein Minusgeschäft.
Durch ohnehin zu tätigende Ausgaben kann man, sofern sich diese Ausgaben dem Beruf zuordnen lassen, Steuern sparen.
Lieber eine Rechnung oder Quittung mehr aufbewahren, als notwendig – streichen kann man immer noch.

Im Gesetz sind die Betriebsausgaben wie folgt definiert: „Betriebsausgaben sind Aufwendungen, die durch den Betrieb veranlasst sind."

Das bedeutet: von Deinen Einnahmen können sämtliche Kosten abgezogen werden, die Dir notwendiger- beziehungsweise sinnvollerweise entstehen, um Deinen Beruf auszuüben oder Dich nach vorne zu bringen. Dies sind nicht nur die Ausgaben, die Dir vielleicht typischerweise und sofort in durch den Kopf gehen (Reisekosten zu Wettkämpfen, Deine Sportausrüstung), sondern auch die Ausgaben, die vielleicht nur mittelbar mit der

Sportausübung zu tun haben oder Dich in Zukunft erfolgreicher machen sollen (Mental- oder Individualtraining).

„Absetzen" kannst Du dabei oftmals mehr Kosten, als Du vielleicht denkst.

Wenn Du beispielsweise:
- einen „Multimediabeauftragten" hast, der sich um Deine Darstellung in den sozialen Netzwerken oder Deinen Internetauftritt kümmert,
- Du Dir ein professionelles Mediencoaching gönnst, um in Interviews besser rüberzukommen,
- Deinen Berater oder potenziellen Sponsor zum Essen einlädst, um mit ihm über einen Vertrag zu sprechen,
- über Dein privates Handy mit dem Agenten und Club wegen Deiner Karriere telefonierst,
- privat zu anderen Vereinen reist, um im Anschluss mit dem Trainer Deine Chancen für die nächste Saison zu besprechen,
- sind das alles Kosten, die Dir ein paar Steuereuros sparen können.

Praxistipp zu den Bewirtungskosten (zu 70 % abzugsfähig)
Gewöhn Dir an, bei Essen mit beruflichem Hintergrund direkt nach einer Bewirtungsquittung zu fragen (der Kellner wird wissen, was Du meinst). Im Anschluss: diese direkt ausfüllen. Hier musst Du bei „bewirteten Personen" Deine Gäste und Dich selbst eintragen, bei „Grund der Bewirtung" den beruflichen Hintergrund (zum Beispiel Vertragsgespräch, Perspektiven neue Saison etc.) und das Ganze dann noch unterschreiben ... und schon kannst Du das zu Deinen Steuerunterlagen nehmen.

Sofern Du für eine gewisse Zeit außerhalb Deines Wohnortes (Lebensmittelpunktes) tätig bist und noch zu Hause wohnst, kann auch ein Dauerauftrag an Deine Eltern Dir helfen, richtig Steuern zu sparen ... lies Dir in diesem Fall meine Ausführungen zu den Kosten der doppelten Haushaltsführung durch, die gleich folgen.

Einen „Betriebsausgaben-Pauschbetrag" gibt es nicht … im Gegensatz zum angestellten Sportler sparst Du also ab der ersten Ausgabe Steuern.

Erfahrungsgemäß gibt es neben den typischen Betriebsausgaben, die für alle Selbstständigen gleichermaßen gelten – Büro-/Papierbedarf, Ausgaben für berufliche Netzwerke etc. – bei Profisportlern noch eine Reihe anderer Kosten typischerweise anfallen. Du findest sie in Abschn. 5.3.7 beispielhaft aufgeführt.

Sieh diese Aufstellung als „Ideengeber" – und schau Dir Deine Ausgaben und Kontoabbuchungen im Anschluss noch einmal kritisch an … hoffentlich werden Dir einige Kosten nun in einem neuen (beruflichen) Kontext erscheinen.

Sammle alle Rechnungen und Quittungen, geh die Bestellungen in Deinem AMAZON-Account noch einmal durch und sortiere Deine Ausgaben am besten direkt nach Kategorien (Handy, Auto, Unterkunft, Reisekosten, Sportlerkleidung, Elektro, Essen etc.), dann fällt das Aussortieren später leichter. Gehe im Anschluss noch einmal alle Belege (und auch Bankabbuchungen) kritisch durch und rage Dich, ob und warum die jeweilige Ausgabe mit dem Beruf zu tun haben könnte.

Hast Du einen Steuerberater, sprichst Du mit ihm im Anschluss die einzelnen Kosten (und vor allem die Grenzfälle) durch … dann weißt Du, welche Belege Du zukünftig nicht mehr zu sammeln brauchst.

Denk daran: Aussortieren kann man immer – aber nachträglich Ausgaben zu belegen, ist immer schwer (oder auch unmöglich). Und auch der „gewiefteste Steuerprofi" kann nicht erraten, was Du alles für Ausgaben hattest, wenn er keine entsprechenden Angaben hat.

Selbst wenn ein Steuerprofi Dir bei Erstellung der Gewinnermittlung im Anschluss erklärt, dass Deine Ideen und Erklärungen zwar gut – aber von der Rechtsprechung der Finanzgerichte ein Betriebsausgabenabzug leider ausgeschlossen ist … dann kannst Du sicher sein: Du hast das Prinzip des „Steuersparens" verstanden.

Nun zu ein paar der Werbungskosten im Einzelnen – ich hatte sie vorher schon einmal erläutert, aber doppelt hält bekanntlich besser ☺:

Umzugskosten
Auch bei Einzelsportlern stehen manchmal im Rahmen eines Vereinswechsels Umzüge an. Die Dir als Sportler entstehenden Umzugskosten können – da eine Erstattung des Vereins eine Einnahme für Dich darstellt – in voller Höhe als Kosten geltend gemacht werden. Auch ein „Hinzug" zur Arbeit (wenn Du näher an den Verein ziehst und hier arbeitstäglich mindestens eine Stunde Fahrtzeit einsparst) kannst Du steuerlich geltend machen. Neben den Kosten für den Möbelpacker zählen zu den berücksichtigungsfähigen Kosten auch Reisekosten zur Umzugsvorbereitung und den Umzug selbst, maximal sechs Monate „doppelte Miete", Maklerkosten für die Mietwohnung und auch „umzugsbedingter Nachhilfeunterricht" Deiner Kinder. Außerdem kannst Du sonstige Umzugsauslagen (beispielsweise Ummeldung, neuer Telefonanschluss, Installation Elektrogeräte etc.) entweder durch Einzelnachweis oder pauschal (Stand 1. Februar 2017: 764 EUR für Ledige beziehungsweise 1.528 EUR für Verheiratete zuzüglich 337 EUR für jede weitere Person).

Kosten der doppelten Haushaltsführung
Als Einzelsportler bist Du häufig für eine begrenzte Zeit beziehungsweise Saison außerhalb Deines eigentlichen Lebensmittelpunktes tätig und die Beschäftigungsorte wechseln deutlich häufiger als bei einem „normalen" Arbeitnehmer. Entstehen Dir hier für die Unterkunft (oder auch Verpflegung) an Deinem Beschäftigungsort Aufwendungen, können diese unter bestimmten Voraussetzungen steuerlich geltend gemacht werden.

Das Vorliegen einer doppelten Haushaltsführung ist Voraussetzung, damit Du neben den Unterkunftskosten (bis zu 1.000 EUR monatlich) zusätzlich noch Verpflegungspauschalen (24 EUR am Tag) für drei Monate geltend machen kannst ... nach einer vierwöchigen Abwesenheit von dem zweiten Wohnsitz (zum Beispiel bei einem langen Trainingscamp oder außerhalb der Saison) sogar mehrfach.

Eine doppelte Haushaltsführung liegt steuerlich dann vor, wenn Du aus beruflichen Gründen gezwungen bist, außerhalb Deines Lebensmittelpunktes eine Zweitwohnung zu bezahlen – und natürlich auch eine „Hauptwohnung" hast, die Lebensmittelpunkt ist und die Dich finanziell auch belastet. Sofern Du eine eigene Miet- oder Eigentumswohnung hast, die Du bezahlst, ist der Abzug kein Problem. Was aber, wenn Du regelmäßig in der trainingsfreien Zeit (beziehungsweise außerhalb der Saison) zu Hause bei Deinen Verwandten wohnst?

Die alleinige Unterbringung im Kinderzimmer des elterlichen Hauses ist (leider) hierfür nicht ausreichend, vielmehr musst Du Dich auch – und zwar nachweislich – an den Kosten der Haushaltsführung (Miete, Nebenkosten, Lebensführung) maßgeblich, das heißt zu mindestens zehn Prozent beteiligen. Bedeutet: Betragen die Kosten für die Mietwohnung der Eltern 1.500 EUR warm und unterstellt man Kosten für Lebensmittel und sonstige Dinge des täglichen Bedarfes in Höhe von 1.000 EUR monatlich – kannst Du mit einem (am besten per Dauerauftrag geleisteten) „Zuschuss" von 300 EUR richtig Steuern sparen, denn durch diesen Zuschuss kannst Du die Kosten für die Wohnung am Tätigkeitsort (und auch die die Verpflegungsmehraufwendungen) bei der Steuer mindernd geltend machen.

Reisekosten

Reisekosten kannst Du geltend machen, wenn Du aus beruflichen Gründen (Bewerbung, Fahrt zu Wettkämpfen, Sichtungsturniere, Reise zum Spezialtraining außerhalb der Saison etc.) reisen musst. Zu den Reisekosten zählen Fahrtkosten (tatsächliche Kosten öffentliche Verkehrsmittel: Taxi, Bahn und Flugzeug – sowie Kilometerpauschalen von 0,30 EUR bei Nutzung Deines eigenen Fahrzeuges), Verpflegungsmehraufwand (Inlandspauschale beispielsweise 12 bis 24 EUR je nach Dauer der Abwesenheit), die Übernachtungskosten (laut Rechnung) sowie Reisenebenkosten (zum Beispiel Gepäckkosten, Mautgebühren, Parkplatzgebühren, Kreditkartengebühr im Ausland etc.).

Ist die Reise sowohl beruflich als auch privat veranlasst, können die Reisekosten in einen beruflichen und einen privaten Teil aufgeteilt werden (zum Beispiel wenn Du an den Wettkampf in Südfrankreich noch eine Woche privaten Strandurlaub dranhängst: Zeiten des Wettkampfs einschließlich Vorbereitung ist voll beruflich, die Ferienwoche voll privat … und der Flug entsprechend aufzuteilen).

Steuerberatungskosten

„Wer soll das bloß alles verstehen?"… wenn Du Dir einen Steuerberater suchst, der Dich berät und Dir bei der Steuererklärung behilflich ist, kannst Du einen Großteil der Kosten (den Teil der Rechnung, der auf Deine „beruflichen Einkünfte" entfällt) natürlich auch steuerlich geltend machen.

Berufsausbildungskosten

Denkst Du heute schon an die Zeit nach Deiner Karriere und fängst frühzeitig an, Dich fortzubilden (zum Beispiel durch eine karrierebegleitende Ausbildung oder auch ein Fernstudium): Die durch die Ausbildung entstehenden Kosten wirken steuermindernd. Handelt es sich bei der Ausbildung/dem Studium um Deine erste Berufsausbildung nach der Schule, sind diese Kosten (begrenzt auf 6.000 EUR) als Sonderausgaben abzugsfähig. Handelt es sich bereits um Deine zweite Ausbildung, kannst Du alle Kosten (ohne Begrenzung) geltend machen.

Zu den berücksichtigungsfähigen Kosten zählen – neben Studiengebühren oder Fachliteratur – natürlich auch eventuelle Reisekosten zu Präsenzseminaren oder auch Fahrtkosten zu Lerngemeinschaften. Inwieweit auch die Kosten für eine Erstausbildung vielleicht unbegrenzt abzugsfähig sein könnten, wird noch von den Steuergerichten geprüft ... aber 6.000 EUR für eine „nebenberufliche Ausbildung" musst Du ja auch erst einmal ausgeben.

5.3.7 Anlage Werbungskosten/Betriebsausgaben Profisportler

- *Reisekosten* (Kalender zu Auswärtsspielen, Nationalmannschaft, Camps)
- Selbst getragene *Flug-/Bahn-/Taxikosten* (Behandlung, Treffen Agent, Sichtung Mannschaften)
- Aufstellung und *Fahrten* „regelmäßige Arbeits-/Trainingsstätten" (Fitness, Training, Spiel)
- Gegebenenfalls Nachweise *doppelte Haushaltsführung/Umzug* bei Vereinswechsel
- *Sportkleidung/Sportschuhe* für Ausübung Beruf
- *Mental-/Personal Coaching**
- *Mediencoaching* (beispielsweise Interviewtraining)
- *Social-Media-Ausgaben* (Betreuung Website, Postings, Fotos, Medienberatung)
- Sommertraining/selbst getragene *Trainingskosten*
- Physiotherapeutische *Behandlung/Massagen*
- *Tape, Bandagen* etc.
- Spezielle *Sportlernahrung/-diät*, Vitamine, spezielles *Fitnesstraining**
- Beruflich veranlasste *Bewirtungen* von Kollegen/Agent/Trainer/Steuerberater*
- *Spielergewerkschaft*
- *Computer, Telefon, Internet, Handy*
- *Bürobedarf* (Papier, Kalender, Stifte, Locher, Ordner etc.)
- *Kontaktlinsen* (und sonstige Krankheitskosten)*
- „*Kosten Autonutzung*" (Vertragskopie bezüglich Autoregelung)
- *Fahrten/Reisekosten zu Berater* (Steuerberater, Treffen Agent, Finanzplaner etc.)

... plus alle „sonstigen" Kosten im Zusammenhang mit der Berufsausübung
Sofern nebenbei Studium: auch Fortbildungskosten sind abzugsfähig

*Anerkennung abhängig vom Einzelfall/zuständigen Sachbearbeiter

6

Profi sein – Auslaufen: Karriere nach der Karriere, Absicherung, Sonstiges

Abb. 6.1 Das Leben nach der Karriere: Mach das Beste aus Deiner Zukunft

6.1 Das sagt der Sportprofi

So kommst Du von Berufung zum Beruf.

6.1.1 Das Leben nach der Sportkarriere

In diesem Kapitel:

- Wie ist die Ausgangssituation eines ehemaligen Profisportlers bei Einstieg in die Berufswelt?
- Welche besonderen Fähigkeiten bringen Profisportler mit?
- Welche strategischen Schritte sind während der Karriere für die Zeit danach nötig?
- Welche Rolle spielt Networking?
- Meine Erfahrung mit der Doppelbelastung Profikarriere und Fernstudium (Abb. 6.1)

„An der Zusammenarbeit mit ehemaligen Leistungssportlern schätze ich insbesondere deren starke Erfolgsorientierung, ihre große Disziplin und den hohen Detaillierungsgrad, mit dem sie ihre Aufgaben abarbeiten. Zudem zeichnen sich ehemalige Leistungssportler sehr häufig durch eine ausgesprochen hohe soziale und emotionale Intelligenz aus, priorisieren zumeist das Team und dessen Erfolg und sind bereit, sich absolut in den Dienst einer Sache zu stellen. Auch die Fähigkeit, sich ausschließlich auf eine Aufgabe zu konzentrieren und punktgenau zu „liefern", erachte ich als eine besondere Stärke von ehemaligen Leistungssportlern.

Abschließend möchte ich jedoch deutlich zum Ausdruck bringen, dass ehemalige Leistungssportler keinen exklusiven Anspruch auf diese Eigenschaften und Verhaltensweisen haben. Häufig agieren Mitarbeiterinnen und Mitarbeiter ohne Historie im Leistungssport exakt gleich. So gilt auch hier, dass Pauschalierungen nicht zielführend sind. Es kommt immer ausschließlich auf den einzelnen Menschen an."
(Thomas Müllerschön, ehem. Vorstandsvorsitzender Uzin Utz AG, Ulm)

https://tinyurl.com/yb89rfxl

Auf den ersten Blick haben ehemalige Profisportler beim Einstieg in den Beruf einen großen Nachteil gegenüber anderen. Ist die Profikarriere im Alter von 30 bis 35 Jahren einmal beendet, haben Sportler ca. zehn bis 15 Jahre weniger Berufserfahrung als gleichaltrige Kollegen. Zwar mag es Berufe geben, bei denen sich diese Jahre in der Tat nicht aufholen lassen. Grundsätzlich müssen sich Sportler aber nicht um ihre Karriere nach der Karriere sorgen – wenn sie sich denn strategisch darauf vorbereiten.

Professor Ralf Dewenter, Lehrstuhlinhaber für Industrieökonomik an der Helmut-Schmidt-Universität Hamburg, und Leonie Giessing vom Düsseldorfer Institut für Wettbewerbsökonomie (DICE) haben sich in einer Studie auf Basis des Sozioökonomischen Panels (SOEP) mit dem Gehaltsunterschied ehemaliger Leistungssportler und Nichtsportler im normalen Berufsleben beschäftigt. Hiernach verdienen die ehemaligen Leistungssportler monatlich im Durchschnitt 690 bis 780 EUR netto mehr als ihre Kollegen. Die Studie zeigt ebenfalls, dass ehemalige professionelle Mannschaftssportler in ihrem späteren Berufsleben ein höheres Einkommen erwirtschaften als Sportler aus Einzeldisziplinen. Doch woher kommt dieser gravierende Unterschied?

Ich habe mich schon oft mit erfolgreichen Unternehmern über den Wechsel ehemaliger Berufssportler auf den herkömmlichen Arbeitsmarkt unterhalten. Ein guter Freund fand einen interessanten bildlichen Vergleich, um die Ausgangslage der ehemaligen Profisportler in der normalen Berufswelt zu beschreiben: Er vergleicht ehemalige Berufssportler mit einem 2,15 m großen Basketballspieler, der im Alter von 15 Jahren zum ersten Mal zum Training kommt. Wie viele so große Menschen gibt es auf der Welt? Nicht so viele. Dieser Spieler bringt also außergewöhnliche Fähigkeiten mit, die der Markt sonst kaum hergibt und die sich nicht so leicht erlernen lassen, wenn überhaupt, weil sichdie Körpergröße, die hier zuvor als Beispiel angeführt wurde, eben absolut nicht „erlernen" lässt. Der Spieler kann zwar weder einen Ball fangen, noch kann er richtig geradeaus laufen. Trotzdem werden die meisten Trainer und Organisationen diesen Spieler mit Kusshand in ihre Mannschaft aufnehmen und bestmöglich in seiner Entwicklung fördern. Sie wissen genau: Wenn dieser Spieler sich halbwegs entwickelt, haben sie einen verborgenen Schatz in ihren Reihen. Er ist also ein Rohdiamant, der nur noch geschliffen werden muss.

Doch was macht ehemalige Profisportler ähnlich besonders auf dem Arbeitsmarkt? Führungskräfte von Unternehmen nennen diesbezüglich immer wieder dieselben Punkte, die sich in einem Wort zusammenfassen lassen: Softskills.

Leistungssportler lernen früh, diszipliniert und hart auf ein Ziel hinzuarbeiten. Einmal begonnene Aufgabe abzubrechen und hinzuschmeißen, kommt für sie so schnell nicht infrage. Schon diese einfache Fähigkeit schätzen Arbeitgeber sehr. Außerdem sind ehemalige Sportler nach ihrer Karriere in der Regel flexibler, belastungsfähiger, kritikfähiger und können besser mit Rückschlägen umgehen als die meisten ihrer Arbeitskollegen. Ehemalige Teamsportler beweisen zudem eine extrem hohe Teamfähigkeit. Das sind alles Eigenschaften, die Sportler in ihrer Laufbahn lernen und die in der Arbeitswelt sehr gefragt sind.

„Während der Zeit als Sportler sollten Kontakte aktiv und effektiv genutzt werden, um den Übergang vom Sport zur anschließenden Berufskarriere zu vereinfachen. Ein bewusster Umgang und gezieltes Nutzen der sportlichen Sonderstellung sowie der Vorteil von Softskills sind die Grundlage für eine erfolgreiche Karriere nach dem Sport. Das bekomme ich immer wieder bei den Werdegängen meinen ehemaligen Teamkollegen zu sehen."
(Jan Zimmermann, Volleyball-Nationalspieler bei Stade Poitevin Poitiers)

https://tinyurl.com/ybvhzv78

Ihnen muss in ihrer beruflichen Laufbahn nur noch das „Geradeauslaufen" beigebracht werden, um mal bei dem Bild des hünenhaften Basketballers zu bleiben. Sobald die Sportler dann auch die Hardskills im Blut haben, sind sie anschließend für das Unternehmen von großem Wert. Und schon beim Erlernen der Hardskills profitieren die Sportler von den genannten „weichen Fähigkeiten": Rückstände holen sie schnell auf – und bringen obendrein alles mit, um neue Fähigkeiten zu lernen.

Natürlich sind alle Menschen unterschiedlich – auch die Profisportler – und es kommt dabei auch sehr stark auf den Charakter der Person an. So sind die Softskills ehemaliger Profisportler keineswegs eine Garantie für beruflichen Erfolg nach der Karriere. Nur wenn die Sportler sich schon während der Karriere aktiv und strategisch auf die Zeit danach vorbereiten, können sie von diesen Fähigkeiten profitieren. Wie aber geht das, sich so vorzubereiten?

Bis jetzt haben wir lediglich über das Offensichtliche gesprochen: Die nötigen akademischen oder beruflichen Abschlüsse zu erzielen, ist quasi die Pflicht. Mindestens genauso wichtig ist jedoch die Kür, das Networking. Als Profisportler hat man meist das Privileg, mit sehr vielen wichtigen Entscheidungsträgern von großen Unternehmen aus der Region in Kontakt zu kommen. Gespräche im VIP-Raum, bei Sponsorenveranstaltungen oder PR-Termine eignen sich hervorragend, um gezielt solche Kontakte zu knüpfen und sich ein persönliches Netzwerk aufzubauen. Als Profisportler steht man in seiner Stadt oft im Mittelpunkt des gesellschaftlichen Interesses. Die Menschen umgeben sich gerne mit solch einer Persönlichkeit. Es gehört also nicht viel dazu, mit den richtigen Leuten in Kontakt zu kommen.

Allerdings hilft es durchaus, ein paar einfache grundlegende Dinge zu beherzigen. Viele Spieler betrachten beispielsweise die Zeit nach dem Spiel im VIP-Raum oder PR-Termine als lästige Pflichtveranstaltungen. Sie zeigen sich gelangweilt, spielen an ihrem Handy oder kommen in Badelatschen und Jogginghose zum Termin. Allein sich vernünftig zu kleiden sowie höflich und aufmerksam zu sein, kann einem Spieler schon große Sympathiepunkte einbringen. Wenn es der Zeitrahmen zulässt, können die Kontakte zu den Sponsoren auch durch Praktika und im Unternehmen geschriebene Bachelor- und Masterarbeiten genutzt und intensiviert werden. So sammelt man schon während der Karriere praktische Erfahrung und wertet seinen Lebenslauf für spätere Bewerbungen erheblich auf.

Angesichts der jeweils nächsten Vertragsverhandlungen können Spieler zudem sofort und nicht nur nach der Karriere von den Kontakten profitieren. Es ist nie schädlich, ein gutes Verhältnis zu den Sponsoren zu pflegen. Ganz am Rande können diese Kontakte auch eine persönliche Bereicherung sein.

Ich habe als zugezogener Spieler bei solchen Veranstaltungen viele tolle Menschen außerhalb der Mannschaft kennengelernt, mit denen ich bis heute gute Freundschaften pflege.

Wie wichtig dieses Vitamin B nach der Karriere sein kann, haben mir die Werdegänge zweier ehemaliger Mitspieler gezeigt.

Den ehemaligen Basketballkollegen Sebastian (Basti) Betz habe ich in Ulm als einen introvertierten und disziplinierten Menschen kennen- und schätzen gelernt. Er und Per Günther hielten mir vor Augen, dass ein Fernstudium neben der Karriere durchaus möglich ist. Basti schloss nicht nur zwei Ausbildungen, sondern auch sein Fernstudium erfolgreich ab und ermöglichte sich dadurch bereits eine Perspektive für die Karriere nach der Karriere. Die war leider von zahlreichen Verletzungen geprägt. Jeder, der schon einmal eine schwere Verletzung erlitten hat, weiß um die Zeit und die Energie, um zu alter Stärke zurückzufinden. Mit zunehmendem Alter reifte bei Basti die Entscheidung, dass es vernünftig sei, die Karriere enden zu lassen. Der Bewerbungsprozess erwies sich für ihn allerdings zunächst als ernüchternd.

„Ich befand mich in den letzten Zügen meines Studiums und wusste zudem, dass ich sportlich bei einer weiteren Saison wieder kürzertreten müsste. Also schrieb ich viele Initiativbewerbungen an diverse Unternehmen, ohne eine konkrete Stelle anzuvisieren. Die von mir stets als repräsentativ für meine Person wahrgenommene Profisportkarriere hatte für einige Unternehmen jedoch lediglich einen geringen beziehungsweise gar keinen Stellenwert. 14 Jahre meines Lebens galten meiner größten Leidenschaft dem Basketball und wurden auf einmal nur einem ‚ohne Berufserfahrung' gleichgesetzt. Mir wurde klar, dass ich meine Interessen konkretisieren und die entsprechenden Kontakte knüpfen beziehungsweise wiederherstellen musste, um erfolgreich im Berufsleben Fuß zu fassen."
(Sebastian „Basti" Betz, ehemaliger Basketballprofi)

https://tinyurl.com/ybxnwqal

Die letzten Monate im Basketballsport nutzte Basti schließlich mit Erfolg, um genau diesen Grundstein zu legen.

„Wenn man sich den sportlichen Erfolg zur Hauptaufgabe macht, ist es ein Leichtes, die Entscheidung über den Weg danach erst einmal unbedacht zu lassen. Mit dem Ziel einen aktiven Teil zum Erfolg der Mannschaft und des Vereins beizutragen, gab es für mich nur wenig Interesse immer wieder über meine Verletzungen zu sprechen und somit in den Fokus des Interesses zu rücken. Man sollte sich nicht verbiegen, um dem medialen Interesse gerecht zu werden. Trotzdem sollte man das große Ganze nie aus den Augen verlieren und es nicht als Selbstverständlichkeit sehen, dass dem Sport in der Berufswelt gleichermaßen Bedeutung zukommt."
(Sebastian „Basti" Betz, ehemaliger Basketballprofi)

https://tinyurl.com/ybxnwqal

Mit Dominik Bahiense de Mello dagegen hatte ich einen Teamkollegen, der während der Karriere zwar sein Studium abgebrochen hat, dafür aber ein *socializer* bester Güte ist. Egal, wem er begegnet, er wird von allen gemocht. So konnte er bald auf ein beachtliches Netzwerk zugreifen.

Während seiner Zeit bei den Skyliners in Frankfurt nutzte er seine aufgebauten Kontakte zum Hauptsponsor Deutsche Bank und absolvierte in der spielfreien Zeit zwei Praktika, unter anderem im Investment Banking, um erste praktische Berufserfahrung in der Unternehmenswelt zu sammeln. Nach zehn Profijahren in der Basketball-Bundesliga entschied sich „Mello" bewusst dafür, auszusteigen und in die Wirtschaft zu wechseln.

Man sollte meinen, dass dies für einen 30-jährigen Berufseinsteiger ohne abgeschlossenes Studium einige Schwierigkeiten mit sich bringt. Doch für

Mello lief es ziemlich reibungslos. Der Hauptsponsor aus Göttingen ermöglichte ihm einen Einstieg als Trainee und somit einen nahtlosen Übergang in die Wirtschaftswelt.

Am Anfang bedeutete das für ihn nicht nur „raus aus der miefigen Trainingshalle und rein in das frisch gebügelte Hemd", sondern auch zahlreiche Überstunden, um sich in einer zuvor gänzlich unbekannten Branche zu orientieren und um nach der Arbeit dem Studienabschluss näherzukommen.

Und anders als während der Karriere als aktiver Profisportler, in der die Zeit am Schreibtisch eine wohltuende Abwechslung sein konnte, verbrachte er nun Stunde um Stunde am Schreibtisch. Rückblickend sprach er dann oft davon, dass es ein großes Versäumnis gewesen sei, das Studium nicht noch während der aktiven Karriere abgeschlossen zu haben. Doch Mello biss sich durch und machte schnell erste Karrieresprünge.

Beide Beispiele zeigen, wie wichtig das Zusammenspiel von akademischer und beruflicher Ausbildung sowie gutem Networking ist. Basti und Mello haben letztlich beide in der Berufswelt Fuß gefasst. Mit einem besseren Zusammenspiel der beiden Facetten wäre allerdings beiden der Übergang leichter gefallen. Unternehmen aus dem Sponsorenkreis sind deutlich stärker für die Leistungsbereitschaft und Softskills sensibilisiert, die Profisportler als zukünftige Mitarbeiter mit ins Unternehmen bringen würden. Darüber hinaus erkennen sie die Doppelbelastung aus Beruf und Ausbildung als besondere Leistung an.

Nicht unüblich ist es, dass Spieler nach der Karriere ihren Lebensmittelpunkt an einem anderen Ort suchen als in der Stadt, wo sie zuletzt gespielt haben. Kontakte zu Sponsoren und Personen aus dem sportlichen Umfeld können häufig trotzdem hilfreich sein. Überregional und international agierende Firmen und Unternehmen haben meist Tochtergesellschaften, Dependancen, Zweig- oder Außenstellen im In- und Ausland und bieten auf die Weise vielfältige Optionen.

„Wenn ich heute auf meine Karriere zurückblicke, würde ich vieles wieder gleich und einiges doch anders machen.
Speziell in der Anfangszeit würde ich mich verstärkt mit meiner Karriereplanung befassen und mich damit auseinandersetzen, wie ich die Doppelbelastung aus Beruf und Studium erfolgreich umsetze. Entscheidend ist für mich dabei eine realistische Planung und die anschließende Konsequenz und Eigendisziplin, die man aufbringen muss, um das gesteckte Pensum zu absolvieren. Hinzu kommt die Notwendigkeit, sich auf Veränderungen einstellen zu können, ohne sein eigentliches Ziel aus den Augen zu verlieren. Wenn beispielsweise die sportliche Belastung zunimmt oder weniger freie Zeit zur Verfügung steht, weil man an internationalen Wettbewerben teilnimmt oder sich die eigene Rolle in der Mannschaft verändert hat, sollte man seine Pläne anpassen können und diese nicht auf Eis legen oder komplett aufgeben. Eine große Hilfe können dann Gespräche mit anderen Sportlern sein, die diesen Weg schon erfolgreich gemeistert haben. Dies wird leider viel zu selten genutzt.
Mir ist das nur bedingt gelungen. Ich hatte das Gefühl, meine sportlichen Ambitionen opfern zu müssen, und habe das Studium zeitweise auf Eis gelegt, statt es parallel in gedrosselter Form weiterzuführen. Andererseits habe ich mich schon immer sehr stark für Themen abseits des Basketballs interessiert und gerne an spannenden Projekten mitgearbeitet. So habe ich die vielen Möglichkeiten und Momente gerne genutzt, um proaktiv auf Leute zuzugehen, interessante Gespräche zu führen, zu networken oder öffentliche Auftritte wahrzunehmen. Besonders gerne habe ich Auftritte oder Aufgaben angenommen, die für mich neu waren und vor denen ich viel Respekt hatte. Wenn es dann gut gelaufen ist, habe ich mich super gefühlt. Diese Erinnerungen kommen regelmäßig hoch, wenn ich in meinem Job mit Herausforderungen konfrontiert bin.
Heute gebe ich jungen Spielern den Rat, sich frühzeitig klarzumachen, was sie sich parallel zur aktiven sportlichen Laufbahn aufbauen möchten, ohne sich dabei zu überfordern und sich die Chance zu nehmen, ihr sportliches Potenzial voll zu entfalten. Die aktive sportliche Laufbahn ist ein ganz besonderer Abschnitt im Leben, den man sicherlich nie vergessen wird. Er sollte aber auch gut überlegt und genutzt werden, um den Übergang in das anschließende Arbeitsleben vorzubereiten und sich somit die Türen für die eigene zukünftige Entwicklung rechtzeitig aufzustoßen."
(Dominik Bahiense de Mello, ehemaliger Basketballprofi, schaffte aufgrund seines exzellenten Networkings den Sprung in die Berufswelt auch ohne Studienabschluss außerordentlich erfolgreich)

https://tinyurl.com/y7wpjepy

Falls man sich jedoch trotzdem für einen „Kaltstart" entscheidet und sich bei einem Unternehmen bewirbt, zu dem man keinerlei persönliche Beziehungen pflegt, sollte man sein Licht auf keinen Fall unter den Scheffel stellen. In einem Bewerbungsgespräch sollte selbstbewusst mit den eigenen Stärken umgegangen werden. Ziel muss sein, den möglichen zukünftigen Arbeitgeber für die besondere Situation zu sensibilisieren, die eigenen Stärken aufzuzeigen, die man sich als Leistungssportler angeeignet hat und Verständnis zu schaffen. Und man sollte den Blick auch andere Fähigkeiten lenken, die Profisportler neben den erlernten Softskills ebenfalls oft mitbringen: Sie haben in der Regel schon viele Erfahrungen mit der Presse- und Öffentlichkeitsarbeit gesammelt. Wenn ein Sportler bei Fernsehinterviews, Pressekonferenzen oder Sponsorenveranstaltungen sicher auftreten kann, ist das auch für zukünftige Arbeitgeber interessant.

Trotz all dem verzichten einige Spieler darauf, sich schon während der Karriere weiterzubilden. Wenn ich frage, höre ich immer wieder zwei Gründe dafür: Die Zeit ist knapp und der Fokus liegt auf dem Sport. Stimmt, davor habe auch ich enormen Respekt gehabt, bevor ich mit meinem Studium begonnen habe. Heute kann ich davon sprechen, dass beides kein großes Problem für mich darstellt.

Mit der neuen Doppelbelastung lernt man schnell, sich die Zeit richtig einzuteilen. Für mich sind die Aufgaben im Studium meistens eine willkommene Abwechslung und eine gute Herausforderung neben dem sonst irgendwann doch recht monotonen Sportleralltag. Ich komme wacher und aufmerksamer ins Training, wenn ich vorher meinen Kopf beschäftigt habe, als wenn ich in den Trainingspausen Serien geschaut oder nur geschlafen hätte. Ein Studium kann dem Sportler auch in Verletzungsphasen oder nach Misserfolgen sehr helfen. Wenn man sich immer nur auf den Sport und die sportliche Karriere fokussiert, können schwierige Phasen sehr frustrierend sein; man kommt ins Grübeln und das behindert Kopf und Körper gleichermaßen. Mein ehemaliger Teamkollege Maksym Shtein verglich den Weg der dualen Karriere einmal mit einer zweispurigen Autobahn. Wenn es auf einer stockt, geht es auf der anderen Fahrbahn meistens weiter.

Es heißt nicht umsonst: *mens sana in corpore sano* – ein gesunder Geist in einem gesunden Körper!

Sich intellektuell mit geistigen Inhalten auseinanderzusetzen, ist da sehr hilfreich für Sportler – man bleibt geistig beweglich und dies unterstützt auch das Lernen im Sport (neue Spielsysteme etc.).

Natürlich gibt es auch Phasen, in denen ich wegen mangelnder Zeit auch mal auf etwas verzichten muss. Aber ist es das nicht wert, um nach der Karriere gut aufgestellt zu sein?

Der zweite Grund ist, dass Spieler das Gefühl haben, nur BWL lasse sich neben der Karriere als Fernstudium gut bewältigen. Sie glauben, es gäbe keine Alternativen, und bilden sich dann überhaupt nicht weiter, wenn sie kein Interesse an Wirtschaft haben. Ich habe mir jetzt einmal die Zeit genommen und genau recherchiert, was es eigentlich alles für mögliche Aus- und Weiterbildungsmöglichkeiten für Sportler gibt. Vielleicht ist ja auch etwas für Dich dabei (Abschn. 6.1.2).

Ehemalige Profisportler treten in der Regel mit zeitlicher Verzögerung in den herkömmlichen Arbeitsmarkt ein. Aufgrund ihrer in der Sportkarriere erlernten Softskills können sie diesen Nachteil aber wettmachen. Grundvoraussetzung dafür ist jedoch eine strategische Karriereplanung für die Zeit nach der Sportkarriere. Neben akademischen beziehungsweise beruflichen Abschlüssen ist es nützlich, Sponsorenkontakte aufzubauen und zu nutzen Dabei sollte man sich nicht von den Herausforderungen einer Doppelbelastung abschrecken lassen. Man lernt sehr schnell, sich die Zeit richtig einzuteilen. Außerdem kann eine zweite Herausforderung neben dem Sportalltag oft eine willkommene Abwechslung sein. Es gibt so vielfältige Studienangebote, dass für jeden etwas Interessantes dabei sein sollte.

6.1.2 Duale Karriere: Welche Angebote und Strukturen gibt es?

In diesem Kapitel:

- Wo finden Leistungssportler Hilfe, Ratschläge und Beratung für eine duale Karriere?
- Welche Angebote und Möglichkeiten für eine duale Karriere gibt es für Sportler?

„Die Werdegänge der Spitzensportler sind so vielfältig wie die Persönlichkeiten. Es ist kein Zufall, dass diese Personen in den Bundeskader aufgenommen wurden und zur sportlichen Elite in Deutschland gehören; es ist die Kombination von Talent, nachhaltigem, jahrelangem Training, einer gesunden Lebensgestaltung, überdurchschnittlicher Leistungsbereitschaft und Willensstärke, gepaart mit einer gut entwickelten Selbstreflexion. Diese Selbstreflexion, immer wieder bei sich und im eigenen Umfeld nach Verbesserungen zu suchen, in Verbindung mit der Bereitschaft nach neuen, innovativen Wegen in der Ernährung, beim Material, in der Physiotherapie, bei den Trainings- und Wettkampfvorbereitungen etc. zu suchen, ist eine über die Jahre entwickelte, tief in der Persönlichkeit verankerte Einstellung. Diese Einstellung zur permanenten Verbesserung, in den Wirtschaftswissenschaften auch unter *total quality management* bekannt, beflügelt auch die nachsportlichen Karriereverläufe. Ja, im Vergleich zu anderen Personenkreisen sind die Karrieren der Spitzensportler oft besonders erfolgreich." (Professor für Wirtschaftsinformatik an der Fakultät Wirtschafts- und Allgemeinwissenschaften der Hochschule Ansbach)

Für jeden Sportler gibt es vielfältige Angebote, sich – neben der Karriere – für die Zeit nach der Karriere fit zu machen und Hilfe und Ratschläge zu erhalten. Besonders hervorzuheben sind hier die Angebote der Sportstiftung und der Olympiastützpunkte …, aber auch die Möglichkeit, sich Rat bei professionellen Laufbahnberatern zu holen, ist zu erwähnen. Mehr dazu gleich (Abschn. 6.1.2.1 und 6.1.2.2).

6.1.2.1 Angebote der Sportstiftung und Olympiastützpunkte

Anders als die meisten Individualsportler bewegen sich die meisten Teamsportler in einem finanziell gut ausgestatteten Umfeld. In Sportarten wie beispielsweise Basketball, Eishockey, Fußball oder Handball sind die Vereine und Verbände finanziell so wohlhabend, dass die Spieler in den seltensten Fällen auf die vielfältigen Möglichkeiten zurückgreifen, die von der Stiftung Deutsche Sporthilfe und den Olympiastützpunkten zur Verfügung gestellt werden. Ich selbst bin beispielsweise nur als Jugendspieler mit der Sportlerhilfe in Berührung gekommen, als mir als Jugendnationalspieler monatlich ein kleiner Betrag überwiesen wurde. Dieser Betrag hat mir geholfen, mir angesichts des hohen Schuhverschleißes ab und zu ein neues Paar leisten zu können.

Mit 16 Jahren unterschrieb ich dann meinen ersten Profivertrag und hatte somit keinen weiteren Anspruch auf die finanzielle Unterstützung. Für die meisten Sportler endet damit der Kontakt mit der deutschen Sporthilfe beziehungsweise den Olympiastützpunkten. Das ist schade, da es gerade dort besonders für die Vorbereitung auf die Zeit nach der Karriere unglaublich gute Angebote gibt. Alle Leistungssportler können darauf kostenlos zurückgreifen. Die meisten sind sich jedoch überhaupt nicht darüber bewusst oder sind zu stolz, dies in Anspruch zu nehmen.

Im Jahr des ersten Profivertrags also zog ich im Sommer in das Kölner Sportinternat. Zu meinem großen Glück befand sich dieses im Gebäude des rheinländischen Olympiastützpunktes, mit dem es auch eine enge Kooperation pflegte. Diese glückliche Fügung brachte mich mit dem Laufbahnberater Horst Schlüter in Kontakt, der mir fortan dabei half, Termine und Ausnahmeregelungen mit der Schule zu koordinieren – etwa bei Freistellungen, wenn ich wegen einer Europameisterschaft oder internationalen Spielen während des Schuljahres nicht am Unterricht teilnehmen konnte. Laufbahnberater haben in solchen Angelegenheiten viel Erfahrung und meistens auch gute Kontakte zur Schule. Außerdem wissen sie, welche Regelungen schon in der Vergangenheit getroffen wurden, und können dadurch mit der Schule die beste Lösung im Interesse aller Beteiligten finden.

Durch den Kontakt zu Horst lernte ich die vielfältigen Möglichkeiten kennen, die Laufbahnberater haben. Als ich mich entschied, ein Studium zu beginnen, griff ich auf das Angebot und Netzwerk der Sporthilfe zurück und traf mich mit Horst zu einem kostenlosen Beratungsgespräch: ein erster Schritt in der strategischen Planung für die Zeit nach der Sportkarriere, den ich jedem jungen Spieler nur ans Herz legen kann.

6.1.2.2 Möglichkeiten und Aufgabengebiete von Laufbahnberatern

In den vergangenen Jahren hat sich durch Aktivitäten vieler Institutionen im Bereich der dualen Karriereplanung immens viel getan. Für Athleten ist es mittlerweile kaum mehr möglich, sich durch eigene Recherche einen guten Überblick zu verschaffen, welche dualen Ausbildungsmöglichkeiten angeboten werden und welche für sie persönlich jeweils am sinnvollsten sind. Welche Universität passt zu mir? Wer ist der passende Arbeitgeber? Wer sind die richtigen Ansprechpartner? Und was sind die richtigen Adressen? Als Athlet sieht man oft den Wald vor Bäume nicht mehr. Viele sind davon abgeschreckt und beschäftigen sich resigniert nicht mehr damit.

Genau hier setzt der Laufbahnberater an. Diejenigen der Olympiastützpunkte beschäftigen sich tagtäglich mit den Angeboten der dualen Karriereplanung und haben einen genauen Überblick über die passenden Angebote auf dem Markt. Außerdem können sie auf ein beachtliches

Netzwerk zurückgreifen und haben vielfältige Erfahrungsberichte anderer Athleten vorliegen, die den Weg der dualen Karriere schon beschritten haben. Es spielt also keine Rolle, ob ein Athlet schon genau weiß, in welchem Bereich er sich dual weiterbilden möchte, oder er noch keine Vorstellungen hat. Sobald Interesse aufkeimt, sollte der erste Schritt immer ein kostenloses Beratungsgespräch mit dem Laufbahnberater beim nächsten Olympiastützpunkt sein.

Hier ist einmal ein kleiner Überblick über die Kernkompetenzen der Laufbahnberater.

6.1.2.3 Weiterführende Schule – Internate und Sportschulen

Olympiastützpunkte kooperieren mit vielen verschiedenen Schulen und schaffen so sportfreundliche Strukturen. Bei dem Übergang auf eine weiterführende Schule und/oder bei einem Wechsel innerhalb der Sekundarstufe II sollten dabei unbedingt genau solche Schulen in Betracht gezogen werden. Laufbahnberater können hier einen Überblick über Angebote verschaffen und später als Bindeglied zwischen Athleten, Eltern und Schule fungieren. Das hat diverse Vorteile:

- Meist gibt es Mentoren, die für die Sportler an den jeweiligen Schulen zuständig sind.
- Zeiten von Sportunterricht, eventuell auch Kunst- und Musikunterricht, können durch Freistellungen für Trainingseinheiten genutzt werden.
- Es gibt Befreiungen von Klassen-/Schulausflügen und Exkursionen bei sportlicher Notwendigkeit.
- Sportler werden bei der Aufnahme an die Kooperationsschulen bevorzugt behandelt.
- Quereinsteiger (Schulortwechsler) werden bevorzugt aufgenommen.
- Die Lehrpläne werden bei zunehmenden Trainingsumfängen angepasst. Das bedeutet für die Oberstufe mindestens eine Reduzierung der Stunden von drei auf zwei bei den Fächern, die keine Abiturfächer sind.
- Soweit möglich, wird Vormittagstraining ermöglicht.
- Es besteht die Möglichkeit der Schulzeitstreckung. Zusätzlich kann das Abitur fakultativ abgelegt werden.
- Gegebenenfalls werden Lehrer zu Lehrgangsmaßnahmen beziehungsweise mehrtägigen/-wöchigen Trainingslagern abgeordnet, um den schulischen Lernerfolg dennoch zu sichern. Alternativ ist auch ein funktionierendes integriertes Lernen denkbar.

6.1.2.4 Dienste bei Bundeswehr, Bundespolizei, Zoll oder Landespolizei, Freiwilliges Soziales Jahr und Bundesfreiwilligendienst

„Durch meinen Status als Zeitsoldat hatte ich die Möglichkeit, den Berufsförderungsdienst der Bundeswehr zu nutzen. Je länger man dabei ist, desto länger/größer ist die Förderung. Für diese Option habe ich mich schon am Anfang meiner Karriere entschieden, damit ich ‚spätestens' nach dem Sport ein Studium beginnen kann (die soziale Absicherung/Rentenversicherung war ebenfalls ein Grund.).

In den letzten Jahren meiner Karriere habe ich dann den geeigneten Studiengang/-Ort ausgewählt und während meiner letzten Saison das Studium begonnen. Während dieser Zeit bekam ich noch Bezüge von der Bundeswehr und die Ausbildungskosten/Fahrkosten wurden erstattet."
(Michael Greis, ehemaliger Biathlet, und Olympiasieger. Abgeschlossenes Wirtschaftsstudium an der Hochschule Ansbach)

https://tinyurl.com/ycr2ozpf

Bei Bundespolizei und Zoll sind Sportförderprogramme gleichbedeutend mit einer parallelen beziehungsweise zeitversetzten Ausbildung und garantierten Stelle sowie optimalen Vereinbarkeit mit dem Spitzensport. Auch die Spitzsportförderung der Bundeswehr lässt eine optimale Konzentration auf den Sport zu. Dies geht dann allerdings nicht mit einer gleichzeitigen Berufsausbildung einher. Ich kenne viele Sportler – besonders aus finanziell schwachen Randsportarten – die sich auf diese Weise ihre Profikarriere finanzieren und sich gleichzeitig neben dem Sport noch ein zweites Standbein aufbauen können. Auch hier kann der Laufbahnberater näher informieren, welcher duale Ausbildungszweig sich mit der jeweiligen Sportart und deren Besonderheiten vereinbaren lässt.

6.1.2.5 Studium – Ausbildung

Präsenzstudium
Eine häufig gewählte Variante des dualen Karrierewegs ist das Fernstudium. Es gibt aber auch spezielle Programme an Hochschulen, die Profisportlern ein Präsenzstudium an herkömmlichen Hochschulen ermöglichen. Olympiastützpunkte haben beispielsweise Kooperationshochschulen, wo Sportler in enger Abstimmung zwischen Laufbahn-/Karriereberater und den Sportbeauftragten/Mentor der jeweiligen Hochschulen ihr Studium bewältigen. Hier gibt es verschiedene Modelle, wie dem Leistungssportler beim Zugang zur Hochschule geholfen werden kann: In Nordrhein-Westfalen etwa werden zum Beispiel die Kaderathleten bei Vorlage der jeweiligen Bundeskaderbescheinigung bevorzugt immatrikuliert. Das ist ein riesiger Vorteil. Denn viele Sportler haben nicht den notwendigen Notendurschnitt, den die Hochschulen für bestimmte Fächer vorgeben, weil sie durch die Doppelbelastung während ihrer Abiturzeit schlichtweg nicht denselben zeitlichen Aufwand für die Abiturprüfungen betreiben konnten wie ihre Mitschüler. In anderen Bundesländern gibt es ähnliche Modelle, die allerdings noch nicht ganz so weitreichend sind.
Bevorzugte Auswahlmöglichkeiten der zu belegenden Kurse und flexible Prüfungs- und Präsenztermine sind weitere mögliche Vorteile einer Kooperation. Natürlich bietet nicht jede Universität oder Hochschule eine solche Kooperation. Gegenüber Fernstudiengängen haben herkömmliche Hochschulen auch den großen Nachteil, dass sie selten über ein Netzwerk an Partnerhochschulen verfügen, wo zum Beispiel auch außerhalb des eigenen Standorts bundesweit Prüfungen abgelegt werden können. Abgesehen davon haben Sportler mit den sportfreundlichen Partnerhochschulen sehr gute Erfahrungen gemacht. Auch hier kann der lokale Laufbahnberater näher über mögliche Angebote informieren.

Fernstudium

„Meiner Meinung nach ist es als Profisportler extrem fahrlässig, sich ausschließlich auf seine sportliche Karriere zu konzentrieren. Ohne mir ein zweites berufliches Standbein für die Zeit nach meiner sportlichen Laufbahn aufzubauen, würde ich vor einer ungewissen Zukunft stehen. Natürlich kann man als Handballprofi gutes Geld verdienen. Allerdings sollte jedem klar sein, dass diese Möglichkeit nur für einen begrenzten Zeitraum von ca. zehn bis 15 Jahren besteht. Im *worst case* können Verletzungen ganze Karrieren bereits viel früher zerstören. Nur die wenigsten Sportler können auch nach ihrer Karriere in ihrem Sport weiterarbeiten. Um in dieser Hinsicht eine gewisse Unabhängigkeit zu erreichen, habe ich mit meinem Studium begonnen.

Aus zeitlichen und geografischen Gründen kam für mich ein reguläres Präsenzstudium nicht infrage, sodass ich mich für das Fernstudium entschieden habe. Als Vorteil sehe ich in erster Linie die Flexibilität. Je nach Trainings- und Wettkampfplan plane ich meine Semester. Zudem kann ich mein Bachelorstudium entzerren, was meinen sportlichen Verpflichtungen extrem entgegenkommt.

Insgesamt empfinde ich diesen Studientyp als gut kompatibel mit dem Leistungssport und kann diese Kombination nur weiterempfehlen, wobei es natürlich einer großen Portion Selbstorganisation und Disziplin bedarf, um beide Herausforderungen, Sport und Studium, zu meistern.

Alles in allem bringt die duale Karriere also vielerlei Herausforderungen mit sich, die es für uns Sportler zu meistern gilt. Die entscheidende Frage ist in meinen Augen daher: Lohnt es sich, die berufliche Ausbildung zugunsten der sportlichen Karriere zu vernachlssäigen?"
(Simon Ernst, Handball-A-Nationalspieler beim VfL Gummersbach)

https://tinyurl.com/yd23d7ot

Die meisten Teamsportler wählen ein Fernstudium. Diese Studiengänge haben diverse Vorteile. Zunächst einmal ist der Sportler flexibel in seiner Zeiteinteilung und Standort unabhängig. Außerdem versuchen die Hochschulen Präsenzzeiten auf ein Mindestmaß zu reduzieren. Statt von Prüfungen oder Klausuren spielen Hausarbeiten oder andere Leistungen eine große Rolle. Außerdem verfügen die Anbieter oft über ein großes Netzwerk an Partnerhochschulen, sodass Prüfungen in der Regel bundesweit abgelegt werden können.

Aber auch Fernstudiengänge unterscheiden sich teils erheblich. Viele dieser Studiengänge kosten Gebühren, die pro Monat, Semester oder Kurs zu zahlen sind. Insgesamt kosten solche Studiengänge in der Regel 10.000 bis 14.000 EUR. Dafür bieten kostenpflichtige Studiengänge meist auch einen besseren Service als die kostenlosen Studiengänge. Die Studenten haben beispielsweise einen persönlichen Ansprechpartner, der ihnen bei Problemen zur Verfügung steht. So können leichter Ausnahmeregelungen gefunden werden.

Auch sonst gibt es Unterschiede. Bei vielen Hochschulen kann der Student innerhalb eines gewissen Zeitfensters quasi selbst bestimmen, wann er eine Klausur ablegen möchte. Außerdem sind die Hochschulen unterschiedlich flexibel bei Ausweichterminen für Prüfungen.

Wie entscheidend die Unterschiede für Sportler bei der Auswahl der Fernstudiengänge sein können, beweist folgendes Beispiel. Ein ehemaliger Teamkollege hat sich für einen Fernstudiengang einer Hochschule entschieden, der nicht ausdrücklich auf Spitzensportler ausgelegt war. Da der Großteil der dualen Studenten von montags bis freitags arbeitet, finden alle Prüfungen der Hochschule an Samstagen statt. Der betroffene Kollege hatte große Schwierigkeiten, die Prüfungstermine wahrzunehmen, weil diese in der Regel auf Spieltage gefallen sind. Dafür war seine Uni aber sehr flexibel.

Mein Fernstudiengang an der Hochschule Ansbach ist dagegen speziell auf Spitzensportler ausgerichtet. Die Hochschule ist sich darüber bewusst, dass die Spiele oder Wettkämpfe der Sportler meistens am Wochenende stattfinden. Entsprechend werden alle Prüfungen montags geschrieben. Dafür umfasst mein Studiengang im Vergleich zu anderen Studiengängen deutlich mehr Präsenzphasen, um die ich nicht herumkomme. Diese versuche ich in meiner freien Zeit im Sommer zu absolvieren und während der Saison die Kurse zu belegen, die sich ohne Präsenz absolvieren lassen.

Ich empfinde die Anwesenheit in der Hochschule aber nicht nur als reine stressige Pflichtaufgabe. Während des Studiengangs habe ich Kontakt zu vielen Sportlern bekommen und daraus sind viele Freundschaften entstanden. Im Sommer bietet sich während der Präsenzkurse immer wieder die Möglichkeit, diese aufzufrischen. Außerdem habe ich festgestellt, dass mir das Studium leichter fällt, wenn ich mich mit Kommilitonen austauschen kann. Während meiner kurzen Zeit als Student der Fernuniversität Hagen hat mir dieser persönliche Kontakt sehr gefehlt. Nichtsdestotrotz kann ich nicht leugnen, dass die Präsenzkurse wohl die größte Herausforderung für mich im Studiengang sind.

Alles zusammengenommen macht klar: Es gibt nicht *den einen* Studiengang, der für alle Sportler bestens ist. Jeder Studiengang hat verschiedene Vor- und Nachteile. Daher sollten Sportler unbedingt bei der

Auswahl ihre persönliche Situation analysieren. Wie flexibel bin ich? Wo ist mein Lebensmittelpunkt? Wie lange werde ich dortbleiben? Wann habe ich Zeit, Prüfungen und Präsenzkure zu absolvieren? Wie solvent bin ich, um die Studiengebühren zu finanzieren? Kann ich gut alleine lernen?

Anschließend kann zusammen mit dem Laufbahnberater der Studiengang ermittelt werden, der sich am besten für die persönliche Situation eignet. Vielleicht ist das ein Präsenzstudium, womöglich aber auch ein Fernstudiengang. Für mich persönlich hat übrigens das Feedback von Teamkollegen, die schon aktiv in Ansbach studierten, eine sehr wichtige Rolle bei der Entscheidungsfindung gespielt. So konnte ich vorweg erfahren, wie gut sich der Studiengang mit dem Rhythmus der Basketballsaison vereinbaren lässt, wie hoch das Lernpensum ist und ob sie mir grundsätzlich zu dem Studiengang raten würden.

Dass sich außer BWL sowieso nichts neben der Sportkarriere studieren lässt, ist übrigens ein Irrglaube. Tatsächlich wurden in den letzten Jahren so viele Strukturen geschaffen, dass sich nahezu jeder Studiengang dual ermöglichen lässt. Sicher gibt es weiterhin Ausnahmen: Studiengänge wie Medizin und Jura lassen sich neben einer Profikarriere kaum bewältigen. Doch bevor man als Sportler pauschal sagt, dass sich das Themengebiet seines Interesses sowieso nicht dual studieren lässt, sollte man sich darüber unbedingt mit einem Laufbahnberater austauschen.

Ausbildung
Sollte eine Ausbildung in Betracht gezogen werden, können auch hier die Kontakte der Olympiastützpunkte aus den „Firmenpools" zu den regionalen „Partnerbetrieben" herangezogen werden. Mögliche Vorteile ergeben sich auch aus einer Streckung der Ausbildungszeit. Außerdem können Laufbahnberater dabei helfen – etwa indem vorab bei einer Beratung relevante Themen wie mögliche Freistellungen, Regelung der Arbeitszeiten oder Blockunterricht besprochen werden. Erfahrungen aus ähnlichen Fällen können hier dabei helfen, eine optimale Lösung für den Sportler und das Unternehmen zu finden. Weitere Vorteile können sich aus Freistellungen, flexiblen Arbeits- und Entgeltregelungen, Sonderurlaub und Aussetzung mit Garantie auf Wiedereinstieg ergeben.

6.1.3 Berufseinstieg

Ein Netzwerk aufzubauen, um so nach der Karriere einen Kaltstart in ein Unternehmen zu vermeiden, ist das eine. Tatsächlich bieten Olympiastützpunkte auch Programme, die Sportlern beim Übergang von Sportkarriere und Studium in die geregelte Arbeitswelt helfen. Die Sportler profitieren dabei von den Kontakten und dem Netzwerk der Olympiastützpunkte zu „sportfreundlichen Unternehmen".

Ein erfolgreiches Modell etwa ist das der „Zwillingskarriere" der Sportstiftung Nordrhein-Westfalen. Es eröffnet Sportlern die Chance, parallel an ihrer sportlichen wie beruflichen Karriere zu arbeiten. Dabei werden sie von Laufbahnberatern und der Stiftung an Mentoren in Unternehmen vermittelt. Diese begleiten die Sportler individuell während ihres Studiums. Dabei können während der Sportkarriere und des Studiums schon Praktika, Bachelor- und Masterarbeiten oder Traineeships bei den ausgewählten Zwillingsunternehmen absolviert werden. Stimmen Chemie und Leistung, übernimmt so manches dieser Unternehmen den jeweiligen Sportler nach dessen Karriere – auch ohne Kennwortbewerbung oder Auslandspraktika. Als Partner dieser Zwillingskarriere treten einige durchaus namhafte Unternehmen auf, beispielsweise ARAG, Daimler, MAN oder ThyssenKrupp.

Ein anderes Beispiel ist das „Startblock-Programm" in Berlin, das einen ähnlichen Ansatz verfolgt. Ausgehend von dem Problem, dass viele Personaler im Bewerbungsverfahren für die Besonderheiten der Lebensläufe von Sportlern wenig Verständnis zeigen, wurde auch hier ein Netzwerk von sportlerfreundlichen Unternehmen geschaffen: Die potenziellen Arbeitgeber werden darin für die Besonderheiten in den Lebensläufen sensibilisiert – und den Sportlern wird der Berufseinstieg erleichtert. Ähnlich wie bei der Zwillingskarriere bekommen die Sportlern auch hier Mentoren in namenhaften Unternehmen an die Seite gestellt, die ihnen unter anderem bei Weiterbildungsmaßnahmen wie Praktika und Hospitanzen behilflich sind.

Nicht jeder Sportler ist das, was man einen *socializer* oder Networker nennt, und kann am Ende seiner Karriere auf ein Netzwerk von Kontakten zurückgreifen. Durch Programme wie die Zwillingskarriere oder Startblock können Sportler vom Netzwerk der Olympiastützpunkte profitieren und so den Fuß in die Tür der herkömmlichen Arbeitswelt bekommen.

„Die Wege zum Zugang zur Ausbildungsplätzen beziehungsweise Arbeitsplätzen können ganz unterschiedlich verlaufen. Ich meine, dass man die potenziellen Sponsoren (ob individuell ausgerichtete oder Sponsoren des Vereins) mehr in die Pflicht nehmen sollte. Sponsoring kann das Ziel haben, finanzielle Unterstützung zu liefern. Aus meiner Sicht ist es aber langfristiger und besser, wenn man hier auch an eine mögliche Anstellung denkt. Die von Sportlern in ihrer Karriere erlernten Softskills sind ja nicht nur für externe Arbeitgeber interessant. Für die Sponsoren als zukünftiger Arbeitgeber trifft das gleichermaßen zu. Man schaue sich mal die Führungsriege des FC Bayern an. Wie viele Ex-Profis, die sich nicht nur auf den Sport konzentriert haben, sitzen da in den Gremien oder agieren als feste Mitarbeiter? So kann auch eine berufliche Planung eine interessante Alternative sein. Sowohl für den Aktiven als auch den Sponsor – gute Mitarbeiter werden immer gesucht!"
(Horst Schlüter, Laufbahnberater am Olympiastützpunkt Rheinland)

https://tinyurl.com/y9n7zs9t

Ob Einzelkämpfer oder Teamspieler: Jeder Profisportler, der sich ernsthaft damit beschäftigt, sich während seiner aktiven sportlichen Karriere weiterzubilden, sollte unbedingt als Erstes einen Laufbahnberater beim nächsten Olympiastützpunkt für ein kostenloses Beratungsgespräch aufsuchen. Bei der Menge an Informationen kann es ein Sportler gar nicht alleine schaffen, einen guten Überblick zu bekommen. Mithilfe eines Laufbahnberaters sollte sich etwas Passendes für jeden Sportler und dessen individuellen Anforderungen finden lassen.

6.1.4 Reflexion meiner Karriere – Schlüsselpunkte und Erlebnisse

Als dieses Buch entstand, wurde ich gedanklich noch einmal damit konfrontiert, wie meine Karriere verlaufen ist und wo ich überall Station gemacht habe. Dabei ist mir bewusst geworden, wie sehr ich dabei von meinem Umfeld und meinen Bezugspersonen profitiert habe. Meine Einstellung und Talent waren nur die Basis für meinen späteren sportlichen Erfolg. Zu Beginn war ich auf meine Eltern angewiesen, die mich in den Sportvereinen der Sportarten anmeldeten, für die ich mich interessierte. Dann unterstützten sie mich, wo sie nur konnten: Sie fuhren mich zu Trainingseinheiten und Spielen. Außerdem waren und sind sie in allen Lebenslagen stets wichtige Ratgeber für mich.

Damit hatte ich ausgesprochenes Glück. Denn unser Elternhaus und die Unterstützung der Familie können wir uns nicht aussuchen. Wir können aber selbst entscheiden, mit wem wir uns außerhalb der Familie umgeben. Und auch die Bezugspersonen, die ich selbst gewählt habe, hatten und haben nach wie vor einen sehr großen Einfluss auf die Entscheidungen, die ich treffe, beziehungsweise auf den Erfolg oder Misserfolg, der aus diesen Entscheidungen resultiert. Dabei denke ich an meine Freunde, Kollegen, Mitspieler, Trainer, Manager, Ärzte, Physiotherapeuten, Osteopathen, Agenten und natürlich nicht zuletzt an meine Mitautoren Jörg Bencker und Patric Böhle.

Wenn ich heute zurückschaue, stelle ich fest, dass ich mich schon immer mit der Zukunft beschäftigt habe. Ich habe mir laufend Gedanken darübergemacht, wo ich morgen sein möchte. Ich hatte immer ein Ziel vor Augen. Diese klare Vorstellung hat mir immer geholfen, im Jetzt die nötigen Schritte zu unternehmen, um diese Ziele auch zu erreichen.

„Jeden Tag, den Du nicht im Kraftraum verbringst, ist jemand anderes im Kraftraum, um Dich fertigzumachen", sagte Basketball-Legende Karl Malone. Das habe ich mal im Grundschulalter irgendwo gelesen. Schon damals war mir klar: Man muss immer ein kleines Stückchen mehr machen, als alle anderen, um nicht überholt zu werden beziehungsweise um sich letztlich durchzusetzen. In meiner Schulzeit folgte daraus, dass ich irgendwie dafür sorgen musste, nach der Schule mehr Zeit zum Trainieren zu haben als die anderen imaginären Mitkonkurrenten. Als Jungprofi musste ich weiterhin mehr trainieren, um mein Ziel des Nationalspielers zu erreichen. Und während meiner aktiven Karriere muss ich nun durch ein Wirtschaftsstudium schon die Weichen stellen, damit auch meine spätere Managerkarriere erfolgreich wird.

Nebenbei
Auf meiner Reise durch Kalifornien konnte ich durch Kontakte bei einem Gruppen-/Individualtraining für Jugendliche mitmachen, um mich in der Saisonpause fit zu halten. In den meisten Drills traten zwei Gruppen oder Spieler gegeneinander an. Der Verlierer bekam immer eine kleine Strafe: zum Beispiel fünf Liegestütze. Interessant dabei: Musste der Verlierer fünf Liegestütze machen, wurden vom Gewinner sechs erwartet. Die Message, die der Coach Kyle Schwan den jungen Spielern dabei immer wieder eintrichterte, war einfach: „Don't let someone who you just beat do more work than you and catch up – winners do more!"

„Zu Beginn der Karriere hat man viele Ziele – 300 Bundesligaspiele, Champions League, Nationalspieler. Auch in anderen Bereichen – Familie, Haus, Finanzen – sollte man Ziele haben. Die muss man immer wieder anpassen, aktualisieren an die Lebenslage. Dann darauf hinarbeiten. Nicht denken: Ich bin jetzt Fußballprofi, mal gucken was rauskommt."
(Marcel Schäfer, Sportdirektor beim VfL Wolfsburg, bis 2018 Fußballprofi)

https://tinyurl.com/y95g7tur

Ich denke, es ist deutlich geworden, wie viele Möglichkeiten (angehende) Spieler haben, ihre sportliche und akademische/berufliche Karriere professionell vorzubereiten und voranzubringen. Das erfordert in den meisten Fällen viel Disziplin und Planung. Etwas anderes Wichtiges habe ich aber bisher noch außen vor gelassen: Bei aller Stringenz und Professionalität darf der Spaß nicht zu kurz kommen! Ohne die richtige Portion Vergnügen und Lockerheit wird man nie genug Durchhaltevermögen oder Motivation aufbringen.

Selbstbeherrschung im besten Sinn, wie ich sie mehrfach beschrieben habe, sind fraglos ideal – für acht von zehn Tagen. Denn man sollte nie aufhören, auf sein Bauchgefühl zu hören. Ich habe mir beispielsweise nach jedem unterschriebenen Vertrag etwas Teureres gegönnt. Bei meinen ersten großen Profivertrag in München war es eine Uhr, von der ich schon lange geträumt hatte. Nach meiner Unterschrift in Ulm habe ich mich mit einer Designertasche belohnt. „Whatever floats your boat", wie man im Englischen so schön sagt. Für mich ist es wichtig, dass ich auch täglich sehe und spüre, wofür ich auf dem Spielfeld so hart arbeite. Manchmal kann ein Abend mit Freunden statt einer weiteren Extra-Einheit oder ein Burger statt eines weiteren Nudelgerichtes genau das sein, was der Spieler und Mensch gerade braucht, um erfolgreich zu sein. Mein aktueller Trainer Mladen Drijencic spricht in diesem Zusammenhang oft von Wasser: 99 Grad reichen nicht, damit es kocht – ebenso reicht es nicht, sich nur 99 % zu bemühen, um erfolgreich zu sein. Bei 99 Grad Celsius ist Wasser immer noch Wasser, erst ein weiteres Grad mehr reicht, um es zum Verdampfen zu bringen. Das beschreibt sehr gut beschreibt, was ich ausdrücken möchte. Ein Spieler kann sich immer professionell verhalten, am Ende ist es aber dieses eine Grad oder das eine Prozent Spaß und Lockerheit, das den Unterschied ausmachen kann. Der Schlüssel zum Erfolg liegt also neben Talent und dem richtigen Umfeld vor allem in der richtigen Balance zwischen harter Arbeit und Disziplin einerseits und Freude daran andererseits.

Vielleicht hat sich schon der eine oder andere gefragt, warum Profisportler sich das alles überhaupt antun. Ist es wirklich nur die Aussicht auf viel Geld und ein tolles Netzwerk? Natürlich bedeutete Profisport, dass die Akteure viele Opfer bringen müssen und wahrscheinlich häufiger mit Rückschlägen zu kämpfen haben als die meisten anderen Menschen in ihrem Beruf. Aber man bekommt auch so viel mehr zurück.

Wenn ich durch Oldenburg gehe, schlägt mir enorm viel Sympathie entgegen. Wenn ich in ein Restaurant oder Café gehe, freuen sich die Leute immer, dass ich Gast bei ihnen bin. Überall treffe ich Menschen, die einen mit offenen Armen empfangen. Während unserer Finalteilnahme klopften mir morgens selbst Menschen auf die Schulter, die ich sonst eher in der Oper vermutet hätte. In welchem Beruf kann man so was sonst erleben?

Und eine Portion Spielerei ist nebenbei auch immer dabei. Wenn ich zur „Arbeit", also zum Training gehe oder wir eine Auswärtsfahrt haben, kommt mir das zum Beispiel oft wie eine Klassenfahrt vor. Ständig muss man auf der Hut sein, dass einem nicht wieder ein Streich gespielt wird.

In meiner Kölner Zeit hat Devin Green mal den Schlüssel von Demond Mallet aus dessen Spint genommen, während der schon in der Halle aufwärmte. Er schlenderte auf den Parkplatz und fuhr Demonds Auto hinter die Halle. Als der nach dem Training auf dem Parkplatz kam, tobte der vor Wut: Er dachte, sein Wagen sei geklaut worden. Natürlich konnte Demond diese Schmach nicht so auf sich sitzen lassen. Beim nächsten Auswärtsspiel kam auf einmal die Polizei vor der Abfahrt zum Mannschaftsbus geschossen. Wie im besten Hollywood-Film sprangen zwei Polizisten heraus und nahmen Devin Green in Gewahrsam – mit dem vorgeschobenen Grund, er habe seine Strafzettel nicht bezahlt. Als der Arme so dastand, mit dem Bauch ans Polizeiauto gelehnt, Beinen gespreizt und Hände hinter dem Rücken in Handschellen – kam Demond um die Ecke und löste den Spaß auf.

Durch die Reisen mit der Nationalmannschaft und in den internationalen Vereinswettbewerben kommt man als Spieler auch extrem viel herum. Zu Beginn meiner Karriere hat mich das viele Reisen teils belastet, weil es natürlich auch mit Stress verbunden ist. Inzwischen genieße ich aber jede Reise. Ich finde es mittlerweile ziemlich spannend, verschiedene Hallen, Spieler und Fans im Ausland kennenzulernen. Als Spieler bekommt man leider häufig nicht so viel von der Stadt oder dem Land mit und sieht die meisten Dinge nur aus dem Bus auf dem Weg zur Halle oder zum Flughafen. Trotzdem bekommt man auch dabei immer schon einen Eindruck von einem Land. Ich muss ehrlich sagen, Litauen zum Beispiel, Polen oder Sibirien haben jetzt nicht ganz oben auf meiner „Bucket List" von Orten gestanden, die ich mal gesehen haben muss. Durch unsere internationalen Spiele lernt man aber eben auch Länder, Regionen und Städte kennen, in die es einen sonst wahrscheinlich nie verschlagen hätte.

Ich hatte und habe das Privileg, dass ich in meiner Karriere für fünf verschiedene Vereine gespielt habe beziehungsweise immer noch spiele. Damit geht einher, dass ich als Spieler sehr häufig meinen Wohnort wechseln musste. Anfangs habe ich die Umzüge stets nur als Abenteuer wahrgenommen und mich darauf gefreut, neue Menschen, eine neue Stadt und eine neue Kultur beziehungsweise Mentalität innerhalb Deutschlands kennenzulernen. Mit der Zeit fielen mir die Umzüge immer schwerer, weil ich jedes Mal viele Freunde und Orte hinter mir lassen musste, die mir inzwischen ans Herz gewachsen waren. Auf der anderen Seite habe ich dadurch im ganzen Land mittlerweile ein beachtliches Netzwerk an Freunden. Und wenn ich eine Stadt besuche, in der ich früher mal gespielt habe, fühlt es sich immer ein bisschen an, als würde ich nach Hause kommen.

Ich kann mich noch gut an den Sommer 2016 erinnern. Nach einer überragenden Saison, in der wir mit Oldenburg unseren Club-Rekord in Siegen in der regulären Saison eingestellt haben, schieden wir enttäuschend in der ersten Runde der Playoffs gegen meinen alten Club ratiopharm Ulm aus. Kurz danach besuchte ich dort alte Freunde und war so zufällig in der Stadt, als Ulm ihr letztes Halbfinalspiel gegen die Frankfurt Skyliners gewannen und ins Finale einzogen. Da alle meine Kumpels zum Spiel gingen, ging ich kurzerhand mit. Als ich meinen Platz gefunden und mich gerade hingesetzt hatte, begrüßte mich der Hallensprecher. Um die 6000 Menschen standen auf und gaben mir *standing ovations*. Während ich selbst spiele, nehme ich so was nur bis zu einem gewissen Grad wahr. Sobald ich das Spielfeld betrete, stecke ich fast wie in einem Tunnel, dass ich allem darum herum kaum Beachtung schenke. Jetzt als Zuschauer in dieser Halle zu sitzen, in einer Stadt, die Legenden wie Jarvis Walker, Jeff Gibbs, John Bryant und Per Günther hervorgebracht hat, und dies erleben zu dürfen und dabei die Gesichter der Menschen zu sehen, hat mich umgehauen. So viele hatten noch immer das Trikot mit meiner Nummer und meinen Namen an, das kam mir schier unwirklich vor. Vorher noch, als ich wie alle Fans durch den Haupteingang geschleust wurde und wie alle anderen dem Spiel entgegenfieberte und als Zuschauer auf der Tribüne Platz nahm, war ich mir viel kleiner vorgekommen. Es schien surreal: Wer bin ich, dass Menschen zu Basketballspielen kommen, Eintritt zahlen, um mich und meine Teamkollegen spielen zu sehen? Habe ich wirklich noch vor ein paar Tagen genauso wie die da unten jetzt Basketball gespielt? Bin ich wirklich selbst auch ein Teil davon? Warum werde ich so gut bezahlt, obwohl ich nur das mache, was ich liebe? Das macht dankbar und demütig. Ich schwor innerlich, künftig jedes Spiel und jeden Einlauf in die Arena meines aktuellen Vereins Oldenburg bewusst aufzusaugen und zu genießen.

Ähnlich war es, als ich zum ersten Mal den Sprung in den 12er-Kader der deutschen A-Nationalmannschaft schaffte. Wie viele Jugend- und Amateurmannschaften hatte ich vorher durchlaufen! Es kamen Erinnerungen hoch, wie ich als Kind auf dem Freiplatz mit teilweise um die 30 anderen Spielern gezockt hatte. Wie viele Basketballspieler gibt es in Deutschland, die denselben Traum wie ich gelebt haben oder immer noch leben? Seit dem ich Basketball spiele, wurde im Prinzip jedes Jahr selektiert. Schaffe ich es im Try-Out in die U14-Mannschaft von Rhein Energie Köln? Schaffe ich den Sprung in die Nordrhein-Westfalen-Auswahl? Packe ich beim

Bundesjugendlager den Sprung in die U16-Nationalmannschaft ... So ging es jedes Jahr weiter und ich musste mich dabei immer wieder gegen Konkurrenten durchsetzen, die oft nicht schlechter waren als ich. Nicht selten gaben nur Nuancen den Ausschlag für mich. So habe ich mich stetig die Pyramide hochgearbeitet. Als ich den Sprung in den 12er-Kader der Nationalmannschaft packte, wurde mir bewusst, dass ich jetzt einer von zwölf Spielern war, die es bis ganz an die Spitze der Pyramide geschafft hatten. Ich durfte auf dem Spielfeld ein Land repräsentieren, das mehr als 80 Mio. Einwohner hat – von denen so viele aus Leidenschaft Basketball spielen. In dem Moment war ich stolz und strotzte nur vor Selbstbewusstsein.

Aber das sind alles nur Randerscheinungen, die mich das lieben lasse, was ich tue. Ein super Tag für mich ist, wenn ich vor 6000 in Gelb gekleideten Menschen in die EWE-Arena einlaufe und es gegen einen direkten Konkurrenten oder sogar Favoriten geht und ich mit meiner Mannschaft ein perfektes Spiel abliefere. Jedes Mal wenn ich einen Drei-Punkte-Wurf versenke und Pepe, unser Hallensprecher, dreimal meinen Vornamen ins Mikro ruft und ihm die Fans dreimal lauthals mit meinem Nachnamen antwortet. Für jeden Punkt einmal. Ich haue alles auf dem Spielfeld raus und kann meiner Mannschaft dabei helfen, am Ende den Sieg zu holen. Völlig erschöpft, aber glücklich klatschen wir unsere Fans ab und werden gefeiert. In der Kabine fällt dann für einen Moment der Druck ab und mich überkommt ein Gefühl von unglaublicher Euphorie, Glück und Zufriedenheit. Den „Arbeitstag" lasse ich dann zusammen mit meinen Teamkollegen und Freunden im VIP-Raum ausklingen – wohl wissend, dass ich vor drei Uhr nachts sowieso nicht in der Lage sein werde zu schlafen, weil ich noch bis an die Haarspitzen voll bin mit Adrenalin.

„Es sind diese Momente, in denen ich abends völlig fertig, aber glücklich nach Hause komme, in den Spiegel schaue und genau weiß: Das war jeden Tropfen Schweiß, jede Stunde in der Halle, jeder Schmerz, jede genommene Hürde, jeder Rückschlag und jedes erbrachte Opfer wert!"
(Das habe nun ausnahmsweise mal ich selbst gesagt, Philipp Schwethelm, Abb. 6.2)

Abb. 6.2 Absolut wahr!

6.2 Das sagt der Finanzprofi

Auch manch anderer Vertrag kann (finanziell) für Dich wichtig werden.

6.2.1 Verträge für alle Fälle

In diesem Kapitel: Was muss man über die Bedeutung und Ausgestaltung von weiteren wichtigen Verträgen wissen?
- Ehevertrag
- Kontovollmacht
- Sorgerechtsverfügung
- Vorsorgevollmacht
- Generalvollmacht
- Patientenverfügung
- Testament

Wenn Du hier angelangt bist, hast Du hoffentlich viel für Dich aus den Kapiteln über Finanzen mitgenommen. Du weißt nun, wie Du Geld vernünftig anlegen kannst, Vermögen strukturierst und welche Versicherungen für Dich sinnvoll sein können. Auf ein paar wichtige Vorsichtsmaßnahmen möchte ich aber noch hinweisen, mit denen Du als vorausschauender Sportler Dein Finanzkonzept krisensicher machen und für den „Fall der Fälle" für Dich und Deine Familie Vorkehrungen treffen kannst: Bestimmte weitere Verträge und Vollmachten etwa runden Dein Finanzkonzept ab. Ich erkläre Dir auch, warum es wichtig ist, dass Du Dich möglichst frühzeitig gedanklich damit auseinandersetzt.

Ehevertrag
Vorgesorgt passiert nichts – oder wenigstens nicht so viel: Es ist viel günstiger, zu Beginn einer Partnerschaft einen fairen Ehevertrag zu schließen, als im Trennungsfall einen teuren Anwalt zu beauftragen. Im Idealfall bleibt

dieser Vertrag für immer in der Schublade, weil die Liebe ewig hält und man ihn nicht benötigt. Davon sollte – zumindest emotional – wohl jedes normale Ehepaar bei der Heirat ausgehen.

Jedoch: Das Risiko, dass die große Liebe eines Tages mit einer Trennung endet, ist nicht unbedingt klein. Etwa jede dritte Ehe wird geschieden – und dann spart Euch beiden ein Ehevertrag enorm viel Ärger, Zeit und Geld. Andernfalls beginnt allzu oft ein jahrelanges Tauziehen, bei dem es meist zwei Gewinner gibt und zwei Verlierer: Gewinnen tun auf jeden Fall die jeweils beauftragten Anwälte und die Verlierer sind das Paar, das sich trennt. Denn ein Scheidungsanwalt hat den Auftrag, das Meiste für seinen Mandanten rauszuholen – doch dummerweise hat der Scheidungsanwalt des Partners denselben Auftrag. Je länger das Ganze dann dauert, je mehr Aufwand damit verbunden ist, desto lauter klingelt die Kasse der Anwälte. Ist dieses Karussell einmal in Gang gesetzt, ist eine schnelle, einvernehmliche Regelung nahezu ausgeschlossen.

Erfahrene Scheidungsanwälte wissen, worüber am meisten gestritten wird – nämlich ums Kind und ums Geld. Vor allem Letzteres kann verbindlich per Ehevertrag hervorragend geregelt werden: Wie viel Unterhalt muss nach einer Scheidung bezahlt werden? Inwieweit soll ein Vermögensausgleich bezahlt werden? Und wie soll die Altersvorsorge geregelt sein? Alles Fragestellungen, die vorab festlegbar sind.

Auch wenn man keinen Ehevertrag schließt, was im Taumel der L(Tr)iebe und angesichts des Trubels rund um Hochzeitsplanungen verständlich ist, sollte man nach der Heirat zumindest ein sogenanntes *Anfangsvermögensverzeichnis* erstellen.

Denn auch hierüber wird bei blutigen „Rosenkriegen" oft heftigst gestritten: Was hat jeder Ehegatte die Ehe eingebracht? Banken haben nur eine zehnjährige Dokumentationspflicht. Hast Du also bei der Hochzeit 100.000 EUR mit in die Ehe gebracht und lässt Dich 20 Jahre später scheiden, ohne das nachweisen zu können, bekommt bei einem Zugewinnausgleich nach der Scheidung der Partner oder die Partnerin 50.000 EUR mehr! Ist das aber in einem Anfangsvermögensverzeichnis dokumentiert, habt ihr damit ein Problem weniger.

Besondere Vorsicht ist hier bei Auslandsberührung geboten: Es gilt festzulegen, welches Recht gilt, wenn Ihr ins Ausland zieht oder unterschiedliche Nationalitäten habt.

Wenn Du bereits verheiratet bist und nichts dergleichen geregelt hast, dann gilt für Euch der Güterstand der *Zugewinngemeinschaft:* Jedem gehört vor, während und nach der Ehe das, was er an Vermögen – auch Schulden – und Rentenansprüchen mit in die Ehe gebracht hat. Alles, was während der Ehe dazu gekommen ist und nicht geschenkt oder geerbt wurde, wird hälftig getrennt. In einem Ehevertrag kann man auch die Verteilung des Zugewinns während der Ehe individuell festlegen. Dadurch wird aus einer Zugewinngemeinschaft die *modifizierte Zugewinngemeinschaft*. In den meisten Fällen ist dies der beste Güterstand.

Hinsichtlich des Unterhalts sollte man Regelungen treffen, wie lange und in welcher Höhe dieser zu zahlen ist. Das gibt beiden Partnern Rechtssicherheit und manche Fragen kommen dann gar nicht erst auf, zum Beispiel:

- Welches Einkommen wird beim Sportler mit begrenzter Vertragslaufzeit angesetzt?
- Inwieweit zählen ausstehende Prämien dazu?
- Wie steht es um einen Ausgleich für nachlaufende Steuerforderungen oder Steuernachzahlungen?

Einen Ehevertrag kann man vor oder auch während der Ehe schließen. Er ist besonders dann sinnvoll, wenn es erhebliche Vermögens- und Einkommensunterschiede zwischen den Partnern gibt.

Die Beurkundung eines Ehevertrages übernimmt ein Notar. Die Kosten dafür liegen – je nach Vermögen – im unteren vier- bis fünfstelligen Bereich.

Je geringer das Vermögen ist, desto geringer sind die Kosten für den Notar, also besser so früh wie möglich. Am besten wartest Du mit einem Ehevertrag also nicht, bis das Vermögen schon gewachsen ist.

Aufgepasst auch bei Auslandsbezug. Haben die Eheleute beispielsweise unterschiedliche Nationalitäten, dann ist ein Ehevertrag auch deshalb sinnvoll, weil hier festgelegt wird, ob das deutsche Scheidungsrecht im Fall der

Trennung gelten soll oder das des Herkunftslandes des Partners. Wieder ein Problem weniger und im Fall der Fälle Geld, Zeit und Nerven gespart.

Und – wie kommt man nun zu einem fairen Ehevertrag? Ein guter Fachanwalt für Familienrecht oder ein Notar helfen dabei.

Erst zum Anwalt, dann zum Notar! Ein Anwalt ist üblicherweise näher an der Praxis, denn er erlebt die Eheauseinandersetzungen im Alltag auf seinem Schreibtisch und im Gerichtssaal.

Wenn ein oder beide Partner vor dem Ehevertrag (jeweils) zu einem eigenen Anwalt gehen, dann wird jeder so beraten, wie es für ihn am besten ist, er ist in diesem Fall parteiischer Helfer. Das ist wie beim Spielervertrag: Dein Spielerberater soll das beste Ergebnis für Dich erzielen. Der Notar hingegen schaut, dass beim Vertrag alles passt. Er vertritt weder die Interessen des Einen noch des Anderen. Selbstverständlich könnt Ihr auch beide zur Ausgestaltung gemeinsam zu einem Anwalt gehen. Dann hat dieser – wie der Notar – die Aufgabe, unparteiisch für beide Vertragsparteien einen Vertrag zu entwerfen.

Wenn die Trennung beschlossen ist und kein Ehevertrag existiert, hilft eine frühzeitige gemeinsame Scheidungsvereinbarung, das Verfahren zu beschleunigen.

Übrigens: Auch wenn Ihr nicht verheiratet seid, kann es nicht schaden, für den Fall der Trennung ein paar Dinge vertraglich zu regeln:

- Wer hat was mit in den gemeinsamen Hausstand gebracht?
- Was passiert mit gemeinsamen Anschaffungen?
- Wer bleibt in der gemeinsamen Wohnung, wer zieht aus?

Auch erb- und steuerrechtliche Konsequenzen sollten mit bedacht werden.

Auf einen Fallstrick möchte ich besonders hinweisen: Wenn ein Haus auf dem Grundstück eines Partners gebaut wird, dann gehört dem Grundstückseigentümer automatisch das Haus, egal wer das Haus bezahlt hat!

Eine Scheidung ohne Ehevertrag kann für beide Parteien – jetzt sind es ja keine Partner mehr – viel Kraft kosten und sehr teuer werden.

„Was ein jahrelanger Rosenkrieg kostet? Denken Sie sich eine Zahl zwischen 1.000 und 100.000 EUR aus! Genaues kann nur der liebe Gott sagen, weil nur der weiß, wer von Ihnen den anderen mit welchen Klagen in den nächsten fünf oder zehn Jahren überziehen wird."
(Michael Eitel, Rechtsanwalt)

Kontovollmacht
Wie Patric in Abschn. 6.3.3 erläutert, kann ein gemeinsames Konto zum steuerlichen Bumerang werden. Steuerlich unbedenklich dagegen ist eine *Kontovollmacht*. Und die kann für Deinen Partner nicht nur im Alltag wichtig werden. Denn im Todesfall hat – bis die Erbfrage geklärt ist – Dein(e) (Ehe-)Partner(in) sonst keinen Zugriff auf die Konten.

Eine Kontovollmacht (Bankvollmacht) gibt der bevollmächtigten Person weitreichende Befugnisse. Das bedeutet, sie hat Zugriff auf die entsprechenden Konten. Es versteht sich von selbst, dass eine derartige Vollmacht jederzeit widerrufen werden kann.

Die Kontovollmacht wird bei der jeweiligen Bank hinterlegt. Wenn ihr allerdings ein Formular verwendet, welches nicht von dieser Bank stammt, kann es im Bedarfsfall zu Verzögerungen kommen. Also lieber gleich die Unterlagen der Hausbank verwenden.

Vorsorgevollmacht
Mit einer Vorsorgevollmacht kannst Du eine Vertrauensperson bestimmen, die an Deiner Stelle rechtskräftige Entscheidungen treffen kann. Wenn Du zum Beispiel durch einen Unfall oder nach einer Operation nicht ansprechbar bist.

Ohne Vollmacht kann nicht einmal Dein(e) (Ehe-)Partner(in) rechtskräftige Entscheidungen an Deiner Stelle treffen, denn die Ehe beinhaltet kein „eingebautes" Vertretungsrecht.

Man kann sie individuell gestalten und im Einzelnen festlegen, inwieweit der Bevollmächtigte die „volle Macht" erhält. Außerdem gibt es die Möglichkeit, einen Kontrollbevollmächtigten einzusetzen oder einen zweiten Bevollmächtigten und zu verfügen, dass beide einstimmig entscheiden müssen.

Ohne Vorsorgevollmacht haben die Familienangehörigen jede Menge Pflichten, aber praktisch keine Rechte.

Hier ein drastisches Fallbeispiel, das Kunden einer mir bekannten Beraterkollegin widerfahren ist: Der Ehemann hatte einen schweren Arbeitsunfall und liegt seitdem im Wachkoma. Durch Leistung der Berufsgenossenschaft und seine private sehr gute Absicherung erhält er eine monatliche Rente in fünfstelliger Höhe und hat eine siebenstellige Entschädigungsleistung auf seinem Konto. Weil die entsprechenden Vollmachten fehlen, wird das Geld durch einen behördlichen Betreuer verwaltet. Der Ehefrau ist der Zugang zum Geld verwehrt. Denn es gehört ihrem Mann und darf nur für seinen persönlichen Bedarf verwendet werden. Und so rückt der Rechtspfleger nicht einmal Geld für neue Möbel im Kinderzimmer heraus und handelt dabei ganz im Sinne des Gesetzes.

Eine „Light-Variante" der Vorsorgevollmacht ist die Betreuungsverfügung. Mit ihr kann man festlegen, wer im Falle einer nötigen Betreuung diese übernehmen soll. Allerdings kommt im Fall der Fälle die Justiz ins Spiel: Die zuständige Behörde kann den Betreuer auch ablehnen und kontrolliert ihn auch.

Generalvollmacht
Wie der Name sagt, ist die Generalvollmacht noch umfangreicher als die Vorsorgevollmacht. Sie tritt sofort in Kraft, nicht erst, wenn der Fall der Fälle eingetreten ist. Der Bevollmächtigte hat mit Unterzeichnung die volle Handlungsfreiheit: Er ist legitimiert, Dich gegenüber Privatpersonen, Unternehmen, Ämtern und Behörden zu vertreten, und kann in Deinem Namen praktisch alle Rechtsgeschäfte tätigen – wenn Du willst, auch nach Deinem Tod.

Die Generalvollmacht kann individuell eingeschränkt und befristet werden und sie sollte notariell beurkundet beziehungsweise beglaubigt sein.

Insgesamt nimmt Dir das viel Arbeit ab, Du hast den Kopf frei; ganz nach dem Motto: „Mache Deinen Sport, ich kümmere mich um die Details." Allerdings: Die Konsequenzen der Handlungen trägst zu 100 % Du. Überlege Dir also gut, wem Du dieses grenzenlose Vertrauen schenkst, und lasse Dich bezüglich der Ausgestaltung von einem Notar beraten.

Falls Du eine Generalvollmacht erteilt hast, weil Du Dich außer um Sport, Freunde und Familie um nichts kümmern willst, dann könnte Euch dieses Buch als Gesprächsplattform für ausgewählte Themen dienen.

Patientenverfügung
Wenn jemand beispielsweise nach einem Unfall oder einem Schlaganfall im Krankenhaus liegt und seinen Willen nicht mehr äußern kann, dann befinden sich Ärzte und Angehörige mitunter in einem Dilemma. Welche medizinischen – zum Beispiel lebensverlängernden Maßnahmen – sollen im Sinne des Patienten zum Tragen kommen und welche nicht? Das kann man vorab in einer Patientenverfügung festlegen. Wenn ein Bevollmächtigter eingesetzt ist, dann bitte die Ärzte in der Vollmacht ihm gegenüber von der Schweigepflicht entbinden.

Damit Vorsorgevollmacht und Patientenverfügung im Falle der Fälle ihren Zweck in Deinem Sinne erfüllen können, sollten Umfang und Inhalt durchdacht sein. Hierzu gibt es brauchbare Formulare im Internet, etwa auf der Homepage des Bundesministeriums der Justiz (www.bmjv.de).

Falls Du eine Rechtsschutzversicherung hast: Vielleicht beinhaltet Dein Vertrag die Option einer kostenfreien Beratung durch spezialisierte Anwälte.
Dann erhältst Du wenige Tage nach einem etwa halbstündigen Telefonat Deine individualisierten Verträge zur Unterschrift zugeschickt.

So oder so: Wer ein „Profi" auch bei diesen Verträgen sein will, holt sich Unterstützung bei einem Fachmann – einem Rechtsanwalt, Notar und gegebenenfalls einem Arzt für die Patientenverfügung.

Von Anwalt oder Notar erfährst Du dann auch, wie Du diese Verträge am besten hinterlegst, sodass sie bei Bedarf auch zum Einsatz kommen können. Eine Möglichkeit ist etwa das *Vorsorgeregister* der Bundesnotarkammer.

Sorgerechtsverfügung
Für Familien mit Kindern hat auch die Sorgerechtsverfügung Bedeutung. Damit könnt Ihr festlegen, wer der Vormund für Eure minderjährigen Kinder werden soll, falls Euch beiden etwas zustößt. Denn auch wenn das innerhalb Eurer Familie klar ist: Sofern keine Verfügung von Euch vorliegt,

kommt automatisch das Familiengericht ins Spiel. Über das Wohl Eurer Kinder bestimmen dann Fremde mit. Liegt keine Sorgerechtsverfügung vor, kann es passieren, dass die Kinder in ein Heim statt zu Verwandten kommen. Auch die Art der Vermögensverwaltung kann festgelegt werden.

Normalerweise ist die Sorgerechtsverfügung ein Teil des Testaments. Wie das Testament, so muss auch sie handschriftlich geschrieben sein, mit Datum versehen und mit Vor- und Nachname unterschrieben.

Testament

Zuletzt ist da noch das Testament, mit dem Du Deinen letzten Willen festlegen kannst – zum Beispiel, was nach Deinem Tod mit Deinem Vermögen passieren beziehungsweise wer es erben soll.

Die gesetzliche Erbfolge ist vielen nicht bekannt – und im Einzelfall nicht automatisch die bestmögliche Lösung. Hast Du Kinder, dann erben die automatisch gemeinsam die Hälfte des Vermögens, Deinem Ehepartner bleibt die andere Hälfte. Bist Du verheiratet, aber kinderlos, erben Deine Eltern und Ehepartner jeweils hälftig.

Mit zunehmendem Vermögen sollten auch steuerrechtliche Konsequenzen Berücksichtigung finden. Auch aus steuerlichen Gründen ist es gegebenenfalls sinnvoll, bereits zu Lebzeiten Vermögen durch Schenkungen zu übertragen.

Genauso wie das Auto alle paar Jahre zum TÜV muss, solltest Du diese Verträge alle paar Jahre überprüfen. Denn vieles kann sich ändern und eine Anpassung nötig machen: die Familiensituation, Dein Vermögen, die Gesetzeslage oder auch Deine Einstellung zu der einen oder anderen vertraglich festgelegten Entscheidung. Wenn die Verträge unter Dach und Fach sind, mache Dir am besten einen Kalendereintrag in Dein Handy oder eine wiederkehrende Wiedervorlage für Deinen „Vertrags-TÜV" zum Beispiel alle fünf Jahre.

Wie bewahrt man solche wichtigen Papiere auf?

Gerade Sportler sind viel unterwegs. Ein guter Gedanke ist, solche Papiere zu speichern, sodass sie jederzeit greifbar sind. Bedenke dabei, dass derjenige, der die Unterlagen haben soll, wenn es darauf ankommt, auch den Zugriff braucht!

Eine schlechte Idee wäre allerdings, wichtige Urkunden und Dokumente digital zu speichern und dann die Originale zu vernichten. Juristen brauchen Originale! Auch heute noch!

6.2.2 Selbsttest: Wie fit sind Deine Finanzen?

In diesem Kapitel findest Du eine Checkliste zur Fitnessermittlung der eigenen Finanzen.

In Kapitel (Abschn. 4.2.3) ist Dir schon ein kleiner Test zur Selbsteinschätzung begegnet. Hier kommt nun der dort versprochene zweite Selbsttest. Du kannst ihn auch als Checkliste beziehungsweise Arbeitshilfe verwenden, um Dein eigenes Konzept zu optimieren (Tab. 6.1).

6.2.3 Fragenpool und persönliche Notizen

In diesem Kapitel sind wichtige Fragen aufgeführt, die für Dein Finanzkonzept und Deinen Lebensentwurf hilfreich sind.

Ein gutes Finanzkonzept entsteht umso leichter, je besser man sich frühzeitig mit guten Fragen beschäftigt hat. Deshalb habe ich hier einen umfassenden

Tab. 6.1 Checkliste für Dich

		Habe ich ausreichend in Umfang und Qualität	Keine Ahnung	Brauche ich		
				nein	ja	erledigt
Liquiditätsmanagement						
	Einnahmekonto					
	Konsumkonto					
	Tagesgeldkonto					
	Überlaufsystem					
Vermögensbildung/Vermögenswerte						
	Sparplan					
	Depot					
	Sachwerte (z.B. Immobilien)					
	Depot					
	Powersparen					
	Grundlagensparen					
	Finanzierungen tragen sich bei Karriereende					
Absicherung						
	Privathaftpflicht					
	Berufsunfähigkeit					
	Sporttagegeld					
	Sportunfähigkeit					
	Unfallversicherung					
	Rechtsschutzversicherung					
	Hausratversicherung					
	Riester (staatl. Förderung)					
	Basisrente (staatl. Förderung)					
	betriebliche Versorgung (Förderung Staat und Arbeitgeber)					
	private Altersversorgung					
	Krankenzusatzversicherung					
	private Krankenversicherung					
	Risikolebensversicherung					
Sonstige Verträge						
	Ehevertrag etc.					

Fragenpool aus meinem Beratungsalltag für Dich zusammengestellt – das Ergebnis jahrelanger Praxis. Der Nutzen für Dich kann weit über Finanzen und Vorsorge hinausgehen. Diese Fragen zu beantworten, kann Dir helfen, Deine Zukunft bewusster und gezielter zu planen – *sei ein Profi* – auch bei Deiner Planung.

Deine Vorstellung vom Leben – Denkanstöße

- Wie viele Jahre willst Du noch vom Profisport leben?
- Was ist Dein größtes Ziel als Sportler?
- Was wirst Du in dieser Zeit in Summe voraussichtlich verdienen und wie viel davon willst Du sparen? Kontrollfrage: Was hast Du in den letzten drei Jahren tatsächlich auf die Seite gelegt? Welche Fixkosten hast Du heute?
- Was willst Du nach der Karriere idealerweise machen und welche Maßnahmen solltest Du vorher gegebenenfalls noch ergreifen?
- Welche Vorstellungen hast Du von Deiner beruflichen und familiären Zukunft?
- Erwartest Du eine Schenkung oder Erbschaft oder kann es sein, dass Du eines Tages für Deine Eltern sorgen musst?
- Wie willst Du nach der Karriere wohnen? Welche (wirtschaftlichen) Träume hast Du – zum Beispiel eine eigene Stiftung, ein Segelboot, die erste Million, ein Jahr um die Welt reisen?
- Wenn Du an Deine Eltern/Großeltern denkst, was möchtest Du genauso und was willst Du anders haben, wenn Du einmal so alt bist wie sie?
- Welche Ansprüche in Bezug auf Nachhaltigkeit und Ethik hast Du an Deine Vermögensanlagen?
- Was soll Dein zukünftiges Vermögen für Dich leisten?
- Welche Risiken können sich auf Dein Vermögen und Deine Karriere auswirken (zum Beispiel gesundheitliche, familiäre, sportliche oder finanzielle Risiken)?

Fragen, um Deine Wirtschaftskraft zu bestimmen und Deine Finanzarchitektur aufzubauen
Wie hoch ist Dein „Gesamtvermögen" aus:

- Cashpositionen,
- Depots,
- den Verkehrswerten von Immobilien oder
- sonstigen Anlagen?

Falls Du Verbindlichkeiten/Darlehen hast, wie hoch sind diese?
Welche *planbaren* Einnahmen im Jahr hast Du aus

- beruflicher Tätigkeit (brutto und netto),
- Spielervertrag,
- Sponsorenverträgen,
- Stipendien oder
- sonstigen Einkunftsarten (etwa Kapitalerträgen oder Miete)?

Welche *möglichen Zusatzeinnahmen* im Jahr hast Du aus

- Prämien, Preisgeldern oder
- sonstigen Einnahmen?

Wie viel gibst Du im Jahr aus für

- Wohnen (Nebenkosten, Instandhaltung),
- Lifestyle (Essen, Kleidung, Anschaffungen, Kinder, Autos, Haushaltshilfe etc., aber ohne Versicherungen oder Sparprozesse),
- Urlaub und
- Hobbys?

Hast Du für die kommenden Jahre bestimmte Ausgaben geplant, etwa für

- ein Auto oder
- sonstiges wie Haus oder Hochzeit?

Welche Pläne hast Du für Deine Karriere?
Wie lange sind Deine Einnahmen gesichert beziehungsweise wann enden Deine Verträge (Spielervertrag, Sponsorenvertrag …)?
Wie lange soll Deine Karriere noch dauern?
Mit welchen Einkommensveränderungen rechnest Du?
Welcher Vermögensverzehr oder Vermögenszuwachs wird sich in Summe über die Karriere ergeben?
Was möchtest Du nach der Sportlerlaufbahn machen und wovon willst Du leben?
Und: Für wen siehst Du Dich derzeit und vielleicht zukünftig in der wirtschaftlichen Verantwortung?

„Powerfragen" für den Weg zum absoluten „Profi"

- Was ist Dir im Leben – neben dem Sport – wirklich wichtig?
- Was gibt Dir Kraft?
- Was ist Deine Vorstellung von Lebensqualität?
- Was treibt Dich an?
- Wenn Du an Deine Familie denkst: Was ist Dir hier besonders wichtig?
- Welche Werte sind Dir wichtig?
- Was bedeutet Sicherheit für Dich?
- Und was ist für Dich Risiko?
- Was ist Geld für Dich?
- Was fühlst Du, wenn Du an Geld denkst?
- Wie seid Ihr in der Familie früher mit dem Thema Geld umgegangen und wie gehst Du heute mit Geld um?
- Falls es Unterschiede gibt: Wie kam/kommt es dazu?
- Welche Spuren möchtest Du im Leben hinterlassen?
- Was ist Deine Vision?

6.3 Das sagt der Steuerprofi

So machst Du hier wie dort das Beste aus Deinem Verdienst.

Abb. 6.3 Die Steuer macht an Grenzen nicht halt

6.3.1 Die „Causa Hoeneß": Steuerfallen vermeiden und Probleme erkennen – wann Du besser einen Profi fragst

In diesem Kapitel:

- Promis am Pranger
- Unwissenheit schützt vor Strafe nicht
- Frag den Profi (Abb. 6.3)

Im Jahr 2014 füllte eine Sensationsmeldung die Sportgazetten der Nation und erhitzte die Gemüter unzähliger Fußballfans: Uli Hoeneß, Aufsichtsratchef des erfolgreichsten und größten Fußballclubs Deutschlands, angeklagt wegen Steuerhinterziehung nach einer „verunglückten Selbstanzeige". Schweizer Nummernkonten, Devisentermingeschäfte, Börsenzockereien, nicht gezahlte Steuern und nicht zuletzt die Strafgelder – letztlich kamen mehr als 40 Mio. EUR zusammen, die Uli Hoeneß an den Staat zu zahlen hatte … und es folgten fast zwei Jahre Gefängnisaufenthalt.

Uli Hoeneß als gleichermaßen verehrte und verhasste Sportpersönlichkeit musste wochen- und monatelang den Hohn und Spott der Medien über sich ergehen lassen, verlor (zunächst) alle seine Ämter bei Bayern München und war (und ist bisher) der einzige Deutsche, der nach einer Selbstanzeige im Gefängnis landete. Von der Staatsanwaltschaft „taktisch gut gespielt" (trotz der in der Selbstanzeige geschätzten, aber nicht erklärten Gewinnen von rund 130 Mio. EUR wurde Hoeneß zunächst „nur" wegen einer Hinterziehung von etwa 3,5 Mio. EUR angeklagt) und von Medien und Öffentlichkeit „wie eine Sau durchs Dorf getrieben", konnte das Gericht schließlich nicht anders, als Herrn Hoeneß zunächst dreieinhalb Jahre Knast aufzubrummen.

Ob man „den Uli" und die Bayern nun besonders mag oder nicht – hier wird eines deutlich: Beim Thema Steuern ist mit dem Staat nicht zu spaßen – ein Vergehen kann schnell zu einer Gefängnisstrafe oder auch dem vorzeitigen Ende einer Karriere führen. Denn Unwissenheit schützt vor Strafe nicht.

Gerade bei Prominenten steht die Presse gern Gewehr bei Fuß und tut ein Übriges, dass Verfehlungen bei Zuschauern, Clubs und der Öffentlichkeit allgemein nicht in Vergessenheit geraten. So drohen neben strafrechtlichen Konsequenzen und empfindlichen Strafzahlungen auch gesellschaftliche Ächtung und hiermit einhergehend Probleme mit der eigenen Karriere und dem Privatleben.

> Während der „kleine Steuerzahler" es bei sich selbst als Kavaliersdelikt ansieht, steuerpflichtige Kleinbeträgen zu „vergessen" oder die Fahrtstrecke zur Arbeit „auszudehnen" (an sich ebenfalls eine Steuerhinterziehung), empört er sich umso mehr, wenn sich prominente Personen fehlverhalten – und treibt die Strafverfolgungsbehörden regelmäßig zu Höchstleistungen an.

In meiner Tätigkeit habe ich viele Sportler kennengelernt, die sich dieses Problems zwar grundsätzlich bewusst waren. Aber ohne Hilfe durch einen fachkundigen Berater hätten sie keine Chance gehabt, ihren steuerlichen Verpflichtungen vollumfänglich nachzukommen.

Eine abschließende Aufstellung aller Problemfälle kann es nicht geben beziehungsweise würde den Rahmen dieses Buches sprengen. Nichtsdestotrotz noch einmal in Stichworten, was es insbesondere zu beherzigen gilt:

Einnahmen – in Geld oder Sachbezügen: Niemals verschweigen, sondern immer vollständig erklären.
Auch wenn kein Geld fließt, zum Beispiel wenn ein Auto oder Ausrüstung gestellt wird: Dies können steuerpflichtige Einnahmen sein.
Einnahmen aus dem Ausland, sei es Gehalt, seien es Prämien oder auch Mieteinnahmen aus einer ausländischen Immobilie: Immer in der deutschen Steuererklärung berücksichtigen.
Auch wer im Ausland lebt, ist unter Umständen in Deutschland steuerpflichtig: Daher immer auf Einkünfte aus deutschen Quellen achten und auch auf die Wegzugsbesteuerung (Abschn. 6.3.2.4).
Die Haushaltshilfe oder das Kindermädchen „schwarz" zu bezahlen, ist eine schlechte Idee: „Neider" gibt es überall …
Bedenke: Der internationale Austausch steuerlicher Informationen nimmt stetig zu. Auch das Schweizer Bankgeheimnis ist inzwischen löchrig wie der landestypische Käse.

Uli Hoeneß hat mit seinen Spekulationsgeschäften nicht nur Gewinne, sondern auch Verluste gemacht. Gewinne und Verluste müssen aber getrennt betrachtet werden (jahresbezogen) … und die Nachzahlung war enorm.

Und auch Geschenke von Kunden, Sponsoren oder dem Verband können zu steuerlich relevanten Einnahmen zählen.

Insoweit mein Rat
Sei ehrlich und offen, rede mit einem Steuerberater, dem Du vertraust – und erzähl im frei von der Leber (oder auch dem Sellerie), wo Du nach der Lektüre des Steuerteils in diesem Buch eventuell Bauchschmerzen hast. Ist der Typ (oder auch die Typin) cool – wird er oder sie Dir keine Vorwürfe machen, sondern Dir Wege aus Deinem Dilemma weisen und Dir zeigen, worauf es zu achten gilt …, damit Du Dich dann wieder ganz entspannt Deiner Karriere und anderen wichtigen Themen widmen kannst.

6.3.2 Der Sportler und das Ausland

6.3.2.1 Obacht bei Auslandseinkünften – die Grundlagen

> In diesem Kapitel:
> - Worauf musst Du achten, wenn Du im Ausland Geld verdienst?
> - Wie (und wo) sind Auslandseinkünfte zu versteuern?
> - Was sind die Grundlagen für die grenzüberschreitende Besteuerung?

Wer schon mal im Ausland Urlaub gemacht hat, kennt das: Die Sonne scheint oft wärmer als zu Hause, das Essen schmeckt besser und das Leben macht einfach mehr Spaß. Und wenn es dann auch noch vermeintliche Schnäppchen gibt – Stichwort Klamotten in der Türkei, teure Uhren in Katar oder das MacBook in den USA –, greift man gerne zu. Nicht auszuschließen ist aber, dass bei der Wiedereinreise nach Deutschland ein böses Erwachen folgt: Kontrolliert der Zoll am Flughafen das Gepäck, verlangt er womöglich Abgaben, weil man blöderweise nicht über *Zollfreigrenzen*, *Einfuhrumsatzsteuer* und *Zollabgaben* nachgedacht hat. Karl-Heinz Rummenigge etwa musste einmal knapp 250.000 EUR Strafe zahlen, weil er bei der Rückkehr aus Katar zwei teure Luxusuhren vergessen hatte, beim Zoll anzumelden. Auch der ehemalige Entwicklungsminister Dirk Niebel bekam Riesenärger, weil er sich einen Teppich aus Kabul unverzollt in einer Maschine des Bundesnachrichtendienstes mitbringen ließ.

Der Sportler und das Ausland – allgemeine Regeln
Bei den Steuern ist es nicht anders: Wird im Ausland Geld verdient, sind die Antrittsprämien und Verträge häufig lukrativ und der Veranstalter oder Club verspricht die Auszahlung „frei von Steuern". Das stimmt nur bedingt, denn in Deutschland resultieren womöglich sehr wohl steuerlichen Folgen … Neben Strafen bei Nichtbeachtung kann sich auch die mit Sicherheit folgende negative Presse die Karriere nachhaltig negativ beeinflussen.

Nicht auszuschließen, dass auch Du – ob Einzel- oder Mannschaftssportler – früher oder später ein Angebot aus dem Ausland bekommst. Vielleicht nimmt Dich ein ausländischer Arbeitgeber/Verein für eine bestimmte Zeit unter Vertrag. Eventuell bezahlt ein deutscher Arbeitgeber Dich für Spiele im Ausland. Womöglich nimmst Du an internationalen Wettkämpfen oder Spielen teil. Und es gibt natürlich auch ausländische Sponsoren, die mit Dir als Sportler einen Werbevertrag abschließen.

Der Möglichkeiten für Einkünfte mit Auslandsbezug gibt es also viele. Doch was gibt es hier zu beachten, damit der deutsche Fiskus (wie der Zoll am Flughafen) Dir nicht auf einmal Probleme bereitet?

Während sich der Mannschaftssportler (viel zu oft!) darauf verlässt, dass der Arbeitgeber – ob nationaler Verband oder ausländischer Verein – sich schon um eine ordnungsgemäße Versteuerung aller Bezüge aus dem Arbeitsverhältnis kümmern wird, stellt sich dem Einzelsportler automatisch die Frage des „Was, Wie und Wo" (ausländische Einkünfte versteuert werden müssen) – schon allein, wenn bei ausländischen Preisgeldern auf einmal *Abzugsteuern* einbehalten werden.

Wie in vorherigen Kapiteln geschildert habe, unterliegt jeder Inländer – also jeder Steuerpflichtige, der einen Wohnsitz oder seinen gewöhnlichen Aufenthalt in Deutschland hat – mit seinem Welteinkommen der deutschen Einkommensteuer – ungeachtet dessen, ob der inländische Wohnsitz auch den Mittelpunkt des Lebensinteresses darstellt. Insoweit ist es erst einmal egal, aus welcher Quelle Du Geld bekommst: Auf alle Einkünfte sind grundsätzlich Steuern an das deutsche Finanzamt zu zahlen.

Der deutsche Staat ist natürlich auch daran interessiert, dass Einkünfte mit Inlandsbezug (etwa wenn ausländische Sportler in Deutschland an Wettkämpfen teilnehmen und hier Antrittsprämien oder Preisgelder erhalten) ebenfalls in Deutschland versteuert werden. So gibt es im Steuerrecht bestimmte Einkunftsarten, die – sofern diese Einkünfte im Inland erzielt werden oder aus einer Verwertung im Inland herrühren – zu einer beschränkten Steuerpflicht führen, für die dann im Inland entsprechende Steuern anfallen.

Bedeutet
Lebst und arbeitest Du im Ausland und hast beispielsweise eine vermietete Immobilie oder einen Wettkampf in Deutschland, wirst Du auf jeden Fall zumindest mit diesen Einkünften (unabhängig vom Wohnort) auch in Deutschland besteuert.

Solche oder ähnliche Regelungen finden sich in den Steuergesetzen überall auf der Welt. So würde es bei Einkünften mit Auslandsbezug regelmäßig zu einer doppelten Steuerbelastung kommen. Um dies zu vermeiden und die Steuern sachgerecht zwischen den beteiligten Ländern aufzuteilen, gibt es sogenannte *Doppelbesteuerungsabkommen*. Darin legen die beteiligten Länder vertraglich fest, welcher Staat in welchem Umfang welche Teile des länderübergreifenden Einkommens besteuern darf und wie die Doppelbesteuerung vermieden wird – beispielsweise durch Steuerfreistellung oder Anrechnung der ausländischen Steuer.

Um zu entscheiden, welche steuerlichen Folgen speziell bei Dir aus Auslandseinkünften resultieren, ist zunächst die Einordnung in die Einkunftsart entscheidend: die Tätigkeit als Einzelsportler führt wie dargestellt regelmäßig zu Einkünften aus Gewerbebetrieb, die Tätigkeit als Mannschaftssportler zu Einkünften aus nicht selbstständiger Tätigkeit.

Bist Du in Deutschland steuerpflichtig? Dann ist die Voraussetzung für die Anrechnung ausländischer Einkommensteuern, dass es sich dem deutschen Steuerrecht nach auch um ausländische Einkünfte handelt – oder aber, das Doppelbesteuerungsabkommen qualifiziert diese Einkünfte als „ausländische Einkünfte" oder sieht die Anrechnung ausdrücklich vor.

Bei Doppelbesteuerungsabkommen stellt man in der Regel fest: Sportler zu sein, stellt nach dem Musterabkommen einen Sondertatbestand dar, der im Gegensatz zu „normalen Tätigkeiten" (zum Beispiel eine angestellten Buchhalters) grundsätzlich *nicht* zu einer Steuerfreistellung im Heimatland führt. Vielmehr wird die ausländische Steuer angerechnet, sofern im Ausland überhaupt Steuern gezahlt wurden. Dies gilt übrigens auch für im Ausland angestellte Sportler mit deutschem Wohnsitz (dazu mehr in Abschn. 6.3.2.2).

Für eine Anrechnung und Vermeidung der Doppelbesteuerung ist immer Voraussetzung, dass die Versteuerung im Ausland entsprechend *nachgewiesen* werden kann.

6.3.2.2 Der Einzelsportler

In diesem Kapitel:

- Worauf musst Du achten, wenn Du im Ausland Geld verdienst?
- Wie (und wo) sind Auslandseinkünfte zu versteuern?
- Wie wird die Doppelbesteuerung durch Freistellung, Anrechnung oder Abzug als Betriebsausgabe vermieden?

Neben Deinen inländischen Einkünften hast Du vielleicht auch Einkünfte aus ausländischen Quellen oder aus der Teilnahme an Wettkämpfen im Ausland. Im Einkommensteuergesetz (EStG) sind solche Einkünfte in § 34d definiert.

Gewerbliche Einkünfte eines im Inland steuerpflichtigen Sportlers gelten nach dem deutschen Steuerrecht grundsätzlich nur dann als ausländische Einkünfte, wenn der Sportler im Ausland eine Betriebsstätte (oder einen ständigen Vertreter) hat.

Gäbe es keine Doppelbesteuerungsabkommen, würden im Ausland erzielte Einnahmen aus der dort ausgeübten Tätigkeit – für die das jeweilige Ausland in der Regel Quellensteuer (also Abzugssteuern) einbehält – in Deutschland zu keiner Steueranrechnung führen, sondern vielmehr zu einem Abzug der einbehaltenen Steuern als Betriebsausgaben.

Da jedoch Doppelbesteuerungsabkommen vorrangig vor nationalen Regelungen anzuwenden sind und diese oftmals eine eigenständige Definition der „Auslandseinkünfte" beinhalten und zudem über eine entsprechende Regelung auch eigenständige „Anrechnungsregeln" der Doppelbesteuerungsabkommen zur Anwendung gelangen, ist (zumindest) die Anrechnung der ausländischen Steuer in den meisten Fällen gewährleistet.

Gemäß dem Musterabkommen der Organisation für wirtschaftliche Zusammenarbeit und Entwicklung (OECD), an dem sich die meisten aktuellen Doppelbesteuerungsabkommen orientieren, steht bei selbstständigen Sportlern dem Tätigkeitsstaat (Quellenstaat) in der Regel ein eigenes Besteuerungsrecht zu. Praktisch umgesetzt wird dies häufig, indem der zur Zahlung Verpflichtete, zum Beispiel ein Veranstalter, einen Steuerabzug vor der Auszahlung an den Sportler vornimmt.

Deutschland als Ansässigkeitsstaat stellt bei Sportlern ausländische Einkünfte in der Regel *nicht* von der deutschen Steuer frei. Stattdessen wird Doppelbesteuerung vermieden, indem die im Ausland gezahlt Steuer auf die inländische Steuer angerechnet wird.

Die Anrechnung der ausländischen Steuer ist jedoch begrenzt – und zwar auf die Höhe der auf die ausländischen Einkünfte entfallenden Steuer. Das kann durchaus zu einer Mehrbelastung durch den ausländischen Steuerabzug führen – besonders, wenn im Inland aufgrund der Einkommenshöhe oder der Summe der auf diese Einnahmen entfallenden Betriebsausgaben kaum oder nur geringe Einkommensteuerzahlungen anfallen.

Das klingt kompliziert?! Ist es auch – lässt sich aber anhand eines Beispiels ganz gut erklären.

Gehen wir mal von Folgendem aus: Der im Inland steuerpflichtige, äußerst erfolgreiche Boxer Didi „Dampfhammer" bekommt für einen Kampf im benachbarten Ausland ein vertraglich festgelegtes Antrittsgeld von netto 75.000 EUR. Der ausländische Veranstalter soll dafür 25 % Abzugsteuer zahlen. Das Bruttohonorar liegt also bei 100.000 EUR (nach Abzug von 25 % verbleibt dann das vereinbarte Nettohonorar). Außerdem bezahlt Didi in Deutschland einen Spitzensteuersatz von 40 %. Je nach Doppelbesteuerung und Anrechnung kann steuerlich nun Folgendes passieren:

Variante 1:
Die ausländische Abzugssteuer wird auf die deutsche Einkommensteuer (ohne Begrenzung) angerechnet. Dann kann es für Didi so ausgehen:
In Deutschland steuerpflichtig ist der Bruttobetrag von 100.000 EUR. Hierauf hat Didi 40 % zu zahlen, also 40.000 EUR. Da die im Ausland einbehaltene Steuer angerechnet wird und keine Begrenzung zur Anwendung kommt, bezahlt er nur die Differenz, also 40.000 EUR minus 25.000 EUR, somit 15.000 EUR.
Was bleibt also in seinem Portemonnaie? 75.000 hat er ausbezahlt bekommen, wovon er in Deutschland besagte 15.000 EUR abgeben muss. Er behält also 60.000 EUR für sich.

Variante 2:
Die ausländische Abzugssteuer wird *mit Begrenzung* auf die deutsche Einkommensteuer angerechnet.
Didi hat vielleicht Anteile an einer Verlustgesellschaft und zahlt deswegen in Deutschland nur eine Spitzensteuer von 30 %. Durchschnittlich ist sein Einkommen dagegen nur mit 20 % Steuer belastet. Da die Anrechnung auf die ausländischen Einkünfte entfallende Steuer begrenzt ist, kann er im Rahmen der Steuererklärung nur 20.000 anrechnen. Denn entscheidend ist nicht der zu zahlende Spitzensteuersatz, sondern der jeweilige Durchschnittssatz. Didi zahlt somit zwar keine zusätzliche Steuer in Deutschland für die Auslandseinkünfte, aber er ist mit 5000 zusätzlich belastet, die nicht angerechnet werden.

Variante 3:
Die ausländische Steuer gilt als Betriebsausgabe.
In diesem Fall versteuert Didi die um die ausländische Steuer gekürzte Auszahlung von 75.000 EUR im Rahmen der deutschen Steuererklärung. Da er mit 40 % besteuert wird, zahlt er also in Deutschland 30.000 EUR an Einkommensteuer. Ihm selbst bleiben somit nach Abzug der ausländischen und der deutschen Steuer nur 45.000 EUR.

Variante 4:
Freistellung der ausländischen Einkünfte mit Progressionsvorbehalt.
In diesem Fall zahlt Didi auf die ausländischen Einkünfte keine weitere Steuer, sein durchschnittlicher Steuersatz (der dann auch auf sein Inlandseinkommen angewendet wird!) erhöht sich aber geringfügig: Ist er alleinstehend und hat er ein Inlandseinkommen von insgesamt 600.000 EUR, steigt der durchschnittliche Steuersatz (in 2017) von 42,33 auf 42,71 %. Bedeutet für dieses Beispiel, dass bei Didi insgesamt für das inländische Einkommen von 600.000 EUR ein um 0,38 % höherer Steuersatz anzuwenden ist, was ihn rund 2300 EUR mehr Steuern bezahlen muss. Ihm verbleiben somit EUR 72.700.

Damit die ausländischen Steuer angerechnet oder bei der Steuerberechnung berücksichtigt werden kann, ist eine entsprechende Steuerbescheinigung notwendig. Dies solltest Du bereits bei Abschluss der Verträge im Blick haben (und Dir auch vertraglich zusichern lassen).

6.3.2.3 Der Mannschaftssportler

In diesem Kapitel:

- Worauf musst Du zu achten, wenn Du im Ausland Geld verdienst?
- Wie (und wo) sind Auslandseinkünfte zu versteuern?
- Wie wird die Doppelbesteuerung durch Freistellung, Anrechnung oder Abzug als Betriebsausgabe vermieden?

Wie Du gerade gelernt hast, gilt bei Sportlern grundsätzlich das Anrechnungsverfahren. Wenn Du Dir die verschiedenen Beispiele im vorangegangenen Kapitel ansiehst (Abschn. 6.3.2.2), ahnst Du sicher schon, dass dies nicht die günstigste Art der Versteuerung darstellt.

Du musst wissen: Die Anrechnung der Steuer (statt einer Freistellung der Einkünfte) kann besonders für im Ausland tätige Mannschaftssportler drastische Folgen haben.

Wie Du inzwischen weißt, werden die Einkünfte aus einer im Ausland ausgeübten nicht selbstständigen Tätigkeit normalerweise nach den Regeln der Doppelbesteuerungsabkommen im Inland von der Steuer freigestellt und haben lediglich Auswirkung auf die Höhe des Steuersatzes für die inländischen Einkünfte. Für Sportler und Künstler gelten aber in den meisten Doppelbesteuerungsabkommen Sonderregelungen. Eben hieraus können Probleme entstehen, etwa wenn es – trotz Vertrages im Ausland – zu einer zusätzlichen Steuerpflicht auch in Deutschland kommt.

Viele Länder mit hochdotierten Nettoverträgen etwa haben für ausländische Profisportler – selbst wenn diese vor Ort wohnen und sich dort regelmäßig aufhalten – mitunter Sonderregeln, was die Versteuerung angeht. Spanien und Russland zum Beispiel. Dort werden auf das Gehalt lediglich geringe Pauschalsteuersätze von teils nur 15 % fällig. Erhebt dann auch Deutschland Steuern, drohen hier ohne entsprechende Planung teure Nachzahlungen.

Für eine Steuerpflicht der im Ausland erzielten Einkünfte reicht ein Wohnsitz im Inland aus. Ohne vorherige Planung einer Auslandseinstellung und Aufgabe des inländischen Wohnsitzes werden diese Arbeitnehmereinkünfte oftmals in Deutschland (zusätzlich) steuerpflichtig.

Um Dir hier einmal die ganze Dramatik aufzuzeigen, ein kleines Beispiel aus der Praxis …, bei dem ich glücklicherweise vor Vertragsunterzeichnung gefragt wurde. So ließen sich die möglichen negativen Folgen komplett vermeiden. Die Beträge und der Ort sind natürlich frei erfunden:

Beispiel

Ein russischer Verein bietet einem Mannschaftssportler an, ihn für insgesamt 8.500.000 EUR netto acht Monate lang unter Vertrag zu nehmen. Dieser Nettovertrag beinhaltet, wie im Ausland üblich, eine Klausel, dass der Verein die in Russland auf das Gehalt entfallenden Steuern und Versicherungsbeträge übernimmt. Diese Nettolohnvereinbarung umfasst aber nicht eventuelle Steuerzahlungen außerhalb des Tätigkeitsstaates …

Gehen wir davon aus, dass der Verein die entsprechenden Steuerbeträge ordnungsgemäß abrechnet und bezahlt. In Russland sind dies 15 % des Bruttobetrages. Dann liegt das Bruttogehalt bei 10.000.000 EUR (100/85 mal 8.500.000 EUR) – die Versicherungsbeiträge ignorieren wir aus Gründen der Einfachheit einmal – wovon 15 % einbehalten werden und anrechenbar sind, also 1.500.000 EUR.

Ist dieses Gehalt dann später, weil der Spieler seinen Wohnsitz in Deutschland behalten hat, zusätzlich in Deutschland steuerpflichtig, ergäbe sich hier eine Nachzahlung von etwa 2.930.000 EUR (29,3 % als Differenz zwischen Grenzsteuersatz von 44,3 % und der Abzugsteuer von 15,0 %), also von mehr als einem Drittel des (eigentlich) eingeplanten Nettos!

Der Mannschaftssportler in diesem Beispiel hätte bei einem vereinbarten Nettogehalt von 8.500.000 EUR eine Einkommensteuer in Höhe von 2.930.000 EUR nachzahlen müssen. Durch entsprechendes Bewusstsein und vorherige Planung (in diesem Fall: rechtzeitige und vollständige Aufgabe des inländischen Wohnsitzes) ließ sich dies komplett vermeiden.

Die Erfahrung lehrt zudem, dass – gerade in den Staaten der russischen Föderation, aber mitunter auch in bestimmten südländischen Ländern – die Steuerabrechnung mitunter erheblich von den vertraglichen Vereinbarungen abweicht (und auch eine ordnungsgemäße Anmeldung bei der Krankenkasse schon mal vergessen wird). Ein weiteres Problem ist oft, die im Ausland im Rahmen der Lohnabrechnung einbehaltenen Steuerbeträge im Rahmen der inländischen Steuererklärung auch nachzuweisen ... Entsprechende Bescheinigungen zu erhalten, ist mitunter sehr schwierig und dauert lange.

Kann die Bescheinigung womöglich gar nicht beigebracht werden, sind der Versteuerung in Deutschland die erhaltenen (ausgezahlten) Beträge zugrunde zu legen – das vereinbarte Netto also. Hier kommen die hiesigen Finanzämter zwar manchmal auf die Idee, den Bruttobetrag versteuern zu wollen, obwohl die einbehaltene Steuer aufgrund fehlender Bescheinigung nicht angerechnet werden soll. Dies lässt sich aber meist, im Notfall auch mit der Hilfe eines Steuerberaters, problemlos klären. Ärgerlich und teuer ist diese Art der Versteuerung aber dennoch.

Wird keine Steuerbescheinigung vorgelegt, beträgt die Steuer im Beispielfall entsprechend der Grenzsteuerbelastung (44,3 %) auf den Nettobetrag von 8.500.000 EUR immerhin 3.766.000 EUR. Also 836.000 EUR mehr als sowieso schon. Zumindest, wenn Du die eine deutsche Steuerpflicht beispielsweise durch einen Wegzug nicht vermeiden konntest.

Solch böses Erwachen muss es nicht geben, wenn die Strategie stimmt!
Sollte ein Vereinswechsel in das Ausland anstehen, lohnt es sich, sich vor Unterzeichnen des Vertrags mit einem Steuerberater zusammenzusetzen und die hieraus resultierenden Folgen zu besprechen. Mit der richtigen Strategie lassen sich oft unnötige (und teure) Probleme vermeiden.

Wie aber geht nun die „richtige Strategie"? Wie lassen sich solche Steuerprobleme vermeiden?

6.3.2.4 Wegzug und Tätigkeit im Ausland

In diesem Kapitel:

- Der Wegzug ins Ausland
- Die Wegzugsbesteuerung
- Beachte die ausländischen Steuerregeln!

Manchmal gibt es nur eine einzige Möglichkeit, steuerliche Nachteile beziehungsweise eine Zusatzversteuerung Deines Auslandseinkommens in Deutschland zu vermeiden: Du musst Deinen inländischen Wohnsitz „konsequent" aufgeben.

Aufgabe des inländischen Wohnsitzes
Wenn Du als deutscher Sportler Deinen Inlandswohnsitz aufgeben willst, um fortan zum Beispiel in der Schweiz oder Österreich oder sonstwo zu wohnen, kann das durchaus kompliziert werden.

Naturgemäß will Deutschland die „Steuerflucht" gutverdienender Personen verhindern. So wird genau geprüft, inwieweit Du nicht doch noch einen inländischen Wohnsitz haben könntest. Du erinnerst Dich vielleicht noch an Boris Becker dem eine Unterkunft in München zum steuerlichen Verhängnis wurde (ich meine jetzt nicht die Besenkammer, die ihn allerdings auch ein paar Euro gekostet haben dürfte). Zwar hatte er damals seinen offiziellen Wohnsitz in Monaco, aber eine kleine Bleibe in München vergessen zu erwähnen. Da diese Unterkunft für die deutsche Steuerpflicht ausreichend war, durfte er sein gesamtes Welteinkommen in Deutschland versteuern. Das „kleine Versäumnis" hat ihm insgesamt 1,7 Mio. EUR und eine zweijährige Bewährungsstrafe eingebracht.

Hast Du alles richtig gemacht und tatsächlich den inländischen Wohnsitz aufgegeben, kann auch das zu Steuerzahlungen führen, denn es gibt eine sogenannte *Wegzugsbesteuerung*. Diese bestimmt zum einen, inwieweit Vermögenswerte wie Beteiligungen, Firmenanteile, Aktien etc. zum Zeitpunkt der Aufgabe des inländischen Wohnsitzes (wie bei einem Verkauf) versteuert werden müssen. Außerdem gibt es Regeln, nach denen bestimmte Einkünfte auch in der Folge (also nach dem Wegzug) noch einer erweiterten inländischen Versteuerung unterliegen können.

Solltest Du ins Ausland ziehen und dafür Deinen Wohnsitz in Deutschland aufgeben wollen, bist Du gut beraten, Dir vorab fachkundigen Rat bei einem Steuerberater zu holen.

Ausländische Steuerregeln beachten
Zusätzlich noch mal ein kleiner Tipp zum Thema „Auslandsengagement": Wo netto draufsteht, ist manchmal nur bedingt netto drin.

Wie bereits erwähnt (Abschn. 6.3.2.1): Ausländische Clubs „garantieren" Dir meist ein Einkommen „nach Abzug der vor Ort geltenden Lohnsteuer" – und meinen damit ausschließlich ihr eigenes Land. Kein Club wird Dir je garantieren (können), dass in anderen Ländern (beispielsweise dem Heimatland) nicht eventuell zusätzlichen Steuern zu zahlen sind …

Außerdem wird regelmäßig vergessen, Dich auch auf eventuelle eigene (zusätzlichen) Steuererklärungs- und Abgabepflichten im Tätigkeitsstaat hinzuweisen.

So gibt es zum Beispiel wie bereits erwähnt in Spanien eine Vermögenssteuer, die regelmäßig (jährlich) zu erklären ist. Sie dürfte zwar in vielen Fällen zu keiner zusätzlichen Steuerbelastung führen. Allerdings wird es mit hohen Strafen sanktioniert, wenn Du der Erklärungspflicht nicht nachgekommen bist.

Erschwerend kommt hinzu, dass es zwar hohe Freibeträge gibt, bei Auslandsvermögen aber die Herkunft des Geldes nachzuweisen ist. Das ist erfahrungsgemäß nicht immer leicht.

Auch wenn es Geld kostet, solltest Du direkt zu Beginn eines Vertrags Kontakt zu einem Steuerprofi vor Ort suchen, der Dich genau in diesen Punkten berät. Das kann über den Verein oder Deinen international vernetzten Berater geschehen.
Und auch bei Bruttoverträgen wie etwa in den USA gilt: Setze Dich mit den Steuerregeln vor Ort auseinander und lass Dich von einem unabhängigen Profi beraten.

6.3.2.5 Wohnsitz im Ausland – Wann kann Deutschland trotzdem Steuern fordern?

In diesem Kapitel:

- Was ist ein Niedrigsteuerland?
- Die beschränkte und erweiterte beschränkte Steuerpflicht
- Die Wegzugsbesteuerung

„Deutschland ist bei Abgabenlast absolute Weltspitze. Deutsche müssen so hohe Steuern und Abgaben zahlen wie kaum ein anderes Volk. Sogar in skandinavischen Sozialstaaten gibt es mehr Netto", war 2014 in der Zeitung Die Welt zu lesen.

Michael Schuhmacher, Boris Becker, Franz Beckenbauer ... Viele Spitzensportler haben ihren Wohnsitz ins Ausland verlegt – mal mit mehr, mal mit weniger (steuerlichen) Problemen.

Steuerliche Gründe haben bei dem Umzug sicherlich in vielen Fällen eine nicht nur untergeordnete Rolle gespielt. Manchmal ergibt sich eine Wohnsitzverlagerung aber auch aus vertraglichen Gründen, wenn Du ein lukratives Angebot aus dem Ausland erhältst.

Wie Du in den vorangegangenen Kapiteln gelesen hast, sind Sachverhalte mit Auslandsbezug niemals trivial und natürlich versucht der deutsche Staat, sich seinen Anteil an Deinen Steuerabgaben zu sichern. Um diesbezüglich bei eventuellen Jobanfragen gewappnet zu sein, will ich – zumindest in Ansätzen – auf die wichtigsten Punkte eingehen.

Wenn bei Dir weder heute noch morgen ein Auslandsumzug ansteht, kannst Du dieses Kapitel erst einmal getrost überspringen. Behalte es aber im Hinterkopf (und das Buch griffbereit), das Thema wird vielleicht eines Tages auch für Dich akut.

Das Niedrigsteuerland
Was ein Wegzug jeweils steuerlich mit sich bringt, hängt davon ab, wohin Dein Weg Dich führt. Ziehst Du in ein Niedrigsteuerland, sind die Folgen um einiges schärfer. Aber was ist ein Niedrigsteuerland?

Das Gesetz definiert ein Niedrigsteuerland als ein Land, in dem die Besteuerung bei einem Einkommen von 77.000 EUR generell mindestens um ein Drittel niedriger ist als in Deutschland oder das Dir aufgrund von Sonderregelungen eine günstigere Besteuerung einräumt. In Zahlen: In Deutschland ergibt sich (derzeit) ein Steuersatz von durchschnittlich rund 30 %. Folglich gelten alle Länder mit einem Steuersatz von etwa bis zu 21 % als Niedrigsteuerland. Dazu können (je nach Einkommensart) Staaten wie Großbritannien, Irland und Malta zählen. Darüber hinaus gehören auch Staaten dazu, in denen der Regelsteuersatz zwar nicht so niedrig ist, die aber Sportlern eine derart begünstigte Besteuerung einräumen – Russland und je nach „Einkommensmix" sogar ein Land wie Spanien.

Also noch einmal: Bevor Du ins Ausland umziehst, sprich am besten mit einem Berater, der sich auskennt.

Die beschränkte Steuerpflicht
Wenn Du Deinen Wohnsitz in Deutschland konsequent aufgibst, sind viele Einkünfte nur noch in Deinem (neuen) Wohnsitzstaat steuerpflichtig – zum Beispiel Zinserträge, Einnahmen aus ausländischen Immobilien oder Auslandsbeteiligungen. Allerdings zahlst Du für bestimmte „deutsche Einkünfte" weiterhin in Deutschland Steuern – typische Beispiel sind:

- *Einkünfte aus Gewerbebetrieb* (falls keine sogenannte „Entstrickungsbesteuerung" beim Wegzug stattgefunden hat). Voraussetzung ist immer, dass weiterhin eine Betriebsstätte beziehungsweise ständiger inländischer Vertreter im Inland besteht. Auch falls Du das Unternehmen später verkaufst, ist der Gewinn in Deutschland (beschränkt) steuerpflichtig.
- *Einkünfte aus selbstständiger Arbeit,* falls Du als Sportler tätig bist und Deine Arbeit beziehungsweise Rechte (Persönlichkeitsrechte) im Inland ausgeübt oder verwertet werden. Zu nennen sind hier etwa der Verkauf von Vermarktungsrechten oder Wettkämpfe in Deutschland. Etwas anderes kann gelten, falls mit Deinem neuen Wohnsitzstaat ein Doppelbesteuerungsabkommen besteht.
- *Bestimmte Zinserträge,* die im Jahr der Zinszahlung dinglich, also mit einer Absicherung im Grundbuch, gesichert sind oder wenn es sich um Genussrechte oder Tafelgeschäfte handelt. Nicht steuerpflichtig in Deutschland sind also „stinknormale" Zinseinkünfte wie etwa aus Festgeldanlagen.

- *Einkünfte aus Vermietung und Verpachtung*, wenn das vermietete Objekt in Deutschland liegt, und *Einkünfte aus der Verwertung inländischer Rechte*.
- *Einnahmen aus Betriebsrenten und Beamtenpensionen*, nicht jedoch Renten der deutschen Rentenversicherung oder Rentenzahlungen einer privaten Kapitallebens- beziehungsweise Rentenversicherung. Außerdem sind auch Leibrenten aus einem Unternehmensverkauf weiterhin in Deutschland steuerpflichtig (hier gegebenenfalls prüfen, ob eine Sofortversteuerung die günstigere Wahl sein könnte).

Da Doppelbesteuerungsabkommen regelmäßig Sonderregelungen bei der Zuweisung des Besteuerungsrechtes vorsehen, solltest Du diese Regelungen im Falle eines Umzuges immer im Auge behalten und überprüfen lassen.

Erweiterte beschränkte Steuerpflicht
Verschlägt es Dich in ein Niedrigsteuerland und bist Du in den vergangenen zehn Jahren in Deutschland mindestens fünf Jahre unbeschränkt steuerpflichtig gewesen (was in der Regel der Fall sein dürfte), gelten für Dich zehn Jahre lang verschärfte Steuerregeln, die sogenannte *erweiterte beschränkte Steuerpflicht*. Dann unterliegen fast alle in Deutschland erzielten Einkünfte der deutschen Steuerpflicht und die Bemessungsgrundlagen sowie Steuersätze sind höher. Außerdem gibt es folgende Besonderheiten:

- Alle aus dem Inland bezogenen Zinsen sind in Deutschland zu versteuern.
- Der Steuerabzug an der Quelle bei bestimmten Einkünften, zum Beispiel für Lizenzzahlungen, entfaltet keine Abgeltungswirkung, sondern stellt einen Mindeststeuersatz dar (25 %). Die Einkünfte musst Du in der deutschen Steuererklärung angeben.
- Alle *nicht* in Deutschland steuerpflichtigen Einkünfte beeinflussen im Rahmen des Progressionsvorbehaltes (anzuwendender Durchschnittssteuersatz) die Steuer auf die in Deutschland zu versteuernden Einkunftsanteile.

Wegzugsbesteuerung
Hast Du das alles geklärt und verstanden, ist es noch nicht vorbei. Um es Dir bei Deinem Wegzug nicht zu einfach zu machen, hat der Staat noch eine weitere Sonderregelung geschaffen: Wenn Du beispielsweise Anteile an GmbHs oder anderen Unternehmen hast, möchte er nicht leer ausgehen,

falls der Wert dieser Anteile während Deiner steuerpflichtigen Zeit in Deutschland gestiegen ist.

Diese *Wegzugsbesteuerung* ist dann von Bedeutung, wenn Du einen Anteil von mindestens einem Prozent an einer deutschen Kapitalgesellschaft hältst. Gibst Du dann den inländischen Wohnsitz auf, musst Du den Wertzuwachs seit Erwerb der Anteile versteuern – wie bei einem fiktiven Verkauf. In Ausnahmefällen kannst Du die entstehende Steuer über eine Zeit von fünf Jahren in Raten bezahlen.

Und: Ziehst Du innerhalb von fünf Jahren (beziehungsweise bei den USA innerhalb von zehn Jahren) nach Deutschland zurück, ohne dass Du die Anteile tatsächlich verkauft hast, fällt die Steuer nicht an – vorausgesetzt, Du hast dem Finanzamt Deine Rückzugspläne direkt und umgehend mitgeteilt.

Ist Dein neuer Wohnsitz in einem EU-Land, erhebt das Finanzamt die Steuer zwar – stundet sie aufgrund eines Urteils des europäischen Gerichtshofes aber bis zum tatsächlichen Verkauf Deiner Anteile.

Entstrickungsbesteuerung
Bist Du Einzelsportler und damit Unternehmer (oder hast Du sonstige unternehmerische Einkünfte), geht das Finanzamt bei einer Wohnsitzverlegung grundsätzlich davon aus, dass Du mit dem Wegzug aus Deutschland auch Deinen „Betrieb" (Dein Unternehmen) aufgibst.

Aus diesem Grund werden die stillen Reserven aufgedeckt und besteuert. Bedeutet: Der Wert Deines Unternehmens beziehungsweise der unternehmerischen Beteiligung wird geschätzt (Was würdest Du bei einem Verkauf bekommen?) und darauf dann die Steuer berechnet.

Das ist sehr ärgerlich. Denn tatsächlich bekommst Du ja kein Geld. Vielmehr müsstest Du die Steuer aus Deinem Ersparten bezahlen. Unter Umständen lässt sich dies jedoch durch eine geschickte Gestaltung vermeiden. Hier lohnt sich auf jeden Fall die Rücksprache mit einem versierten Steuerprofi.

„Zu Risiken und Nebenwirkungen (eines Wegzuges ins Ausland) fragen Sie Ihren (Steuer-)Arzt oder (Management-)Apotheker."

6.3.3 Sonstige Steuerhinweise: Was sonst nirgendwo untergebracht werden konnte

In diesem Kapitel:

- Sonstige Steuerhinweise

Jetzt kommen wir zum Ende ... und ich hoffe, dass Du ein bisschen gelernt und Dich dabei (auch bei den steuerlichen Themen) gut unterhalten gefühlt hast. Hier im Schnelldurchlauf noch ein paar Highlights, die vorher nicht unterzubringen waren, die mir aber wichtig genug erscheinen, dass ich sie zumindest kurz erwähnen will:

Gemeinschaftskonten bei Eheleuten (Achtung: Schenkungsteuer)
Viele Ehepaare haben ein sogenanntes *Oder-Konto:* ein gemeinsames Konto, auf das beide Ehepartner zugreifen können. Was den meisten nicht bewusst ist: Dieses Konto kann zur Schenkungssteuerfalle werden, wenn der gesetzliche Güterstand der Zugewinngemeinschaft gilt.

Bei der Schenkungsteuer gibt es zwar einen Freibetrag von derzeit 500.000 EUR. Da aber alle Schenkungen über eine Zeit von zehn Jahren zusammengerechnet werden, kann bei einer 50-prozentigen Zurechnung der Einzahlungen diese Grenze schnell überschritten werden.

Allerdings hat in diesem Fall das Finanzamt die Beweislast: Es muss beweisen, dass es sich jeweils tatsächlich um eine Schenkung handelt und nicht etwa um Zuwendungen im Rahmen der ehelichen Unterhaltspflicht.

Hinweis
Bei sehr hohen Einnahmen könnte sich lohnen, entweder mit einem Familienrechtler über den Güterstand zu sprechen oder für beide Ehegatten getrennte Konten einzurichten.

Risikolebensversicherung (Achtung: Erbschaftsteuer)

Oft wird für die Absicherung eines Kredites oder auch einfach des Partners eine Lebensversicherung abgeschlossen und gedankenlos trägt man sich selbst als Versicherungsnehmer ein. Auch wenn der Partner im Todesfall als Bezugsberechtigter das Geld bekommt – steuerlich gesehen erhöht diese Versicherungszahlung das Erbe und damit die zu zahlende Erbschaftsteuer. Das lässt sich vermeiden: Achte darauf, dass zwar „Dein Leben" abgesichert, aber die bezugsberechtigte Person (beispielsweise Dein Ehepartner) als Versicherungsnehmer eingetragen ist.

Hinweis
Sollten sich die Lebensumstände ändern, kannst Du die Versicherung zwar nicht kündigen …, aber zumindest die Zahlung der Beiträge einstellen.

Imageverträge (Achtung: Einkommensteuer)

Auch wenn diese Art Verträge im Profisport in den vergangenen Jahren deutlich abgenommen hat – es gibt sie noch: die *Imageverträge*. Hierbei wird regelmäßig das Persönlichkeitsrecht (zum Beispiel das Recht, Werbung mit der Person zu machen) an eine Firma übertragen und der Arbeitgeber/Verein muss neben dem Spielergehalt an Dich auch an diese – meist im Ausland ansässige – Gesellschaft ein zusätzliches Entgelt für die Werberechte leisten.

Bis hierhin ist das noch nicht weiter problematisch – das wird es aber, wenn Du als Sportler von dieser Gesellschaft entsprechende Zahlungen erhältst. Diese sind steuerpflichtig und können somit nicht einfach „unversteuert" auf Dein Konto (womöglich im Ausland) fließen.

Hinweis
Solltest Du davon betroffen sein … sprich dringend mit einem Steuerberater und lasse Dich bezüglich der ordentlichen Versteuerung beraten.

Teure Geschenke an Freund oder Freundin (Achtung: Schenkungsteuer)
Schuhe, Reisen, Handtaschen, Schmuck: Zwar sind selbst üppige „Gelegenheitsgeschenke" grundsätzlich steuerbefreit und eine absolute Obergrenze vom Gesetz nicht vorgesehen – allerdings zeigt auch die Rechtsprechung, dass es selbst bei den Superreichen Grenzen gibt, was noch unter „Gelegenheitsgeschenk" zu verstehen ist. Ein teures Auto oder sonstige Schenkungen von einigen Zehntausend Euro sind jedenfalls nicht mehr üblich und die Schenkung wäre dem Finanzamt gegenüber zu erklären. So sollte die Großzügigkeit einen gewissen Rahmen nicht überschreiten, denn das könnte zu Schenkungssteuern führen.

Hinweis
Unter Dritten gilt ein Freibetrag von 20.000 EUR (Stand 2018).

Nachfolgeplanung bei großen Vermögen (Erbschaftsvertrag)
Gehörst Du zu den Glücklichen, die sich durch Leistung und geschickte Vermögensplanung ein ansehnliches Millionenvermögen aufgebaut haben? Und möchtest Du, dass für Deine Familie (Ehepartner/Kinder) auch nach Deinem Tode möglichst viel übrig bleibt? Dann kann es sich durchaus lohnen, sich mit einem Spezialisten zusammenzusetzen und ein Testament auch unter Berücksichtigung der steuerlichen Rahmenbedingungen zu verfassen.

Hinweis
Geschickte Planung (und gegebenenfalls auch vorzeitige Vermögensverlagerungen auf die Kinder) kann helfen, schenkungssteuerliche Belastungen zu optimieren.

7

Epilog

Göttingen, 13. Januar 2018. AllStarDay-Wochenende der Basketball-Bundesliga – und nur noch ein Tag bis zur Manuskriptabgabe.

Wir, Jörg, Phil und Patric, sitzen – bestimmt nicht zum letzten Mal – zusammen und gehen noch einmal unsere Notizen und Entwürfe durch. Unzählige Gespräche, Interviews, Erlebnisse und Feedbacks liegen hinter uns, gemeinsame Erlebnisse, die Spaß gebracht und uns noch weiter zusammengeschweißt haben.

Auf dem Weg haben wir tolle Menschen und einzigartige Persönlichkeiten getroffen, bei denen wir uns für das Feedback und die Unterstützung bedanken wollen. Sie haben uns in unserem Gefühl bestätigt: Das Thema Profisportler und ihre Finanzen brennt unter den Nägeln. Denn es gibt immer noch zu viele – nicht nur junge – Sportler, die sich nur auf ihre Karriere konzentrieren und alles andere Wichtige ausblenden.

Unser Weg ist sicher noch lange nicht zu Ende – und unsere Mission („Bewusstsein schaffen") ist Leidenschaft und Aufgabe zugleich. Die Begeisterung für das Thema und die ehrlichen und mitunter emotionalen Einblicke, die man uns gewährte, lassen hoffen, dass wir mit unseren Ansätzen und Denkanstößen bei *Euch,* den Sportlern, einen Nerv getroffen haben.

Wir alle drei werden uns auch in Zukunft mit diesen Themen sowie der Beratung und Hilfestellung von Sportlern auseinandersetzen … dieses Buch ist nur als Anfang zu sehen.

Nun ist es beinahe fertig – die Arbeit daran ist vollbracht und wir sind stolz und auch erleichtert.

© Springer-Verlag GmbH Deutschland, ein Teil von Springer Nature 2018
J. Bencker et al., *Profi sein – Nicht nur im Sport,*
https://doi.org/10.1007/978-3-662-56828-6_7

Phil:
„Als mir Jörg das erste Mal von seiner Idee erzählte, ein Buch zu schreiben, war ich nicht sofort angefixt, ich war sogar eher etwas skeptisch. Wer sollte sich schon für das interessieren, was wir zu sagen haben? Als wir uns dann zu dritt bei einer Skype-Konferenz dazu ausgetauscht haben, bekam ich immer mehr den Eindruck, dass wir da echt was Gutes auf die Beine stellen können, und war an Bord. Jörgi erzählte von einem Hinweis von Dirk Bauermann: ‚Wenn Du ein Buch schreibst, nimmst Du immer etwas mit und gehst klüger aus der Sache raus, als Du reingegangen bist.' Na also, was hatten wir schon zu verlieren? Außerdem: Was hatte Dirk damit wohl gemeint? Was würde ich mitnehmen, wenn ich tatsächlich ein Buch schreibe?

Jetzt, eineinhalb Jahre später weiß ich es: Ich habe mich und meine Karriere reflektiert, neue spannende Leute kennengelernt und mich mit besonderen Persönlichkeiten ausgetauscht und dabei von ihnen gelernt. Außerdem habe ich mich in das Thema Karriereplanung so intensiv reingearbeitet, wie ich es ohne das Buch nie getan hätte. Viele Dinge, die ich hier zu ‚Karriereangebote der Sporthilfe' geschrieben haben, waren mir vorher selbst kaum bewusst und werden mir zukünftig bei dem Start in die Karriere nach der Karriere helfen. Und ganz nebenbei hat sich zwischen Jörg, Patric und mir eine tiefe Freundschaft entwickelt, wie sie nur beim gemeinsamen Meistern einer solchen Aufgabe entstehen kann.

Zu Beginn unserer Idee haben wir das ambitionierte Ziel ausgegeben, ein Standardwerk für Sportler zu schaffen, in dem sich alle wiederfinden und nach der Lektüre zu sämtlichen wichtigen Karriereaspekten mindestens das Einmaleins kennen. Ich hoffe, dass uns das gelungen ist – und dass auch Du mit mehr rausgehst, als Du vor dem Lesen reingegangen bist."

Jörg:
„Vor gut zwei Jahren habe ich den Baskettballtrainer Dirk Bauermann bei einem Spaziergang gefragt, was er davon halte, wenn ich ein Buch schreibe. Dirk hat selbst bereits zwei Bücher veröffentlicht und bestärkte mich, mit Nachdruck sogar. Er warnte allerdings auch: Das werde immens viel Arbeit mit sich bringen – aber der Lohn dafür sei ungleich höher: ‚Das wird auch Dir viel bringen. Es ist so was wie eine Doktorarbeit. Du schaffst damit etwas Bleibendes. Und Du arbeitest Dich in Themen in einer Tiefe ein, wie Du es ohne Buchprojekt nie machen würdest.'

An diesem trüben Januartag werfen Patric, Phil und ich uns gegenseitig die Bälle für das finale Manuskript zu. Und ich kann sagen: Dirk, Du hattest Recht! In den vergangenen zwei Jahren habe ich wahnsinnig viel dazugelernt.

Dieses Projekt hat mich unglaublich gefordert und mir gleichzeitig ein Vielfaches zurückgegeben. Besonders bereichernd empfand ich die vielen Gespräche mit den unterschiedlichsten Fachleuten und Sportlern. Genial, meine Frau an der Seite gehabt zu haben. Ihre Fähigkeiten als Redakteurin haben dem Buch und mir sehr geholfen. Die Zusammenarbeit unter uns Autoren war fantastisch. ‚… läuft!': Wir haben uns gut ergänzt und bei Bedarf gegenseitig Arbeit abgenommen.

Auch das Buch hat davon profitiert, dass wir drei ziemlich unterschiedliche Typen sind. Wenn es uns gemeinsam gelungen ist, Dir zu helfen, Deinen Karriere- und Finanzplan zu verbessern, Dir ein paar Gedanken über wichtige Themen zu machen und gleichzeitig hier und da ein Schmunzeln zu entlocken – dann ist das Wichtigste erreicht."

Patric:
„Last but not least … Ich kann nur bestätigen: Es hat riesigen Spaß gemacht – und war verdammt lehrreich. Meine ureigenen drei Leidenschaften – Steuern, Schreiben, Profisport – miteinander zu verbinden, war einfach *geil!* Auch die Treffen und Diskussionen mit Sportlern und dem Sport nahestehenden Personen waren unglaublich interessant, die Geschichten fesselnd. Ich arbeite nun weit mehr als zehn Jahre im Profisportbereich und die Leidenschaft und Offenheit aller in diesem Bereich Tätigen hat mich immer schon und auch jetzt wieder angesprochen …

Dieses Buch mit Phil und Jörg zu schreiben war mir eine Herzensangelegenheit. Wenn der Steuerteil darin verständlich ist und Dich hier und da vielleicht sogar zum Grinsen gebracht hat – bin ich zufrieden. Vor allem, wenn Du mit ein paar Basics aus dem Buch und ein bisschen (vertretbarem) Aufwand Steuern sparen – und mit etwas mehr Problembewusstsein (das dieses Buch hoffentlich erzeugt hat) teure Fehler vermeiden kannst. Ich hoffe also, wir konnten Dich unterhalten und Dir ein paar Gedankenanregungen mit auf den Weg geben. Schön wäre, wenn Dich das Buch animiert, *jetzt* über Dich, Deine Karriere und Chancen und Risiken dieses Berufes Gedanken zu machen – nicht erst dann, wenn es zu spät sein könnte."

8

Interviewpartner

Von unseren vielen Gesprächspartnern finden sich in diesem Buch Wortbeiträge und Zitate von: Wolfgang Barth, Dirk Bauermann, Tony Canty, Eduard Dosch, Michael Eitel, Gerd Enkling, Uli Hoeneß, Michael Ilgner, Martin Löchle, Johannes Waigand sowie:

Frank Aehlig
Frank Aehlig fungierte 2010 als Teammanager beim VfL Wolfsburg. Ab 2014 war er als Sportkoordinator unter Ralf Rangnick für RB Leipzig tätig. Heute leitet er die Lizenzspielerabteilung des 1. FC Köln – dabei profitiert er besonders von seiner Erfahrung und seinem Netzwerk.

https://tinyurl.com/y8mr4mqe

Bennet Ahnfeldt

Der ehemalige Basketballspieler Bennet Ahnfeldt hat seinen Abschluss in Sport Management gemacht. Zehn Jahre lang hat er für NIKE Premium-Werbeverträge ausgehandelt. Heute ist er Basketball-Spielerberater.

https://tinyurl.com/ychkq4pj

Dominik Bahiense de Mello

Dominik Bahiense de Mello ist ehemaliger Basketball-Profi. Er spielte unter anderem bei den Skyliners Frankfurt, bei den EWE Baskets Oldenburg und bei der BG Göttingen. Als exzellenter Networker schaffte er den Sprung in die Berufswelt auch ohne Studienabschluss außerordentlich erfolgreich.

https://tinyurl.com/y7wpjepy

Sebastian Betz

In seiner Profi-Basketball-Karriere lief „Basti" Betz für Brose Bamberg, ratiopharm Ulm und die s.Oliver Baskets Würzburg auf. Während seiner aktiven Zeit als Profi schloss er sowohl zwei Ausbildungen erfolgreich ab, als auch ein Fernstudium in Wirtschaftspsychologie an der Europäischen Fernhochschule Hamburg. Heute ist er als Projektmanager tätig.

https://tinyurl.com/ybxnwqal

Rolf Beyer
Rolf Beyer war ehemals kaufmännischer Leiter des Automobilzulieferers Brose. Dann übernahm er die Geschäftsführung von Brose Bamberg in der Basketball-Bundesliga. In seiner Zeit als Geschäftsführer wurde Bamberg aus einem guten nationalen Verein ein in Europa angesehener Top Club.

https://tinyurl.com/y8zal6bh

Kathrin Boron
Katrin Boron ist ehemalige Profi-Athletin im Rudern – und unter anderem vierfache Olympiasiegerin, achtfache Weltmeisterin und fünffache Teilnehmerin bei den Olympischen Spielen. Heute arbeitet sie als Managerin für Athletenförderung bei der Stiftung Deutsche Sporthilfe.

https://tinyurl.com/y8dvhwrr

Heiner Brand
Heiner Brand ist ehemaliger Spieler und Trainer der Handball-Nationalmannschaft. In beiden Positionen wurde er Weltmeister: 1978 als Spieler und 2007 als Trainer. Außerdem war er als Spieler sechsmal Deutscher Meister und dreimal als Trainer. Brand erhielt 2007 das Bundesverdienstkreuz am Bande und das Silberne Lorbeerblatt, die höchste verliehene sportliche Auszeichnung in Deutschland.

https://tinyurl.com/y7bbf6nz

Ali Bulut
Ali Bulut ist Fußball-Spielerberater und Geschäftsführer. Zu seinen Klienten zählen unter anderem Benjamin Henrichs und Stefan Kießling, beide bei Bayer 04 Leverkusen. Buluts Anliegen ist die Förderung von Sporttalenten: Die Entwicklung und Lebenswege seiner Klienten begleitet er langfristig – auch über den sportlich aktiven Zeitraum hinaus.

https://tinyurl.com/yco356mj

Frank Buschmann
Frank Buschmann ist Fernsehmoderator, Sportreporter und ehemaliger Basketballspieler in der zweiten Basketball-Bundesliga. Er moderiert Sportveranstaltungen wie etwa die Basketball-Welt- und Europameisterschaften oder den Super Bowl. Zudem ist er als Kommentator im Entertainment tätig, etwa bei den Shows „TV Total" oder „Schlag den Raab". Aktuell moderiert er auch die *gameshow* „The Wall" und die Sendung „5 gegen Jauch". Frank Buschmann schreibt zudem: 2014 erschien „Am Ende kackt die Ente: Aus dem Leben eines Sportverrückten" bei Edel Books.

Peter E. Dreverhoff
Peter E. Dreverhoff ist Ernährungsberater und Rohkostspezialist. Der passionierte Triathlet hat mehr als 30 Jahre Erfahrung mit Ernährung im Leistungssport.

Simon Ernst
Simon Ernst ist Handball-A-Nationalspieler beim VfL Gummersbach. Im Jahr 2016 wurde er mit dieser Mannschaft Europameister. Aktuell bereitet er sich an der HS Ansbach mit dem Fernstudiengang „Internationales Management für Spitzensportler" auf die Zeit nach der Handballkarriere vor.

https://tinyurl.com/yd23d7ot

Jan Fitschen
Jan Fitschen ist ein ehemaliger deutscher Langstreckenläufer. Unter anderem wurde er Europameister über 10.000 m (2006), 16-mal Deutscher Meister und achtmal Deutscher Hallenmeister. Bereits während seiner Karriere absolvierte er erfolgreich sein Diplom in Physik und anschließend seinen Master in Wirtschaft. Außerdem ist Fitschen Autor: 2015 erschien sein Buch „Wunderläuferland Kenia. Die Geheimnisse der erfolgreichsten Langstreckenläufer der Welt" bei Unimedica.

https://tinyurl.com/y7putnnz

Kay Gausa
Der ehemalige Basketball-Bundesliga-Profi Kay Gausa spielte unter anderem für die Oettinger Rockets Gotha, ratiopharm Ulm und die Hamburg Towers. Nach einem dritten Kreuzbandriss beendete er seine Karriere im Alter von 23 Jahren. Aktuell strebt er an der Hochschule Ansbach mit dem Fernstudiengang „Internationales Management für Spitzensportler" seinen Bachelor an.

https://tinyurl.com/y7f2qze9

Michael Greis
Michael Greis ist ein ehemaliger Biathlet, unter anderem dreifacher Olympiasieger und dreifacher Weltmeister sowie Gesamtweltcupsieger. Der Hauptfeldwebel bei der Bundeswehrfördergruppe hat seinen Bachelor im Fernstudiengang „Internationales Management für Spitzensportler" an der Hochschule Ansbach erfolgreich abgeschlossen.

https://tinyurl.com/ycr2ozpf

Per Günther
Der aktive Basketballprofi und ehemalige Nationalspieler Per Günther ist unter anderem zweifacher Deutscher Vizemeister und wurde fünfmal als beliebtester Spieler der Liga ausgezeichnet. Zudem zeichnete ihn ein Gremium aus Veranstaltern und Sponsoren 2016 mit dem *All-Star Game MVP* Award der Basketball-Bundesliga als wertvollsten Spieler aus. Aktuell bereitet er sich mit einem Fernstudium an der Europäischen Fernhochschule Hamburg mit einem Bachelor in Wirtschaftspsychologie auf die Zeit nach der Basketballkarriere vor.

https://tinyurl.com/y76k5vnv

Elias Harris
Der aktive Basketballprofi und ehemaliger Nationalspieler Elias Harris wurde unter anderem dreimal Deutscher Meister mit Brose Baskets Bamberg. Er spielte einige Kurzeinsätze für die Los Angeles Lakers in der National Basketball Association (NBA), der nordamerikanischen Profiliga. Zudem schloss er erfolgreich seinen Bachelor in Sportmanagement ab.

https://tinyurl.com/ycdpvtnm

Prof. Dr. Bernd Heesen
Dr. Bernd Heesen ist Professor für Wirtschaftsinformatik an der Fakultät Wirtschafts- und Allgemeinwissenschaften der Hochschule Ansbach. Dort hat er den Studiengang „Internationales Management für Spitzensportler" an der Hochschule Ansbach initiiert und leitet diesen auch. Zudem hat er fachbezogene Sachbücher verfasst, unter anderem „Wissenschaftliches Arbeiten: Vorlagen und Techniken für das Bachelor-, Master- und Promotionsstudium", die dritte Auflage erschien 2014 bei Springer. Dr. Bernd Heesen erhielt 2009 den Bayrischen Sportpreis für Innovation im Sport.

https://tinyurl.com/ycafaqku

Timo Helbling
Timo Helbling ist aktiver Schweizer Eishockeyspieler bei EV Zug. Unter anderem wurde er 2016 Schweizer Meister. Der ehemalige Schweizer Nationalspieler spielte zudem in der National Hockey League (NHL), der nordamerikanischen Profiliga. Außerdem absolvierte er erfolgreich seinen Bachelor an der Fernfachhochschule Schweiz und anschließend seinen Master in Finanzwissenschaften berufsbegleitend an der Hochschule Luzern.

https://tinyurl.com/ya6t33y7

Adam Hess
Der ehemalige Basketballprofi Adam Hess hat in fünf Ländern gespielt: USA, Tschechien, Frankreich, Spanien und Deutschland. Vor seiner 13-jährigen Karriere als professioneller Basketballspieler in Europa absolvierte er 2004 seinen Bachelor am renommierten staatlichen College of William & Mary in Virginia, USA. Heute arbeitet er als Finanzberater in den USA.

https://tinyurl.com/y92mrqx5

Udo Kießling
Der ehemalige Eishockey-Nationalspieler Udo Kießling war der erste Deutsche, der in der National Hockey League (NHL), der nordamerikanischen Profiliga, spielte (bei den Minnesota North Stars). Der deutsche Rekordnationalspieler hat 320 Länderspiele und 1.020 Spiele in der höchsten deutschen Spielklasse bestritten. Zudem wurde er sechsmal Deutscher Meister.

https://tinyurl.com/yb6manor

Patrick King
Patrick King spielte neun Jahre als Profibasketballer für Bamberg, Panathinaikos Limassol und Gießen und hat 38 Länderspiele für die deutsche Nationalmannschaft bestritten. Er absolvierte erfolgreich sein Studium an der privaten Bucknell University in Pennsylvania, USA. Heute ist er Berater einer Basketball Spieleragentur.

https://tinyurl.com/yc4qp7xh

Andreas Kuffner
Der ehemaliger Ruderer Andreas Kuffner siegte unter anderem bei Olympia und wurde auch Weltmeister. Für seine sportlichen Erfolge erhielt er das Silberne Lorbeerblatt, die höchste Sportauszeichnung in Deutschland. Heute gibt er als Keynote-Speaker seine Erfahrungen weiter.

https://tinyurl.com/ybsu7yvf

Martin Meichelbeck
Martin Meichelbeck ist ein ehemaliger deutscher Fußballspieler. Er bestritt 89 Spiele in ersten und 79 Spiele in der zweiten Bundesliga. Neben seiner Karriere als Profifußballer studierte er Psychologie, Soziale Verhaltenswissenschaften, Soziologie, Sportwissenschaften und Sportpsychologie. Heute ist er „Direktor Sport" bei SpVgg Greuther Fürth.

https://tinyurl.com/y9h4sdkx

Moritz Müller
Moritz Müller ist Eishockeyspieler bei den Kölner Haien. Unter anderem spielte der ehemalige U-18-Weltmeister in sechs Weltmeisterschaften sowie drei Olympia-Qualifikationen mit. Bei den Olympischen Spielen 2018 errang er die Silbermedaille. Seit 2007 ist er deutscher Nationalspieler. Als Inhaber eines Fitness-Centers ist er auch schon neben seiner Sportkarriere unternehmerisch tätig.

https://tinyurl.com/y7xx7hsw

Thomas Müllerschön
Thomas Müllerschön ist ehemaliger Vorstandsvorsitzender der Uzin Utz AG in Ulm. Der sportbegeisterte Fußballfan trat 1994 als Assistent Finanz- und Rechnungswesen und Controlling in die Uzin Utz AG ein. Im Jahr 2002 wurde er Mitglied des Vorstands und verantwortete die Ressorts Finanzen, Vertrieb und Personal. Den Vorstandsvorsitz übernahm er 2016.

https://tinyurl.com/yb89rfxl

Tibor Pleiß
Tibor Pleiß ist aktiver Basketball-Nationalspieler und Spieler bei Anadolu Efes Istanbul. Der ehemalige Spieler der National Basketball Association (NBA), der nordamerikanischen Profiliga, bei Utah Jazz spielte unter anderem auch bei Brose Baskets Bamberg, FC Barcelona, Galatasaray Istanbul und beim Valencia Basket Club. Insgesamt absolvierte er bisher 105 Länderspiele, wurde dreimal Deutscher Meister und viermal Pokalsieger.

https://tinyurl.com/yb2o8b3w

8 Interviewpartner

Dr. Gregor Reiter
Dr. Gregor Reiter ist Geschäftsführer der Deutschen Fußballspieler-Vermittler Vereinigung e. V. (DFVV), Insolvenzverwalter und Rechtsanwalt mit den Schwerpunkten Insolvenzrecht, Gesellschafts- und Wirtschaftsrecht sowie nationales und internationales Sportrecht.

https://tinyurl.com/yccmjv9z

Marcel Schäfer
Der ehemalige Fußballprofi Marcel Schäfer ist Sportdirektor des VfL Wolfsburg. Zuvor spielte er in den USA bei den Tampa Bay Rowdies, beim TSV 1860 München und VfL Wolfsburg. Mit letzterem wurde er 2009 Deutscher Meister und im Jahr 2015 deutscher Pokalsieger. Zudem bestritt er acht Länderspiele für die deutsche Nationalmannschaft.

https://tinyurl.com/y95g7tur

Horst Schlüter
Horst Schlüter ist Laufbahnberater am Olympiastützpunkt Rheinland. Dort hilft er ca. 600 Athleten dabei, sich auf die Zeit nach der Karriere vorzubereiten. Beispielsweise schafft er durch zahlreiche Kooperationen sportfreundliche Strukturen für Athleten.

https://tinyurl.com/y9n7zs9t

Jürgen Schmid
Jürgen Schmid ist Heilpraktiker für Psychotherapie. Er hat jahrelange Erfahrung in Therapie und Coaching mit Sportlern. Als aktiver Sportler nahm er sowohl an Paralympischen Spielen als auch an Weltmeisterschaften teil, wovon er heute als Mental Coach besonders profitiert.

Jörg Schwethelm
Der diplomierte Betriebswirt Jörg Schwethelm ist der Vater von Mitautor Philipp Schwethelm.

https://tinyurl.com/yd2zfqrm

Neven Subotic
Neven Subotic ist Profifußballer beim französischen Erstligisten AS Saint-Étienne. Der ehemalige serbische Nationalspieler absolvierte 36 Länderspiele. Unter anderem spielte er auch für den 1. FSV Mainz 05, Borussia Dortmund und den 1. FC Köln. Er wurde zweimal Deutscher Meister und einmal Pokalsieger mit Borussia Dortmund. Im Jahr 2012 gründete er in Dortmund die Neven Subotic Stiftung. Diese setzt sich mit bisher mehr als 100 Projekten für eine bessere Zukunft für Kinder in den ärmsten Regionen der Welt ein.

https://tinyurl.com/y8732o96

Daniel Theis
Daniel Theis spielt als Basketballprofi in der amerikanischen National Basketball Association (NBA) bei den Boston Celtics. Zuvor wurde er dreimal Deutscher Meister und Pokalsieger mit Brose Bamberg und bestritt als deutscher Nationalspieler 32 Länderspiele.

https://tinyurl.com/y89y8vhh

Lena Theis
Lena Theis, Ehefrau von Daniel Theis, ist Sportwissenschaftlerin und Mentaltrainerin.

https://tinyurl.com/y8g8fm4z

Sandra Völker
Sandra Völker ist eine ehemalige deutsche Schwimmerin. Neben einer Silbermedaille bei den Olympischen Spielen in Atlanta errang sie mehrfach Welt- und Europarekorde und insgesamt über 60 Medaillen. Im Rahmen einer Insolvenz ließ sie ihre wertvollsten Medaillen versteigern. Im Frühjahr 2018 trat sie nach dem erfolgreichen Ende ihres Insolvenzverfahrens an die Öffentlichkeit. Ihre Erfahrungen und Lehren aus dieser Zeit möchte sie weitergeben.

https://tinyurl.com/ycnvkluz

Karlheinz (Charly) Waibel
Karlheinz (Charly) Waibel ist Bundestrainer Wissenschaft & Technologie beim Deutschen Skiverband. Davor war er Cheftrainer im alpinen Herrenteam.

https://tinyurl.com/ybbpuksu

Markus Weise
Markus Weise gewann als Hockey-Nationaltrainer sowohl mit den Frauen als auch den Herren olympisches Gold. Heute leitet er die Konzeptentwicklung bei der DFB-Akademie.

https://tinyurl.com/yadw3o72

Marvin Willoughby
Marvin Willoughby ist ein ehemaliger deutscher Basketball-Nationalspieler. Er hat 35 Länderspiele für die deutsche Basketball-A-Nationalmannschaft bestritten. Heute ist er sportlicher Leiter und Geschäftsführer der Hamburg Towers. Im Jahr 2015 wurde er für sein soziales Engagement mit dem Bundesverdienstorden ausgezeichnet.

https://tinyurl.com/y89phucm

Jan Zimmermann
Jan Zimmermann ist Volleyball-Nationalspieler bei Stade Poitevin Poitiers. Der ehemalige Deutsche Meister und DVV-Pokalsieger sowie Zweitplatzierte bei der Europameisterschaft 2017 absolviert an der Hochschule Ansbach seinen Bachelor im International Management.

https://tinyurl.com/ybvhzv78

Zusammenstellung aller Interviews

https://tinyurl.com/ydz3mf9b

Herzlichen Dank

Der Sportprofi sagt danke:

„Mich haben viele Freunde, Bekannte und Experten unterstützt, denen ich herzlich danken möchte. An erster Stelle steht Horst Schlüter, mein Mentor am Olympiastützpunkt in Köln. Mit ihm habe ich mich sehr viel ausgetauscht und er hat mir viele Informationen gegeben und mehrmals auch hilfreiches Feedback. Danke, Horst, dass Du Dir die Zeit genommen hast. Dann sind da Peter E. Dreverhoff und Jürgen Schmid, die mit ihren Gastbeiträgen unser Buch sehr bereichert haben. Srdjan Klaric, Philipp Dülfer, Andreas Stange, Regina Kulms, Ellen Bencker und mein Vater Jörg Schwethelm haben mir immer wieder zurückgemeldet, was vielleicht noch fehlt und was Unwichtiges getrost gestrichen werden kann. Danke auch an Ulf Duda, der mit seinem Bild für unser Cover seinem Ruf, als einer der besten Sportfotografen Deutschlands, wieder alle Ehre gemacht hat. Ein besonderer Dank geht auch an alle im Buch zitierten und genannten Personen: Toll, dass wir Euch beim Namen nennen durften. Das gilt vor allem für diejenigen, die ich an der jeweiligen Stelle als eher negatives Beispiel für eine Situation genommen habe. Ich hätte das bei keiner Person getan, von der ich nicht die allerhöchste Meinung habe. Abschließend geht von mir ein ganz dickes Dankeschön an alle Sportler und Experten, die sich unseren Fragen gestellt und so dem Leser und uns an ihren Erfahrungen haben teilhaben lassen."

Der Finanzprofi möchte Danke sagen:

Großer Dank gilt meiner Frau Ellen für ihre Unterstützung bei der Verwirklichung des Buchprojekts. Als stilsichere Journalistin hat sie formuliert und korrigiert, und durch ihre Ideen und konstruktive Kritik die inhaltliche Umsetzung des Buchs optimiert.

Mein besonderer Dank geht an meinen Freund Dirk Bauermann, ohne den dieses Buch nie geschrieben worden wäre.

Danke sagen möchte ich meinen Kunden und dem gesamten Team meiner Geschäftsstelle. Danke auch an Johannes Fayner, Monika Müller, Patrick King, Marcel Schäfer, Ali Bulut, Bennet Ahnfeldt, Steffen Müller, Marco Wolf, Michael Eitel, Charly Waibel, Dr. Uwe Schroeder-Wildberg, Martin Löchle, Christian Kirchner, Dieter Köthke, Gerd Enkling, Wolfgang Barth, Dr. Harald Huhn, Horst Schneider und allen, die das Buch mit ihren Beiträgen bereichert haben. Danke an Cornelia Reichert, die beim Redigieren für uns nicht nur die Extrameile, sondern den Extramarathon gelaufen ist. Danke Patric und Phil – es hat unglaublich viel Spaß gemacht mit Euch!

Der Steuerprofi dankt:
„Mein erster Dank geht an meine Familie, die in den letzten Monaten mein ‚steuerliches Versuchskaninchen' war und mehr als nur einige Wochenende auf mich verzichten musste (die nächste Steuererklärung macht ihr;-)). Ein besonderer Dank geht auch an Marvin Willoughby, einen der feinsten Menschen, die ich kenne – für sein stets offenes Ohr, seine Meinung und seine Freundschaft … und die Möglichkeit, in Hamburg meine steuerliche Basketball-Leidenschaft ausleben zu dürfen (und das wertvolle Feedback zu meinen literarischen Ergüssen). Meinen Mitautoren sage ich danke für die lustige Zeit (SPEGRA!), Tony und Nina als Erstleser sowie Marius als ‚Sportbeauftragter' für ihr Probelesen und ihre Meinungen, Daniel Müller und der zweiten Basketball-Bundesliga sowie der Volleyball-Bundesliga für ihre besondere Unterstützung – und außerdem soooo vielen Menschen, die ich gar nicht alle nennen kann: Per, Jan, Jonny, Tibor, Sasa, Pista, Jürgen, Jens, Louisa, Jonas, Dimi, Zoran, Daniel, Mali, Nina, Walter, Luci … und allen Basketballfreunden, Gesprächspartnern und Ideengebern und wen ich noch so vergessen habe: Ihr seid *die Besten!*

Und vor allem möchte ich mich auch bei *Dir* bedanken, dass Du dieses Buch gekauft und Dich mit den Themen auseinandergesetzt hast. Wenn wir Dich unterhalten und zum Denken anregen konnten, hat sich die ganze Arbeit gelohnt … und wir *alle drei* freuen uns über Feedback." Wenn Du willst, besuche uns auf www.profisein.de.

Ein ganz herzlicher Dank geht von uns dreien an den Springer Verlag und alle am Projekt beteiligten Personen. Ohne die Unterstützung und Geduld wäre dieses Projekt nicht möglich gewesen.

Quellen

Literatur

Dewenter, Ralf, und Leonie Giessing. 2015. Die Langzeiteffekte der Sportförderung: Auswirkung des Leistungssports auf den beruflichen Erfolg, Düsseldorfer Institut für Wettbewerbsökonomie (Hrsg.), Reihe: Ordnungspolitische Perspektiven. http://www.dice.hhu.de/fileadmin/redaktion/Fakultaeten/Wirtschaftswissenschaftliche_Fakultaet/DICE/Ordnungspolitische_Perspektiven/068_OP_Dewenter_Giessing.pdf. Zugegriffen: 31. März 2018.
Kahnemann, Daniel. 2012. *Schnelles Denken, langsames Denken*, 24. Aufl. München, Siedler.
Taleb, Nassim Nicholas. 2008. *Der Schwarze Schwan: Die Macht höchst unwahrscheinlicher Ereignisse*, 5. Aufl. München, Hanser.

Websites

www.bmjv.de
www.dvm-gotha.de
www.interhyp.de/zins-charts
www.minijob-zentrale.de
www.morethansport.de
www.profisein.de

Sachverzeichnis

A

Abschreibung 142, 324–326
Absetzen 306, 312, 314, 331
Absicherung 37
Abzugsteuer 381
Afa-Tabellen 326
Agent 128, 154, 163, 165, 199, 312
Aktie 62, 63, 82, 83, 217, 218
Altersrente 92
Altersversorgung 54, 56, 70, 72, 92, 120, 221, 222
Altersvorsorge 144
    betriebliche 92, 224–226
    gesetzliche 92, 221
    private 92
Amateursportler 294, 302–304
Anlage 57, 72, 79, 81
    Absicherung 58
    Anlageklasse 55, 82, 83
    Anlagevermögen 326
    Anlegerfehler 54, 72, 74, 75, 78, 79
    Anlegerverhalten 57
    EÜR 324, 327
    Geldanlage s. dort
    Konzept 58
    Nachhaltigkeitsanlage 72
    spekulative 85, 88
Anlagenmix 74
Anlagevermögen 326
Anleihe 58, 59, 82, 217, 218
    Staatsanleihe 58
Ansässigkeitsstaat 384
Antizyklisches Handeln 75
Arbeitslosengeld 113, 139, 225, 319, 324
    Rechner 324
Arbeitslosigkeit 113
Assetklasse s. Anlage, Anlageklasse
Aufgabe des inländischen Wohnsitzes 387
Aufwandsentschädigung 294, 303
Ausbildung 150, 152, 268, 270, 272, 351–353, 355
    duale 268
    karrierebegleitende 318, 334
    Kosten 318, 334
Ausgaben 325
Ausgesorgt haben 12
Auslagenersatz 294, 303
Auslandseinkünfte 383
Ausrüstervertrag 297
Auszeit 151

B

Barter-Deal 298
Basisrente s. Rürup-Rente
Basketballprofi 12
Bausparvertrag 82, 104, 105, 107, 218
Beamte 94, 114, 117, 121, 273, 274
Behavioral finance s. Verhaltensökonomie
Beihilfe 94, 114, 273
Beleihungsauslauf 106, 108
Berater 44, 46, 49, 126–128, 198, 200
    Finanzberater 44–46, 48, 128, 154, 166, 167, 171, 174, 197, 198
    Honorarberater 49
    Laufbahnberater 9, 26, 349, 352, 355, 357
    Spielerberater 9, 33, 34, 46, 49, 52, 197, 198
    Steuerberater 34, 52, 128, 130, 154, 166, 167, 171, 174, 197, 219, 334
    Vermögensberater 33
    Versicherungsberater 34, 48
Beratung 174
    Anlageberatung 47
    Finanzberatung 47, 48, 174
    Honorarberatung 49
    Steuerberatung 47, 174, 312
    Steuerberatungskosten 334
    Versicherungsberatung 47
    Vorsorgeberatung 47
Berufseinstieg 150, 355, 356
Berufsgenossenschaft 46, 77, 244
Beteiligung 283
    Einkünfte aus 305
Betreuungsverfügung 370
Betriebsausgaben 135, 140, 142, 301, 330, 332, 335, 385
Bewerbungsgespräch 346
Bewirtung 335
    Kosten 314, 327, 331
    Quittung 314, 331
Bitcoin 79, 86–88, 305

Boiling frog syndrome 77, 78
Bonität 105
Börse 59, 71, 74, 75, 82, 217
Börsencrash 34, 60, 75

C

Cashmanagement 205
Certified Financial Planner (CFP) 48
Cognitive bias s. Verzerrung, kognitive
Contract for difference (CFDs) 86
Core-satellite-Strategie 84
Cost-average-Effekt 71, 89

D

Darlehen 59, 97
    Annuitätendarlehen 97
    Darlehensgeber 103
    Forward-Darlehen 107
    Konsumentendarlehen 109
    Tilgungsaussetzungsdarlehen 97–99
    Vorausdarlehen 104
Depot 82, 84, 217, 220, 221
Derivate 86
Deutsche Sporthilfe 258
Dividendentitel 83
Doppelbesteuerungsabkommen 139, 302, 304, 382, 383, 386, 393
Dunning-Kruger-Effekt s. Selbstüberschätzung

E

Ehevertrag 365
Einkommen 12, 37, 115, 119, 138, 199, 200, 205, 210, 213, 291, 293, 294, 302, 303
    aktives 138
    gewerbliches 134, 293, 304, 305, 383
    im Ausland 140, 381
    passives 138

Sachverzeichnis

Vermietungseinkünfte 305
Einkommensteuer 133, 396
  Abgeltungssteuer 142
  außergewöhnliche Belastungen 143, 144
  Durchschnittssteuersatz 140, 393
  Einkommensteuererklärung 138
  Grenzsteuersatz 139
  Handwerkerleistungen 143
  Handwerkerleistungen 145
  haushaltsnahe Dienstleistungen 143, 145
  Kosten absetzen 141
  Sonderausgaben 143
  Steuersatz s. auch Steuer, Einkommensteuer 139
Einkünfte s. Einkommen
Einnahmeausfallrisiko 197
Einnahmen 212
  geldwerte 296
Einnahme-Überschuss-Rechnung 325, 332
Ein-Prozent-Regel 301, 327
Einzelsportler 129, 292–294, 297, 300, 301, 305, 315, 329, 333, 382, 383
Eltern 13, 15, 159, 166
Elterngeld 139
Entstrickungsbesteuerung 394
Erbschaftsteuer
  Gemeinschaftskonten 395
  teure Geschenke 397
Erfolgsrezept 18
Ernährung 178, 182, 183
  Ausgewogenheit 183
  Ernährungsplan 185
  mangelhafte 184
  Proteine 185
  Umstellung 182
Erwerbsersatzeinkommen 139
Erwerbsminderungsrente 245, 246
Erwerbsnebenkosten 235
Ethereum 88

Euribor 101
Europameisterschafts-Qualifikation 21
Exchange-traded funds (ETF) 83
Exponential growth bias s. Verzerrung, kognitive

F

Falle 169
Family Office 36, 200, 282
Festgeld 58, 64, 81, 218
Finanzierung 47, 54, 82, 95, 97, 238, 240
  optimale 239
Finanzkonzept 30, 193, 198, 200, 216, 262, 265, 289, 365
Fonds s. Investmentfonds

G

Geldanlage 34, 36, 50, 53, 54, 57, 58, 64, 72, 79, 81
  Dreieck der 57, 64, 66, 72
Geldwert
  nominaler 59
  realer 59
Generalvollmacht 365, 370
Gewinn 67, 133–135, 325, 327, 329
Gewinnermittlung s. Einnahme-Überschuss-Rechnung
Girokonto 81, 215, 217, 218
Gleitzone 111

H

Haushalt, doppelter 312, 316, 320–323, 329, 333, 335
Heilfürsorge, freie 114, 268, 273
Herding 75
Home bias 79, 82, 230

I

Imagevertrag 396
Immobilie 82, 218, 226, 305
   Denkmalimmobilie 231
   fremdgenutzte 229
   Globalobjekt 232
   Konzeptimmobilie 231
   selbstgenutzte 227, 228
Immobilienfonds
   geschlossener 237
   offener 237
Indexfonds s. Investmentfonds
Inflation 59, 60, 66, 67, 73, 77, 81
Insolvenzschutz 225
Investment 53, 55–57, 59–61, 207, 216, 308, 309
   alternatives 84, 237
   ethisches 72
   Hedgefonds 218
   mit eingeschränkter Verfügbarkeit 217
Investmentfonds 82, 84, 217, 218
   alternativer 218
   Indexfonds 88
   vermögensverwaltender 83
Investmentstrategie 85
Ist-Versteuerung 328

J

Jugendtrainer 159

K

Kapitalbindung 67, 84, 217
Kapitaldienst 97, 98
Karriere, duale 269, 273
Karriereende 170, 205
Kaufkraft s. Inflation
Kaufkraftverlust s. Inflation
Kfz-Gestellung 300
Kick-backs 45, 50
Kilometergeldpauschale 327, 334

Kleinunternehmer 135, 328
Kleinunternehmerregelung 137, 297, 298
Knappschaft 94
Konsum 206
   Konsumkonto 206–208
Kontovollmacht 365, 369
Krankengeld 114, 139, 249
Krankentagegeld 113–115
Krankenversicherung 113
Kredit 95
Kreditanstalt für Wiederaufbau (KfW) 104
Kryptowährung 86–88, 217, 218, 305
Kursentwicklung 71

L

Leasing 109
Leverage-Effekt 96
Liquidität 57, 235, 307, 309
   Management 202, 205, 216, 288
   Rücklage 217, 221
Litecoin 88
Lohnfortzahlung 113, 114

M

Mannschaftssportler 129, 273, 292, 293, 305, 315, 317, 330, 382, 386
Mediencoaching 331
Mehrfachentschädigung 251
Mentaltrainer s. Mentaltraining
Mentaltraining 178, 179

N

Nachfolgeplanung 397
Nachrang 105
Nahles-Rente s. Sozialpartnermodell
Nebenkosten, laufende 235
Nettolohn-Kostenoptimierung 323

Sachverzeichnis 427

Nettolohnvereinbarung 312
Networking 341
Niedrigsteuerland 392, 393
Niedrigzinsphase s. Zinsen

O

Obradovic, Sasa 20
Oder-Konto 395
Olympiasieg 18
Olympiastützpunkt 348, 350, 352, 355–357
Opting out 225
Overconfidence effect s. Selbstüberschätzung

P

Patientenverfügung 365, 371
Permanent Total Disability (PTD) s. Versicherung, Sportunfähigkeitsversicherung
Pesic, Svetislav „Sveti" 21
Prämie
    Länderspielprämie 304
    Siegprämie 304
Profisportler 175
Progression 133, 138, 254
    Progressionsvorbehalt 140, 251, 385
Prospect Theory 76

Q

Quellenstaat 383

R

Reisekosten 317, 329, 333–335
    Übernachtungskosten 317
Reisekostenerstattung 304
Rendite 57, 58, 60, 61, 63, 64, 67, 68, 72, 73, 81, 82, 95, 230
    Nettorealrendite 67

Rentabilität 57, 60
Rente
    Renteninformationen 112
    staatliche Altersrente 92
Rentenmarkt 59
Rentenpapier 59
Resonanz-Gesetz 188
Riester-Rente 50, 223, 225, 226, 275
Risiko 32, 57, 61, 63, 77, 95
    Anlagerisiko 54
    Berufsrisiko 241
    Haftungsrisiko 277
    Klumpenrisiko 54, 232
    Risikobedarf 73
    Risikobereitschaft 73, 74, 78, 288
    Risikokapazität 73
    Risikomanagement 119
    Risikowahrnehmung 75, 76
    Risk-profiling-Test 288
    Verlustrisiko 71
    Währungsrisiko 68, 83
Risikokapital 283
Risk Management 93, 266
Rückschlag 186
Rürup-Rente 93, 222, 223, 225, 226, 275

S

Sachwert 59, 61, 67, 73, 222, 226
Sachzuwendung 299
Schaden 45
Schadensabwicklung 34, 240
Schulzeitstreckung 350
Selbständige 94
Selbsttest 41
Selbstüberschätzung 78, 79, 200
Short memory 191
Sicherheit 36, 60, 63, 64
Soll-Versteuerung 328
Sorgerechtsverfügung 365, 371
Sozialabgaben 111, 225
Sozialleistungen 110

Sachverzeichnis

Sozialpartnermodell 224
Sozialversicherung 305
Sozialversicherungssystem 110, 111, 115
Sparbuch 81, 218
Sparen
   aerobes s. Grundlagensparen
   Basissparen s. Grundlagensparen
   Grundlagensparen 210, 212, 213, 220, 226
   Powersparen 210, 212, 213, 220
Sparplan 57
Spielervertrag 34, 46, 159
Spitzensportler 183
Sportförderprogramme 126, 270, 351
Sporthilfe 304
Sportlerkarriere, Besonderheiten 46
Sportmakler 48
Startblock-Programm 356
Startgeld 304
Steuer 66, 67, 73, 129–131, 171
   Abgeltungssteuer 67
   Anrechnung von ausländischer Steuer 382, 386
   beschränkte Steuerpflicht 381
   Besitzsteuer 132
   Einkommensteuer 131–133, 135, 138, 304, 305
   Erbschaftsteuer 395, 396
   Erklärungspflicht 290, 291, 293
   Freibetrag 134, 135
   Gewerbesteuer 134, 135, 297, 298, 304, 305, 327
   Lohnsteuer 132, 133, 138, 304, 305
   Mehrwertsteuer s. Umsatzsteuer
   Moral 126
   örtliche 132
   Schenkungsteuer 395, 397
   Steueranrechnung 135
   Steuererklärung 129, 133, 134, 302
   Steuererklärungspflicht 132
   Steuerfreistellung 382
   Steuerhinterziehung 130, 292, 378
   Umsatzsteuer 135–137, 294, 297, 304, 305
   Verbrauchssteuer 132
   Verkehrssteuer 132
Steueroptimierung 306
Steuerpflicht
   beschränkte 392, 393
   erweiterte beschränkte 393
Stiftung 219
Stiftung Deutsche Sporthilfe 304, 348
Stop-Loss 62
Studium
   Fernstudium 353
   Präsenzstudium 352
Subvention, steuerliche 307

T

Tagesgeld 64, 81, 208, 215, 217, 218
   Tagesgeldkonto 207
Tankkosten 317
Tätigkeit, freiberufliche 134
Tätigkeitsstaat 383
Termingeld 218
Testament 365, 372
Thaler, Richard H. 39, 54
Tilgung 97
Trainertätigkeit 304
Treuhandkonzept 203

U

Überschusssparen 208
Umsatz 325
Umsatzsteuer
   ermäßigter Steuersatz 137
   Regelsteuersatz 137
   steuerfreier Umsatz 137
   Umsatz im Ausland 137
   Umsatzsteuererklärung 328
   Umsatzsteuervoranmeldung 329
   Vorsteuer 135–137
Umzugskosten 333

Unterkunft, freie 300

V
Vereinsnetzwerk 158
Verfügbarkeit 64
Verfügbarkeitsheuristik 76
Verhaltensökonomie 73
Verletztengeld 245
Verlust 325
Vermögen 60, 62, 69, 72, 73, 103, 198, 236
   Aufbau 57, 60, 73, 81, 82, 85, 96, 202, 205, 207, 216, 219, 221, 227, 237, 288
   Management 216
Vermögensbedarf 205
Vermögenskonzept 202
Vermögensübertragung 221
Verpflegung, freie 300
Versicherung 48, 54, 93, 95, 240
   Arbeitslosenversicherung 113, 115
   Arbeitsrechtsschutzversicherung 117
   Auslandsreisekrankenversicherung 123
   Berufsunfähigkeitsabsicherung 119
   Berufsunfähigkeitsversicherung 119, 174, 252, 266
   Diensthaftpflichtversicherung 274
   Dienstunfähigkeitsversicherung 274
   Dread-disease-Versicherung 253, 257
   Erwerbsunfähigkeitsversicherung 119
   gesetzliche 110
   Grundfähigkeitsversicherung 119, 257
   Haftpflichtversicherung 116, 117, 144, 261, 262
   Hausratversicherung 117, 261
   Invaliditätsversicherung 119
   Krankentagegeldversicherung 119, 248
   Krankenversicherung 113, 119, 121, 144, 240, 294
   gesetzliche 121, 122
   private 121, 122, 259
   Krankenzusatzversicherung 260
   Lebensversicherung 99, 119
   Leistungsausschluss 31
   Mietrechtsschutzversicherung 117
   Personenversicherung 119, 121, 253, 262
   Pflegeergänzungsversicherung 119, 255
   Pflegepflichtversicherung 124
   Pflegetagegeldversicherung 255
   Pflegeversicherung 114, 115, 119
   private 240
   Rechtsschutzversicherung 117, 261
   Reiserücktrittsversicherung 118
   Rentenversicherung 64, 115, 119, 120, 218, 219, 221
   private 222
   Risikolebensversicherung 120, 256, 396
   Sachversicherung 116, 261
   Sportinvaliditätsversicherung 119
   Sportlerversicherung 33, 47
   Sporttagegeldversicherung 249
   Sportunfähigkeitsversicherung 248, 250, 262
   Tagegeldversicherung 121
   Unfallversicherung 119–121, 240, 244, 254
   Verkehrsrechtsschutzversicherung 117
   Versicherungsmakler 48
   Versicherungsvertrag 36
   Wohngebäudeversicherung 117
Versicherungsanlageprodukt 220
Versorgungslücke 112
Vertrag
   Bruttovertrag 312
   Erbschaftsvertrag 397
   Nettovertrag 46, 225, 312
Verzerrung, kognitive 76, 77
Volatilität 62

Vorfälligkeitsentschädigung 101
Vorsorgeregister 371
Vorsorgevollmacht 365, 369–371

W

Währungsspekulation 86
Wandel, demografischer 114
Wegzugsbesteuerung 389, 391, 394
Werbungskosten 313, 315, 335
    Pauschbetrag 141, 314, 318
    Umzugskosten 315
Wertgefühl 172
Wertschwankung 61, 62, 67
Willenskraft 17

Z

Zeitmanagement 15
Zeitstrahl, persönlicher 201
Zinsen 58, 59, 64, 97
    inverse Zinsstruktur 100
    Niedrigzinsphase 99
    Zinserträge 305
Zinseszins 57, 68, 69, 72, 77, 213, 224
Zoll 380
Zugewinngemeinschaft 367
    modifizierte 367
Zukunftssorgen 24
Zwillingskarriere 356

Raum für Eigene Notizen

Ihr Bonus als Käufer dieses Buches

Als Käufer dieses Buches können Sie kostenlos das eBook zum Buch nutzen. Sie können es dauerhaft in Ihrem persönlichen, digitalen Bücherregal auf **springer.com** speichern oder auf Ihren PC/Tablet/eReader downloaden.

Gehen Sie bitte wie folgt vor:
1. Gehen Sie zu **springer.com/shop** und suchen Sie das vorliegende Buch (am schnellsten über die Eingabe der eISBN).
2. Legen Sie es in den Warenkorb und klicken Sie dann auf: **zum Einkaufswagen/zur Kasse.**
3. Geben Sie den untenstehenden Coupon ein. In der Bestellübersicht wird damit das eBook mit 0 Euro ausgewiesen, ist also kostenlos für Sie.
4. Gehen Sie weiter **zur Kasse** und schließen den Vorgang ab.
5. Sie können das eBook nun downloaden und auf einem Gerät Ihrer Wahl lesen. Das eBook bleibt dauerhaft in Ihrem digitalen Bücherregal gespeichert.

EBOOK INSIDE

eISBN	978-3-662-56828-6
Ihr persönlicher Coupon	xqMaHcRzwzdSyqb

Sollte der Coupon fehlen oder nicht funktionieren, senden Sie uns bitte eine E-Mail mit dem Betreff: **eBook inside** an **customerservice@springer.com**.